资产划转

法律实务与合规手册

叶剑平 / 主编

Legal Practice and Compliance Manual
for
Asset Transfer

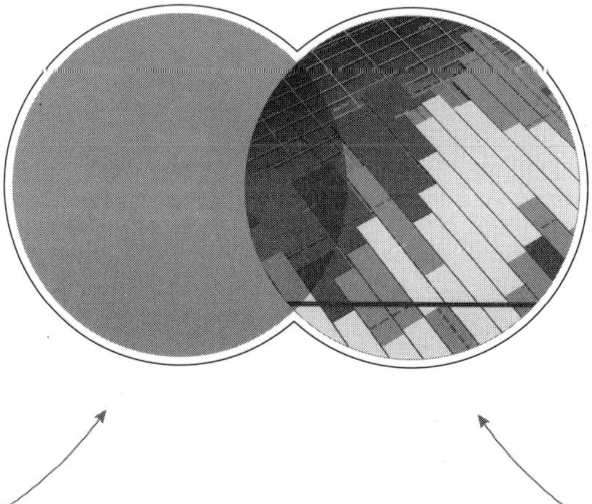

法律出版社 LAW PRESS · CHINA
北京

图书在版编目(CIP)数据

资产划转法律实务与合规手册 / 叶剑平主编. -- 北京 : 法律出版社, 2024

ISBN 978-7-5197-9143-8

Ⅰ. ①资… Ⅱ. ①叶… Ⅲ. ①上市公司-资产管理-法律-中国-手册 Ⅳ. ①D922.291.04

中国国家版本馆 CIP 数据核字(2024)第 097350 号

资产划转法律实务与合规手册
ZICHAN HUAZHUAN FALÜ SHIWU YU HEGUI SHOUCE

叶剑平 主编

策划编辑 董 昱
责任编辑 董 昱 张红蕊
装帧设计 汪奇峰

出版发行 法律出版社
编辑统筹 法规出版分社
责任校对 翁潇潇
责任印制 耿润瑜
经　　销 新华书店

开本 710 毫米×1000 毫米 1/16
印张 24 **字数** 420 千
版本 2024 年 8 月第 1 版
印次 2024 年 8 月第 1 次印刷
印刷 保定市中画美凯印刷有限公司

地址:北京市丰台区莲花池西里 7 号(100073)
网址:www.lawpress.com.cn
投稿邮箱:info@lawpress.com.cn
举报盗版邮箱:jbwq@lawpress.com.cn
销售电话:010-83938349
客服电话:010-83938350
咨询电话:010-63939796

书号:ISBN 978-7-5197-9143-8 **定价**:88.00 元

前言 FOREWORD

本书启于立法空白和实务困惑。同一市场经济工具——资产划转，目前国有企业“有据可循”，民营企业“无法可依”。立法上的缺失，导致民营企业资产划转争议大、困惑多、审批难、审批多、服务体系不健全、跨地区跨所有制重组更困难等现实问题。这是民营企业及法律、财务、评估、券商等专业服务机构经常面临的实务困惑。笔者从现实困境—专业思考—研究比较—路径分析的逻辑思维和研究方法，更多立足于实务，使之成文。如何解决资产划转的合规性，即为本书的目的及价值所在。

内容上充分体现了原创性和可阐释性。本文在资产划转立法和现实问题、概念及其主要条件，标的及其分类、主体及其程序、划转协议及其他法律文书、立法建议等方面，坚持并集中体现了内容的原创性；在资产划转立法现状、主要条件、划转的特殊性、标的及其分类、划转方案、划转协议的成立与生效、划转的程序、会计处理、税收优惠、基础设施 REITs 项目中的资产划转的特殊性、资产划转涉及的经营者集中申报及反垄断审查等方面，逐项配置了相应的法规索引速查和案例分析，并辅之以资产划转的法律法规和政策专章以尽其可阐释性、可理解性。

适用性上展现为基础理论 + 实务案例 + 法规汇编。本文从资产划转现实需要和实务困顿出发，反哺基本法理；以资产划转实务操作为核心，从概念及其构成条件、标的及其分类、原则和划转方案，到资产划转的主体、程序、法律文书、会计及税收处理等，再到立法建议，揭示其主题和中心问题；以资产划转法规索引速查及法规汇编，辅之以案例分析，形成了基础理论＋实务案例＋法规汇编的体例，力图架构资产划转"全面"的法律体系，旨在实现其适用性，并与"合规手册"做到名副其实。

"纸上得来终觉浅，绝知此事要躬行。"

习近平主席指出："高质量发展需要新的生产力理论来指导，而新质生产力已经在实践中形成并展示出对高质量发展的强劲推动力、支撑力，需要我们从理论上进行总结、概括，用以指导新的发展实践。"

作者是一个法律工作的实践者，更是一个时刻"学习"的求知者。故此，本书与作者一样，都行走在资产划转课题研究和学习的路上。视野和知识之所限，不当之处在所难免！

向为本书提出专业帮助及指导意见的致同会计师事务所郑军安先生、北京华亚正信资产评估有限公司秦海生先生、国投证券股份有限公司（原安信证券股份有限公司）王亚辉先生，致谢！

法治，是现代政治文明的核心，是人类的共同追求。在如火如荼"法治建设"当下时代，我们都应当成为践行者、追梦人。

目录 CONTENTS

第一编　资产划转实务和合规手册

第二编 资产划转法律文书

第一编

资产划转实务和合规手册

第一章　问题的提出——“一条腿走路”

企业重组是“企业加强资源整合、实现快速发展、提高竞争力的有效措施，是化解产能严重过剩矛盾、调整优化产业结构、提高发展质量效益的重要途径”①。

党的十八大以来，基于新时代加快完善社会主义市场经济体制改革要求，推进中央企业结构调整与重组，是做强做优做大国有企业、提升核心竞争力的必然要求。2020年6月30日，中央深改委通过了《国企改革三年行动方案(2020—2022年)》，发出了深化国企改革的动员令，中国电科重组中国普天、鞍钢重组本钢、山东能源与兖矿集团联合重组；中国物流集团、上海数据集团、山东人才集团、浙江省种业集团等布局新赛道的新国企应运而生，一批行业龙头企业和区域领军企业“握指成拳”。以深化供给侧结构性改革为主线，深入推进战略性重组和专业化整合，截至2022年10月，先后有26组47家企业实施战略性重组和专业化整合，新组建中国航发、国家管网集团、中国电气装备、中国物流等企业，中央企业数量从10年前的117家调整至98家②；2013年以来，国有企业改制重组引入各类社会资本超过2.5万亿元，中央企业和地方国有企业中混合所有制企业户数占比分别超过70%和54%。一大批企业以混促改，完善公司治理，提高规范运作水平，深度转换机制，活力和效率显著提高。③ 中国宝武与中钢集团实施重组，成为党的二十大之后首个中央企业集团层面的战略性重组，有利于优化我国钢铁工业布局结构，对于提升资源配置效率、更好解决中钢集团债务问题具有非常积极的意义。央企及地方国企重组如火如荼进行中。

---

① 《国务院关于进一步优化企业兼并重组市场环境的意见》(国发〔2014〕14号)。

② 《党的十八大以来央企结构调整与改革重组综述》，载国务院国有资产监督管理委员会网2022年12月31日，http://www.sasac.gov.cn/n2588020/n2877938/n2879597/n2879599/c26365446/content.html?eqid=a40d484d000522f0000000066454b6a1。

③ 《中国这十年·系列主题新闻发布丨2013年以来国有企业改制重组引入各类社会资本超过2.5万亿元》，载中央人民政府网2022年6月17日，https://www.gov.cn/xinwen/2022-06/17/content_5696236.htm。

民营经济是推进中国式现代化的生力军,是高质量发展的重要基础,是推动我国全面建成社会主义现代化强国、实现第二个百年奋斗目标的重要力量。"2012—2021 年,我国民营企业数量从 1085.7 万户增长到 4457.5 万户,10 年间翻了两番,民营企业在企业总量中的占比由 79.4% 提高到 92.1%"①。根据国家统计局统计年鉴,截至 2021 年年底,全国登记注册的各类企业单位数为 2866.52 万家,其中,股份有限公司为 10.69 万家、有限责任公司为 171.13 万家、私营企业为 2628.83 万家,私营企业占比为 91.70%,尚不包括有限责任公司和股份有限公司中的民营企业,在稳增长、促就业、改善民生等方面发挥了重要作用,成为推动经济社会发展的重要力量。2022 年"全年全部工业增加值 401,644 亿元,比上年增长 3.4%。规模以上工业增加值增长 3.6%。在规模以上工业中,分经济类型看,国有控股企业增加值增长 3.3%;股份制企业增长 4.8%,外商及港澳台商投资企业下降 1.0%;私营企业增长 2.9%";"全年规模以上工业企业利润 84,039 亿元,比上年下降 4.0%。分经济类型看,国有控股企业利润 23,792 亿元,比上年增长 3.0%;股份制企业 61,611 亿元,下降 2.7%,外商及港澳台商投资企业 20,040 亿元,下降 9.5%;私营企业 26,638 亿元,下降 7.2%"②。

民营企业以中小微企业为主,具有"五六七八九"的特征,即"贡献了 50% 以上的税收、60% 以上的国内生产总值、70% 以上的技术创新成果、80% 以上的城镇劳动就业、90% 以上的企业数量。民营企业早已成为我国外贸增长的最大贡献者,2022 年民营企业占我国进出口总值的比重首次超过了 50%";"2023 年上半年,我国有进出口实绩的外贸企业数量 54 万家,同比增加 6.9%。其中,民营企业进出口 10.59 万亿元,同比增长 8.9%"③。

企业资产划转,因其便捷、实用、税收成本低的特点已成为常见的企业重组形式之一,也是企业重组可使用的重要工具之一,备受各类市场主体青睐,方兴未艾。据不完全统计,自 2020 年 1 月 1 日以来(截至 2023 年 9 月 11 日),沪深证券

---

① 《从 2012 年 1085.7 万户增长到 2021 年 4457.5 万户 民营企业数量 10 年翻两番》,载《人民日报》2022 年 3 月 23 日,第 1 版。

② 《中华人民共和国 2022 年国民经济和社会发展统计公报》,国家统计局,发布时间:2023 - 02 - 28。

③ 《民营企业数量和贸易规模稳中有增,具有五六七八九特征》,载央视网新闻频道 2023 年 7 月 13 日,https://news.cctv.com/2023/07/13/ARTIpEPHSGQCDRScagX2rZtd230713.shtml。

交易所、北京证券交易所和全国中小企业股份转让系统[1]挂牌上市的公司（沪深两市主板、创业板、科创板、北交所上市公司和新三板挂牌公司），实施资产划转的情况为上交所主板上市公司290家、深交所主板上市公司240家、深交所科创板上市公司11家、深交所科创板上市公司64家、北交所上市公司2家、新三板挂牌公司140家，合计747家[2]。根据中国上市公司协会2023年4月11日发布的《上市公司并购重组年度报告（2023）》："2022年，上市公司共披露并购重组2972单，较2021年减少10.88%；累计交易金额1.74万亿元，较2021年减少2.21%。其中2022年，许可类（审核通过口径）并购重组审核通过46单（主板36单、创业板8单、科创板2单），交易金额合计3440.36亿元，数量和金额有所回升，较2021年审核通过数量增加12.20%，交易金额增加31.87%；2022年，现金类重大资产重组（首次披露口径）共披露57单交易，与2021年持平；2022年，上市公司收购（完成控制权变更）数量为152单，相比2021年的169单略有下降，但仍处于较高水平"；"2022年，针对主板上市公司，证监会并购重组委共审核了41家上市公司的并购重组交易。其中，无条件通过20家，有条件通过16家，未通过5家，审核通过率87.80%，审核通过率有所回升。审核通过的并购交易金额合计3249.70亿元，平均交易金额为90.27亿元，单笔交易金额较2021年有所上升。"[3]

近年来，在国民经济持续恢复、高质量发展扎实推进的同时，世界政治经济形势错综复杂，国内需求仍显不足，经济恢复向好基础仍待加固，民营企业经营的内外部环境压力增大。为解决民营企业的生存和可持续发展问题，突出主业，增强竞争力，民营企业重组的必要性和现实需求不言而喻。民营企业重组的步伐在加快，资产划转也成为民营企业重组的当然选择。

针对国有企业的资产划转，我国已经建立了由《中华人民共和国企业国有资产法》《企业国有资产监督管理暂行条例》《企业国有产权无偿划转管理暂行办法》《企业国有产权无偿划转工作指引》等法律法规、规章和规范性文件组成的相对规范的法律体系，实现了"有法可依"。

相对于国有企业，民营企业的整体规模相对较小，应对风险的能力较差，在发

---

① 上海证券交易所，本书统称"上交所"；深圳证券交易所，本书统称"深交所"；北京证券交易所，本书统称"北交所"；全国中小企业股份转让系统，本书统称"新三板"。

② 注：1. 上市挂牌公司资产划转数据系作者根据上交所、深交所、北交所和全国中小企业股份转让系统挂牌公司信息披露资产划转的统计；2. 多家上市挂牌公司在上述统计期间多次实施资产划转。

③ 《上市公司并购重组年度报告（2023）》，载中国上市公司协会网站2023年4月11日，https://www.capco.org.cn/xhdt/xhyw/202304/20230411/j_2023041111232600016811835264779483.html。

展中面临着更多的困难和挑战，更需要国家的纾困扶持政策。但是，在民营企业的资产划转问题上，却面临着法律制度不健全、“无据可循”的尴尬局面，导致民营企业资产划转争议大、困惑多、审批难、审批多、服务体系不健全、体制机制不完善、跨地区跨所有制重组更困难等现实问题。

例如，一家由50多名自然人投资控制的软件开发股份有限公司，具备了在资本市场某板块申请上市的相关条件。2021年在准备启动上市时，该公司发现在原自有的一宗工业用途土地上，经批准设计的“××产业园”在建工程，规划的建筑面积及规模远远超过了公司自身经营所需的面积，有变相开发房地产的嫌疑。为解决这一上市障碍，经各种剥离方案比较后，基于合理商业目的和税收考虑，该公司决定采取资产划转的方式，将该在建工程资产予以剥离：第一步，成立一家全资子公司，公司通过资产划转的方式，将该产业园在建工程及与此相关的工程施工承包等的合同债权债务、管理人员一并无偿划转给子公司，由该子公司全面承接该资产并专门负责该产业园工程建设及投入使用后的运营管理业务；第二步，待该产业园资产及相关的合同债权债务、管理人员一并划转完成后，在不改变资产原来实质性经营活动的前提下，至少12个月之后，公司通过转让子公司股权的方式，将子公司转让给无关联关系的第三人，从而将本次划转的资产从公司剥离。在该公司资产划转实施过程中，当地政府及其自然资源局、规划和住建局、税务主管机关及证券公司保荐人代表、律师、会计师等不同部门及人员，存在不同的意见：有观点认为只有国有企业才能实施资产划转，民营企业实施资产划转没有依据；有观点认为符合财税法规性文件要求的资产划转的条件，可以实施划转；有观点认为该资产划转可以享受相关的企业所得税、增值税、土地增值税、契税等税收优惠；还有观点认为不应当享受税收优惠，等等，争执不休，几度影响资产划转的实施和推进。

在目前的法律规制现状下，或在以后的法律制度完善中，如何解决民营企业重组中的资产划转问题，正是本书的目的所求、意义所在。

第二章　资产划转的概念和条件

一、资产划转的概念及其与其他概念的区别

（一）资产划转的概念

资产划转系企业重组的方式之一，也属于企业资产流转的范畴。企业重组的外延涵盖了资产划转，二者属于上位概念和下位概念的关系。了解资产划转的概念和条件，企业重组为出发点。

企业重组目前属于一个财税法规概念，在财税法规中表述为：

1. 企业重组，是指企业在日常经营活动以外发生的法律结构或经济结构重大改变的交易，包括企业法律形式改变、债务重组、股权收购、资产收购、合并、分立等。①

2. 企业重组业务，是指《财政部、国家税务总局关于企业重组业务企业所得税处理若干问题的通知》（财税〔2009〕59 号）第一条所规定的企业法律形式改变、债务重组、股权收购、资产收购、合并、分离等各类重组。②

资产划转目前尚没有一个法律定义，只是在财税法规性文件中作为企业重组的方式之一而概念性地出现，如：《国家税务总局关于资产（股权）划转企业所得税征管问题的公告》（国家税务总局公告 2015 年第 40 号）、《财政部、国家税务总局关于促进企业重组有关企业所得税处理问题的通知》（财税〔2014〕109 号）等。

而对于企业国有产权无偿划转，则有明确的法规性定义。《企业国有产权无偿划转管理暂行办法》（国资发产权〔2005〕239 号）第二条规定："本办法所称企业国有产权无偿划转，是指企业国有产权在政府机构、事业单位、国有独资企业、国

---

① 《财政部、国家税务总局关于企业重组业务企业所得税处理若干问题的通知》（财税〔2009〕59 号）第一条规定。

② 《企业重组业务企业所得税管理办法》（国家税务总局公告 2010 年第 4 号）第二条规定。

有独资公司之间的无偿转移”;第三条规定:“各级人民政府授权其国有资产监督管理机构(以下简称国资监管机构)履行出资人职责的企业(以下统称所出资企业)及其各级子企业国有产权无偿划转适用本办法。股份有限公司国有股无偿划转,按国家有关规定执行”;第二十一条规定:“企业实物资产等无偿划转参照本办法执行。”

应然说,企业产权和企业资产是两个既有联系又有区别的问题,《企业国有产权无偿划转管理暂行办法》对企业国有产权无偿划转的定义将二者实作趋同对待。本书所探讨的企业产权划转和企业资产划转也作趋同对待,不作细分。

参照企业国有产权无偿划转的上述概念,结合《国家税务总局关于资产(股权)划转企业所得税征管问题的公告》(国家税务总局公告2015年第40号)等财税法规性文件,对于民营企业资产无偿划转可作以下界定:

企业资产无偿划转,是指在同一投资主体内部所属企业之间,包括母公司与其全资子公司之间,同一公司所属全资子公司之间,同一自然人与其设立的个人独资企业、一人有限公司之间资产的无偿划转等经济业务活动。

其中,本书所称企业、公司,是指依照我国有关法律法规设立并在中国境内注册的企业、公司。①

通俗而言,资产划转也可以称为一项或者多项资产从一个所有者名下无偿转移至另一个所有者名下的经济业务过程。当然,也可以说以股权支付为对价的资产转移。资产划转在商业及财务领域最为常见,主要适用于企业重组、财务规划和税务筹划等方面,具有十分重要的意义。

【法规索引速查】

《财政部、国家税务总局关于企业重组业务企业所得税处理若干问题的通知》(财税〔2009〕59号)

一、本通知所称企业重组,是指企业在日常经营活动以外发生的法律结构或经济结构重大改变的交易,包括企业法律形式改变、债务重组、股权收购、资产收购、合并、分立等。

---

① 参见《财政部、税务总局关于继续实施企业、事业单位改制重组有关契税政策的公告》(财政部、税务总局公告2023年第49号)第十条“有关用语含义”。

《企业重组业务企业所得税管理办法》(国家税务总局公告2010年第4号)

第二条　本办法所称企业重组业务,是指《通知》[①]第一条所规定的企业法律形式改变、债务重组、股权收购、资产收购、合并、分立等各类重组。

《国家税务总局关于资产(股权)划转企业所得税征管问题的公告》(国家税务总局公告2015年第40号)

一、《通知》[②]第三条所称"100%直接控制的居民企业之间,以及受同一或相同多家居民企业100%直接控制的居民企业之间按账面净值划转股权或资产",限于以下情形:

(一)100%直接控制的母子公司之间,母公司向子公司按账面净值划转其持有的股权或资产,母公司获得子公司100%的股权支付。母公司按增加长期股权投资处理,子公司按接受投资(包括资本公积,下同)处理。母公司获得子公司股权的计税基础以划转股权或资产的原计税基础确定。

(二)100%直接控制的母子公司之间,母公司向子公司按账面净值划转其持有的股权或资产,母公司没有获得任何股权或非股权支付。母公司按冲减实收资本(包括资本公积,下同)处理,子公司按接受投资处理。

(三)100%直接控制的母子公司之间,子公司向母公司按账面净值划转其持有的股权或资产,子公司没有获得任何股权或非股权支付。母公司按收回投资处理,或按接受投资处理,子公司按冲减实收资本处理。母公司应按被划转股权或资产的原计税基础,相应调减持有子公司股权的计税基础。

(四)受同一或相同多家母公司100%直接控制的子公司之间,在母公司主导下,一家子公司向另一家子公司按账面净值划转其持有的股权或资产,划出方没有获得任何股权或非股权支付。划出方按冲减所有者权益处理,划入方按接受投资处理。

二、《通知》第三条所称"股权或资产划转后连续12个月内不改变被划转股权或资产原来实质性经营活动",是指自股权或资产划转完成日起连续12个月内不改变被划转股权或资产原来实质性经营活动。

---

① 《企业重组业务企业所得税管理办法》中所称《通知》均指《财政部、国家税务总局关于企业重组业务企业所得税处理若干问题的通知》(财税〔2009〕59号)——编者注,下同。

② 《国家税务总局关于资产(股权)划转企业所得税征管问题的公告》中所称《通知》均指《财政部、国家税务总局关于促进企业重组有关企业所得税处理问题的通知》(财税〔2014〕109号)——编者注,下同。

股权或资产划转完成日，是指股权或资产划转合同（协议）或批复生效，且交易双方已进行会计处理的日期。

三、《通知》第三条所称"划入方企业取得被划转股权或资产的计税基础，以被划转股权或资产的原账面净值确定"，是指划入方企业取得被划转股权或资产的计税基础，以被划转股权或资产的原计税基础确定。

《通知》第三条所称"划入方企业取得的被划转资产，应按其原账面净值计算折旧扣除"，是指划入方企业取得的被划转资产，应按被划转资产的原计税基础计算折旧扣除或摊销。

四、按照《通知》第三条规定进行特殊性税务处理的股权或资产划转，交易双方应在协商一致的基础上，采取一致处理原则统一进行特殊性税务处理。

五、交易双方应在企业所得税年度汇算清缴时，分别向各自主管税务机关报送《居民企业资产（股权）划转特殊性税务处理申报表》（详见附件）和相关资料（一式两份）。

《财政部、国家税务总局关于促进企业重组有关企业所得税处理问题的通知》（财税〔2014〕109号）

三、关于股权、资产划转

对100%直接控制的居民企业之间，以及受同一或相同多家居民企业100%直接控制的居民企业之间按账面净值划转股权或资产，凡具有合理商业目的、不以减少、免除或者推迟缴纳税款为主要目的，股权或资产划转后连续12个月内不改变被划转股权或资产原来实质性经营活动，且划出方企业和划入方企业均未在会计上确认损益的，可以选择按以下规定进行特殊性税务处理：

1. 划出方企业和划入方企业均不确认所得。

2. 划入方企业取得被划转股权或资产的计税基础，以被划转股权或资产的原账面净值确定。

3. 划入方企业取得的被划转资产，应按其原账面净值计算折旧扣除。

《财政部、国家税务总局关于继续执行企业 事业单位改制重组有关契税政策的公告》（财政部、税务总局公告2021年第17号）

六、资产划转

对承受县级以上人民政府或国有资产管理部门按规定进行行政性调整、划转国有土地、房屋权属的单位，免征契税。

同一投资主体内部所属企业之间土地、房屋权属的划转，包括母公司与其全资子公司之间，同一公司所属全资子公司之间，同一自然人与其设立的个人独资企业、一人有限公司之间土地、房屋权属的划转，免征契税。

母公司以土地、房屋权属向其全资子公司增资，视同划转，免征契税。

《企业国有产权无偿划转管理暂行办法》（国资发产权〔2005〕239号）

第二条 本办法所称企业国有产权无偿划转，是指企业国有产权在政府机构、事业单位、国有独资企业、国有独资公司之间的无偿转移。

国有独资公司作为划入或划出一方的，应当符合《中华人民共和国公司法》的有关规定。

第三条 各级人民政府授权其国有资产监督管理机构（以下简称国资监管机构）履行出资人职责的企业（以下统称所出资企业）及其各级子企业国有产权无偿划转适用本办法。

股份有限公司国有股无偿划转，按国家有关规定执行。

第二十一条 企业实物资产等无偿划转参照本办法执行。

《财政部、税务总局关于继续实施企业、事业单位改制重组有关契税政策的公告》（财政部、税务总局公告2023年第49号）

十、有关用语含义

本公告所称企业、公司，是指依照我国有关法律法规设立并在中国境内注册的企业、公司。

本公告所称投资主体存续，企业改制重组的，是指原改制重组企业的出资人必须存在于改制重组后的企业；事业单位改制的，是指履行国有资产出资人职责的单位必须存在于改制后的企业。出资人的出资比例可以发生变动。

本公告所称投资主体相同，是指公司分立前后出资人不发生变动，出资人的出资比例可以发生变动。

（二）资产划转与资产转让、股权划转与股权转让

这是两对相近的概念，既有联系，又有区别：

从广义上，资产转让包括有偿转让，也可以包括无偿转让；同理，股权转让包括有偿转让，也可以包括无偿转让，比如股权赠与；企业股权属于资产的表现形式之一，属于企业资产的范畴。

从狭义上，按照合同通说及其文义与习惯解释，民事合同上的"转让"一般是等价有偿的，而划转是无偿的；现行有关法律法规、部门规章和规范性文件规定普

遍将“转让”界定为“等价有偿”的,对应的,“划转”则是“无偿”的。

例如,《中华人民共和国企业国有资产法》第五十一条、第五十四条规定,“本法所称国有资产转让,是指依法将国家对企业的出资所形成的权益转移给其他单位或者个人的行为;按照国家规定无偿划转国有资产的除外”;“国有资产转让应当遵循等价有偿和公开、公平、公正的原则”。2023年《中华人民共和国公司法》第四章专章对股权转让作出规范。《财政部、国家税务总局关于促进企业重组有关企业所得税处理问题的通知》(财税〔2014〕109号)、《国家税务总局关于资产(股权)划转企业所得税征管问题的公告》(国家税务总局公告2015年第40号)、《财政部、税务总局关于继续实施企业、事业单位改制重组有关契税政策的公告》(财政部、税务总局公告2023年第49号)等财税法规性文件,将资产划转与股权划转作为两个不同概念的企业重组方式,进行界分。

因此,为避免歧义,本书所称资产划转,是狭义上的“无偿”划转,不包括“有偿”的资产转让,而且主要指民营企业资产无偿划转。

另外,本书所称资产划转,与司法执行中的强制性资产划转自然不同,不再赘述。

【法规索引速查】

《中华人民共和国企业国有资产法》(2008年10月28日)

第五十一条 本法所称国有资产转让,是指依法将国家对企业的出资所形成的权益转移给其他单位或者个人的行为;按照国家规定无偿划转国有资产的除外。

第五十四条 国有资产转让应当遵循等价有偿和公开、公平、公正的原则。

除按照国家规定可以直接协议转让的以外,国有资产转让应当在依法设立的产权交易场所公开进行。转让方应当如实披露有关信息,征集受让方;征集产生的受让方为两个以上的,转让应当采用公开竞价的交易方式。

转让上市交易的股份依照《中华人民共和国证券法》的规定进行。

《中华人民共和国公司法》(2023年修订)

第八十四条 有限责任公司的股东之间可以相互转让其全部或者部分股权。

股东向股东以外的人转让股权的,应当将股权转让的数量、价格、支付方式和期限等事项书面通知其他股东,其他股东在同等条件下有优先购买权。股东自接到书面通知之日起三十日内未答复的,视为放弃优先购买权。两个以上股东行使优先购买权的,协商确定各自的购买比例;协商不成的,按照转让时各自的出资比例行使优先购买权。

公司章程对股权转让另有规定的，从其规定。

第八十七条　依照本法转让股权后，公司应当及时注销原股东的出资证明书，向新股东签发出资证明书，并相应修改公司章程和股东名册中有关股东及其出资额的记载。对公司章程的该项修改不需再由股东会表决。

《财政部、国家税务总局关于促进企业重组有关企业所得税处理问题的通知》(财税〔2014〕109号)

一、关于股权收购

将《财政部　国家税务总局关于企业重组业务企业所得税处理若干问题的通知》(财税〔2009〕59号)第六条第(二)项中有关"股权收购，收购企业购买的股权不低于被收购企业全部股权的75%"规定调整为"股权收购，收购企业购买的股权不低于被收购企业全部股权的50%"。

二、关于资产收购

将财税〔2009〕59号文件第六条第(三)项中有关"资产收购，受让企业收购的资产不低于转让企业全部资产的75%"规定调整为"资产收购，受让企业收购的资产不低于转让企业全部资产的50%"。

三、关于股权、资产划转

对100%直接控制的居民企业之间，以及受同一或相同多家居民企业100%直接控制的居民企业之间按账面净值划转股权或资产，凡具有合理商业目的、不以减少、免除或者推迟缴纳税款为主要目的，股权或资产划转后连续12个月内不改变被划转股权或资产原来实质性经营活动，且划出方企业和划入方企业均未在会计上确认损益的，可以选择按以下规定进行特殊性税务处理：……

二、资产划转的主要条件

参照《企业国有产权无偿划转管理暂行办法》的相关规定，结合相关的财税法规规范要求，民营企业的资产划转，符合以下基本条件方可实施：

(一)标的资产条件——划转资产权属清晰

1. 被划转企业资产的权属应当清晰。权属关系不明确或存在权属纠纷的企业资产不得进行无偿划转。

2. 被设置为担保物权的企业资产无偿划转，应当符合《中华人民共和国民法典》第四编“担保物权”的相关规定。

3. 有限责任公司资产的划转，应当遵循《中华人民共和国公司法》的有关规定。

4. 划转的资产具有可转让性，不得有根据资产性质不得转让、依照法律规定不得转让或设定有权利限制不得转让（如当事人约定不得转让）的情形。

（二）适用对象条件——划转双方主体适格

1. 须为同一实际控制下的企业之间，即同一投资主体控制下的企业之间。对于同一投资主体的理解，可参照《财政部、国家税务总局关于促进企业重组有关企业所得税处理问题的通知》（财税〔2014〕109 号）第三条“关于股权、资产划转”规定，即“对 100% 直接控制的居民企业之间，以及受同一或相同多家居民企业 100% 直接控制的居民企业之间按账面净值划转股权或资产”。

2. 母子公司之间，且子公司为母公司的全资子公司。对于母子公司之间的资产划转，可参照《国家税务总局关于资产（股权）划转企业所得税征管问题的公告》（国家税务总局公告 2015 年第 40 号）第一条规定，包括：(1)“100% 直接控制的母子公司之间，母公司向子公司按账面净值划转其持有的股权或资产”；(2)“100% 直接控制的母子公司之间，子公司向母公司按账面净值划转其持有的股权或资产”。

3. 同一母公司之下的子公司之间，且子公司均为母公司的全资子公司。对于子公司之间的资产划转，可参照《国家税务总局关于资产（股权）划转企业所得税征管问题的公告》（国家税务总局公告 2015 年第 40 号）第一条规定，“受同一或相同多家母公司 100% 直接控制的子公司之间，在母公司主导下，一家子公司向另一家子公司按账面净值划转其持有的股权或资产”。

4. 同一自然人控制下的个人独资企业、一人有限公司之间。如《财政部、税务总局关于继续实施企业、事业单位改制重组有关契税政策的公告》（财政部、税务总局公告 2023 年第 49 号）第六条“资产划转”规定，“同一自然人与其设立的个人独资企业、一人有限公司之间”。

（三）决策程序条件——合法合规，相关文件齐备、有效

1. 资产划转双方即资产划出方与划入方，须按照各自的企业章程和相关的法律法规规定，由各自的经理管理层、董事会、股东（大）会等权力决策机构作出资产

划出或划入的决策，并保证决策文件合法有效。

2. 涉及职工利益及职工安置的，须按照企业章程和公司法、工会法、劳动法等法律法规，需通过职工大会或职工代表大会的审议，并听取企业或公司工会的意见。

3. 涉及需要有关部门批准备案的，需经相关部门审核同意并取得批准备案手续。

（四）资产划转协议条件——内容齐备、合法有效

1. 资产划转协议应采用书面形式，保证其符合合法有效合同的形式要件。

2. 资产划转协议的内容应当规范全面，内容具体确定。

3. 资产划转协议不得违反法律法规强制性规定，不得存在合同无效情形。

4. 资产划转协议应当对相关风险防范和控制，对有可能出现纠纷的条款作出控制。

（五）按账面净值划转、合理商业目的和限售期条件

1. 资产划转应当按账面净值划转，划出方和划入方均不确认所得，双方一致采用特殊性税务处理；划入方取得划转资产的计税基础，以被划转资产的原账面净值确定。

2. “具有合理商业目的且不以减少、免除或者推迟缴纳税款为主要目的”，这是同时必备条件，缺一不可，即应当有资产划转总体情况说明，包括基本情况、划转方案等，并详细说明资产划转的商业目的。如果“以减少、免除或者推迟缴纳税款为主要目的”，即使有合理商业目的，也不能适用特殊性税务处理。

3. 资产划转后连续 12 个月内不改变被划转资产原来实质性经营活动。资产划转完成日起连续 12 个月内不改变被划转股权或资产原来实质性经营活动，主要关注生产经营业务、公司性质、资产或股权结构等情况变化，如限制资产划转后的再转让。否则，享受的税收优惠将受到影响。其中的资产划转完成日，是指股权或资产划转合同（协议）或批复生效，且交易双方已进行会计处理的日期。

【法规索引速查】

《企业国有产权无偿划转管理暂行办法》（国资发产权〔2005〕239 号）

第五条　被划转企业国有产权的权属应当清晰。权属关系不明确或存在权

属纠纷的企业国有产权不得进行无偿划转。被设置为担保物权的企业国有产权无偿划转，应当符合《中华人民共和国担保法》的有关规定。有限责任公司国有股权的划转，还应当遵循《中华人民共和国公司法》的有关规定。

《中华人民共和国民法典》(2020年5月28日)

第四百六十九条 当事人订立合同，可以采用书面形式、口头形式或者其他形式。

书面形式是合同书、信件、电报、电传、传真等可以有形地表现所载内容的形式。

以电子数据交换、电子邮件等方式能够有形地表现所载内容，并可以随时调取查用的数据电文，视为书面形式。

第四百七十二条 要约是希望与他人订立合同的意思表示，该意思表示应当符合下列条件：

(一)内容具体确定；

(二)表明经受要约人承诺，要约人即受该意思表示约束。

第四百九十三条 当事人采用合同书形式订立合同的，最后签名、盖章或者按指印的地点为合同成立的地点，但是当事人另有约定的除外。

【案例与评析】

案例2-1：日播时尚(证券代码：603196)向子公司资产划转

(一)基本情况

日播时尚(日播时尚集团股份有限公司，证券简称：日播时尚，证券代码：603196)成立于2002年4月25日，2017年5月31日成为上交所主板上市公司，主营业务为品牌服装的创意设计、工艺技术研发及生产销售。日播时尚的实际控制人为境内自然人。

上海日播至昇实业有限公司(以下简称日播至昇)、上海日播至胜实业有限公司(以下简称日播至胜)均为日播时尚的全资子公司，日播时尚直接持有日播至胜100%股权，直接持有日播至昇100%股权。

2022年4月26日，日播时尚董事会发布了《关于拟向全资子公司划转资产的公告》(公告编号：2022-028)[①]：为了进一步完善及优化现有经营业务结构和管

① 《日播时尚：关于拟向全资子公司划转资产的公告》(证券简称：日播时尚，证券代码：603196)，载巨潮资讯网2022年4月26日，http://www.cninfo.com.cn/new/disclosure/detail?plate=sse&orgId=9900031491&stockCode=603196&announcementId=1213121303&announcementTime=2022-04-26。

理结构,满足业务整合需要,提升企业价值及资产利用率,提高经营管理效率,拟将公司位于中山街道11街坊74/2丘的土地使用权及地上建筑物相关的权利、义务、经营、业务、人员、债权和债务划入日播至胜,拟将公司位于中山街道11街坊77/2丘的土地使用权及房产相关的权利、义务、经营、业务、人员、债权和债务划入日播至昇。

资产划转的具体方案:1.拟划转的资产具体情况如下:(1)截至2021年12月31日,拟划转的位于中山街道11街坊74/2丘宗地的土地使用权及地上建筑物相关的资产总额为17,229.37万元,债权总额93万元,负债总额为751.97万元,账面净值为16,640.40万元。(2)截至2021年12月31日,拟划转的位于中山街道11街坊77/2丘宗地的土地使用权及房产相关的资产总额为7240.22万元,债权总额4.37万元,负债总额为120.34万元,账面净值为7124.25万元。以2021年12月31日为划转基准日,以基准日的账面净值为划转金额,划转基准日至划转完成日期间,如发生导致账面净值变动的情形,将根据实际情况调整并予以划转。本次划转资产权属清晰,不存在抵押、质押或者其他第三人权利,不存在查封、冻结等妨碍权属转移的情况。2.员工安置方案:根据"人随资产走"的原则,本次资产划转涉及的员工将分别由日播至胜、日播至昇接收,被安置员工的劳动合同关系、培训、工资、福利、社会保险、工作岗位、劳动保护等所有事项相应转移。

本次资产划转对上市公司的影响:本次划转属于母公司向全资子公司无偿划拨资产组合,母公司按划转资产的账面净值增加对全资子公司的长期股权投资成本,全资子公司收到划转资产时,作为资本公积增加。本次划转是在公司与全资子公司之间进行,属于公司合并报表范围内的调整,对公司的财务状况和经营成果无重大影响,也不存在损害上市公司及股东利益的情形。公司董事会将持续关注本次划转的进展情况,并及时履行信息披露义务。

2022年4月22日,日播时尚第三届董事会第十九次会议审议通过了《关于拟向全资子公司划转资产的议案》,本次资产划转事项尚在董事会审批权限内,该议案无须提交股东大会审议。本次资产划转完成后,相关业务将在新的公司实体得以继续,实质性经营活动不发生变化。同日,日播时尚监事会发布了《第三届监事会第十八次会议决议公告》(公告编号:2022-017),审议通过《关于拟向全资子公司划转资产的议案》。

(二)简要评析

日播时尚的本次资产划转:一是资产划转的标的系"资产包"——国有土地使

用权及地上房产等不动产相关的权利、义务、经营、业务、人员、债权和债务的一并划转,即概括划转,明确了划转的资产产权清晰,不存在抵押、质押或者其他第三人权利,不存在查封、冻结等妨碍权属转移的情况,对应了标的资产条件;二是母公司日播时尚向两个全资子公司日播至胜、日播至昇无偿划转资产,划出方为日播时尚,划入方为日播至胜、日播至昇,对应了划转双方主体适格条件;三是依照《中华人民共和国公司法》及其《公司章程》的规定,经过了董事会的审议通过,并履行了信息披露等程序,符合了资产划转的决策程序条件;四是制定了资产划转的具体方案,规范全面、内容具体确定,对应了资产划转协议条件;五是资产划转方案披露了资产划转的背景和合理的商业目的,明确了以2022年12月31日为基准日的账面净值实施划转。划转双方的会计处理:日播时尚按划转日资产的账面净值增加对划入方子公司的长期股权投资成本,子公司收到划转资产时作为实收资本增加;本次资产划转完成后,相关业务将在新的公司实体得以继续,实质性经营活动不发生变化等,对应了按账面净值划转、合理商业目的和限售期条件。日播时尚本次资产划转符合各项应有的形式和实质条件。

案例2-2:海思科(证券代码:002653)子公司向孙公司资产划转

(一)基本情况

海思科(海思科医药集团股份有限公司,证券简称:海思科,证券代码:002653)成立于2005年8月26日,2012年1月17日成为深交所主板上市公司,主营业务为新药研发、生产制造、销售等。海思科的实际控制人为境内自然人。

2020年2月26日,海思科发布了《关于全资子公司四川海思科制药有限公司对全资孙公司划转资产的公告》(公告编号:2020-011)①:拟将全资子公司四川海思科制药有限公司(以下简称四川海思科)所属的眉山分公司(以下简称眉山分公司)所运营的资产及其相关的债权、债务及劳动力以2020年2月21日为基准日按账面净值28,464.38万元划转给其全资子公司海思科制药(眉山)有限公司(以下简称眉山海思科)。资产划转期间发生的资产变动,也包括在划转标的范围之内,拟划转的标的资产运营正常、产权清晰、不存在抵押等情形。本次资产划转

① 《海思科:关于全资子公司四川海思科制药有限公司对全资孙公司划转资产的公告》(证券简称:海思科,证券代码:002653),载巨潮资讯网2020年2月26日,http://www.cninfo.com.cn/new/disclosure/detail?plate=szse&orgId=9900021961&stockCode=002653&announcementId=1207323328&announcementTime=2020-02-26。

在公司董事会权限范围内，无须提交公司股东大会审议。本次资产划转事项不涉及关联交易，也不构成《上市公司重大资产重组管理办法》规定的重大资产重组。

划出方四川海思科为海思科的全资子公司，海思科持有其100%的股权；划入方眉山海思科为四川海思科的全资子公司，四川海思科持有其100%的股权，是海思科的全资孙公司。

划转的标的：截至2020年2月21日四川海思科眉山分公司所运营的资产与其相关的债权、债务及劳动力，按账面净值28,464.38万元划转给眉山海思科，资产划转期间发生的资产变动，也包括在划转标的范围之内。

签署划转协议的主要内容如下：

1. 划转的资产明细（见下表）：

单位：万元

项目	明细	单位	数量	账面净值	说明
资产	房屋建筑物	项	31	16,986.99	含车间、科研楼、生活区、附属工程等
	土地使用权	项	1	1638.21	权证号：川（201B）东坡区不动产权第0002149号
	专有技术	项	2	98.80	专有技术
	在建项目	项	3	152.49	设备及5楼改造、原料药车间改造
	机器设备	批	1	5327.75	
	运输车辆	辆	4	16.72	
	存货	批	1	1650.30	
	其他资产			2610.21	
	债权			751.36	预付及其他应收类
	资产小计			29,232.83	
负债	供应商往来	批	1	432.26	
	其他应收类	批	1	176.18	
	其他债权	批	1	160.01	
	负债小计			768.45	
净资产				28,464.38	资产小计－负债小计

2. 劳动力关系转移和员工安排：本次被划转资产运营员工的劳动力关系将由眉山海思科接收，并签订《劳动合同变更协议》，员工收入和福利待遇保持延续。

3. 划转方式：本次划转，眉山海思科不需为取得划转标的而支付任何非股权对价。划出方按增加长期股权投资处理，划入方按冲减与划出方分账核算而形成的往来处理，划入方按接受投资（包括资本公积）处理。

4. 划转接收：资产划转协议生效日起20日内，划出方以清单形式向划入方移交资产、债权、负债、劳动力。

5. 债权债务的处理：清单中所列示的债权、债务在划转完成后由划入方承继。若第三方在划转资产交接后向划出方就划转资产中负债主张权利或责任的，则由划入方在接到划出方通知后10日内进行处理并承担全部款项；如划入方未能及时处理致使划出方承担了任何款项、损失或责任的，划出方向划入方追偿。

6. 划转完成及协议生效条件：划入方对划转标的接收无误，划转各方均在接收确认单上共同盖章确认，协议经各方授权代表签字并加盖公章生效。

2020年2月24日，海思科第三届董事会第四十八次会议审议通过了《关于全资子公司四川海思科制药有限公司对全资孙公司划转资产的议案》，并进行了相应的信息披露。

（二）简要评析

海思科的本次资产划转：一是明确了划转的标的资产运营正常、产权清晰、不存在抵押等情形，符合了资产划转标的的资产条件，且标的包括土地使用权、房屋建筑物、在建项目、专有技术、存货、债权等9项资产，以及供应商往来、其他应收类等债务和人员等的一并划转，构成概括划转，且划出方划出的资产系其分公司的资产、负债及人员，形成一个特点；二是同一控制下的全资子公司与全资孙公司之间的资产划转，符合了资产划转的主体适格条件；三是签署了书面的资产划转协议，明确了划转的标的资产、划转方式、劳动力关系转移和员工安排、债权债务的处理、划转完成及协议生效条件等内容，具体确定，符合了资产划转协议条件；四是依截至划转基准日的账面净值实施划转，会计处理为划出方按增加长期股权投资处理，划入方按冲减与划出方分账核算而形成的往来处理，划入方按接受投资（包括资本公积）处理，且披露了资产划转的原因及目的等，符合了资产划转会计及税务处理、合理商业目的条件；五是依照《公司章程》等规定，由相应的权力机构董事会审议通过，并履行了信息披露义务，获得了证券交易所的认可，符合了资产划转决策程序条件。海思科的本次资产划转方案及资产划转协议的主要内容简洁明了，符合资产划转的相关条件。

案例 2－3：雷科防务（证券代码：002413）向子公司资产划转

（一）基本情况

雷科防务（江苏雷科防务科技股份有限公司，证券简称：雷科防务，证券代码：002413）成立于 2002 年 12 月 11 日，2010 年 5 月 28 日成为深交所主板上市公司，主营业务为雷达系统业务群、智能弹药业务群、卫星应用业务群、安全存储业务群、智能网联业务群的相关产品研发、制造和销售。雷科防务的实际控制人为境内自然人。

2020 年 4 月 30 日，雷科防务发布了《关于将公司全资子公司江苏恒达 100% 股权划转至全资子公司西安恒达持有的公告》（公告编号：2020－043）[①]：为更好地推进公司战略发展、完善业务布局、优化公司管理架构、提升管理效率，公司拟将全资子公司江苏恒达微波技术开发有限公司（以下简称江苏恒达）100% 股权划转至全资子公司西安恒达微波技术开发有限公司（以下简称西安恒达）持有。本次划转完成后，江苏恒达将由公司全资子公司变更为全资孙公司。本次股权划转事项属于公司与全资子公司之间的内部股权交易，不会变更公司的合并报表范围。根据《深圳证券交易所股票上市规则》《公司章程》的相关规定，本次股权划转事项无须提交公司股东大会审议。本次股权划转事项不构成关联交易，也不构成《上市公司重大资产重组管理办法》规定的重大资产重组。

2020 年 4 月 29 日，雷科防务第六届董事会第十六次会议审议通过了《关于将公司全资子公司江苏恒达 100% 股权划转至全资子公司西安恒达持有的议案》，并进行了相应的信息披露。

根据国家企业信用信息公示系统（https://www.gsxt.gov.cn）的公示信息，2020 年 6 月 29 日，江苏恒达办理公司变更登记，股东由雷科防务变更为西安恒达。雷科防务本次资产划转实施完毕。

（二）简要评析

雷科防务的本次资产划转：一是母公司向全资子公司的资产划转，划转双方主体适格；二是划转的标的资产为母公司持有的全资子公司江苏恒达的 100% 股权，股权属于资产的特殊类型；三是经过本次股权划转后，江苏恒达从雷科防务全

---

① 《雷科防务：关于将公司全资子公司江苏恒达 100% 股权划转至全资子公司西安恒达持有的公告》（证券简称：雷科防务，证券代码：002413），载巨潮资讯网 2020 年 4 月 30 日，http://www.cninfo.com.cn/new/disclosure/detail?plate=szse&orgId=9900012690&stockCode=002413&announcementId=1207683260&announcementTime=2020－04－30。

资子公司变更为孙公司，江苏恒达和西安恒达原同为雷科防务控制下的兄弟公司，变更为西安恒达成了江苏恒达的母公司，即雷科防务对江苏恒达、西安恒达的投资控制关系进行了重组；四是雷科防务本次资产划转经过了权力机构董事会审议通过，履行了相应的信息披露义务，并获得了证券交易所的审核认可，资产划转已实施完成；五是在资产划转中，以股权为划转标的为数较多，也最为常见，操作流程也最为成熟。雷科防务的资产划转，基于其划转的系股权资产及划转后全资子公司变更为孙公司而有其自身的特点。

第三章　资产划转的立法现状

如本书第一章所言,截至目前,国家对企业资产划转的立法呈现了“厚此薄彼”和“一条腿走路”的局面。

一、企业国有产权(资产)无偿划转的立法规范全面

针对企业重组下的企业国有产权(资产)无偿划转,形成了以企业国有资产法为基本法律,以企业国有资产监督管理暂行条例为行政法规,以企业国有产权无偿划转管理暂行办法等为法规性文件的相对规范全面的法律体系。

1.《中华人民共和国企业国有资产法》(中华人民共和国主席令第 5 号,自 2009 年 5 月 1 日起施行)。该法作为规范调整企业国有资产的基本法律,在“第五章　关系国有资产出资人权益的重大事项”之“第一节　一般规定”和“第五节　国有资产转让”中作出了针对性规定,使包括但不限于资产划转事项上升到法律层面,并与民法典、公司法保持了协调和统一。

2.《企业国有资产监督管理暂行条例》(国务院令第 378 号,2019 年修订)。该条例作为监督管理国有资产的行政法规,在“第四章　企业重大事项管理”中对包括但不限于国有企业的重组在内的重大事项的监督管理作出了明确规定,为企业国有资产划转提供了行政法规依据。

3.《企业国有产权无偿划转管理暂行办法》(国资发产权〔2005〕239 号)。该办法作为部门规范性文件,对企业国有产权(含资产)的无偿划转实施的原则、监督管理、程序和批准等作出了具体明确的规范。

4.《企业国有产权无偿划转工作指引》(国资发产权〔2009〕25 号)。在《企业国有产权无偿划转管理暂行办法》的基础上,该指引对于企业国有产权(资产)无偿划转工作作出了具体指引。

5.《国务院国有资产监督管理委员会关于促进企业国有产权流转有关事项的通知》(国资发产权〔2014〕95 号)。该通知作为部门规范性文件,强调了企业国有

产权(资产)无偿划转的执行依据等。

6.《财政部关于企业国有资产办理无偿划转手续的规定》(财管字〔1999〕301号)。该规定作为部门规范性文件,针对企业国有资产无偿划转的手续作出了专项规范。

7.《国务院国有资产监督管理委员会关于企业国有资产交易流转有关事项的通知》(国资发产权规〔2022〕39号)。该通知作为规范性文件,明确了国有控股、实际控制企业内部实施重组整合,经国家出资企业批准,该国有控股、实际控制企业与其直接、间接全资拥有的子企业之间,或其直接、间接全资拥有的子企业之间,可比照国有产权无偿划转管理相关规定划转所持企业产权,且"企业产权"包含上市公司股份,涉及实物资产划转可参照执行。

8.《上市公司国有股权监督管理办法》(国资委、财政部、证监会令第36号)。该办法作为部门规章,专章对国有股东所持上市公司股份无偿划转进行了规范。

9.《国务院关于进一步优化企业兼并重组市场环境的意见》(国发〔2014〕14号)。该意见对企业兼并重组的目标和基本原则、加快推进审批制度改革、落实和完善财税政策、健全企业兼并重组的体制机制等提出了指导性要求。

10.《中共中央、国务院关于深化国有企业改革的指导意见》(2015年8月24日)。该指导意见对完善包括但不限于国有资产无偿划转的相关法律法规和配套政策提出了要求。

11.《国务院关于改革和完善国有资产管理体制的若干意见》(国发〔2015〕63号)。该意见对落实和完善国有企业重组整合涉及的资产评估增值、土地变更登记和国有资产无偿划转等方面税收优惠政策提出了要求。

12.《国务院关于推进国有资本投资、运营公司改革试点的实施意见》(国发〔2018〕23号)。该意见对完善支持政策,严格落实国有企业重组整合涉及的资产评估增值、土地变更登记和国有资产无偿划转等方面税收优惠政策提出了要求。

13.《财政部、国家税务总局关于企业重组业务企业所得税处理若干问题的通知》(财税〔2009〕59号)。该通知对包括但不限于企业资产划转涉及的企业所得税作出了相应的规范。

14.《国家税务总局关于发布〈企业重组业务企业所得税管理办法〉的公告》(国家税务总局公告2010年第4号)。在企业所得税法及其实施条例和《财政部、国家税务总局关于企业重组业务企业所得税处理若干问题的通知》(财税〔2009〕59

号）的基础上，对包括但不限于企业资产划转涉及的企业所得税作出了进一步的规范。

15.《财政部、国家税务总局关于促进企业重组有关企业所得税处理问题的通知》（财税〔2014〕109 号）。在《国务院关于进一步优化企业兼并重组市场环境的意见》（国发〔2014〕14 号）的基础上，对包括但不限于资产划转在内的企业重组事项作出了具体性规定。

16.《国家税务总局关于资产（股权）划转企业所得税征管问题的公告》（国家税务总局公告 2015 年第 40 号）。在《国务院关于进一步优化企业兼并重组市场环境的意见》（国发〔2014〕14 号）和《财政部、国家税务总局关于促进企业重组有关企业所得税处理问题的通知》（财税〔2014〕109 号）的基础上，针对包括但不限于企业资产划转在内的事项实施的问题作出了进一步明确性规定。

17.《财政部、国家税务总局关于基础设施领域不动产投资信托基金（REITs）试点税收政策的公告》（财政部、税务总局公告 2022 年第 3 号）。为支持基础设施 REITs（基础设施领域不动产投资信托基金），对设立基础设施 REITs 前原始权益人向项目公司划转基础设施资产，原始权益人和项目公司均不确认所得的，明确不征收企业所得税。

18.《国家税务总局关于纳税人资产重组有关增值税问题的公告》（国家税务总局公告 2011 年第 13 号）和《国家税务总局关于纳税人资产重组有关增值税问题的公告》（国家税务总局公告 2013 年第 66 号）。该两个规范性文件针对包括但不限于企业资产划转在内的事项涉及的增值税作出了相应的规范要求。

19.《财政部、税务总局关于继续实施企业改制重组有关土地增值税政策的公告》（财政部，税务总局公告 2023 年第 51 号）。该规范性文件针对包括但不限于资产划转在内的企业改制重组事项涉及的土地增值税作出了相应的规范要求。

20.《财政部、税务总局关于继续实施企业改制重组有关土地增值税政策的公告》（财政部、税务总局公告 2021 年第 21 号）。该规范性文件针对包括但不限于资产划转在内的企业改制重组事项涉及的土地增值税作出了进一步规范要求。

21.《财政部、税务总局关于继续实施企业、事业单位改制重组有关契税政策的公告》（财政部、税务总局公告 2023 年第 49 号）。该规范性文件针对包括但不限于资产划转在内的企业改制重组事项涉及的契税作出了相应的规范。

22.《财政部、税务总局关于继续执行企业事业单位改制重组有关契税政策的公告》（财政部、税务总局公告 2021 年第 17 号）。该规范性文件针对包括但不限于资产划转在内的企业改制重组事项涉及的契税的继续执行作出了相应的规范。

23.《国家税务总局关于办理上市公司国有股权无偿转让暂不征收证券(股票)交易印花税有关审批事项的通知》(国税函〔2004〕94号)。该规范性文件对经国务院和省级人民政府决定或批准进行的国有(含国有控股)企业改组改制而发生的上市公司国有股权无偿转让行为,暂不征收证券(股票)交易印花税等作出了相应的规范。

在上述法律法规、规章和规范性文件的基础上,有关省、自治区、直辖市针对本辖区内企业国有产权(资产)无偿划转制定了地方性规章及规范性文件。

由此可见,关于企业国有产权(资产)无偿划转已经形成了法律、行政法规、部门规范性文件等相对完善的法律体系。

【法规索引速查】

《中华人民共和国企业国有资产法》(2008年10月28日)

第三十条 国家出资企业合并、分立、改制、上市,增加或者减少注册资本,发行债券,进行重大投资,为他人提供大额担保,转让重大财产,进行大额捐赠,分配利润,以及解散、申请破产等重大事项,应当遵守法律、行政法规以及企业章程的规定,不得损害出资人和债权人的权益。

第三十二条 国有独资企业、国有独资公司有本法第三十条所列事项的,除依照本法第三十一条和有关法律、行政法规以及企业章程的规定,由履行出资人职责的机构决定的以外,国有独资企业由企业负责人集体讨论决定,国有独资公司由董事会决定。

第三十三条 国有资本控股公司、国有资本参股公司有本法第三十条所列事项的,依照法律、行政法规以及公司章程的规定,由公司股东会、股东大会或者董事会决定。由股东会、股东大会决定的,履行出资人职责的机构委派的股东代表应当依照本法第十三条的规定行使权利。

第三十七条 国家出资企业的合并、分立、改制、解散、申请破产等重大事项,应当听取企业工会的意见,并通过职工代表大会或者其他形式听取职工的意见和建议。

第三十八条 国有独资企业、国有独资公司、国有资本控股公司对其所出资企业的重大事项参照本章规定履行出资人职责。具体办法由国务院规定。

第五十一条 本法所称国有资产转让,是指依法将国家对企业的出资所形成的权益转移给其他单位或者个人的行为；按照国家规定无偿划转国有资产的除外。

第五十三条　国有资产转让由履行出资人职责的机构决定。履行出资人职责的机构决定转让全部国有资产的，或者转让部分国有资产致使国家对该企业不再具有控股地位的，应当报请本级人民政府批准。

《企业国有资产监督管理暂行条例》（国务院令第378号，2019年修订）

第二十条　国有资产监督管理机构负责指导国有及国有控股企业建立现代企业制度，审核批准其所出资企业中的国有独资企业、国有独资公司的重组、股份制改造方案和所出资企业中的国有独资公司的章程。

第二十一条　国有资产监督管理机构依照法定程序决定其所出资企业中的国有独资企业、国有独资公司的分立、合并、破产、解散、增减资本、发行公司债券等重大事项。其中，重要的国有独资企业、国有独资公司分立、合并、破产、解散的，应当由国有资产监督管理机构审核后，报本级人民政府批准。

国有资产监督管理机构依照法定程序审核、决定国防科技工业领域其所出资企业中的国有独资企业、国有独资公司的有关重大事项时，按照国家有关法律、规定执行。

第二十四条　所出资企业投资设立的重要子企业的重大事项，需由所出资企业报国有资产监督管理机构批准的，管理办法由国务院国有资产监督管理机构另行制定，报国务院批准。

《企业国有产权无偿划转管理暂行办法》（国资发产权〔2005〕239号）

《企业国有产权无偿划转工作指引》（国资发产权〔2009〕25号）

《国务院国有资产监督管理委员会关于促进企业国有产权流转有关事项的通知》（国资发产权〔2014〕95号）

《国务院国有资产监督管理委员会关于企业国有资产交易流转有关事项的通知》（国资发产权规〔2022〕39号）

《财政部关于企业国有资产办理无偿划转手续的规定》（财管字〔1999〕301号）

《上市公司国有股权监督管理办法》（国资委、财政部、证监会令第36号）

第三十七条　政府部门、机构、事业单位、国有独资或全资企业之间可以依法无偿划转所持上市公司股份。

第三十八条　国有股东所持上市公司股份无偿划转属于本办法第七条规定

情形的，由国家出资企业审核批准，其他情形由国有资产监督管理机构审核批准。

《国务院关于进一步优化企业兼并重组市场环境的意见》（国发〔2014〕14号）

（七）完善企业所得税、土地增值税政策。修订完善兼并重组企业所得税特殊性税务处理的政策，降低收购股权（资产）占被收购企业全部股权（资产）的比例限制，扩大特殊性税务处理政策的适用范围。抓紧研究完善非货币性资产投资交易的企业所得税、企业改制重组涉及的土地增值税等相关政策。

（八）落实增值税、营业税等政策。企业通过合并、分立、出售、置换等方式，转让全部或者部分实物资产以及与其相关联的债权、债务和劳动力的，不属于增值税和营业税征收范围，不应视同销售而征收增值税和营业税。税务部门要加强跟踪管理，企业兼并重组工作牵头部门要积极协助财税部门做好相关税收政策的落实。

《中共中央、国务院关于深化国有企业改革的指导意见》（2015年8月24日）

（二十七）完善相关法律法规和配套政策。加强国有企业相关法律法规立改废释工作，确保重大改革于法有据。切实转变政府职能，减少审批、优化制度、简化手续、提高效率。完善公共服务体系，推进政府购买服务，加快建立稳定可靠、补偿合理、公开透明的企业公共服务支出补偿机制。完善和落实国有企业重组整合涉及的资产评估增值、土地变更登记和国有资产无偿划转等方面税收优惠政策。完善国有企业推出的相关政策，依法妥善处理劳动关系调整、社会保险关系接续等问题。

《国务院关于改革和完善国有资产管理体制的若干意见》（国发〔2015〕63号）

（十六）落实相关配套政策。落实和完善国有企业重组整合涉及的资产评估增值、土地变更登记和国有资产无偿划转等方面税收优惠政策，切实明确国有企业改制重组过程中涉及的债权债务承接主体和责任，完善国有企业退出的相关政策，依法妥善处理劳动关系调整和社会保险关系接续等相关问题。

《国务院关于推进国有资本投资、运营公司改革试点的实施意见》（国发〔2018〕23号）

（二）组建方式。

按照国家确定的目标任务和布局领域，国有资本投资、运营公司可采取改组和新设两种方式设立。根据国有资本投资、运营公司的具体定位和发展需要，通过无偿划转或市场化方式重组整合相关国有资本。

划入国有资本投资、运营公司的资产，为现有企业整体股权（资产）或部分股权。股权划入后，按现行政策加快剥离国有企业办社会职能和解决历史遗留问题，采取市场化方式处置不良资产和业务等。股权划入涉及上市公司的，应符合证券监管相关规定。

《国家税务总局关于办理上市公司国有股权无偿转让暂不征收证券（股票）交易印花税有关审批事项的通知》（国税函〔2004〕94号）

一、对经国务院和省级人民政府决定或批准进行的国有（含国有控股）企业改组改制而发生的上市公司国有股权无偿转让行为，暂不征收证券（股票）交易印花税。对不属于上述情况的上市公司国有股权无偿转让行为，仍应征收证券（股票）交易印花税。

二、凡符合暂不征收证券（股票）交易印花税条件的上市公司国有股权无偿转让行为，由转让方或受让方按本通知附件《关于上市公司国有股权无偿转让暂不征收证券（股票）交易印花税申报文件的规定》的要求，报中国证券登记结算有限责任公司备案。

三、本规定自2004年7月1日起执行。《国家税务总局关于上市公司国有股权无偿转让征收证券（股票）交易印花税问题的通知》（国税发〔1999〕124号）同时废止。

《财政部、国家税务总局关于基础设施领域不动产投资信托基金（REITs）试点税收政策的公告》（财政部、税务总局公告2022年第3号）

一、设立基础设施REITs前，原始权益人向项目公司划转基础设施资产相应取得项目公司股权，适用特殊性税务处理，即项目公司取得基础设施资产的计税基础，以基础设施资产的原计税基础确定；原始权益人取得项目公司股权的计税基础，以基础设施资产的原计税基础确定。原始权益人和项目公司不确认所得，不征收企业所得税。

二、基础设施REITs设立阶段，原始权益人向基础设施REITs转让项目公司股权实现的资产转让评估增值，当期可暂不缴纳企业所得税，允许递延至基础设施REITs完成募资并支付股权转让价款后缴纳。其中，对原始权益人按照战略配售要求自持的基础设施REITs份额对应的资产转让评估增值，允许递延至实际转让时缴纳企业所得税。

三、原始权益人通过二级市场认购（增持）该基础设施REITs份额，按照先进先出原则认定优先处置战略配售份额。

四、对基础设施REITs运营、分配等环节涉及的税收，按现行税收法律法规的规定执行。

五、本公告适用范围为证监会、发展改革委根据有关规定组织开展的基础设施 REITs 试点项目。

六、本公告自 2021 年 1 月 1 日起实施。2021 年 1 月 1 日前发生的符合本公告规定的事项,可按本公告规定享受相关政策。

二、民营企业资产划转的立法缺陷

虽然近年来国家出台了不少促进民营经济发展,保护民营企业合法权益的支持性政策,但是与国有企业相比,民营企业与国有企业同为市场主体,却在企业重组中的资产划转上明显形成了立法缺陷。

截至目前,国家尚没有针对民营企业资产划转的法律法规、规章和专门性规范性文件。只是在财税法规性文件中的资产划转涉及税收政策上,包含了民营企业的资产划转,没有将国有企业和民营企业区别对待。

涉及民营企业资产划转的财税法规性文件,同样适用于国有企业资产划转,主要有:《财政部、国家税务总局关于企业重组业务企业所得税处理若干问题的通知》(财税〔2009〕59 号)、《国家税务总局关于发布〈企业重组业务企业所得税管理办法〉的公告》(国家税务总局公告 2010 年第 4 号)、《财政部、国家税务总局关于促进企业重组有关企业所得税处理问题的通知》(财税〔2014〕109 号)、《国家税务总局关于资产(股权)划转企业所得税征管问题的公告》(国家税务总局公告 2015 年第 40 号)、《财政部、国家税务总局关于基础设施领域不动产投资信托基金(REITs)试点税收政策的公告》(财政部、税务总局公告 2022 年第 3 号)、《国家税务总局关于纳税人资产重组有关增值税问题的公告》(国家税务总局公告 2011 年第 13 号)、《国家税务总局关于纳税人资产重组有关增值税问题的公告》(国家税务总局公告 2013 年第 66 号)、《财政部、税务总局关于继续实施企业改制重组有关土地增值税政策的公告》(财政部、税务总局公告 2023 年第 51 号)、《财政部、税务总局关于继续实施企业改制重组有关土地增值税政策的公告》(财政部、税务总局公告 2021 年第 21 号)、《财政部、税务总局关于继续实施企业、事业单位改制重组有关契税政策的公告》(财政部、税务总局公告 2023 年第 49 号)、《财政部、税务总局关于继续执行企业事业单位改制重组有关契税政策的公告》(财政部、税务总局公告 2021 年第 17 号)和《国家税务总局关于办理上市公司国有股权无偿转让暂不征收证券(股票)交易印花税有关审批事项的通知》(国税函〔2004〕94 号)等。

上述财税法规性文件，主要明确了企业重组中包括但不限于资产划转在内的重组事项涉及的企业所得税、增值税、土地增值税、契税和印花税等政策，对于民营企业资产划转的条件、程序、必备的法律文件等没有全面的规范能力。

【法规索引速查】

《财政部、国家税务总局关于企业重组业务企业所得税处理若干问题的通知》(财税〔2009〕59号)

三、企业重组的税务处理区分不同条件分别适用一般性税务处理规定和特殊性税务处理规定。

五、企业重组同时符合下列条件的，适用特殊性税务处理规定：

(一)具有合理的商业目的，且不以减少、免除或者推迟缴纳税款为主要目的。

(二)被收购、合并或分立部分的资产或股权比例符合本通知规定的比例。

(三)企业重组后的连续12个月内不改变重组资产原来的实质性经营活动。

(四)重组交易对价中涉及股权支付金额符合本通知规定比例。

(五)企业重组中取得股权支付的原主要股东，在重组后连续12个月内，不得转让所取得的股权。

十一、企业发生符合本通知规定的特殊性重组条件并选择特殊性税务处理的，当事各方应在该重组业务完成当年企业所得税年度申报时，向主管税务机关提交书面备案资料，证明其符合各类特殊性重组规定的条件。企业未按规定书面备案的，一律不得按特殊重组业务进行税务处理。

《国家税务总局关于发布〈企业重组业务企业所得税管理办法〉的公告》(国家税务总局公告2010年第4号)

第二条 本办法所称企业重组业务，是指《通知》第一条所规定的企业法律形式改变、债务重组、股权收购、资产收购、合并、分立等各类重组。

第四条 同一重组业务的当事各方应采取一致税务处理原则，即统一按一般性或特殊性税务处理。

第十九条 《通知》第五条第(三)和第(五)项所称"企业重组后的连续12个月内"，是指自重组日起计算的连续12个月内。

第二十一条 《通知》第六条第(四)项规定的同一控制，是指参与合并的企业在合并前后均受同一方或相同的多方最终控制，且该控制并非暂时性的。能够对参与合并的企业在合并前后均实施最终控制权的相同多方，是指根据合同或协议的约定,对参与合并企业的财务和经营政策拥有决定控制权的投资者群体。在企业合并前,参与合并各方受最终控制方的控制在12个月以上,企业合并后所形成的主体在最终控制方的控制时间也应达到连续12个月。

第二十九条 适用《通知》第五条第(三)项和第(五)项的当事各方应在完成重组业务后的下一年度的企业所得税年度申报时,向主管税务机关提交书面情况说明,以证明企业在重组后的连续12个月内,有关符合特殊性税务处理的条件未发生改变。

《财政部、国家税务总局关于促进企业重组有关企业所得税处理问题的通知》(财税〔2014〕109号)

三、关于股权、资产划转

对100%直接控制的居民企业之间,以及受同一或相同多家居民企业100%直接控制的居民企业之间按账面净值划转股权或资产,凡具有合理商业目的、不以减少、免除或者推迟缴纳税款为主要目的,股权或资产划转后连续12个月内不改变被划转股权或资产原来实质性经营活动,且划出方企业和划入方企业均未在会计上确认损益的,可以选择按以下规定进行特殊性税务处理:……

《国家税务总局关于资产(股权)划转企业所得税征管问题的公告》(国家税务总局公告2015年第40号)

一、《通知》第三条所称"100%直接控制的居民企业之间,以及受同一或相同多家居民企业100%直接控制的居民企业之间按账面净值划转股权或资产",限于以下情形:

(一)100%直接控制的母子公司之间,母公司向子公司按账面净值划转其持有的股权或资产,母公司获得子公司100%的股权支付。母公司按增加长期股权投资处理,子公司按接受投资(包括资本公积,下同)处理。母公司获得子公司股权的计税基础以划转股权或资产的原计税基础确定。

(二)100%直接控制的母子公司之间,母公司向子公司按账面净值划转其持有的股权或资产,母公司没有获得任何股权或非股权支付。母公司按冲减实收资本(包括资本公积,下同)处理,子公司按接受投资处理。

(三)100%直接控制的母子公司之间,子公司向母公司按账面净值划转其持有的股权或资产,子公司没有获得任何股权或非股权支付。母公司按收回投资处理,或按接受投资处理,子公司按冲减实收资本处理。母公司应按被划转股权或资产的原计税基础,相应调减持有子公司股权的计税基础。

（四）受同一或相同多家母公司100%直接控制的子公司之间，在母公司主导下，一家子公司向另一家子公司按账面净值划转其持有的股权或资产，划出方没有获得任何股权或非股权支付。划出方按冲减所有者权益处理，划入方按接受投资处理。

二、《通知》第三条所称"股权或资产划转后连续12个月内不改变被划转股权或资产原来实质性经营活动"，是指自股权或资产划转完成日起连续12个月内不改变被划转股权或资产原来实质性经营活动。

股权或资产划转完成日，是指股权或资产划转合同（协议）或批复生效，且交易双方已进行会计处理的日期。

三、《通知》第三条所称"划入方企业取得被划转股权或资产的计税基础，以被划转股权或资产的原账面净值确定"，是指划入方企业取得被划转股权或资产的计税基础，以被划转股权或资产的原计税基础确定。

《通知》第三条所称"划入方企业取得的被划转资产，应按其原账面净值计算折旧扣除"，是指划入方企业取得的被划转资产，应按被划转资产的原计税基础计算折旧扣除或摊销。

四、按照《通知》第三条规定进行特殊性税务处理的股权或资产划转，交易双方应在协商一致的基础上，采取一致处理原则统一进行特殊性税务处理。

五、交易双方应在企业所得税年度汇算清缴时，分别向各自主管税务机关报送《居民企业资产（股权）划转特殊性税务处理申报表》（详见附件）和相关资料（一式两份）。

《国家税务总局关于纳税人资产重组有关增值税问题的公告》（国家税务总局公告2011年第13号）

纳税人在资产重组过程中，通过合并、分立、出售、置换等方式，将全部或者部分实物资产以及与其相关联的债权、负债和劳动力一并转让给其他单位和个人，不属于增值税的征税范围，其中涉及的货物转让，不征收增值税。

本公告自2011年3月1日起执行。此前未作处理的，按照本公告的规定执行。《国家税务总局关于转让企业全部产权不征收增值税问题的批复》（国税函〔2002〕420号）、《国家税务总局关于纳税人资产重组有关增值税政策问题的批复》（国税函〔2009〕585号）、《国家税务总局关于中国直播卫星有限公司转让全部产权有关增值税问题的通知》（国税函〔2010〕350号）同时废止。

《国家税务总局关于纳税人资产重组有关增值税问题的公告》(国家税务总局公告2013年第66号)

纳税人在资产重组过程中,通过合并、分立、出售、置换等方式,将全部或者部分实物资产以及与其相关联的债权、负债经多次转让后,最终的受让方与劳动力接收方为同一单位和个人的,仍适用《国家税务总局关于纳税人资产重组有关增值税问题的公告》(国家税务总局公告2011年第13号)的相关规定,其中货物的多次转让行为均不征收增值税。资产的出让方需将资产重组方案等文件资料报其主管税务机关。

本公告自2013年12月1日起施行。纳税人此前已发生并处理的事项,不再做调整;未处理的,按本公告规定执行。

《财政部、税务总局关于继续实施企业改制重组有关土地增值税政策的公告》(财政部、税务总局公告2021年第21号)

一、企业按照《中华人民共和国公司法》有关规定整体改制,包括非公司制企业改制为有限责任公司或股份有限公司,有限责任公司变更为股份有限公司,股份有限公司变更为有限责任公司,对改制前的企业将国有土地使用权、地上的建筑物及其附着物(以下称房地产)转移、变更到改制后的企业,暂不征土地增值税。

本公告所称整体改制是指不改变原企业的投资主体,并承继原企业权利、义务的行为。

二、按照法律规定或者合同约定,两个或两个以上企业合并为一个企业,且原企业投资主体存续的,对原企业将房地产转移、变更到合并后的企业,暂不征土地增值税。

三、按照法律规定或者合同约定,企业分设为两个或两个以上与原企业投资主体相同的企业,对原企业将房地产转移、变更到分立后的企业,暂不征土地增值税。

四、单位、个人在改制重组时以房地产作价入股进行投资,对其将房地产转移、变更到被投资的企业,暂不征土地增值税。

五、上述改制重组有关土地增值税政策不适用于房地产转移任意一方为房地产开发企业的情形。

八、本公告所称不改变原企业投资主体、投资主体相同,是指企业改制重组前后出资人不发生变动,出资人的出资比例可以发生变动;投资主体存续,是指原企业出资人必须存在于改制重组后的企业,出资人的出资比例可以发生变动。

《财政部、税务总局关于继续执行企业事业单位改制重组有关契税政策的公告》(财政部、税务总局公告2021年第17号)

六、资产划转

对承受县级以上人民政府或国有资产管理部门按规定进行行政性调整、划转国有土地、房屋权属的单位,免征契税。

同一投资主体内部所属企业之间土地、房屋权属的划转,包括母公司与其全资子公司之间,同一公司所属全资子公司之间,同一自然人与其设立的个人独资企业、一人有限公司之间土地、房屋权属的划转,免征契税。

母公司以土地、房屋权属向其全资子公司增资,视同划转,免征契税。

【案例与评析】

案例3-1:海昌新材(证券代码:300885)子公司向母公司资产划转及交易所要求核查涉税事项

(一)基本情况

海昌新材(扬州海昌新材股份有限公司,证券简称:海昌材料,证券代码:300885)成立于2001年1月11日,2020年9月10日成为深交所创业板上市公司,主营业务为粉末冶金制品的研发、生产和销售。海昌新材的实际控制人为境内自然人。

2019年5月,海昌新材向中国证监会申请创业板上市并在其《首次公开发行股票并在创业板上市招股说明书(申报稿)》中披露:扬州美特粉末冶金有限公司(以下简称美特粉末)成立于2006年3月6日,2015年5月成为海昌新材(海昌新材股改前的名称:扬州海昌粉末冶金有限公司)的全资子公司。2006年美特粉末通过出让方式取得位于扬州市维扬经济开发区荷叶西路90号的一宗面积为20,655.20平方米的国有土地,2015年前在该宗土地上建设了面积为10,276.56平方米的厂房,2017年办理了产权证书[证书编号为苏(2017)扬州市不动产权第0090743号]。报告期内(2017年度、2018年度和2019年度),美特粉末未开展实际经营,仅通过向海昌新材出租土地和厂房取得租金收入。为优化资产结构,降低管理成本,提升管理运营效率,海昌新材于2017年6月26日决定解散美特粉末,2017年7月18日美特粉末刊登了注销公告。在美特粉末清算注销之前,2017年8月30日,海昌新材经2017年第三次临时股东大会决议将美特粉末拥有的上述国有建设用地使用权、房屋所有权无偿划转至海昌新材。2017年9月美特粉末将该项土地及房产资产全部划转至海昌新材,经依法办理产权转移手续后,海昌新材新办不动产产权证书编号为苏(2017)扬州市不动产权第0126225号。2017年12月22日、26日,美特粉末分别取得了扬州市邗江区地方税务局、国家税务局所出具之准予注销登记的税务事项通知书(邗地税五税通〔2017〕12254号、扬国税邗税通〔2017〕15150号)及清税证明。2017年12月27日,美特粉末办理了公司注销登记,并取得了工商部门的注销证明[(10270272)公司注销〔2017〕第12270007号]。至此,美特粉末土地及房屋不动产资产划转完毕,清算注销登记也办理完毕。

2019年5月,海昌新材向中国证监会申请创业板上市并在其《首次公开发行股票并在创业板上市招股说明书(申报稿)》[①]中,披露了2017年期间美特粉末资产划转及注销登记的信息。

2019年6月20日,中国证监会针对海昌新材下发了191078号《中国证监会行政许可项目审查一次反馈意见通知书》,其中:"二、关于规范性问题的第2项":

"美特粉末设立于2006年3月……招股说明书披露,报告期内美特粉末未开展实际经营,仅通过向发行人出租土地和厂房取得租金收入。2017年7月,美特粉末刊登注销公告。2017年8月,发行人召开股东大会,决定将美特粉末拥有的土地使用权、房屋所有权无偿划转至发行人。2017年12月,美特粉末完成注销。请发行人:

(1)……

(2)说明美特粉末'无偿划转'至发行人的土地使用权、房屋所有权的取得方式、程序、用途是否符合有关法律法规及规范性文件的规定,美特粉末在发布注销公告后处置土地使用权、房屋所有权的行为是否违反有关法律法规的规定,'无偿划转'的法律性质,发行人取得美特粉末土地使用权、房屋所有权是否合法有效,是否存在侵害他人合法权益的情形,是否存在纠纷或潜在纠纷。发行人、美特粉末是否就土地使用权及房屋所有权转让依法缴纳相应税款,是否存在行政处罚的风险,是否构成重大违法行为及本次发行的法律障碍。

(3)……

(4)……

---

① 《扬州海昌新材股份有限公司首次公开发行股票并在创业板上市招股说明书(申报稿)》,载深交所发行上市审核信息公开网站2019年5月17日,http://reportdocs.static.szse.cn/UpFiles/rasinfodisc/RAS_000172BD7700D23FE210E5F6CEE5013F.pdf。

(5)说明美特粉末注销的原因及注销程序的合规性,涉及的资产、人员、债权债务处理情况,是否存在纠纷或潜在纠纷。

请保荐机构、发行人律师核查上述问题并发表明确意见。”

海昌新材、保荐机构及发行人的律师在其《扬州海昌新材股份有限公司首次公开发行股票并上市申请文件反馈意见》《关于扬州海昌新材股份有限公司首次公开发行股票并在创业板上市的补充法律意见书(一)》[①]中反馈回复如下:

“1. 美特粉末‘无偿划转’至发行人的土地使用权、房屋所有权的取得方式、程序、用途是否符合有关法律法规及规范性文件的规定”

……

“根据美特粉末、海昌新材分别取得的《不动产权证书》,经保荐机构及发行人律师核查:美特粉末‘无偿划转’至发行人的房屋所有权,均为美特粉末的自建房屋,并取得合法有效的房屋所有权。扬州市国土资源局邗江分局分别于2016年8月11日及2017年8月24日出具《证明》,证明美特粉末所使用土地均已依法履行土地出让程序并获得国有土地使用权,不存在违法占用非国有建设用地进行生产建设的情形,不存在因违反土地管理相关法律、行政法规而受到行政处罚的情况。认为美特粉末‘无偿划转’至发行人的土地使用权、房屋所有权的取得方式、程序、用途符合有关法律法规及规范性文件的规定”。

……

“3.‘无偿划转’的法律性质”

公司、保荐机构及发行人律师认为“上述‘无偿划转’系美特粉末清算期间为清理处置其财产,在母公司与其全资子公司之间资产无偿转让行为,不涉及对价支付。根据《关于促进企业重组有关企业所得税处理问题的通知》(财税〔2014〕109号,自2014年1月1日起施行)的规定,如资产的‘无偿划转’发生于母公司与其全资子公司之间,在税务处理上转让方/受让方可适用税法相关规定免征企业所得税、增值税、土地增值税、契税(具体详见本题‘5、发行人、美特粉末是否就土地使用权及房屋所有权转让依法缴纳相应税款,是否存在行政处罚的风险,是否构成重大违法行为及本次发行的法律障碍’部分所述)”。

---

① 《北京市康达律师事务所关于扬州海昌新材股份有限公司首次公开发行股票并在创业板上市的补充法律意见书(一)》,载股吧网2020年8月26日,https://pdf.dfcfw.com/pdf/H2_AN202008251401488155_1.pdf。

“4. 发行人取得美特粉末土地使用权、房屋所有权是否合法有效，是否存在侵害他人合法权益的情形，是否存在纠纷或潜在纠纷”

保荐机构及发行人律师认为：“发行人取得美特粉末土地使用权、房屋所有权合法有效，不存在侵害他人合法权益的情形，不存在纠纷或潜在纠纷。”

“5. 发行人、美特粉末是否就土地使用权及房屋所有权转让依法缴纳相应税款，是否存在行政处罚的风险，是否构成重大违法行为及本次发行的法律障碍：

(1)发行人、美特粉末是否就土地使用权及房屋所有权转让依法缴纳相应税款

①美特粉末就土地使用权及房屋所有权转让可能涉及需要缴纳的税款

A. 企业所得税

《关于促进企业重组有关企业所得税处理问题的通知》(财税〔2014〕109 号，自 2014 年 1 月 1 日起施行)之‘三、关于股权、资产划转’，‘对 100% 直接控制的居民企业之间，以及受同一或相同多家居民企业 100% 直接控制的居民企业之间按账面净值划转股权或资产，凡具有合理商业目的、不以减少、免除或者推迟缴纳税款为主要目的，股权或资产划转后连续 12 个月内不改变被划转股权或资产原来实质性经营活动，且划出方企业和划入方企业均未在会计上确认损益的，可以选择按以下规定进行特殊性税务处理：1. 划出方企业和划入方企业均不确认所得。2. 划入方企业取得被划转股权或资产的计税基础，以被划转股权或资产的原账面净值确定。3. 划入方企业取得的被划转资产，应按其原账面净值计算折旧扣除’。

《国家税务总局关于资产(股权)划转企业所得税征管问题的公告》(国家税务总局公告 2015 年第 40 号，自 2015 年 5 月 27 日起施行)规定：《财政部、国家税务总局关于促进企业重组有关企业所得税处理问题的通知》(财税〔2014〕109 号，以下简称《通知》)下发后，各地陆续反映在企业重组所得税政策执行过程中有些征管问题亟需明确。经研究，现就股权或资产划转企业所得税征管问题公告如下：一、《通知》第三条所称‘100% 直接控制的居民企业之间，以及受同一或相同多家居民企业 100% 直接控制的居民企业之间按账面净值划转股权或资产’，限于以下情形：……(三)100% 直接控制的母子公司之间，子公司向母公司按账面净值划转其持有的股权或资产，子公司没有获得任何股权或非股权支付。母公司按收回投资处理，或按接受投资处理，子公司按冲减实收资本处理。母公司应按被划转股权或资产的原计税基础，相应调减持有子公司股权的计税基础。

本次资产划转后，不改变被划转资产原有的经营活动，美特粉末及海昌新材

在会计上均不确认损益,被划转资产的计税基础以被划转的资产的原账面净值确定,并按其原账面净值计算折旧扣除。因此本次无偿划转,美特粉末无须缴纳企业所得税。

B. 增值税

《国家税务总局关于纳税人资产重组有关增值税问题的公告》(国家税务总局公告2011年第13号,自2011年3月1日起施行)规定:‘纳税人在资产重组过程中,通过合并、分立、出售、置换等方式,将全部或者部分实物资产以及与其相关联的债权、负债和劳动力一并转让给其他单位和个人,不属于增值税的征税范围,其中涉及的货物转让,不征收增值税。’

本次美特粉末将相关土地及房屋以及与其相关联的债权、负债和劳动力一并转让给海昌新材,不属于增值税的征税范围。

因此,本次无偿划转不涉及增值税,美特粉末无须缴纳增值税。

C. 土地增值税

《中华人民共和国土地增值税暂行条例》(中华人民共和国国务院令第588号,自2011年1月8日起施行)第三条规定:‘土地增值税按照纳税人转让房地产所取得的增值额和本条例第七条规定的税率计算征收。’鉴于本次国有土地使用权转让系按照土地账面价值确定,无增值额,且美特粉末没有取得收入,按照相关税收法律、法规规定,本次转让无须缴纳土地增值税。

D. 印花税

根据《中华人民共和国印花税暂行条例》(中华人民共和国国务院令第588号,自2011年1月8日起施行)第一条规定:‘在中华人民共和国境内书立、领受本条例所列举凭证的单位和个人,都是印花税的纳税义务人(以下简称纳税人),应当按照本条例规定缴纳印花税’;第二条规定:‘下列凭证为应纳税凭证:……(二)产权转移书据’;第八条规定:‘同一凭证,由两方或者两方以上当事人签订并各执一份的,应当由各方就所执的一份各自全额贴花。’

根据《中华人民共和国印花税暂行条例》(中华人民共和国国务院令第588号,自2011年1月8日起施行)及《财政部、国家税务总局关于印花税若干政策的通知》(财税〔2006〕162号,自2006年11月27日起施行)的相关规定,不动产买卖属于‘产权转移书据’的征税范围,测算按‘产权转移书据’依万分之五的税率计算应纳印花税。

就美特粉末将土地使用权及房屋所有权转让给发行人,美特粉末需缴纳印花税。根据美特粉末提供的《税收缴款书》《税收完税证明》等材料，美特粉末已缴纳完毕该等印花税，共计 5183.4 元。

②海昌新材就土地使用权及房屋所有权转让可能涉及需要缴纳的税款

A. 契税

根据《财政部、国家税务总局关于进一步支持企业事业单位改制重组有关契税政策的通知》(财税〔2015〕37 号，自 2015 年 1 月 1 日起施行)第六条‘资产划转’的规定：‘同一投资主体内部所属企业之间土地、房屋权属的划转，包括母公司与其全资子公司之间，同一公司所属全资子公司之间，同一自然人与其设立的个人独资企业、一人有限公司之间土地、房屋权属的划转，免征契税。’

因美特粉末与发行人关于土地、房屋的无偿划转发生于母公司与其全资子公司之间，因此其性质属于‘同一投资主体内部所属企业之间土地、房屋权属的划转’，可以按照上述法规免征契税。

2017 年 10 月 25 日，扬州市邗江区地方税务局出具《契税减免核实通知书》(2321020173YH0000283741)，依据《财政部、国家税务总局关于进一步支持企业事业单位改制重组有关契税政策的通知》(财税〔2015〕37 号)核准对海昌新材受让美特粉末土地使用权及房屋所有权免征契税。

B. 印花税

就美特粉末将土地使用权及房屋所有权转让给发行人，发行人需缴纳印花税。根据发行人提供的《税收缴款书》《税收完税证明》等材料，发行人已缴纳完毕该等印花税，共计 5183.4 元。

(2)税务主管部门证明

①2017 年 12 月 26 日，扬州市邗江区地方税务局、扬州市邗江区国家税务局出具《清税证明》，证明美特粉末所有税务事项均已结清；扬州市邗江区地方税务局、扬州市邗江区国家税务局分别于 2017 年 12 月 22 日、2017 年 12 月 26 日出具《税务事项通知书》，核准美特粉末申请的税务注销登记事项。

②国家税务总局扬州市邗江区税务局分别于 2019 年 1 月 24 日、2019 年 7 月 15 日出具《证明》，未发现海昌新材(纳税人识别号:913210037252169760F)2016 年至 2019 年 6 月 30 日期间因涉税违法违规行为而受到税务机关行政处罚的记录。”

保荐机构及发行人律师认为：“发行人、美特粉末已就土地使用权及房屋所有权转让依法缴纳相应税款，不存在行政处罚的风险，不构成重大违法行为及本次发行的法律障碍。”

“(五)说明美特粉末注销的原因及注销程序的合规性,涉及的资产、人员、债权债务处理情况,是否存在纠纷或潜在纠纷

1. 美特粉末注销的原因及注销程序的合规性……

2. 涉及的资产、人员、债权债务处理情况,是否存在纠纷或潜在纠纷

(1)资产处理情况

……美特粉末注销时的资产主要包括土地使用权、房屋所有权,上述资产已于2017年11月1日过户至发行人名下。

(2)人员处理情况

根据发行人的说明,美特粉末未实际开展经营,在美特粉末注销前,除由实际控制人周光荣担任执行董事、经理,徐晓玉担任监事外,未雇佣员工进行生产经营,注销时不涉及员工安置问题。

(3)债权债务处理情况

……经审计,截至2017年10月31日,美特粉末应付账款为所欠惠山区堰桥栋肇机械厂二期厂房工程款267,000元;其他应付款为所欠海昌新材10,267,116.84元。无应收账款及其他应收账款。

……经审计,截至2017年12月27日,美特粉末总资产为0元,总负债为0元。

2017年12月27日,美特粉末清算组出具《清算报告》,美特粉末具体债权债务清理情况为:库存资产0元;收回债权0万元;偿还债务0万元;剩余净资产0元;剩余净资产0元,无可以分配的资产。

(4)是否存在纠纷或潜在纠纷

根据发行人注销前相关工商、税务等注销手续及发行人出具的承诺,美特粉末存续期间未实际经营,涉及的资产、债权债务均已清理完毕,至今不存在任何纠纷或潜在纠纷。

2019年1月22日,扬州市邗江区市场监督管理局出具《市场主体守法经营状态意见》,美特粉末自2016年1月1日至注销,在江苏省工商系统企业信用数据库中无受行政处罚记录、无申(投)诉记录,无违规记录。……”

保荐机构及发行人律师认为:“发行人就美特粉末注销的原因及涉及的资产、人员、债权债务处理情况说明属实,注销程序合法合规,不存在纠纷或潜在纠纷。”

2020年7月29日,创业板上市委员会2020年第10次审议会议审核通过了

海昌新材创业板上市。[1] 2020年8月20日,中国证监会对海昌新材创业板上市作出了证监许可〔2020〕1834号《关于同意海昌新材首次公开发行股票注册的批复》[2]。

(二)简要评析

海昌新材的本次资产划转:一是最突出的特点是海昌新材在申报创业板上市过程中,披露了本次资产划转的事项后,中国证监会作为监管和行政许可机构,直接要求公司对资产划转的性质、母公司取得划转资产是否合法有效、是否就土地使用权及房屋所有权转让依法缴纳相应税款,是否存在行政处罚的风险,是否构成重大违法行为及本次发行的法律障碍,涉及的资产、人员、债权债务处理情况,是否存在纠纷或潜在纠纷等关键且核心的问题逐项说明,要求保荐机构和发行人律师逐项核查并发表明确意见,这些问题正是资产划转的重大且为普遍关心的问题,涉及民营企业资产划转的合法合规性,是否有相应的法律依据,深刻揭示了非国有企业资产划转的"一条腿走路"的立法不足;二是海昌新材的逐项情况说明、保荐机构和发行人律师的逐项核查并发表了明确的意见,创业板上市委员会对海昌新材的上市审核通过,以及中国证监会的核准注册,最终说明了从资本市场监管的角度认可本次资产划转的合法合规性,尤其是享受的税收优惠政策的认可,进而印证了本书研究探讨资产划转的现实意义;三是母子公司之间的划转,划转的标的主要为土地及房屋不动产,具有合理的商业目的,且按照账面净值无偿划转,符合了资产划转应具备的本书"第二章 资产划转的概念和条件"所述的各项合规性条件;四是本次资产划转的过程,中国证监会针对资产划转要求核查并明确发表意见的问题,公司、保荐机构及发行人律师的回复意见等均为公开信息,让资产划转"公之于天下",接受社会各界的审视,为证明其合法合规性提供了"现身说法",十分值得肯定。

---

① 《创业板上市委2020年第10次审议会议结果公告》,载深交所发行上市审核信息公开网站2020年7月29日,http://reportdocs.static.szse.cn/UpFiles/rasinfodisc/RAS_0001739A8786F53FD8DB164B818AFA3F.pdf。

② 中国证监会《关于同意海昌新材首次公开发行股票注册的批复》(证监许可〔2020〕1834号),载深交所发行上市审核信息公开网站2020年8月20日,http://reportdocs.static.szse.cn/UpFiles/rasinfodisc/RAS_0001740B5D39853FE53ABA94C142243F.pdf。

案例3-2:ST美讯(证券代码:600898)子公司向孙公司资产划转后+ST美讯收购孙公司100%股权+转让子公司100%股权三重重大资产重组及所涉及的诉讼案

(一)基本情况

详见“第九章 资产划转的会计处理”之“【案例与评析】”之“案例9-5:ST美讯(证券代码:600898)子公司向孙公司资产划转后+ST美讯收购孙公司100%股权+转让子公司100%股权三重重大资产重组及所涉及的诉讼案”。

(二)简要评析

ST美讯的本次重大资产重组中的资产划转:一是受ST美讯同一控制下的母子公司之间的资产划转;二是系ST美讯重大资产重组的第一步,按时间先后及其承前启后的关系,分为“三个阶段+四个特别处”,详见“第九章 资产划转的会计处理”之“【案例与评析】”之“案例9-5:ST美讯(证券代码:600898)子公司向孙公司资产划转后+ST美讯收购孙公司100%股权+转让子公司100%股权三重重大资产重组及所涉及的诉讼案”之“(二)简要评析”;三是针对其资产划转的合法合规性,受到了证券交易所针对性的问询,ST美讯、会计师、资产评估机构、独立财务顾问、法律顾问等均给予了核查回复并发表了明确意见,最终得到证券交易所的审核认可;四是被划转资产以及被转让100%股权的德景电子的债权人,针对ST美讯的本次重大资产重组及其中的资产划转的合法合规,以及是否损害德景电子债权人合法权益问题提起了诉讼,一、二审发生法律效力的裁判文书维护了资产划转的合法性,成为本次资产划转的“最耀眼的光环”,并由此给资产划转带来了无限的遐想。

第四章　资产划转主体

企业资产、产权和股权是三个既有关联又相近的概念,资产涵盖了货币资产、实物资产、负债;产权指企业以各种形式投入形成的权益;股权指《中华人民共和国公司法》中规定的有限责任公司和股份有限公司的股东权益。股权属于产权的形式之一,而产权又属于资产的形式之一。

企业资产划转、资产转让和股权转让也是三个既有关联又相近的概念,资产转让涵盖了有偿转让和无偿转让,股权转让仅指《中华人民共和国公司法》中有限责任公司和股份有限公司的股权(股份)的有偿或无偿转让。资产划转属于资产转让的形式之一,也可以包含股权无偿转让形式。而本书所述资产划转,系指特定条件下的资产无偿划转。

企业资产划转以企业资产无偿划转协议为主要载体和实施形式,必然涉及资产划转的主体,以及主体是否适格问题,这是资产划转立法规制首先研究及应确定的问题。

一、资产划转的直接主体

资产划转涉及两个最直接的主体:划出方和划入方。

(一)划出方

企业资产划转的划出方,简单而言,指的是将资产划转给另一方的当事人。

就国有企业而言,根据《企业国有产权无偿划转管理暂行办法》《企业国有产权无偿划转工作指引》《国务院国有资产监督管理委员会关于企业国有资产交易流转有关事项的通知》的相关规定,企业国有产权划转方,应当是政府机构、事业单位、国有独资企业、国有独资公司之一;国有独资企业、国有独资公司、国有事业单位投资设立的一人有限责任公司及其再投资设立的一人有限责任公司之一;国有独资公司作为划入或划出一方的,应当符合《中华人民共和国公司法》的有关规定;国有控股、实际控制企业内部实施重组整合,经国家出资企业批准,该国有控股、实际控制企业与其直接、间接全资拥有的子企业之间,可以参照国有产权无偿划转管理相关规定划转所持有企业产权。

就民营企业而言,资产划出方应当是同一投资主体内部所属的企业之一,包括母公司或其全资子公司,同一公司所属全资子公司之一,同一自然人与其设立的个人独资企业或一人有限公司之一。

上市公司的资产划转的划出方,有特别规定的,从其规定。

特别指出的是,资产划转应当在同一投资主体下的企业之间实施,划出方和划入方必须是同一实际控制下的企业之一。非同一投资主体即非同一控制下的企业之间,即使有关联关系,也不能作为资产划转的划出方或者划入方。否则,将不具备资产无偿划转的基础条件,而应当是实质上的资产有偿转让。

如,A 公司拥有 B、C 两个全资子公司和一个参股 D 公司(如持股 15%,且不存在协议控制及其他控制的安排):

1. 可以实施资产划转的情形。

(1)下划:A 公司可以同时将其资产划转给 B 或 C 公司,或分别划转给 B 和 C 公司,A 公司可以作为划出方。

(2)上划:B 或 C 公司,或者 B、C 公司同时或分别将其资产划转给 A 公司,B、C 公司可以作为划出方。

(3)平划:在 A 同一母公司下,B 和 C 公司之间可以相互实施资产划转;B 或 C 公司可以作为划出方。

理由是:A 公司与 B、C 公司之间系母子公司关系,且 B、C 公司均为 A 公司的全资子公司;B、C 公司同属 A 公司同一投资主体下的全资子公司,且 B 公司和 C 公司为兄弟公司。

2. 不可以实施资产划转的情形。

(1)A 公司不可以将其资产划转给 D 公司。

(2)B、C 公司与 D 公司之间不可以相互实施资产划转。

理由是:A 公司虽然持有 D 公司 15% 的股权,但对 D 不具备控制和合并会计报表的能力;B、C 公司和 D 公司虽为关联企业,但三者不构成兄弟公司,D 仅为 A 公司的参股公司,不具备同一控制的条件。A 公司与 D 公司之间虽然不能实施资产划转,但是 A 公司可以其资产作价对 D 公司(经 D 公司股东会审议等程序)增加出资,也可以指令(经 B、C 公司股东决定等程序)B、C 公司以 B、C 公司的资产作价对D公司(经D公司股东会审议等程序)增加出资,不过这种情况已不属于资产划转的问题。

(二)划入方

资产划转具有合同相对性,有划出方,必然有划入方。资产划转划入方,简单而言,指的是接收划出方划转资产的当事人一方。

与前述划出方同理,就国有企业而言,划入方应当是政府机构、事业单位、国有独资企业、国有独资公司之一;国有独资企业、国有独资公司、国有事业单位投资设立的一人有限责任公司及其再投资设立的一人有限责任公司之一;国有独资公司作为划入方的,应当符合《中华人民共和国公司法》的有关规定。

就民营企业而言,资产划入方应当是同一投资主体内部所属的企业之一,包括母公司或其全资子公司,同一投资主体所属全资子公司之一,同一自然人与其设立的个人独资企业或一人有限公司之一,以及受同一控制下的其他公司或企业之间,如孙公司等。

上市公司的资产划转的划入方,有特别规定的,从其规定。

与前述划出方也同理,资产划入方应当是同一实际控制下的企业之一。非同一投资主体即非同一控制下的企业之间,即使有关联关系,也不能作为资产划转的划入方。

仍以前例,可以作为划入方的:

(1)A公司:由B或C,或B、C公司同时或分别作为划出方,将其资产划转给母公司A公司;

(2)B或C公司:由A公司作为划出方,将其资产划转给B或C子公司;

(3)B或C公司:由B公司作为划出方,将其资产划转给兄弟公司C公司,或者由C公司作为划出方,将其资产划转给兄弟公司B公司。

而D公司作为A公司的参股公司且不具有控制的条件下,既不能作为资产划出方,也不能作为资产划入方。

【法规索引速查】

《企业国有产权无偿划转管理暂行办法》(国资发产权〔2005〕239号)

第二条 本办法所称企业国有产权无偿划转,是指企业国有产权在政府机构、事业单位、国有独资企业、国有独资公司之间的无偿转移。

国有独资公司作为划入或划出一方的，应当符合《中华人民共和国公司法》的有关规定。

《企业国有产权无偿划转工作指引》（国资发产权〔2009〕25号）

第二条　国有独资企业、国有独资公司、国有事业单位投资设立的一人有限责任公司及其再投资设立的一人有限责任公司（以下统称国有一人公司），可以作为划入方（划出方）。

国有一人公司作为划入方（划出方）的，无偿划转事项由董事会审议；不设董事会的，由股东作出书面决议，并加盖股东印章。

国有独资企业产权拟无偿划转国有独资公司或国有一人公司持有的，企业应当依法改制为公司。

《财政部、国家税务总局关于促进企业重组有关企业所得税处理问题的通知》（财税〔2014〕109号）

三、关于股权、资产划转

对100%直接控制的居民企业之间，以及受同一或相同多家居民企业100%直接控制的居民企业之间按账面净值划转股权或资产，凡具有合理商业目的、不以减少、免除或者推迟缴纳税款为主要目的，股权或资产划转后连续12个月内不改变被划转股权或资产原来实质性经营活动，且划出方企业和划入方企业均未在会计上确认损益的，可以选择按以下规定进行特殊性税务处理：

1. 划出方企业和划入方企业均不确认所得。

2. 划入方企业取得被划转股权或资产的计税基础，以被划转股权或资产的原账面净值确定。

3. 划入方企业取得的被划转资产，应按其原账面净值计算折旧扣除。

《财政部、税务总局关于继续执行企业　事业单位改制重组有关契税政策的公告》（财政部、税务总局公告2021年第17号）

六、资产划转

对承受县级以上人民政府或国有资产管理部门按规定进行行政性调整、划转国有土地、房屋权属的单位，免征契税。

同一投资主体内部所属企业之间土地、房屋权属的划转，包括母公司与其全资子公司之间，同一公司所属全资子公司之间，同一自然人与其设立的个人独资企业、一人有限公司之间土地、房屋权属的划转，免征契税。

母公司以土地、房屋权属向其全资子公司增资，视同划转，免征契税。

二、资产划转的其他相关主体

资产划转主要当事人为划出方和划入方。除此之外,还涉及包括但不限于以下相关主体:

1. 划出方的股东及其实际控制人(审议决策)。

2. 划入方的股东及其实际控制人(审议决策)。

3. 划出方的董事、监事和高级管理人员(审议决策)。

4. 划出方或划入方的除董事会、股东(大)会外的审批机构。

5. 划出方职工(代表)大会(涉及职工安置的)、工会(或有)。

6. 划出方的债权人、债务人。

7. 划出方及划入方主管税务机关。

8. 其他相关的主体,如资产划转涉及土地使用权、房产等不动产、知识产权等的变更登记机关,以及基础设施 REITs 前资产划转的审批备案部门等。

【法规索引速查】

《中华人民共和国公司法》(2023 年修订)

第五十九条 股东会行使下列职权:

(一)选举和更换董事、监事,决定有关董事、监事的报酬事项;

(二)审议批准董事会的报告;

(三)审议批准监事会的报告;

(四)审议批准公司的利润分配方案和弥补亏损方案;

(五)对公司增加或者减少注册资本作出决议;

(六)对发行公司债券作出决议;

(七)对公司合并、分立、解散、清算或者变更公司形式作出决议;

(八)修改公司章程;

(九)公司章程规定的其他职权。

股东会可以授权董事会对发行公司债券作出决议。

对本条第一款所列事项股东以书面形式一致表示同意的,可以不召开股东会会议,直接作出决定,并由全体股东在决定文件上签名或者盖章。

第七十四条 有限责任公司可以设经理,由董事会决定聘任或者解聘。

经理对董事会负责,根据公司章程的规定或者董事会的授权行使职权。经理列席董事会会议。

第七十八条　监事会行使下列职权：

（一）检查公司财务；

（二）对董事、高级管理人员执行职务的行为进行监督，对违反法律、行政法规、公司章程或者股东会决议的董事、高级管理人员提出解任的建议；

（三）当董事、高级管理人员的行为损害公司的利益时，要求董事、高级管理人员予以纠正；

（四）提议召开临时股东会会议，在董事会不履行本法规定的召集和主持股东会会议职责时召集和主持股东会会议；

（五）向股东会会议提出提案；

（六）依照本法第一百八十九条的规定，对董事、高级管理人员提起诉讼；

（七）公司章程规定的其他职权。

《中华人民共和国民法典》(2020年5月28日)

第二百零九条　不动产物权的设立、变更、转让和消灭，经依法登记，发生效力；未经登记，不发生效力，但是法律另有规定的除外。

依法属于国家所有的自然资源，所有权可以不登记。

第二百一十条　不动产登记，由不动产所在地的登记机构办理。

国家对不动产实行统一登记制度。统一登记的范围、登记机构和登记办法，由法律、行政法规规定。

第二百一十四条　不动产物权的设立、变更、转让和消灭，依照法律规定应当登记的，自记载于不动产登记簿时发生效力。

第二百一十六条　不动产登记簿是物权归属和内容的根据。

不动产登记簿由登记机构管理。

第二百二十四条　动产物权的设立和转让，自交付时发生效力，但是法律另有规定的除外。

第二百二十五条　船舶、航空器和机动车等的物权的设立、变更、转让和消灭，未经登记，不得对抗善意第三人。

《企业国有产权无偿划转管理暂行办法》(国资发产权〔2005〕239号)

第七条　划转双方应当在可行性研究的基础上，按照内部决策程序进行审议，并形成书面决议。

划入方(划出方)为国有独资企业的，应当由总经理办公会议审议；已设立董事会的，由董事会审议。划入方（划出方）为国有独资公司的，应当由董事会审议；尚未设立董事会的，由总经理办公会议审议。所涉及的职工分流安置事项，应当经被划转企业职工代表大会审议通过。

第八条 划出方应当就无偿划转事项通知本企业（单位）债权人，并制订相应的债务处置方案。

第九条 划转双方应当组织被划转企业按照有关规定开展审计或清产核资，以中介机构出具的审计报告或经划出方国资监管机构批准的清产核资结果作为企业国有产权无偿划转的依据。

第十二条 企业国有产权在同一国资监管机构所出资企业之间无偿划转的，由所出资企业共同报国资监管机构批准。

企业国有产权在不同国资监管机构所出资企业之间无偿划转的，依据划转双方的产权归属关系，由所出资企业分别报同级国资监管机构批准。

第十三条 实施政企分开的企业，其国有产权无偿划转所出资企业或其子企业持有的，由同级国资监管机构和主管部门分别批准。

第十四条 下级政府国资监管机构所出资企业国有产权无偿划转上级政府国资监管机构所出资企业或其子企业持有的，由下级政府和上级政府国资监管机构分别批准。

第十五条 企业国有产权在所出资企业内部无偿划转的，由所出资企业批准并抄报同级国资监管机构。

《企业国有产权无偿划转工作指引》（国资发产权〔2009〕25 号）

第四条 中央企业及其子企业无偿划入企业国有产权，应当符合国资委有关减少企业管理层次的要求，划转后企业管理层次原则上不超过三级。

第六条 划入方（划出方）应当严格按照《办法》第二章的有关规定做好无偿划转的相关工作。无偿划转事项需报国资委批准的，按以下程序办理：

（一）中央企业应按规定对无偿划转事项进行审核，履行内部程序后，向国资委报送申请文件及相关材料。

（二）国资委收到申请文件及相关材料后，应当在 5 个工作日内提出初审意见。

对初审中发现的问题，国资委审核人员应及时与中央企业进行沟通；中央企业无异议的，应在 5 个工作日内修改完善相关材料并报国资委。对材料齐备、具备办理条件的，国资委应及时予以办理。

第八条　国资委主要从以下方面对无偿划转事项进行审核：

（一）划转双方主体资格适格，被划转企业产权关系清晰；

（二）符合中央企业主业及发展规划，有利于提高企业核心竞争力；

（三）划转所涉及各方决策程序合法合规，相关文件齐备、有效；

（四）相关风险防范和控制情况，划转协议规定内容齐备，无可能出现纠纷的条款。

《上市公司重大资产重组管理办法》（2023 年修订）

第八条　中国证监会依法对上市公司重大资产重组行为进行监督管理。

证券交易所依法制定上市公司重大资产重组业务规则，并对上市公司重大资产重组行为、证券服务机构和人员履职行为等进行自律管理。

中国证监会基于证券交易所的审核意见，依法对上市公司发行股份购买资产涉及的证券发行申请履行注册程序，并对证券交易所的审核工作进行监督。

第三十九条　上市公司筹划、实施重大资产重组，相关信息披露义务人应当公平地向所有投资者披露可能对上市公司股票交易价格产生较大影响的相关信息（以下简称股价敏感信息），不得提前泄露。

第四十条　上市公司的股东、实际控制人以及参与重大资产重组筹划、论证、决策等环节的其他相关机构和人员，应当做好保密工作。对于依法应当披露的信息，应当及时通知上市公司，并配合上市公司及时、准确、完整地进行披露。相关信息发生泄露的，应当立即通知上市公司，并督促上市公司依法披露。

《非上市公众公司重大资产重组管理办法》（2023 年修订）

第十三条　筹划、实施公众公司重大资产重组，相关信息披露义务人应当公平地向所有投资者披露可能对公众公司股票转让价格产生较大影响的相关信息，不得有选择性地向特定对象提前泄露。但是，法律、行政法规另有规定的除外。

公众公司的股东、实际控制人以及参与重大资产重组筹划、论证、决策等环节的其他相关机构和人员，应当及时、准确地向公众公司通报有关信息，并配合公众公司及时、准确、完整地进行披露。

第十四条　公众公司进行重大资产重组，应当由董事会依法作出决议，并提交股东大会审议。

第三十条　全国股转系统对公众公司重大资产重组实施自律管理。

全国股转系统应当对公众公司涉及重大资产重组的股票暂停与恢复转让、防范内幕交易等作出制度安排；加强对公众公司重大资产重组期间股票转让的实时监管,建立相应的市场核查机制,并在后续阶段对股票转让情况进行持续监管。

全国股转系统应当督促公众公司及其他信息披露义务人依法履行信息披露义务,发现公众公司重大资产重组信息披露文件中有违反法律、行政法规和中国证监会规定行为的,应当向中国证监会报告,并实施自律管理;情节严重的,应当要求其暂停重大资产重组。

全国股转系统应当督促为公众公司提供服务的独立财务顾问诚实守信、勤勉尽责,发现独立财务顾问有违反法律、行政法规和中国证监会规定行为的,应当向中国证监会报告,并实施自律管理。

全国股转系统可以依据相关规则对实施重大资产重组的公众公司进行现场检查或非现场检查。

第三十一条 全国股转系统应当建立定期报告和重大审核事项请示报告制度,及时总结审核工作情况,并报告中国证监会。

第三十二条 中国证监会依法对公众公司重大资产重组实施监督管理。

中国证监会发现公众公司进行重大资产重组未按照本办法的规定履行信息披露及相关义务、存在可能损害公众公司或者投资者合法权益情形的,有权要求其补充披露相关信息、暂停或者终止其重大资产重组;有权对公众公司、证券服务机构采取《证券法》第一百七十条规定的措施。

三、特殊性资产划转——同一自然人与其设立的个人独资企业、一人有限公司之间的资产划转

同一控制下的个人独资企业与一人有限公司,指的是同一自然人,依照《中华人民共和国个人独资企业法》的规定投资设立有个人独资企业,或者依照《中华人民共和国公司法》的规定投资设立了一人有限公司,或者同时设立的既有个人独资企业,也有一人有限公司。该种情况下,同一自然人与其设立的个人独资企业、一人有限公司之间,以及同一自然人控制下的个人独资企业与一人有限公司之间,能否实施资产划转呢?

第一,对于同一自然人与其设立的个人独资企业、一人有限公司之间的资产划转,《财政部、税务总局关于继续实施企业、事业单位改制重组有关契税政策的公告》(财政部、税务总局公告 2023 年第 49 号)第六条第二款规定:“同一投资主体内部所属企业之间土地、房屋权属的划转,包括母公司与其全资子公司之间,同一公司所属全资子公司之间,同一自然人与其设立的个人独资企业、一人有限公

司之间土地、房屋权属的划转,免征契税。”据此,财税法规性文件是认可和支持自然人与其设立的个人独资企业、一人有限公司之间的资产划转的。

第二,对于同一自然人控制下的个人独资企业与一人有限公司之间能否实施资产划转,相关的财税法规性文件则没有明确的规定,目前也没有其他法律法规、规范性文件相应的规范。

第三,对于同一自然人与其设立的个人独资企业、一人有限公司之间的资产划转,抑或同一自然人控制下的个人独资企业与一人有限公司之间的资产划转,会计如何处理,以及特殊性税务处理的如何适用,也缺乏相应的明确规范。

一般而言,资产划转应当发生在企业与企业之间。根据上述财税法规性文件的规定,其在支持同一控制下的企业与企业之间的资产划转的同时,也认可同一自然人个人与其设立的个人独资企业、一人有限公司之间的资产划转,作了开放性的规范,形成了特殊情况下的资产划转。

个人独资企业与一人有限公司在法人资格、财产权、税收政策和法律属性等方面均有质的区别:

根据个人独资企业法的规定,个人独资企业是指在中国境内由一个自然人投资,财产为投资人个人所有,投资人以其个人财产对企业债务承担无限责任的经营实体;个人独资企业的营业执照的签发日期,为个人独资企业成立日期;个人独资企业投资人对本企业的财产依法享有所有权,其有关权利可以依法进行转让或继承;个人独资企业财产不足以清偿债务的,投资人应当以其个人的其他财产予以清偿。[①] 也就是说,个人独资企业不具有独立法人资格,但是能够依法以自己的名义从事民事活动,属于民法典规定的非法人组织[②];不拥有独立的企业法人财产权,个人独资企业的投资者的生产经营所得,比照个体工商户的生产、经营所得征收个人所得税[③],不涉及企业所得税汇算清缴,而是“人企不分”,即投资人与个人独资企业不分。

根据公司法的规定,一人有限公司是指只有一个自然人股东或者一个法人股东的有限责任公司。即一人有限公司为独立公司法人,属于民法典规定的营利法

① 《中华人民共和国个人独资企业法》第二、七、十三、十七、三十一条规定。

② 《中华人民共和国民法典》第一百零二条规定。

③ 《国务院关于个人独资企业和合伙企业征收所得税问题的通知》(国发〔2000〕16 号),发布日期:2000－06－20,实施日期:2001－01－01。

人[1];具有独立的营利法人地位,拥有独立的法人财产,享有法人财产权,公司以其全部财产对公司的债务承担责任;有限责任公司的股东以其认缴的出资额为限对公司承担责任;只有一个股东的公司,股东不能证明公司财产独立于股东自己的财产的,应当对公司债务承担连带责任[2]。

基于二者的上述区别和法律属性的不同,如果允许同一自然人控制下的个人独资企业与一人有限公司之间的资产划转,其实质是作为投资人的自然人与其设立的一人有限公司之间的资产划转。尤其是从一人有限公司向个人独资企业划转资产,是否会影响一人有限公司法人财产权的独立性,是否涉嫌股东、实际控制人侵占公司的资产问题,是一个必须厘清界明的重要法律和财务税收问题。

比较来看,《企业国有产权无偿划转管理暂行办法》第二条第二款、《企业国有产权无偿划转工作指引》第二条第三款规定,国有独资公司作为划入或划出一方的,应当符合《中华人民共和国公司法》的有关规定;国有独资企业产权拟无偿划转国有独资公司或国有一人有限公司持有的,企业应当依法改制为公司。即不支持由国有独资企业直接向国有独资公司或国有一人有限公司划转,划转的前提是国有独资企业需改制为公司后方可实施。

由此而言,对于同一自然人与其设立的个人独资企业、一人有限公司之间,以及同一自然人控制下的个人独资企业与一人有限公司之间,能否实施资产划转,或者如何实施资产划转,是一个需要深入研究审慎对待的课题。

【案例与评析】

案例4-1:华融化学(证券代码:301256)向子公司资产划转

(一)基本情况

华融化学(华融化学股份有限公司,证券简称:华融化学,证券代码:301256)成立于2000年9月7日,2022年3月22日成为深交所创业板上市公司,主营业务为氢氧化钾绿色循环综合利用。华融化学的实际控制人为境内自然人。

2022年4月27日,华融化学发布了《关于向全资子公司划转部分资产暨变更

① 《中华人民共和国民法典》第七十六条。

② 2023年《中华人民共和国公司法》第二十三条规定。

部分募投项目实施主体的公告》（公告编号2022－020）①：为进一步明晰公司总部与下属各子公司的目标与责任，实现生产经营职能与管理和创新发展职能相分离，拟将公司氢氧化钾及配套氯产品业务及相关资产、债权债务和人员划转至拟设立的全资子公司华融成都［华融化学（成都）有限公司］。之后，华融化学先后发布了《华泰联合证券关于华融化学股份有限公司向全资子公司划转部分资产暨变更部分募投项目实施主体的核查意见》《华融化学股份有限公司关于向全资子公司划转部分资产暨变更部分募投项目实施主体的进展公告》《华融化学股份有限公司关于向全资子公司划转部分资产的进展公告》②等。

资产划转基准日：2022年2月28日，交割基准日：2022年5月31日。资产划转的标的：氢氧化钾和配套氯产品业务的相关资产、负债，以2022年2月28日为基准日向华融成都划转，资产账面值为23,585.60万元，负债账面值为2719.83万元，净资产账面值为20,865.77万元（未经审计）。上述资产正常运营中，未被设定担保等限制性权利；不存在涉及该资产的诉讼、仲裁。

划转资产后的会计处理：华融化学按账面净值（经专项审计资产总额22,180.07万元，负债总额1329.55万元）划转，净资产计入华融成都的资本公积，后续将资本公积中14,000万元转增至华融成都的实收资本，华融成都注册资本将由1000万元增至15,000万元。税务安排：本次划转资产拟适用特殊性税务处理，具体以税务部门的认定为准。

员工安置安排：根据"人随资产业务走"的原则，本次划转涉及的人员由华融成都接收，华融化学和华融成都将按照国家有关法律法规的规定，在履行必要的程序后，为员工办理相关劳动关系转移手续。

2022年6月1日，华融化学与华融成都签订了《资产划转协议》，划转双方交付了相关资产、转移了部分债务。2022年10月、2023年6月，华融化学与债权人（中国化学工程第十三建设有限公司、成都建工第八建筑工程有限公司、上海正帆科技股份有限公司等）、华融成都签署了《债权债务转让协议》，债权人同意将华融化学享有的与资产有关的债权，由华融化学划转给华融成都，华融化学对《债权债

① 《华融化学：关于向全资子公司划转部分资产暨变更部分募投项目实施主体的公告》（证券代码：301256，公告编号：2022－020），载巨潮资讯网2022年4月27日，http://www.cninfo.com.cn/new/disclosure/detail? plate = szse&orgId = nssc1000758&stockCode = 301256&announcementId = 1213142113&announcementTime = 2022－04－27。

② 华融化学公告编号：2022－029、2022－032、2022－047、2023－049，载巨潮资讯网，http://www.cninfo.com.cn/new/disclosure/stock? orgId = nssc1000758&stockCode = 301256#latestAnnouncement。

务转让协议》项下的华融成都的付款义务承担连带担保责任。华融化学发布了《关于向全资子公司划转部分资产的进展公告》(公告编号:2022-047、2023-049)及《关于为全资子公司提供担保的公告》(公告编号:2022-048、2023-050)等,进行了相应的信息披露。

本次华融化学向全资子公司华融成都的资产划转,按照《中华人民共和国公司法》《深圳证券交易所创业板股票上市规则》等法律法规、规范性文件及华融化学公司章程的规定,部分资产暨变更部分募投项目实施主体事项不涉及募集资金用途变更,不构成重大资产重组,属于公司董事会决策权限事项。本次资产划转经公司董事会审议通过,独立董事发表了无异议的独立意见,保荐机构发表了专项核查意见,无须提交公司股东大会审议。华融化学针对本次资产划转进行了相应的信息披露。

(二)简要评析

华融化学的本次资产划转:一是划出方华融化学,划入方为华融成都,后者系前者的全资子公司,前者持有后者100%,划转双方主体适格,且双方作为当事人签署了《资产划转协议》;二是资产划转标的"资产包"——与华融化学氢氧化钾及配套氯产品业务及相关资产、债权债务和人员的一并划转,对资产划转涉及的债权债务和职工安置进行了专项处理,债务的划转及债权债务的一并划转,取得了债权人及相对人的同意并签署了三方债权债务转让协议;三是划转双方适用特殊性税务处理,即同一控制下的母子公司之间的资产无偿划转,意在享受相应的税收优惠;四是根据华融化学《公司章程》规定的权限,本次资产划转经过有权机构董事会的审议并履行了相应的信息披露义务,通过了证券交易所的审核同意。华融化学本次资产划转为典型的母公司向全资子公司的无偿资产划转,并突出表现在划转的债权债务的处理上。

案例4-2:惠云钛业(证券代码:300891)子公司向母公司资产划转

(一)基本情况

惠云钛业(广东惠云钛业股份有限公司,证券简称:惠云钛业,证券代码:300891)成立于2003年9月28日,2020年9月17日成为深交所创业板上市公司,主营业务为钛白粉产品的研发、生产和销售。惠云钛业的实际控制人为境内自然人。

惠云钛业分别于2021年4月15日、2021年9月13日和2022年12月28日,发布了《关于向全资子公司划转资产的公告》(公告编号:2021－019)、《关于全资子公司向公司划转资产的公告》(公告编号:2021－067)和《关于设立分公司并将公司部分资产划转至分公司的公告》(公告编号:2022－105),实施了三次资产划转。其中2021年9月13日的《关于全资子公司向公司划转资产的公告》(公告编号:2021－067)①:公司全资子公司云浮市业华化工有限公司(以下简称业华化工)于2009年2月成立。为进一步贯彻落实习近平生态文明思想,在国家碳中和等政策的指导下,公司积极响应调整能源结构,保持能源统计口径的一致性,拟定2021年8月31日为基准日,将现硫磺制酸生产线及配套设备等固定资产由全资子公司业华化工按账面净值4635.92万元(未经审计)划转至公司。本次资产划转基准日至实际交割日期间发生的资产变动将根据实际情况授权公司管理层进行据实调整并实施划转,最终划转的资产金额及明细项目以划转实施结果为准。

本次划转资产权属清晰,截至基准日,上述划转资产不存在抵押、质押或者其他第三人权利,不存在重大争议、诉讼或仲裁事项,不存在查封、冻结等妨碍权属转移的情况。自划转基准日起公司即享有划转资产的实际占有、使用、处分及收益的权利。

本次划转涉及的债权转移及协议主体变更安排:对于业华化工已签订的与划转资产相关的协议、合同、承诺等,将根据实际业务调整情况办理主体变更手续,合同权利、义务及承诺等将随资产相应转移至母公司。

本次划转涉及的人员变更:根据"人随业务走"的原则,员工的劳动关系将由母公司接收,公司将按照国家有关法律法规的规定以及员工本人意愿进行合理安置,在履行必要的程序后,为相关的员工办理相关的转移手续,签订劳动合同和缴纳社会保险。

本次划转涉及的税务安排:拟适用特殊性税务处理,具体以税务部门的认定为准。本次划转不涉及公司股本及股东变化,划转完成后,公司注册资本和股权结构,以及董事会、监事会和高级管理人员的组成不变。

2021年9月13日,惠云钛业第四届董事会第四次会议审议通过了《关于全资子公司向公司划转资产的议案》,本次资产划转属于公司内部的资产划转事项,未

---

① 《广东惠云钛业股份有限公司关于全资子公司向公司划转资产的公告》(证券代码:300891),载巨潮资讯网2021年9月13日,http://www.cninfo.com.cn/new/disclosure/detail?plate=szse&orgId=gfbj0839598&stockCode=300891&announcementId=1211045265&announcementTime=2021-09-13%2017:20。

进行审计、评估。本次资产划转事项不构成关联交易,亦不构成《上市公司重大资产重组管理办法》规定的重大资产重组。根据《公司章程》等相关规定,本次划转事项无须提交公司股东大会审议。

(二)简要评析

惠云钛业的本次资产划转:一是全资子公司向母公司的资产划转,划转双方主体适格;二是具有合理的商业目的,在国家碳中和等政策的指导下,公司积极响应调整能源结构,保持能源统计口径的一致性,实施本次资产划转;三是划转的标的有固定资产,有与该资产相关的债权债务及合同的权利义务,也有相关的职工,属于概括划转,对债权转移及协议主体变更,以及职工安置进行了相应的安排;四是根据《公司章程》的规定,属于公司董事会决策的事项,无须公司股东大会审议,并获得了董事会的审议通过;五是拟采取特殊性税务处理;六是进行了相应的信息披露。惠云钛业的本次资产划转是规范的,是典型的全资子公司向母公司实施的资产划转。

案例 4-3:知行股份(证券代码:871655)全资子公司向其全资子公司资产划转

(一)基本情况

知行股份(知行良知实业股份有限公司,证券简称:知行股份,证券代码:871655)成立于2011年4月14日,2017年7月6日成为新三板挂牌公司,目前处于创新层,主营业务为绿色环保、低碳节能路面新材料研发、生产和销售。知行股份的控股股东、实际控制人均为境内自然人。

2020年9月22日,知行股份发布了《知行良知实业股份有限公司子公司合一再生资源科技有限公司关于向其全资子公司划转资产、负债及人员的公告》(公告编号:2020-085)[①]:知行股份的全资子公司合一再生资源科技有限公司(以下简称合一公司)将截至划转基准日2020年8月31日止的现有与沥青混凝土业务相关的资产6095.75万元、负债2676.68万元、账面净值3419.06万元(未经审计)及人员一并划转给其全资子公司眉山金戈新材料有限公司(以下简称眉山金戈);划出方合一公司将划出的资产计入长期股权投资;划入方眉山金戈将划入的资产中的3334.00万元用于增加注册资本,剩余部分85.06万元计入资本公积。划转基

① 《知行股份:子公司合一再生资源科技有限公司关于向其全资子公司划转资产、负债及人员的公告》(证券代码:871655),载全国中小企业股份转让系统网站2020年9月22日,https://www.neeq.com.cn/disclosure/2020/2020-09-22/1600771813_326313.pdf。

准日至实际划转日期间发生的资产、负债及人员变动情况将据实调整并予以划转。

2020 年 9 月 22 日，知行股份第二届董事会第十八次会议审议通过了《全资子公司收购孙公司股权并向孙公司划转资产暨增资》的议案。本次交易构成关联交易，但根据公司《关联交易管理办法》《全国中小企业股份转让系统挂牌公司信息披露细则》相关规定，挂牌公司与其合并报表范围内的控股子公司发生的或者上述控股子公司之间发生的关联交易可以免予按照关联交易的方式进行审议和披露。根据《全国中小企业股份转让系统非上市公众公司重大资产重组业务指引》，本次交易不构成重大资产重组。根据《中华人民共和国公司法》《公司章程》等相关规定，该议案尚需提交公司股东大会审议。

2020 年 10 月 9 日，知行股份 2020 年第十一次临时股东大会审议通过了《全资子公司收购孙公司股权并向孙公司划拨资产暨增资》议案并发布了相应的公告（公告编号：2020－089）。

2021 年 2 月 4 日，知行股份发布了《申请股票公开发行并在精选层挂牌辅导备案公告》（公告编号：2021－012）：2021 年 2 月 3 日向四川监管局提交了向不特定合格投资者公开发行股票并在精选层挂牌辅导备案登记材料，四川证监局已于 2021 年 2 月 3 日受理了公司的辅导备案登记。经中国证监会批准，自 2021 年 11 月新三板精选层平移为北交所上市公司，知行股份改为申请北交所上市，并于 2022 年 11 月 18 日发布了《关于董事会审议公开发行股票并在北交所上市议案的提示性公告》（公告编号：2022－21）。

（二）简要评析

知行股份的本次资产划转：一是划出方为知行股份的子公司，划入方为知行股份的孙公司，系同一控制下的母子公司之间的资产划转，划转双方主体适格；二是具有合理商业目的，为完善经营业务结构，整合并优化资源配置，进一步提升整体企业价值，且有为公司申请上市理顺投资及业务结构的内在要求；三是资产划转的标的包含了沥青混凝土业务相关的资产、负债和人员，系概括划转，涉及债权债务的处理和职工安置方案；四是依截至基准日资产的账面净值划转，划出方作长期股权投资、划入方一部分作增资一部分计入资本公积进行会计处理，税务方面按照特殊性税务处理；五是依照知行股份《公司章程》等，经过了知行股份董事会、股东大会的审议通过，履行了相应的信息披露，并获得了证券交易所的审核同意。知行股份控制下的本次资产划转是规范的。

案例4-4:天赐材料(证券代码:002709)孙公司之间资产划转

(一)基本情况

天赐材料(广州天赐高新材料股份有限公司,证券简称:天赐材料,证券代码:002709)成立于2000年6月6日,2014年1月23日成为深交所主板上市公司,主营业务为精细化工新材料的研发、生产和销售。天赐材料的实际控制人为境内自然人。

2022年3月3日,天赐材料发布了《关于全资孙公司之间资产及负债划转的公告》(公告编号:2022-014)[①]:为适应公司最新的组织架构、推动公司业务结构梳理,提升公司运营效率和管理水平,结合公司未来发展规划,拟对公司全资孙公司九江天祺氟硅新材料科技有限公司(以下简称九江天祺)及九江天赐资源循环科技有限公司(以下简称天赐资源循环)现有资产进行调整,将九江天祺除年产6万吨日化基础材料项目(一期)外的固定资产、无形资产及部分债务(以下或称标的资产)以基准日2021年12月31日经审计确认的账面价值无偿划转至天赐资源循环,其中固定资产21,119.06万元、无形资产4004.80万元、应付账款4800.00万元,净资产20,323.86万元(未经审计)。划转基准日至划转日期间发生的资产及负债变动情况将据实调整并予以划转。

1.涉及债权债务转移及协议主体变更安排:(1)标的资产划转后,与标的资产有关的债权债务由天赐资源循环享有和承担。天赐资源循环及九江天祺将在履行完毕审批程序并获通过后,办理相关债权债务的转移手续,相关债权、债务的划转若涉及第三方同意、批准的,天赐资源循环及九江天祺需共同促使获得该等同意和批准。若本次向天赐资源循环划转资产及负债因未能取得债权人关于九江天祺债务转移的同意函,致使九江天祺被相关权利人要求履行偿还义务或被追索责任的,由划转双方协商解决,如果出现需要九江天祺代偿的,代偿后由天赐资源循环偿还给九江天祺,并承担期间费用和九江天祺的实际损失。(2)标的资产划转后,九江天祺就标的资产所签署的全部业务合同项下的权利义务,转移至天赐资源循环承担。对于未取得相对方同意或不宜转移权利义务的合同,以九江天祺名义代为继续履行,并由天赐资源循环最终承担继续履行合同的一切相关权益。若合同相对方因该履行合同问题与九江天祺产生纠纷或追索九江天祺责任的,天赐资源循环应负责赔偿九江天祺全部损失。(3)九江天祺或标的资产在本次划转

---

① 《天赐高材:关于全资孙公司之间资产及负债划转的公告》(证券代码:002709),载巨潮资讯网2022年3月3日,http://www.cninfo.com.cn/new/disclosure/detail? plate=szse&orgId=9900022986&stockCode=002709&announcementId=1212493353&announcementTime=2022-03-03。

前已经或正在形成的与本次划拨资产有关的诉讼、仲裁、纠纷(含各类正在审理的诉讼、仲裁案件)、社保、公积金、行政处罚等相关事项而发生的费用、罚金及其他或有负债,均由天赐资源循环最终承担,如九江天祺在划转日后因前述费用、罚金及其他或有负债而承担相应责任或遭受损失,九江天祺有权向天赐资源循环追偿,天赐资源循环亦应承担九江天祺因前述追偿而产生的全部费用。

2. 划转涉及有关资质/手续的变更安排:本次划拨涉及九江天祺及/或天赐资源循环经营范围变更、土地及房产权利主体变更的,由九江天赐及/或天赐资源循环按规定办理有关变更手续。

3. 员工安置:标的资产划转后,根据"人随资产走"的原则,与标的资产有关的员工由天赐资源循环接收,员工工龄连续计算,薪酬待遇不变。划转双方互相配合办理员工劳动合同的变更手续,涉及员工补偿的,由天赐资源循环负责解决和承担各项费用。

4. 对划转资产、负债的会计处理说明:九江天祺资产及负债减少,股本及资本公积减少;天赐资源循环资产及负债增加,股本及资本公积增加。

2022 年 3 月 1 日,天赐材料第五届董事会第二十六次会议审议通过了《关于全资孙公司之间资产及负债划转的议案》。2022 年 5 月 12 日,天赐材料发布了《关于全资孙公司之间资产及负债划转的进展公告》(公告编号:2022 - 068):截至本公告日,本次划转涉及的各项工作完成情况如下:(1) 九江天祺相关资产及负债已划转至天赐资源循环,最终划转结果为(未经审计):资产 22,442.79 万元,负债 2118.93 万元,净资产 20,323.86 万元。相应的会计处理为:九江天祺资产减少 22,442.79 万元,负债减少 2118.93 万元,股本减少 11,409.31 万元,资本公积减少 8914.55 万元;天赐资源循环资产增加 22,442.79 万元,负债增加 2118.93 万元,股本增加 6800.00 万元,资本公积增加 13,523.86 万元。(2) 九江天祺、天赐资源循环已对其注册资本进行了变更登记,对修订后的《公司章程》进行了备案,并领取了湖口县市场监督管理局换发的营业执照。具体登记事项变更对比如下:

公司名称	登记事项	变更前	变更后
九江天祺	注册资本	13,409.3101 万元	2000 万元
天赐资源循环	注册资本	20,000 万元	26,800 万元

根据“人随资产走”的原则,本次划转所涉及的与标的资产有关的员工基本由天赐资源循环接收,相应劳动、社保关系转移至天赐资源循环。

对于本次划转所涉及的税项,公司已与税务部门沟通,办理完成了相关手续。

(二)简要评析

天赐材料的本次资产划转:一是同一控制下的孙公司与孙公司之间的资产划转,划出方九江天祺与划入方天赐资源循环均为天赐材料的全资子公司九江天赐高新材料有限公司的全资子公司,即九江天祺与天赐资源循环均为天赐材料的全资孙公司,划转双方主体适格;二是划转的标的既有固定资产、无形资产等,也有负债,又有人员,属于概括划转,对于债权债务的划转方案具体详细,形成特点;三是按照账面净值实施的划转,资产划转后会计处理明确,从会计处理上看拟采取特殊性税务处理;四是根据《公司章程》经过了有权机构董事会的审议通过,进行了相应的信息披露,并获得了证券交易所的审核认可。天赐材料本次划转中对于债权债务的处理表述详细,具有一定的代表性和可借鉴性。

案例4-5:亚光科技(证券代码:300123)向孙公司资产划转

(一)基本情况

亚光科技(亚光科技集团股份有限公司,证券简称:亚光科技,证券代码:300123)成立于2003年6月3日,2010年9月28日成为深交所创业板上市公司,主营业务为高技术船用电子、船用装备及其产品的研发、设计、生产。亚光科技实际控制人为境内自然人。

2020年8月28日,亚光科技发布了《关于划转母公司资产、负债至全资孙公司的公告》(公告编号:2020-087)[①]:为实现各业务板块的分类运营和归口管理,进一步完善及优化公司现有经营业务结构,便于船艇业务整体引入战略投资者并进行相关资本运作,公司拟将母公司拥有的长期股权投资以外的全部资产及负债,按截至基准日2020年6月30日的账面值划转至全资子公司珠海太阳鸟游艇制造有限公司(以下简称珠海太阳鸟)的全资子公司益阳中海船舶有限公司(以下简称益阳中海),即亚光科技的全资孙公司益阳中海,并最终实现公司船艇业务归

---

① 《亚光科技:关于划转母公司资产、负债至全资孙公司的公告》(证券代码:300123,公告编号:2020-087),载巨潮资讯网2020年8月28日,http://www.cninfo.com.cn/new/disclosure/detail?plate=szse&orgId=9900014107&stockCode=300123&announcementId=1208278954&announcementTime=2020-08-28。

属全资子公司珠海太阳鸟旗下。截至基准日2020年6月30日，本次拟划转的净资产账面价值为79,944.71万元。划转基准日后发生的资产及负债变动情况将据实调整并予以划转。

本次划转的标的资产包括货币资金、应收账款、应收款项融资、预付款项、其他应收款、存货、其他流动资产、长期应收款、固定资产、在建工程、无形资产、开发支出、递延所得税资产、其他非流动资产，合计248,938.15万元；划转的负债包括短期借款、应付票据、应付账款、预收款项、应付职工薪酬、应交税费、其他应付款、一年内到期的非流动负债、长期借款、长期应付款、递延收益，负债合计168,993.44万元。公司将有关债务划转给益阳中海之事宜，将在履行完成相关审批程序后，办理相关债权人债务转移手续，若本次向益阳中海划转资产及负债因未能取得债权人关于公司债务转移的同意函，致使亚光科技被相关权利人要求履行偿还义务或被追索责任的，由公司和全资孙公司益阳中海协商解决；如果出现需要公司代偿的，代偿后由益阳中海偿还给公司，并承担期间费用和公司的实际损失。此外，就母公司已签订的协议、合同、承诺等也将办理主体变更手续，合同权利、合同义务、承诺义务等将随资产转移至益阳中海，并按前述债务转移的有关原则处理可能出现的争议问题。专属于母公司或按规定不得转移的协议、合同、承诺不在转移的范围，仍由母公司继续履行。

根据"人随业务、资产走"的原则，划转前的母公司主营业务相关员工（除法律法规规定不能转移的员工外）由益阳中海接收，按照原有劳动合同继续履行，公司将按照国家有关法律法规的规定在履行必要的程序后对员工办理相关的转移手续。

2020年8月27日，亚光科技第四届董事会第十五次会议审议通过了《关于划转母公司资产、负债至全资孙公司的议案》，本次划转属于公司内部资产划转事项，不构成关联交易，亦不构成《上市公司重大资产重组管理办法》规定的重大资产重组，本次划转尚需提交公司股东大会审议。2020年9月25日，亚光科技2020年第三次临时股东大会审议通过了该资产划转议案并发布了相应的股东大会决议公告（公告编号:2020－098）。

2021年5月6日，深交所针对亚光科技下发了《关于对亚光科技集团股份有限公司的年报问询函》（创业板年报问询函〔2021〕第137号），涉及本次资产划转问题："3. 2020年8月27日，你公司公告拟将母公司拥有的除长期股权投资以外的全部资产及负债划转至全资孙公司益阳中海船舶有限公司（以下简称益阳中海),截至基准日2020年6月30日,本次划转的净资产账面价值为799,447,138.49元,划转后公司船艇业务将归属珠海太阳鸟游艇制造有限公司(以下简称珠海太阳鸟)旗下”,要求核查并“说明截至目前公司船艇制造业务相关资产、负债划转手续办理进展情况以及预计办毕时间,逾期未办毕是否会对公司船艇制造业务未来生产经营产生重大不利影响及解决措施”。深交所对本次资产划转表示了持续关注。

2021年5月26日,亚光科技发布了《关于深圳证券交易所对亚光科技集团股份有限公司2020年年报问询函的回复》,针对上述问询函涉及的本次资产划转:“回复:截至本问询函回复之日,公司船艇制造业务相关资产、负债划转手续暂未办理完毕,因部分资产存在抵押担保,暂时无法完成过户,且部分订单及合同的取得与履行涉及母公司船艇制造相关资质,协议主体的变更需取得协议对方同意与配合,具体可办理时间存在不确定性。母公司船艇制造业务相关资产、负债划转至全资孙公司益阳中海,属于集团内部资产划转事项,在公司合并报表范围内进行,不涉及合并报表范围变化,对公司的财务状况和经营成果无重大影响,逾期未办毕将不会对公司船艇制造业务未来生产经营产生重大不利影响。公司将积极筹划办理相关资产、负债划转手续,跟进抵押担保解除事宜及相关合同主体变更手续,及时履行信息披露义务。”

(二)简要评析

亚光科技的本次资产划转:一是同一控制下的母孙公司之间的资产划转,划出方为亚光科技,划入方为亚光科技的全资子公司的全资子公司,对财税法规性文件对母子公司、全资子公司之间资产划转的主体规范作出了大胆突破;二是划转的标的资产种类广泛,金额巨大,资产包括货币资金、应收账款、应收款项融资、预付款项、其他应收款、存货、其他流动资产、其他非流动资产等14项之多,合计248,938.15万元;负债包括短期借款、递延收益等12项之多,负债合计168,993.44万元,实属罕见;三是通过深交所的问询函及亚光科技的回复,部分资产存在抵押担保,过户困难,部分订单及合同的取得与履行涉及母公司船艇制造相关资质,协议主体的变更需取得协议对方同意与配合,具体可办理时间存在不确定性,凸显了含有不动产、合同权利义务及债权债务的一并划转的复杂性、不确定性;四是通过了证券交易所的审核同意,获得了资本市场监管部门的认可。亚光科技的本次资产划转为完善资产划转的立法规制提供了现实案例及新的思路,具有典型的代表性。

案例4－6:亚邦股份(证券代码:603188)母子公司互为资产划转

(一)基本情况

亚邦股份(江苏亚邦染料股份有限公司,证券简称:亚邦股份,证券代码:603188)成立于2006年2月24日,2014年9月9日成为上交所主板上市公司,主营业务为纺织染料及染料中间体的研发、生产、销售及相关技术服务。亚邦股份的实际控制人为境内自然人。

2022年12月23日,亚邦股份发布了《关于全资孙公司变更为全资子公司并将分公司部分资产划转至子公司的公告》(公告编号:2022－037)[①]:为优化公司管理架构,合理配置资源,同时加强公司连云港生产基地的统一管理,提升运营效率,促进公司染料业务协同规模发展。公司全资子公司常州市临江化工有限公司(以下简称临江化工)拟将其持有的江苏华尔化工有限公司(以下简称华尔化工)100%股权转让给公司,转让完成后,华尔化工从公司全资孙公司变更为全资子公司。上述交易完成后,公司拟对所属江苏亚邦染料股份有限公司连云港分公司的资产进行重组,将其与染料业务相关的资产、负债、业务和人员按照划转基准日经审计的账面净值一并划转给亚邦股份100%控股的华尔化工,资产划转后不改变整体资产原来的实质性经营活动。

划出方与划入方的关系:亚邦股份连云港分公司为亚邦股份在连云港所设的分支机构,亚邦股份持有华尔化工100%股权,华尔化工为亚邦股份全资子公司(经亚邦股份2022年12月22日六届董事会第十五次会议审议通过,华尔化工将由全资孙公司变更为全资子公司)。

1.资产划转具体方案:公司拟将连云港分公司与染料业务相关的资产、负债、业务和人员按照账面净值一并划转给亚邦股份100%控股的华尔化工,作为对华尔化工的增资,资产划转后不改变整体资产原来的实质性经营活动。同时,按照划转基准日经审计的账面净值划转的资产和负债作为对华尔化工的出资,其中划转的不动产作为实收资本出资1亿元,超出部分作为资本公积;划转的其他资产负债作为资本公积出资。划转完成后,连云港分公司与染料业务相关的资产、负债、业务等全部转移至华尔化工,人员安置将按照“人随业务走”的原则进行。华尔化工

---

① 《亚邦股份:关于全资孙公司变更为全资子公司并将分公司部分资产划转至子公司的公告》(证券代码:603188),载巨潮资讯网2022年12月23日,http://www.cninfo.com.cn/new/disclosure/detail?plate=sse&orgId=9900029308&stockCode=603188&announcementId=1215428749&announcementTime=2022-12-23。

注册资本相应扩大,连云港分公司作为亚邦股份在生产基地的管理机构仍保留。

2. 上述拟划转资产在2022年9月30日账面价值约为32,086.16万元。由于本次资产划转在划入方华尔化工股权变更之后且涉及相关资产的过户,其划转时间和完成过户时间无法确定,因此实际涉及划转资产的基准日账面价值与2022年9月30日相关资产账面价值可能存在一定差异。划转基准日至实际划转日期间也可能发生资产、负债变动,公司将根据实际情况进行调整,最终划转的资产、负债以划转实施结果为准。截至目前,上述拟划转资产权属清晰,不存在重大争议、诉讼或仲裁事项,不存在查封、冻结等妨碍权属转移的情况。

3. 本次划转涉及的债权债务转移及协议主体变更安排:对于公司已签订的涉及连云港分公司染料业务的协议、合同等,将办理协议、合同主体变更手续,合同、协议的权利义务转移至华尔化工;专属于连云港分公司或按规定不得转移的协议、合同不在转移范围内,仍由连云港分公司继续履行。连云港分公司从事染料业务生产、销售所需的许可、产品认证、商标、专利等资质也将转移变更至华尔化工或华尔化工另行申请取得。

4. 本次划转可能存在的风险:华尔化工继受、申请取得相关资质尚需取得相关部门审批、核准或备案;本次划转的税务处理尚需税务部门认定;划转债务尚需取得债权人同意;协议主体的变更尚需取得协议相对方的同意与配合;前述事项均具有一定不确定性,公司将主动加强与各方主体间的协调,积极推进上述事项有序实施。

2022年12月22日,亚邦股份第六届董事会第十五次会议审议通过了《关于公司全资孙公司变更为全资子公司并将分公司部分资产划转至子公司的议案》。本次股权转让及资产划转属于公司与全资子公司之间的内部交易,不会变更公司的合并报表范围,无须提交公司股东大会审议。不构成关联交易,亦不构成《上市公司重大资产重组管理办法》规定的重大资产重组。公司授权管理层负责办理本次股权转让、资产划转等相关手续,包括但不限于办理相关资产过户、人员用工合同变更、债权债务调整、税务、工商登记等,授权有效期至上述股权转让、资产划转等相关事项全部办理完毕止。

(二)简要评析

亚邦股份的本次资产划转:一是母公司亚邦股份既作为划入方,又作为划出方,在股权划转阶段,亚邦股份为划入方,全资子公司临江化工为划出方;在资产划转阶段,亚邦股份为划出方,划入方为全资子公司华尔化工,划转各方主体适格;二是本次重组分两个阶段的划转,第一阶段是将全资子公司临江化工持有的华尔化工100%划转给母公司亚邦股份,使华尔化工从之前的亚邦股份的孙公司变更为全资子公司;第二阶段是母公司亚邦股份连云港分公司的资产划转给全资子公司华尔化工,形成本次资产划转独有的特点;三是两个不同的资产划转阶段,划转的标的有别,第一阶段标的为股权,第二阶段标的为亚邦股份连云港分公司资产、负债、业务和人员的一并划转;四是无论是第一阶段的股权划转,还是第二阶段的资产划转,都是按照划转基准日的账面净值划转,资产划转后不改变整体资产原来的实质性经营活动,尤其是明确第二阶段按照划转基准日经审计的账面净值,划入的资产和负债作为对华尔化工的出资,部分作为实收资本,部分计入资本公积,意在按照特殊性税务处理,获得相应的税收优惠;五是经过了有权机构董事会的审议通过,进行了相应的信息披露,并获得了证券交易所的审核认可。亚邦股份本次资产划转的母子公司互为划转,以及涉及前后两个阶段、两个不同的划转标的使其具有了独特性及代表性。

第五章　资产划转标的

资产划转作为企业重组的方式之一，其标的是什么，哪些企业资产可以划转，哪些不能划转，是必须解决的重要问题之一。

一、可以划转的资产范围

从应然层面，股权属于企业资产之一，资产划转固然应当包括股权划转。鉴于有关企业重组的财税法规性文件，将股权划转与资产划转作分列规范，加之股权划转、股权转让已有公司法、公司登记管理法规、部门规章、司法解释和法规性文件明确具体的规范，本节所述资产划转，暂不包含股权划转。

理论上，站在不同的角度，对“资产”的概念众说纷纭。根据《企业会计准则——基本准则》(2014 年修订)的规定，“资产，是指企业过去的交易或者事项形成的、由企业拥有或者控制的、预期会给企业带来经济利益的资源”，且“符合本准则第二十条规定的资产定义的资源，在同时满足以下条件时，确认为资产：(一)与该资源有关的经济利益很可能流入企业；(二)该资源的成本或者价值能够可靠地计量”①。

可以作为划转的有以下企业资产：

1. 流动资产：一般是指流动性比较好、容易变现或者可以变成现金的资产，包括货币资金、存货、应收票据及应收账款、交易性金融资产、预付款项、应收利息股息、其他应收款、其他流动性资产等。

2. 非流动资产：简单概括来说是指所有流动资产以外的资产，从属性上来说指流动性不太好的资产，一年左右无法变现的资产，包括固定资产、在建工程、长期股权投资、无形资产(如土地使用权、商标专利等知识产权等)、可供出售的金融资产、持有到期投资、生产性生物资产、其他非流动资产等。

---

① 《企业会计准则——基本准则》(财政部令第 76 号，2014 年修改)第二十条、第二十一条规定。

如本编“第二章 资产划转的概念和条件”之“二、资产划转的主要条件”所述，可以作为被划转的资产，应当符合权属清晰、具有可转让性[不得有根据资产性质不得转让、依照法律规定不得转让或设定有权利限制不得转让（如当事人约定不得转让）的情形]，被设置为担保物权的资产划转应当符合民法典担保物权的相关规定，有限责任公司资产的划转应当遵循《中华人民共和国公司法》的有关规定等条件。

【法规索引速查】

《中华人民共和国会计法》（2017年修订）

第二十五条 公司、企业必须根据实际发生的经济业务事项，按照国家统一的会计制度的规定确认、计量和记录资产、负债、所有者权益、收入、费用、成本和利润。

《企业会计准则——基本准则》（2014年修订）

第二十条 资产是指企业过去的交易或者事项形成的、由企业拥有或者控制的、预期会给企业带来经济利益的资源。

前款所指的企业过去的交易或者事项包括购买、生产、建造行为或其他交易或者事项。

由企业拥有或者控制的，是指企业享有的某项资源的所有权，或者虽然不享有某项资源的所有权，但该资源能被企业所控制。

预期会给企业带来经济利益的资源，是指直接或者间接导致现金和现金等价物流入企业的潜力。

第二十一条 符合本准则第二十条规定的资产定义的资源，在同时满足以下条件时，确认为资产：

（一）与该资源有关的经济利益很可能流入企业；

（二）该资源的成本或者价值能够可靠地计量。

二、可以随资产划转的负债

企业负债可以随资产同时划转。根据《企业会计准则——基本准则》（2014年修订）的规定，“负债是指企业过去的交易或者事项形成的，预期会导致经济利益流出企业的现时义务”，且“符合本准则第二十三条规定的负债定义的义务，在同时满足以下条件时，确认为负债：（一）与该义务有关的经济利益很可能流出企业;(二)未来流出的经济利益的金额能够可靠地计量"[①]。

按照流动性,负债分为流动负债和非流动负债。流动负债是指预计在1年(含1年)内偿还的负债,包括短期借款、应付账款、预收账款、应付薪酬等;非流动负债是指流动负债以外的负债,包括长期借款、应付债券、长期应付款等。

现有财税法规性文件,以及《中华人民共和国企业国有资产法》《企业国有资产监督管理暂行条例》《企业国有产权无偿划转管理暂行办法》等法律法规中,并没有禁止企业资产划转中不能含有负债的强制性规定。从市场主体的角度,根据"法无禁止即可行"的市场法治规则,企业资产划转中,与划转的资产相关的负债是可以一并划转的,且实务中企业资产划转中大多含有相关的负债。但是,根据负债的性质不得划转的,以及法律法规规定不得划转的负债除外。

【法规索引速查】

《企业会计准则——基本准则》(2014年修订)

第二十三条 负债是指企业过去的交易或者事项形成的、预期会导致经济利益流出企业的现时义务。

现时义务是指企业在现行条件下已承担的义务。未来发生的交易或者事项形成的义务,不属于现时义务,不应当确认为负债。

第二十四条 符合本准则第二十三条规定的负债定义的义务,在同时满足以下条件时,确认为负债:

(一)与该义务有关的经济利益很可能流出企业;

(二)未来流出的经济利益的金额能够可靠地计量。

三、资产划转标的的分类

按照划转的资产标的内容不同,可以分为单纯的资产划转和资产概括划转。

(一)单纯的资产划转

单纯的资产划转,可以简单理解为只划转资产,不含债权债务及职工安置等事项。最典型的单纯的资产划转是企业股权划转。当然,可以含有可以转移的债权。

---

① 《企业会计准则——基本准则》(财政部令第76号,2014年修改)第二十三条、第二十四条规定。

（二）资产概括划转

资产概括划转，可以理解为含有债权债务，甚至包括职工随同转移劳动关系及负责安置的资产划转。

资产概括划转，在实际中最为多见。从上市公司披露的资产划转案例来看，概括划转的标的种类越来越丰富，有的具有创新性，从而提升了资产划转的关注度和适用比例，进一步为资产划转这一企业重组工具赋能。

【案例与评析】

案例5－1：棒杰股份（证券代码：002634）向子公司资产划转

（一）基本情况

棒杰股份（浙江棒杰控股集团股份有限公司，证券简称：棒杰股份，证券代码：002634）成立于1993年8月3日，2011年12月5日成为深交所主板上市公司，主营业务为无缝服装系列产品的研发、生产和销售。棒杰股份的实际控制人为境内自然人。

2022年5月24日，棒杰股份发布了《关于向全资子公司划转资产的公告》（公告编号：2022－033）："将自有土地使用权及房屋建筑物[浙（2021）义乌市不动产权第0019046号、浙（2019）义乌市不动产权第0038478号]（以下简称'标的资产'），按账面净值划转至棒杰针织（全资子公司：浙江棒杰数码针织品有限公司），基准日为2022年5月31日，划转期间（基准日至交割日）发生的资产变动情况将据实调整并予以交割日据实划转"，"本次划转资产产权清晰，不存在抵押、质押或者其他第三人权利，不存在重大争议、诉讼或仲裁事项，不存在查封、冻结等司法措施"，"本次划转不涉及人员变更，公司员工的劳动关系不变，公司将按照国家有关法律法规的规定执行"，"本次资产划转不涉及债权、债务转移，所涉划转地块及附属建筑物的不动产登记权证将在不动产登记部门办理产权转移手续，将相关权利、义务转移至棒杰针织"①。

（二）简要评析

棒杰股份本次资产划转：一是划出方为全资子公司，划入方为母公司棒杰股

① 《棒杰股份：关于向全资子公司划转资产的公告》（证券代码：002634，公告编号：2022－033），载巨潮资讯网2022年5月24日，http://www.cninfo.com.cn/new/disclosure/detail?plate=szse&orgId=9900021794&stockCode=002634&announcementId=1213460024&announcementTime=2022-05-24。

份,划转双方主体适格;二是标的资产为自有土地使用权及房屋建筑物,不涉及债权债务的转移,也不涉及人员变更,属于典型的单纯的资产划转。

案例5-2:丰山集团(证券代码:603810)向子公司划转资产及担保债务

(一)基本情况

丰山集团(江苏丰山集团股份有限公司,证券简称:丰山集团,证券代码:603810,债券简称:丰山转债,债券代码:113649)成立于1996年9月12日,2018年9月17日成为上交所主板上市公司,主营业务为高效、低毒、低残留、环境友好型农药原药、制剂及农药中间体的研发、生产和销售。丰山集团的实际控制人为境内自然人。

2022年10月13日,丰山集团发布了《关于将部分资产划转至全资子公司的公告》(公告编号:2022-083)和《关于"丰山转债"部分担保物划转全资子公司并由全资子公司继续担保的公告》(公告编号:2022-085)①:公司拟将位于大丰港石化新材料产业园的生产基地、上海分公司等的相关资产,包括与生产经营相关的存货、固定资产、无形资产(含农药登记证等生产资质)及与其相关的政府补助、债权债务按账面价值划转至新设的全资子公司江苏丰山生化科技有限公司(以下简称丰山科技)。拟划转资产在2022年8月31日账面价值约为9.27亿元。由于本次资产划转涉及相关资产的过户,其划转时间和完成过户时间无法确定,因此实际划转资产的基准日账面价值与2022年8月31日相关资产账面价值可能存在一定差异。最终划转资产金额以实际划转资产基准日的账面价值为准。公司与农药生产经营相关的资质将变更至新设的全资子公司,人员安置将按照"人随业务走"的原则进行。

经中国证监会《关于核准江苏丰山集团股份有限公司公开发行可转换公司债券的批复》(证监许可〔2022〕961号)核准,公司于2022年6月27日公开发行了500万张可转换公司债券,每张面值100元,发行总额5亿元。经上海证券交易所自律监管决定书〔2022〕193号文件同意,公司50,000万元可转换公司债券已于2022年7月21日起在上交所挂牌交易,债券简称:丰山转债,债券代码:113649。

---

① 《丰山集团:关于将部分资产划转至全资子公司的公告》《丰山集团:关于"丰山转债"部分担保物划转全资子公司并由全资子公司继续担保的公告》(证券代码:603810),载巨潮资讯网2022年10月13日,http://www.cninfo.com.cn/new/disclosure/detail?plate=sse&orgId=9900035509&stockCode=603810&announcementId=1214755895&announcementTime=2022-10-13。

公司对本次公开发行A股可转换公司债券以自有资产抵押担保,抵押的资产中有前述划转的资产部分系位于公司在大丰港石化新材料产业园的生产基地以及上海分公司,本次将一并划转至丰山科技,相应的担保义务将由丰山科技继续承担。具体内容详见公司于同日指定信息披露媒体披露的《关于"丰山转债"部分担保物划转全资子公司并由全资子公司继续担保的公告》。

可转换公司债券担保的资产范围中,本次划转入新设的全资子公司丰山科技资产并由其继续提供担保的具体情况如下:

资产变更情况	资产评估价值(万元)	变更前的担保人	变更后的担保人
仍然在江苏丰山集团股份有限公司母公司的资产	8526.73	江苏丰山集团股份有限公司	
本次划转至新设的全资子公司的资产	55,596.77	江苏丰山集团股份有限公司	江苏丰山生化科技有限公司
合计	64,123.50		

注:上述资产评估价值系根据《江苏丰山集团股份有限公司拟发行可转换公司债券涉及的抵押物市场价值评估项目资产评估报告》(苏华评报字〔2022〕第107号)。

上述担保事项变更尚需提交公司股东大会和债券持有人会议审议,提请授权公司管理层办理包括但不限于签署相关协议及办理抵押人变更登记手续等相关事项。

2022年10月12日,丰山集团第三届董事会第十七次会议、第三届监事会第十七次会议针对本次资产及担保债务的划转分别审议通过了《关于将部分资产划转至全资子公司的议案》《关于"丰山转债"部分担保物划转全资子公司并由全资子公司继续担保的公告》,该议案尚需提交公司股东大会及债券持有人会议审议。2022年10月28日,丰山集团2022年第三次临时股东大会、丰山集团"丰山转债"2022年第一次债券持有人会议分别审议通过了上述两个议案并发布了《2022年第三次临时股东大会决议公告》(公告编号:2022-091)和《"丰山转债"2022年第一次债券持有人会议决议公告》(公告编号:2022-090),相关的法律顾问出具了《关于江苏丰山集团股份有限公司"丰山转债"2022年第一次债券持有人会议的法律意见书》,认为本次债券持有人会议的表决程序、表决结果合法有效。该事项不涉及关联交易,也不构成《上市公司重大资产重组管理办法》规定的重大资产重组。

（二）简要评析

丰山集团本次资产及担保债务的划转：一是母子公司之间的资产划转，划转双方主体适格；二是划转的标的为产业园的生产基地、上海分公司等的相关资产，包括与生产经营相关的存货、固定资产、无形资产（含农药登记证等生产资质）及与其相关的政府补助、债权债务，以及相关人员的一并划转，属于概括划转；三是按截至划转基准日的账面价值划转，符合财税法规文件对资产划转的要求；四是划转的标的资产中附带有公开发行可转换公司债券——丰山转债（债券代码：113649）的担保债务，除需要丰山集团董事会、股东大会审议外，还需要经过债券持有人会议审议通过方可有效，具有特殊性；五是经过了有权机构董事会、股东大会和债券持有人会议的审议通过，经过了监事会的审议通过，进行了相应的信息披露，并获得了证券交易所的审核认可。丰山集团的本次资产划转基于附带有公开发行的可转换债券的担保债务而具有一定的代表性，丰富了资产划转的标的。

案例 5－3：未名医药（证券代码：002581）子公司向母公司划转“重组人 NGF 滴眼液”项目及拟设立合资项目公司

（一）基本情况

未名医药（山东未名生物医药股份有限公司，证券简称：未名医药，证券代码：002581）成立于2000年1月18日，2011年5月20日成为深交所主板上市公司，主营业务为致力于重点发展神经生长因子系列产品、细胞因子药物和多肽药物。未名医药的实际控制人为境内自然人。

2021年4月14日，未名医药发布了《关于“重组人 NGF 滴眼液”项目划转及拟设立合资项目公司的公告》（公告编号：2021－012）①：公司全资子公司未名生物医药有限公司（以下简称厦门未名）于2020年5月25日正式获得“重组人 NGF 滴眼液”项目临床试验通知书（CXSL2000039），目前即将进入Ⅰ期临床试验。为加快“重组人 NGF 滴眼液”项目研发进展，拟将“重组人 NGF 滴眼液”项目整体划转至公司，项目划转完成后，公司拟以“重组人 NGF 滴眼液”项目的前期投入及临床批件等与项目研发中心管理团队和他方共同设立合资公司进行“重组人 NGF

---

① 《未名医药：关于“重组人 NGF 滴眼液”项目划转及拟设立合资项目公司的公告》（证券代码：002581），载巨潮资讯网 2021 年 4 月 14 日，http://www.cninfo.com.cn/new/disclosure/detail?plate=szse&orgId=9900019530&stockCode=002581&announcementId=1209682865&announcementTime=2021-04-14。

滴眼液”项目的运营。根据《深圳证券交易所股票上市规则》《公司章程》等有关规定，本次项目划转及拟设立合资项目公司在董事会审批权限范围内，无须提交股东大会审议。本次项目划转不构成关联交易，亦不构成《上市公司重大资产重组管理办法》规定的重大资产重组。

2021 年 4 月 13 日未名医药第四届董事会第十七次会议审议通过了《关于“重组人 NGF 滴眼液”项目划转及拟设立合资项目公司的议案》，并进行了相应的信息披露。

（二）简要评析

未名医药的本次资产划转：一是全资子公司向母公司的资产划转，划转双方主体适格；二是划转的标的为已经取得临床试验受理号即将进入Ⅰ期临床试验的“重组人 NGF 滴眼液”药品研发项目资产，划转的标的资产具有新颖性；三是本次资产划转仅是重组的第一步，划转完成后，母公司未名医药将以“重组人 NGF 滴眼液”项目的前期投入及临床批件等估价作为合作投资，与项目研发中心管理团队和他方共同设立合资公司，具体负责“重组人 NGF 滴眼液”项目的生产运营，这是第二步，也是核心的诉求，有其合理的商业目的；四是本次资产划转经过了有权机构董事会的审议通过，进行了相应的信息披露，并获得证券交易所的审核认可。未名医药的本次资产划转在标的资产方面提供了新的品种，值得肯定。

企业重组中，是采用单纯的资产划转，还是概括的资产划转，取决于划转的资产内容，属于企业“自治”的权力范围。

当然，涉及债权债务的资产划转，应当有妥善的债权债务处置方案；涉及职工安置的，应当有妥善的职工安置方案，并经职工大会或职工代表大会审议通过。

四、资产划转标的产权的转移

资产划转涉及划出方和划入方的交接问题，并需要以书面的资产划转协议作为合同依据。划转的标的资产按照其不同分类，资产产权的转移有不同时点和表现形式。

（一）物权类资产的产权转移

根据《中华人民共和国民法典》第二编“物权”的相关规定，物权类资产分为动产和不动产。

1. 动产类资产的转移。“自交付时发生效力，但是法律另有规定的除外。”①即，一般动产类资产自划出方将划转的资产交付给划入方时，资产产权转移为划入方所有，法律另有规定的从其规定。如股权划转，依照公司法的相关规定，不是自股权划转协议生效时产权转移，也不是自股权划转完成公司变更登记时产权转移，而是自划入方记载于公司股东名册时产权转移。②

2. 不动产类资产的转移。“经依法登记，发生效力；未经登记，不发生效力，但是法律另有规定的除外”，“依照法律规定应当登记的，自记载于不动产登记簿时发生效力”③。即，土地、房屋等不动产类资产，自不动产登记由划出方变更至划入方名下时，资产产权转移为划入方所有，法律另有规定的从其规定。其中，资产划转协议的生效与资产产权的有效转移既有联系，又有区别，不能混为一谈。

（二）含有合同债权债务的资产划转

含有合同债权债务的资产划转，属于合同的变更和转让范畴，划出方在资产划转方案中应当制定相应的债权债务处置方案。依照《中华人民共和国民法典》第三编“合同”的相关规定：

1. 含有合同债权的资产划转，涉及合同债权让与。划出方作为债权人以通知债务人为生效要件，与债权有关的从权利也同时转移，但从权利专属于债权人自身的除外。④ 根据合同性质不得转让的、按照当事人约定不得转让及依照法律规定不得转让的债权不得划转。

2. 含有债务的资产划转，涉及债务承担。划出方作为债务人将其合同债务的全部或者部分划转的，以债权人同意为生效要件，或者按照债权人认可的债权债务处置方案处理划转的债务。与主债务有关的从债务也同时承担，但从债务专属于划出方自身的除外⑤。

3. 含有同一相对人的债权债务的一并资产划转，涉及债权债务的概括转移，也称为合同的权利和义务的一并划转。划出方把与同一相对人的合同中的债权债务（权利义务）一并划转的，以取得合同相对人同意为生效要件，同时适用债权

---

① 《中华人民共和国民法典》第二百二十四条规定。

② 2023 年《中华人民共和国公司法》第五十六条规定。

③ 《中华人民共和国民法典》第二百零九条、第二百一十四条规定。

④ 《中华人民共和国民法典》第五百四十五条、第五百四十六条、第五百四十七条规定。

⑤ 《中华人民共和国民法典》第五百五十一条、第五百五十四条规定。

让与、债务转移的有关规定规则①。

但是,企业重组下的资产划转,毕竟是同一控制下的企业之间的资产重组,一定意义上来说,资产划转是企业"自治"的权力问题。即使含有债权债务的资产划转,与一般情况下的债权让与、债务转移和债权债务一并转移也有所不同。如果将其等同于一般的债权让与、债务转移和债权债务的一并转移,势必受到划出方的债权人的制约,资产划转方式的企业重组将失去其应有的"自治"色彩。对于债权让与以通知债务人为生效条件,应不存在问题;但对于债务划转和债权债务的一并划转,如果仍以相对人同意为生效条件,则实现的难度可以想象,尤其是涉及银行等金融机构的贷款债务的划转,更是难上加难。

如,A公司有一家全资子公司B公司。A公司有一项规划设计面积为10,000平方米的在建工程,C公司为该在建工程的施工承包人,D银行为该在建工程贷款1000万元且以该在建工程下的土地使用权办理了抵押登记。为突出主业,A公司拟将其该10,000平方米的在建工程资产及其相关的继续施工、应付工程款、应付贷款等债权债务一并划转给B公司,即该在建工程资产划转中:一是涉及与C公司的建筑施工合同权利义务的一并划转,二是涉及D银行的贷款债务及其登记的抵押权利义务的一并划转问题。A公司要实现向B公司的该项资产划转,直接受到的影响是:

(1)涉及C公司的施工合同的债权债务(合同权利义务)的一并划转:C公司作为施工承包人如果不同意A公司的施工合同的权利义务一并划转B公司,则依照现行的民法典规定的债权债务(合同权利义务)一并转移的有效条件,则A公司与其全资子公司B公司之间的该项资产划转将无法实施。

(2)涉及D银行贷款本息清偿及抵押权的债务划转:D银行作为贷款人和抵押权人如果不同意A公司该贷款本息清偿及抵押人转移给B公司,则依照现行的民法典债务转移的有效条件,A公司与其全资子公司B公司之间该项资产划转也无法实施。

这将失去企业重组的应有之义,更与企业重组之资产划转财税法规的规范目的相悖。

针对包括但不限于资产划转在内的企业重组,截至目前尚没有相应的法律规范,立法存在缺陷,导致含有债权债务的资产划转如何解决债务人、债权人的"通

① 《中华人民共和国民法典》第五百五十五条、第五百五十六条规定。

知”及“同意”限制，成为目前资产划转的“空白”和难题之一。

为了实现资产划转这一企业重组工具的制度目的，促进企业重组，增强市场主体活力，就需要在建立健全资产划转法律制度中，将资产划转含有债权债务一并划转的情形作为特殊例外，给予特别规定。如，资产划转中无论是含有债权让与、债务划转，还是债权债务的一并划转，统一实行“通知”为生效条件，“通知”可以“公告”方式实施；涉及债务划转、债权债务一并划转的，债权人或同一债权债务的相对人，有权要求：(1)划出方提前清偿债务；(2)划出方及划入方提供相应的担保措施；(3)划出方和划入方对划转的债务承担连带清偿责任等，以保证债权人及债权债务的相对人的债权不因资产划转而受到“危害”。

【法规索引速查】

《中华人民共和国民法典》(2020 年 5 月 28 日)

第五百四十五条 债权人可以将债权的全部或者部分转让给第三人，但是有下列情形之一的除外：

(一)根据债权性质不得转让；

(二)按照当事人约定不得转让；

(三)依照法律规定不得转让。

当事人约定非金钱债权不得转让的，不得对抗善意第三人。当事人约定金钱债权不得转让的，不得对抗第三人。

第五百四十六条 债权人转让债权，未通知债务人的，该转让对债务人不发生效力。

债权转让的通知不得撤销，但是经受让人同意的除外。

第五百四十七条 债权人转让债权的，受让人取得与债权有关的从权利，但是该从权利专属于债权人自身的除外。

受让人取得从权利不因该从权利未办理转移登记手续或者未转移占有而受到影响。

第五百五十一条 债务人将债务的全部或者部分转移给第三人的，应当经债权人同意。

债务人或者第三人可以催告债权人在合理期限内予以同意，债权人未作表示的，视为不同意。

第五百五十四条 债务人转移债务的，新债务人应当承担与主债务有关的从债务,但是该从债务专属于原债务人自身的除外。

第五百五十五条　当事人一方经对方同意,可以将自己在合同中的权利和义务一并转让给第三人。

第五百五十六条　合同的权利和义务一并转让的,适用债权转让、债务转移的有关规定。

【案例与评析】

案例5-4:信源信息(证券代码:835690)向子公司资产划转

(一)基本情况

信源信息(郑州信源信息技术股份有限公司,证券简称:信源信息,证券代码:835690)成立于2003年4月26日,2016年2月16日成为新三板挂牌公司,目前处于创新层,主营业务为软件开发、运维服务及其他业务。信源信息控股股东、实际控制人均为境内自然人。

2020年11月19日,信源信息发布了《关于拟向全资子公司划转资产的公告》(公告编号:2020-055)①:根据整体发展需要,为完善经营业务结构,突出主业,实施主辅分离,整合并优化资源配置,进一步提升企业价值,公司拟以资产划转方式,将公司现有的土地及"信源科技中心"在建工程资产及相关的负债、人员一并划转至拟成立的全资子公司"郑州信源科技园区运营有限公司"(以下简称科技园区公司)。根据《非上市公众公司重大资产重组管理办法》《全国中小企业股份转让系统非上市公众公司重大资产重组业务细则》,本次交易不构成重大资产重组。本次资产划转是母公司与全资子公司之间的交易,属于公司内部的资产转移事项,故本次交易不构成关联交易。公司第五届董事会第三次会议审议通过了《关于公司拟向全资子公司划转资产的议案》,本议案尚需提交公司股东大会审议。2020年12月5日,该资产划转议案经公司2020年第四次临时股东大会审议通过。

2021年1月4日,信源信息发布了《关于向全资子公司划转资产的进展公告》(公告编号:2021-004):全资子公司科技园区公司已于2020年12月7日登记设立,公司以2020年12月31日为财务基准日,将现有的土地、在建工程及相关的资

---

① 《信源信息:关于拟向全资子公司划转资产的公告》(证券代码:835690,公告编号:2020-055),载全国中小企业股份转让系统网站2020年11月19日,https://www.neeq.com.cn/disclosure/2020/2020-11-19/1605771189_935491.pdf。

产、负债、人员全部划转至全资子公司科技园区公司。

2022年6月22日，信源信息发布了《2022年第二次临时股东大会决议公告》（公告编号：2022-043），股东大会审议通过了《关于拟出售全资子公司及相关资产暨关联交易的议案》《关于签署出售全资子公司及相关资产相关协议的议案》《关于提请股东大会授权董事会全权办理出售全资子公司相关事宜的议案》，公司决定将持有的全资子公司科技园区公司100%股权以2500万元的价格转让给郑州方程式商业运营管理有限公司（以下简称方程式公司），同时方程式公司将支付信源信息为"信源科技中心"在建工程项目垫付的建设等资金3500万元；公司授权董事会全权办理出售子公司的相关事宜。

2022年6月30日，信源信息发布了《关于出售全资子公司并完成工商变更登记的公告》（公告编号：2022-044）：为突出主业和优化业务结构，提高企业核心竞争力，公司将非经营性资产进行剥离，将持有的全资子公司科技园区有限公司100%股权以2500万元的价格转让给方程式公司，详见2022年6月6日在全国中小企业股份转让系统指定信息披露平台公告的《出售资产暨关联交易的公告》（公告编号：2022-040）。2022年6月28日，科技园区公司完成股权变更等相关的工商变更登记手续，科技园区公司不再纳入公司合并报表范围。

2021年12月16日，信源信息发布了《申请公开发行股票并在北交所上市辅导备案公告》（公告编号：2021-032），河南证监局已于2021年12月21日受理公司提交的向不特定合格投资者公开发行股票并在北交所上市辅导备案材料，自2021年12月21日开始公司进入辅导期。其后，又发布了多次《关于申请公开发行股票并上市辅导备案进展公告》。

（二）简要评析

信源信息的本次资产划转：一是围绕公司申请北交所上市之目的，对非经营性资产——在建工程及相关的资产、负债、人员实施的概括划转，消除开发房地产嫌疑的障碍，有其合理的商业目的；二是采取母公司向全资子公司实施的资产划转方式；三是本次资产划转除依照公司法和公司章程的规定由公司董事会、股东大会审议通过后，因划转的资产主要为土地及其在建工程，涉及国有土地使用权证、工程规划和施工许可证等的变更登记，需要办理外部的有关主管部门的核准批准手续；四是涉及与资产相关的工程施工合同的权利义务的一并转移及相关债权债务的一并划转，需要取得合同相对人及债权人的同意或认可；五是分两步实施的非经营性资产的剥离，第一步资产划转，将非经营性资产划转至全资子公司，第二步通过转让全资子公司100%的方式，将该非经营性资产全面地从公司予以了剥离；六是从整体信息来看，第一步资产划转和第二步股权转让有明显的不同，第一步资产划转是按截至划转基准日的账面净值实施的划转，采取的会计处理是信源信息将划出的资产计入长期股权投资，划入方科技园区公司将划入的资产计入资本公积，税务方面进行特殊性税务处理，享受了相关的税收优惠，第二步股权转让采取的是评估定价，信源信息和科技园区公司均依照转让股权作相应的会计处理，并按照股权转让所得作相应的税务处理；七是实施第二步股权转让过程是在资产划转完成后的12个月之后，符合了相关的财税法规性文件规定的"股权或资产划转后连续12个月内不改变被划转股权或资产原来实质性经营活动"要求；八是本次资产划转获得了相关部门的核准登记，圆满实现了信源信息的非经营性资产剥离的目的。信源信息的本次资产划转，是一例典型且成功的资产划转，具有很多可借鉴性。

案例5－5：方盛制药（证券代码：603998）子公司向母公司资产划转

（一）基本情况

方盛制药（湖南方盛制药股份有限公司，证券简称：方盛制药，证券代码：603998）成立于2000年6月15日，2014年12月5日成为上交所主板上市公司，主营业务为心脑血管中成药、骨伤科药、儿科药、抗感染药等药品的研发、生产与销售。方盛制药的实际控制人为境内自然人。

2021年8月27日，方盛制药发布了《关于全资子公司向公司划转资产的公告》（公告编号：2021－082）①：为进一步完善及优化现有经营业务结构和管理结构，满足业务整合需要，提升经营管理效率，经公司董事长批准，同意公司全资子公司海南博大药业有限公司（以下简称博大药业）以2021年5月31日为基准日，将账面净值为5800万元的药品批件、专利技术、商标、债权、股权及部分固定资产划转至公司（未经审计），并于2021年8月26日签订《资产划转协议》。本次资产划转基准日至实际交割日期间发生的资产变动将根据实际情况授权公司管理层进行据实调整并实施划转，最终划转的资产金额及明细项目以划转实施结果为准。

---

① 《湖南方盛制药股份有限公司关于全资子公司向公司划转资产的公告》（证券代码：603998），载巨潮资讯网2021年8月27日，http://www.cninfo.com.cn/new/disclosure/detail?orgId=9900023772&announcementId=1210875559&announcementTime=2021-08-27。

划转的资产主要有：

1. 划转药品批准文号：

序号	商品名称	规格	剂型	批准文号
1	龙血竭散	每袋装1.2g	散剂	国药准字Z20026373
2	西洋参胶囊	每粒装0.5g	胶囊剂	国药准字Z20027544
3	舒尔经胶囊	每粒装0.5g	胶囊剂	国药准字Z20025985
4	益母草颗粒(无糖型)	每袋装2g	颗粒剂	国药准字Z20025732
5	复方独活吲哚美辛胶囊	0.3g	胶囊剂	国药准字H46020616
6	复方川芎吲哚美辛胶囊	复方	胶囊剂	国药准字H46020617
7	依托红霉素胶囊	按红霉素计0.25g(25万单位)	胶囊剂	国药准字H20056762

该无形资产未在财务报表中体现，账面净值为0元。

2. 专利技术：8项，其中发明专利2项、实用新型资料6项，该无形资产未在财务报表中体现，账面净值为0元。

3. 商标：26项，该无形资产未在财务报表中体现，账面净值为0元。

4. 股权：博大药业将其持有的账面净值5000万元的全资子公司湖南方盛堂制药有限公司100%股权划转至公司。划转变更登记完成后，湖南方盛堂制药有限公司将成为公司全资子公司。

5. 往来款：博大药业将账面净值705.11万元债权划转至公司。

6. 固定资产：博大药业将截至2021年5月31日账面净值为94.88万元的部分设备设施划转至公司。

本次划转资产权属清晰，截至基准日，上述划转资产不存在抵押、质押或者其他第三人权利，不存在重大争议、诉讼或仲裁事项，不存在查封、冻结等妨碍权属转移的情况。自划转基准日起公司即享有划转资产的实际占有、使用、处分及收益的权利。本次划转不涉及员工安置等方面的安排。

本次划转涉及的税务安排：本次划转拟适用特殊性税务处理，具体以税务部门的认定为准。

本次划转涉及的往来款债权转移及协议主体变更安排：对于博大药业往来款债权已签订的涉及业务的协议、合同等，公司及博大药业将办理协议、合同主体变更手续，将合同、协议的权利义务转移至公司。划转的债权需通知相关债务人知悉，涉及的债务转让需取得债权人同意，协议主体的变更尚需取得协议双方的同意与配合，最终划转金额可能与上述数据不一致。

本次划转事项涉及的相关资质证照变更尚需取得相关政府部门的批准。公司将积极与相关部门进行沟通协调，推动资质证照变更手续尽早完成。

本次划转在公司与合并范围内的全资子公司之间发生，未进行审计、评估，不涉及关联交易，也不构成《上市公司重大资产重组管理办法》规定的重大资产重组。根据《上海证券交易所股票上市规则》等相关法律法规，本次划转资产事项无须提交董事会、股东大会审批。

（二）简要评析

方盛制药的本次资产划转：一是全资子公司向母公司的划转，划转双方主体适格；二是划转的标的既有无形资产、固定资产和股权，也有债权债务及合同的权利义务，以及业务及其资质的一并划转，尤其是划转的资产中除专利技术、商标外，还有药品批件，形成标的资产的特殊性；三是对划转涉及的往来款债权转移及协议主体变更进行了具体的安排，对税务拟采用特殊性税务处理作了明确，对于涉及的资质变更作了相应的明确；四是明确了本次资产划转不构成重大资产划转，不涉及关联交易，由董事长批准（应是根据方盛制药公司章程规定该事项属于董事长决策范围），无须公司董事会、股东大会审批，进行了相应的信息披露，并获得了证券交易所的审核认可。方盛制药的本次资产划转标的含有药品批件，同时含有股权、固定资产和专利、商标等无形资产而形成特色，具有一定的新颖性。

第六章　资产划转的原则和方案

一、资产划转的原则

资产划转作为企业重组的方式之一，当有其指导思想、遵循的基本原则和实施的目标目的。

通常情况下，资产划转的指导思想和目的，是为完善经营业务结构，突出主业，实施主辅分离，整合并优化资源配置，进一步提升企业价值，不断增强企业活力和竞争力，促进可持续发展。

根据国家支持企业重组的政策要求，参照《企业国有产权无偿划转管理暂行办法》相关规定，结合资产划转实务，资产划转应遵循以下几项原则：(1)符合国家有关法律法规和产业政策的规定的原则；(2)符合突出主业，实施主辅分离的需要的原则；(3)有利于优化产业结构和提高企业核心竞争力的原则；(4)划转双方自主决策、协商一致的原则；(5)依照有关法律法规和政策，保护职工、债权人和投资者的合法权益的原则。

对于资产划转，应当建立负面清单制度，如明确规范“资产划转”不得存在以下行为：

1. 通过企业重组下的资产划转企业逃废银行债务，损害国家、集体及其他债权人的合法权益。

2. 名为“资产划转”，实为资产有偿转让，逃废税收及税务监管。

3. 借“资产划转”之名，掩盖关联交易、关联方占用等内幕交易违法违规行为。

4. 划转的资产权属不清晰，资产过户或者转移存在法律障碍，相关债权债务处理不合法。

5. 借“资产划转”之名，掩盖其他非法目的。

【法规索引速查】

《企业国有产权无偿划转管理暂行办法》(国资发产权〔2005〕239号)

第四条　企业国有产权无偿划转应当遵循以下原则:

(一)符合国家有关法律法规和产业政策的规定;

(二)符合国有经济布局和结构调整的需要;

(三)有利于优化产业结构和提高企业核心竞争力;

(四)划转双方协商一致。

第十八条　有下列情况之一的,不得实施无偿划转:

(一)被划转企业主业不符合划入方主业及发展规划的;

(二)中介机构对被划转企业划转基准日的财务报告出具否定意见、无法表示意见或保留意见的审计报告的;

(三)无偿划转涉及的职工分流安置事项未经被划转企业的职工代表大会审议通过的;

(四)被划转企业或有负债未有妥善解决方案的;

(五)划出方债务未有妥善处置方案的。

《国务院关于进一步优化企业兼并重组市场环境的意见》(国发〔2014〕14号)

一、主要目标和基本原则

(二)基本原则。

1. 尊重企业主体地位。有效调动企业积极性,由企业自主决策、自愿参与兼并重组,坚持市场化运作,避免违背企业意愿的"拉郎配"。

2. 发挥市场机制作用。发挥市场在资源配置中的决定性作用,加快建立公平开放透明的市场规则,消除企业兼并重组的体制机制障碍,完善统一开放、竞争有序的市场体系。

3. 改善政府的管理和服务。取消限制企业兼并重组和增加企业兼并重组负担的不合理规定,解决企业兼并重组面临的突出问题,引导和激励各种所有制企业自主、自愿参与兼并重组。

《上市公司重大资产重组管理办法》(2023年修订)

第十一条　上市公司实施重大资产重组,应当就本次交易符合下列要求作出充分说明,并予以披露:

(一)符合国家产业政策和有关环境保护、土地管理、反垄断、外商投资、对外投资等法律和行政法规的规定;

（二）不会导致上市公司不符合股票上市条件；

（三）重大资产重组所涉及的资产定价公允，不存在损害上市公司和股东合法权益的情形；

（四）重大资产重组所涉及的资产权属清晰，资产过户或者转移不存在法律障碍，相关债权债务处理合法；

（五）有利于上市公司增强持续经营能力，不存在可能导致上市公司重组后主要资产为现金或者无具体经营业务的情形；

（六）有利于上市公司在业务、资产、财务、人员、机构等方面与实际控制人及其关联人保持独立，符合中国证监会关于上市公司独立性的相关规定；

（七）有利于上市公司形成或者保持健全有效的法人治理结构。

《非上市公众公司重大资产重组管理办法》（2023 年修订）

第四条 公众公司实施重大资产重组，应当就本次交易符合下列要求作出充分说明，并予以披露：

（一）重大资产重组所涉及的资产定价公允，不存在损害公众公司和股东合法权益的情形；

（二）重大资产重组所涉及的资产权属清晰，资产过户或者转移不存在法律障碍，相关债权债务处理合法；所购买的资产，应当为权属清晰的经营性资产；

（三）实施重大资产重组后有利于提高公众公司资产质量和增强持续经营能力，不存在可能导致公众公司重组后主要资产为现金或者无具体经营业务的情形；

（四）实施重大资产重组后有利于公众公司形成或者保持健全有效的法人治理结构。

二、资产划转方案

（一）资产划转方案的制定

在资产划转之前，资产划转双方应当按照审慎原则，防范和控制资产划转的风险，围绕拟划转的标的资产、可行性及必要性等进行研究、分析和论证，制定资产划转方案或可行性论证报告。

资产划转方案或可行性论证报告，一般应当载明下列内容：

1. 资产划转的指导思想、原则和目标任务；

2. 资产划转的标的资产及其范围；

3. 资产划转的划出方和划入方及其基本情况；

4. 被划转企业所处行业情况及国家有关法律法规、产业政策规定；

5. 被划转企业主业情况及与划入、划出方企业主业和发展规划的关系；

6. 被划转企业的财务状况及或有负债情况；

7. 资产划转协议的主要内容；

8. 资产划转的决策及其程序；

9. 资产划转涉及的债权债务的处置方案；

10. 资产划转涉及的职工安置方案；

11. 划入方对被划转企业的重组方案，包括投入计划、资金来源、效益预测及风险对策等；

12. 资产划转的必要性和可行性及法律法规依据；

13. 其他需说明的情况。如资产划转的交割日，以及资产划转基准日至实际交割之间资产损益的认定和处理等。

(二)资产划转方案的审议或批准

在前述资产划转可行性论证报告或资产划转方案的基础上，需要履行的审议及批准程序主要有：

1. 划转双方按照各自内部决策程序进行审议，如依照公司法及其他市场主体相关法律法规规定和企业章程的规定，由划出方、划入方董事会、股东(大)会审议并形成书面决议；涉及职工安置的，职工安置方案应当经划出方职工代表大会或职工大会审议通过。

2. 依照相关法律法规或企业章程等规定，资产划转方案或可行性论证报告需要前置审批的，办理资产划转前置审批手续。

3. 资产划转涉及含有债权债务的，履行通知债务人，征求债权人的同意意见等。

4. 资产划转涉及职工安置的，需要通过职工大会或职工代表大会审议通过。

5. 依照相关法律法规规定，方案需要相关部门备案或审核批准的，办理相关的备案批准手续等。

【法规索引速查】

《中华人民共和国公司法》(2023 年修订)

第六十七条　有限责任公司设董事会，本法第七十五条另有规定的除外。

董事会行使下列职权：

（一）召集股东会会议，并向股东会报告工作；

（二）执行股东会的决议；

（三）决定公司的经营计划和投资方案；

（四）制订公司的利润分配方案和弥补亏损方案；

（五）制订公司增加或者减少注册资本以及发行公司债券的方案；

（六）制订公司合并、分立、解散或者变更公司形式的方案；

（七）决定公司内部管理机构的设置；

（八）决定聘任或者解聘公司经理及其报酬事项，并根据经理的提名决定聘任或者解聘公司副经理、财务负责人及其报酬事项；

（九）制定公司的基本管理制度；

（十）公司章程规定或者股东会授予的其他职权。

公司章程对董事会职权的限制不得对抗善意相对人。

第五十九条 股东会行使下列职权：

（一）选举和更换董事、监事，决定有关董事、监事的报酬事项；

（二）审议批准董事会的报告；

（三）审议批准监事会的报告；

（四）审议批准公司的利润分配方案和弥补亏损方案；

（五）对公司增加或者减少注册资本作出决议；

（六）对发行公司债券作出决议；

（七）对公司合并、分立、解散、清算或者变更公司形式作出决议；

（八）修改公司章程；

（九）公司章程规定的其他职权。

股东会可以授权董事会对发行公司债券作出决议。

对本条第一款所列事项股东以书面形式一致表示同意的，可以不召开股东会会议，直接作出决定，并由全体股东在决定文件上签名或者盖章。

《中华人民共和国企业国有资产法》（2008年10月28日）

第三十条 国家出资企业合并、分立、改制、上市，增加或者减少注册资本，发行债券，进行重大投资，为他人提供大额担保，转让重大财产，进行大额捐赠，分配利润，以及解散、申请破产等重大事项，应当遵守法律、行政法规以及企业章程的规定，不得损害出资人和债权人的权益。

第三十一条　国有独资企业、国有独资公司合并、分立，增加或者减少注册资本，发行债券，分配利润，以及解散、申请破产，由履行出资人职责的机构决定。

第三十二条　国有独资企业、国有独资公司有本法第三十条所列事项的，除依照本法第三十一条和有关法律、行政法规以及企业章程的规定，由履行出资人职责的机构决定的以外，国有独资企业由企业负责人集体讨论决定，国有独资公司由董事会决定。

第三十三条　国有资本控股公司、国有资本参股公司有本法第三十条所列事项的，依照法律、行政法规以及公司章程的规定，由公司股东会、股东大会或者董事会决定。由股东会、股东大会决定的，履行出资人职责的机构委派的股东代表应当依照本法第十三条的规定行使权利。

第三十四条　重要的国有独资企业、国有独资公司、国有资本控股公司的合并、分立、解散、申请破产以及法律、行政法规和本级人民政府规定应当由履行出资人职责的机构报经本级人民政府批准的重大事项，履行出资人职责的机构在作出决定或者向其委派参加国有资本控股公司股东会会议、股东大会会议的股东代表作出指示前，应当报请本级人民政府批准。

本法所称的重要的国有独资企业、国有独资公司和国有资本控股公司，按照国务院的规定确定。

第三十五条　国家出资企业发行债券、投资等事项，有关法律、行政法规规定应当报经人民政府或者人民政府有关部门、机构批准、核准或者备案的，依照其规定。

第三十七条　国家出资企业的合并、分立、改制、解散、申请破产等重大事项，应当听取企业工会的意见，并通过职工代表大会或者其他形式听取职工的意见和建议。

第三十八条　国有独资企业、国有独资公司、国有资本控股公司对其所出资企业的重大事项参照本章规定履行出资人职责。具体办法由国务院规定。

《企业国有产权无偿划转管理暂行办法》(国资发产权〔2005〕239 号)

第六条　企业国有产权无偿划转应当做好可行性研究。无偿划转可行性论证报告一般应当载明下列内容：

(一)被划转企业所处行业情况及国家有关法律法规、产业政策规定；

(二)被划转企业主业情况及与划入、划出方企业主业和发展规划的关系；

(三)被划转企业的财务状况及或有负债情况；

（四）被划转企业的人员情况；

（五）划入方对被划转企业的重组方案，包括投入计划、资金来源、效益预测及风险对策等；

（六）其他需说明的情况。

第七条 划转双方应当在可行性研究的基础上，按照内部决策程序进行审议，并形成书面决议。

划入方（划出方）为国有独资企业的，应当由总经理办公会议审议；已设立董事会的，由董事会审议。划入方（划出方）为国有独资公司的，应当由董事会审议；尚未设立董事会的，由总经理办公会议审议。所涉及的职工分流安置事项，应当经被划转企业职工代表大会审议通过。

第十二条 企业国有产权在同一国资监管机构所出资企业之间无偿划转的，由所出资企业共同报国资监管机构批准。

企业国有产权在不同国资监管机构所出资企业之间无偿划转的，依据划转双方的产权归属关系，由所出资企业分别报同级国资监管机构批准。

第十三条 实施政企分开的企业，其国有产权无偿划转所出资企业或其子企业持有的，由同级国资监管机构和主管部门分别批准。

第十四条 下级政府国资监管机构所出资企业国有产权无偿划转上级政府国资监管机构所出资企业或其子企业持有的，由下级政府和上级政府国资监管机构分别批准。

第十五条 企业国有产权在所出资企业内部无偿划转的，由所出资企业批准并抄报同级国资监管机构。

《上市公司重大资产重组管理办法》（2023年修订）

第二十一条 上市公司进行重大资产重组，应当由董事会依法作出决议，并提交股东大会批准。上市公司董事会应当就重大资产重组是否构成关联交易作出明确判断，并作为董事会决议事项予以披露。上市公司独立董事应当在充分了解相关信息的基础上，就重大资产重组发表独立意见。重大资产重组构成关联交易的，独立董事可以另行聘请独立财务顾问就本次交易对上市公司非关联股东的影响发表意见。上市公司应当积极配合独立董事调阅相关材料，并通过安排实地调查、组织证券服务机构汇报等方式，为独立董事履行职责提供必要的支持和便利。

第二十七条 证券交易所设立并购重组委员会（以下简称并购重组委）依法审议上市公司发行股份购买资产申请，提出审议意见。

证券交易所应当在规定的时限内基于并购重组委的审议意见，形成本次交易是否符合重组条件和信息披露要求的审核意见。

证券交易所认为符合相关条件和要求的，将审核意见、上市公司注册申请文件及相关审核资料报中国证监会注册；认为不符合相关条件和要求的，作出终止审核决定。

第二十八条　中国证监会收到证券交易所报送的审核意见等相关文件后，依照法定条件和程序，在十五个工作日内对上市公司的注册申请作出予以注册或者不予注册的决定，按规定应当扣除的时间不计算在本款规定的时限内。中国证监会基于证券交易所的审核意见依法履行注册程序，发现存在影响重组条件的新增事项，可以要求证券交易所问询并就新增事项形成审核意见。

中国证监会认为证券交易所对前款规定的新增事项审核意见依据明显不充分的，可以退回补充审核。证券交易所补充审核后，认为符合重组条件和信息披露要求的，重新向中国证监会报送审核意见等相关文件，注册期限按照第一款规定重新计算。

《非上市公众公司重大资产重组管理办法》(2023 年修订)

第十三条　公众公司进行重大资产重组，应当由董事会依法作出决议，并提交股东大会审议。

第十八条　公众公司重大资产重组不涉及发行股份或者公众公司向特定对象发行股份购买资产后股东累计不超过 200 人的，经股东大会决议后，应当在 2 个工作日内将重大资产重组报告书、独立财务顾问报告、法律意见书以及重组涉及的审计报告、资产评估报告(或资产估值报告)等信息披露文件报送全国股份转让系统。

全国股份转让系统应当对上述信息披露文件的完备性进行审查。

第十九条　公众公司向特定对象发行股份购买资产后股东累计超过 200 人的重大资产重组，经股东大会决议后，应当按照中国证监会的有关规定编制申请文件并申请核准。

中国证监会受理申请文件后，依法进行审核，在 20 个工作日内作出核准、中止审核、终止审核、不予核准的决定。

《公开发行证券的公司信息披露内容与格式准则第 26 号——上市公司重大资产重组》(2023 年修正)

第七条　上市公司编制的重组预案应当至少包括以下内容：

（一）重大事项提示、重大风险提示；

（二）本次交易的背景和目的；

（三）本次交易的方案概况。方案介绍中应当披露本次交易是否构成《重组办法》第十三条规定的交易情形（以下简称重组上市）及其判断依据；

（四）上市公司最近三十六个月的控制权变动情况，最近三年的主营业务发展情况以及因本次交易导致的股权控制结构的预计变化情况；

（五）主要交易对方基本情况。主要交易对方为法人的，应当披露其名称、注册地、法定代表人，与其控股股东、实际控制人之间的产权及控制关系结构图；主要交易对方为自然人的，应当披露其姓名（包括曾用名）、性别、国籍、是否取得其他国家或者地区的居留权等；主要交易对方为其他主体的，应当披露其名称、性质，如为合伙企业，还应当披露合伙企业相关的产权及控制关系、主要合伙人等情况。

上市公司以公开招标、公开拍卖等方式购买或出售资产的，如确实无法在重组预案中披露交易对方基本情况，应当说明无法披露的原因及影响；

（六）交易标的基本情况，包括报告期（本准则所述报告期指最近两年及一期，如初步估算为重组上市的情形，报告期指最近三年及一期）主营业务（主要产品或服务、盈利模式、核心竞争力等概要情况）、主要财务指标（可为未审计数）、预估值及拟定价（如有）等。未披露预估值及拟定价的，应当说明原因及影响。相关证券服务机构未完成审计、评估或估值、盈利预测审核（如涉及）的，上市公司应当作出“相关资产经审计的财务数据、评估或估值结果以及经审核的盈利预测数据（如涉及）将在重大资产重组报告书中予以披露”的特别提示以及“相关资产经审计的财务数据、评估或估值最终结果可能与预案披露情况存在较大差异”的风险揭示。

交易标的属于境外资产或者通过公开招标、公开拍卖等方式购买的，如确实无法披露财务数据，应当说明无法披露的原因和影响，并提出解决方案；

（七）重组支付方式情况。上市公司支付现金购买资产的，应当披露资金来源。上市公司发行股份购买资产的，应当披露发行股份的定价及依据、本次发行股份购买资产的董事会决议明确的发行价格调整方案等相关信息。上市公司通过发行优先股、向特定对象发行可转换为股票的公司债券（以下简称可转债）、定向权证、存托凭证等购买资产的，应当比照前述发行股份的要求披露相关信息。交易方案涉及吸收合并的，应当披露换股价格及确定方法、本次吸收合并的董事会决议明确的换股价格调整方案、异议股东权利保护安排、债权人权利保护安排等相关信息。交易方案涉及募集配套资金的，应当简要披露募集配套资金的预计金额及相当于发行证券购买资产交易价格的比例、证券发行情况、用途等相关信息；

（八）本次交易存在其他重大不确定性因素，包括尚需取得有关主管部门的批准等情况的，应当对相关风险作出充分说明和特别提示；

（九）上市公司的控股股东及其一致行动人对本次重组的原则性意见，以及上市公司控股股东及其一致行动人、董事、监事、高级管理人员自本次重组预案披露之日起至实施完毕期间的股份减持计划。上市公司披露为无控股股东的，应当比照前述要求，披露第一大股东及持股百分之五以上股东的意见及减持计划；

（十）相关证券服务机构对重组预案已披露内容发表的核查意见（如有）。

【法律文本参考】

见“第二编　资产划转法律文书”：

《××有限公司资产无偿划转方案》。

《××有限公司总经理办公会议决议》（划出方、划入方分例）。

《××有限公司董事决定》（划出方、划入方分例）。

《××有限公司第____届董事会第____次会议决议》（划出方、划入方分例）。

《××股份有限公司第____届董事会第____次会议决议》（适用于上市公司及新三板挂牌公司）（划出方、划入方分例）。

《××有限公司股东决定》（适用于一人有限公司）（划出方、划入方分例）。

《××有限公司________年第____次临时股东会会议决议/________年度股东会决议》（划出方、划入方分例）。

《××股份有限公司________年第____次临时股东会会议决议/________年度股东会决议》（适用于上市公司及新三板挂牌公司）（划出方、划入方分例）。

【案例与评析】

案例6-1：永兴材料（证券代码：002756）向子公司划转资产并增资

（一）基本情况

永兴材料（永兴特种材料科技股份有限公司，证券简称：永兴材料，证券代码：002756）成立于2000年7月19日，2015年5月15日成为深交所主板上市公司，主营业务为不锈钢业务、锂电新能源业务。永兴材料的实际控制人境内自然人。

2023年8月29日，永兴材料发布了《关于向全资子公司划转部分资产并增资的公告》（公告编号：2023－039）[①]：为加快推进双业主发展战略，优化业务体系，完善组织架构，提高经营管理效率，实现公司"做大、做优、做强"和可持续高质量发展，公司拟将特钢新材料业务相关资产划转至全资子公司湖州永兴特种不锈钢有限公司（以下简称永兴特钢），并以划转的净资产对永兴特钢进行增资。

本次划转的具体方案：公司拟将拥有的特钢新材料业务相关资产，按照账面净值划转至永兴特钢，并以划转的净资产对永兴特钢进行增资，同时公司拟根据实际情况将与特钢新材料业务相关的资质、合同、人员及其他相关权利与义务一并划转至永兴特钢。

1. 划转涉及的资产及负债：截至2023年6月30日，拟划转的特钢新材料业务总资产为101,132万元，总负债7820万元，净资产93,312万元，最终划转的金额以划转实施结果为准。公司对拟划转资产拥有合法的完整权利，不存在重大争议、诉讼或仲裁事项、查封等限制或禁止转让的情形。

2. 划转涉及的业务及员工：本次划转前公司涉及的特钢新材料业务相关资质、合同、人员及其他相关权利和义务一并根据实际情况划转至永兴特钢。按照"人随业务、资产走"的原则，划转前与特钢新材料相关的员工均由永兴特钢接收和安置，并按照有关法律法规的规定，重新签订劳动合同。

3. 划转涉及的税务安排：本次划转拟适用特殊性税务处理，具体以税务部门的认定为准。

4. 划转涉及的债权债务：对于公司涉及特钢新材料业务的相关合同等，将根据实际需要办理合同主体变更手续，将合同涉及的权利和义务转移至永兴特钢。

5. 划转涉及的价款支付：本次资产划转不涉及价款支付。

2023年8月27日，永兴材料第六届董事会第三次会议审议通过了《关于向全资子公司划转部分资产并增资的议案》。根据《深圳证券交易所股票上市规则》《公司章程》等相关规定，本次向全资子公司划转资产并增资事项已经公司董事会审议通过，无须提交公司股东大会审议。董事会授权管理层办理本次资产划转并增资具体事宜。本次划转资产并增资事项不构成关联交易，亦不构成《上市公司

---

① 《永兴特种材料科技股份有限公司关于向全资子公司划转部分资产并增资的公告》（证券简称：永兴材料，证券代码：002756），载巨潮资讯网2023年8月29日，http://www.cninfo.com.cn/new/disclosure/detail? plate = szse&orgId = 9900022998&stockCode = 002756&announcementId = 1217675517&announcementTime = 2023－08－29。

重大资产重组管理办法》规定的重大资产重组。

光大证券作为永兴材料的保荐机构，针对永兴材料的本次资产划转，于2023年8月27日出具了《光大证券股份有限公司关于永兴特种材料科技股份有限公司向全资子公司划转部分资产并增资事项的核查意见》（永兴材料于2023年8月29日披露信息）：向全资子公司划转部分资产并增资事项已经公司第六届董事会第三次会议审议通过；本次交易属于公司董事会审批权限内，无须提交股东大会审议；本次交易履行了必要的内部决策程序，符合《公司章程》《深圳证券交易所股票上市规则》《深圳证券交易所上市公司自律监管指引第1号——主板上市公司规范运作》等相关规定。保荐机构对公司向全资子公司划转部分资产并增资事项无异议。

（二）简要评析

永兴材料的本次资产划转：一是为加快推进双业主发展战略，优化业务体系，完善组织架构，提高经营管理效率，实现公司"做大、做优、做强"和可持续高质量发展，符合资产划转的基本原则并具有合理的商业目的；二是制定了资产划转方案，包括但不限于划转双方当事人、标的资产、债权债务处理、职工安置、会计和税务安排等，内容清晰明确且相对全面，符合资产划转方案应当具备的一般内容和项目；三是本次资产划转经过了有权机构董事会的审议通过，进行了相应的信息披露，得到了保荐机构证券公司的核查和认可，并获得证券交易所的审核认可；四是母公司向子公司的资产划转，划转双方主体适格；五是划转的标的资产有资产、负债、业务及人员，属于概括划转；六是划入方接收资产后一部分作为增资即增加实收资本，一部分计入资本公积处理，并采取特殊性税务处理。永兴材料的本次资产划转遵循的基本原则和具体的资产划转方案，以及划入的资产部分作为增资，部分计入资本公积而具有一定的代表性。

案例6-2：威尔药业（证券代码：603351）向子公司及子公司之间资产划转

（一）基本情况

威尔药业（南京威尔药业集团股份有限公司，证券简称：威尔药业，证券代码：603351）成立于2000年2月18日，2019年1月30日成为上交所主板上市公司，主营业务为药用辅料及合成润滑基础油产品的研发、生产和销售。威尔药业的实际控制人为境内自然人。

2020年10月24日、2020年11月24日，威尔药业分别发布了《关于公司拟向全资子公司划转资产及全资子公司之间划转资产的公告》(公告编号:2020-069)①、《关于公司拟向全资子公司划转资产及全资子公司之间划转资产的进展公告》(公告编号:2020-072)②、《南京威尔药业集团股份有限公司拟划转资产、负债审计报告》和《南京威尔生物科技有限公司拟划转资产、负债审计报告》。为进一步优化企业管理架构,促进各业务板块发展,实现生产经营职能与投资管理职能分离,提高整体运营效率,威尔药业拟将主营业务相关的资产、负债以2020年10月31日为基准日按账面净值划转至全资子公司南京威尔生物科技有限公司(以下简称威尔生物科技);同时,公司拟将全资子公司威尔生物科技的资产、负债以2020年10月31日为基准日按账面净值全部划转至全资子公司南京威尔生物材料有限公司(以下简称威尔生物材料)。其中:

1. 威尔药业向全资子公司威尔生物科技的资产划转

(1)划转的资产、负债:截至2020年10月31日,经审计的资产合计30,261.58万元、负债合计321.90万元、净资产27,042.50万元。最终划转金额以实际划转实施结果为准。

(2)涉及的员工安置:根据"人随业务、资产走"的原则,划转前与业务相关的员工由资产转入的全资子公司接收。公司及全资子公司将按照国家有关法律法规的规定,在履行必要的程序后,为相关员工办理劳动合同签署、社会保险转移等手续。

(3)涉及的税务安排:本次划转拟适用特殊性税务处理,具体以税务部门的认定为准。

(4)划转涉及的债权债务转移及协议主体变更安排:对于公司及全资子公司已签订的划转涉及的协议、合同等,将办理协议、合同主体变更手续,合同、协议的权利义务转移至被划转主体;专属于上市公司的协议、合同不在转移范围内,仍由上市公司继续履行。

---

① 《威尔药业:关于公司拟向全资子公司划转资产及全资子公司之间划转资产的公告》(证券代码:603351),载巨潮资讯网2020年10月24日,http://www.cninfo.com.cn/new/disclosure/detail?plate=sse&orgId=9900036282&stockCode=603351&announcementId=1208607317&announcementTime=2020-10-24。

② 《威尔药业:关于公司拟向全资子公司划转资产及全资子公司之间划转资产的进展公告》(证券代码:603351),载巨潮资讯网2020年11月24日,http://www.cninfo.com.cn/new/disclosure/detail?plate=sse&orgId=9900036282&stockCode=603351&announcementId=1208782486&announcementTime=2020-11-24。

2. 全资子公司威尔生物科技向全资子公司威尔生物材料的资产划转。

(1)划转的资产、负债:截至2020年10月31日,经审计的资产合计2278.90万元、负债合计1326.99万元、净资产951.91万元。最终划转金额以实际划转实施结果为准。

(2)涉及的员工安置:根据“人随业务、资产走”的原则,划转前与业务相关的员工由资产转入的全资子公司接收。公司及全资子公司将按照国家有关法律法规的规定,在履行必要的程序后,为相关员工办理劳动合同签署、社会保险转移等手续。

(3)涉及的税务安排:本次划转拟适用特殊性税务处理,具体以税务部门的认定为准。

(4)划转涉及的债权债务转移及协议主体变更安排:对于公司及全资子公司已签订的划转涉及的协议、合同等,将办理协议、合同主体变更手续,合同、协议的权利义务转移至被划转主体;专属于上市公司的协议、合同不在转移范围内,仍由上市公司继续履行。

2020年10月23日,威尔药业第二届董事会第六次会议及第二届监事会第六次会议分别审议通过了本次资产划转的议案,并发布了《公司第二届董事会第六次会议决议公告》(公告编号:2020-067)、《公司第二届监事会第六次会议决议公告》(公告编号:2020-068)。根据《上海证券交易所股票上市规则》《公司章程》等相关规定,本次资产划转的事项在董事会审批权限范围内,无须提交公司股东大会审议。公司本次资产划转事项不属于关联交易,不构成《上市公司重大资产重组管理办法》规定的重大资产重组。

(二)简要评析

威尔药业的本次资产划转:一是为进一步优化企业管理架构,促进各业务板块发展,实现生产经营职能与投资管理职能分离,提高整体运营效率而实施资产划转,符合资产划转的基本原则并具有合理的商业目的;二是公告披露的资产划转的内容包括但不限于资产划转双方当事人、标的资产、债权债务处理、职工安置、会计及税务安排等,符合资产划转方案应当具备的一般内容和事项;三是一次划转两个层面,第一个层面是母公司向子公司划转资产,第二个层面是子公司之间划转资产,系同一控制下的资产划转母子公司之间、子公司与子公司之间的划转,划转各方主体适格;四是划转的标的资产包括资产、负债及人员,属于概括划转,并对划转涉及的债权债务处理、合同权利义务的变更,以及职工的安置方案作出了具体安排;五是按划转资产的账面净值(经审计)实施划转,拟适用特殊性税务处理,以期获得相应的税收优惠;六是经过有权机构董事会的审议通过,进行了相应的信息披露,并获得了证券交易所的审核认可。威尔药业的本次资产划转符合资产划转的基本原则,且同时实施了母公司向子公司、子公司向子公司两个层面的资产划转,形成了特色,具有相应的代表性。

第七章　资产划转协议

一、资产划转协议的形式及其主要内容

资产划转协议作为资产划转的重要法律文件，记载资产划转的各项重要内容，且对资产划转双方均具有重大影响力，也是划出方资产出账和划入方接收资产入账的重要会计凭据。基于其必要性和重要性，资产划转协议应当具备以下形式要件和实质要件：

（一）资产划转协议应采用书面合同

合同形式是合同当事人所达成的协议的表现形式，是合同内容的载体。

依照《中华人民共和国民法典》第四百六十九条之规定，当事人订立合同，可以采用书面形式、口头形式或者其他形式。书面形式是合同书、信件、电报、电传、传真等可以有形地表现所载内容的形式。以电子数据交换、电子邮件等方式能够有形地表现所载内容，并可以随时调取查用的数据电文，视为书面形式。

依照《中华人民共和国民法典》第四百九十条之规定，当事人采用合同书形式订立合同的，自当事人均签名、盖章或者按指印时合同成立。在签名、盖章或者按指印之前，当事人一方已经履行主要义务，对方接受时，该合同成立。法律、行政法规规定或者当事人约定合同应当采用书面形式订立，当事人未采用书面形式但是一方已经履行主要义务，对方接受时，该合同成立。

资产划转协议基于其必要性和重要性，应当采用书面的合同书形式，而不宜采用口头或其他形式。在建立健全资产划转法律制度中，可以设定资产划转协议需以书面合同书的形式为有效要件之一，如同房地产交易，法律就规定要用书面形式，如不采用书面形式而用口头形式的，合同无效。

（二）资产划转协议的主要内容

首先，资产划转协议的内容应当符合民法典有关合同“内容具体确定”的概括

性要求。

其次，资产划转协议的内容由划转双方约定，一般包括以下条款：(1)划出划入双方的名称与住所；(2)被划转企业的基本情况；(3)被划转企业的财务状况及或有负债情况；(4)资产划转的标的资产及其范围；(5)资产划转基准日；(6)被划转企业职工安置方案；(7)被划转企业涉及的债权、债务(包括拖欠职工债务)以及或有负债的处理方案；(8)划转双方的违约责任；(9)纠纷的解决方式；(10)划转双方认为必要的其他条款，如资产划转基准日至实际交割日期间的损益处理等；(11)协议生效条件；(12)其他相关事项。

【法规索引速查】

《中华人民共和国民法典》(2020年5月28日公布)

第四百六十九条 当事人订立合同，可以采用书面形式、口头形式或者其他形式。

书面形式是合同书、信件、电报、电传、传真等可以有形地表现所载内容的形式。

以电子数据交换、电子邮件等方式能够有形地表现所载内容，并可以随时调取查用的数据电文，视为书面形式。

第四百七十条 合同的内容由当事人约定，一般包括下列条款：

(一)当事人的姓名或者名称和住所；

(二)标的；

(三)数量；

(四)质量；

(五)价款或者报酬；

(六)履行期限、地点和方式；

(七)违约责任；

(八)解决争议的方法。

当事人可以参照各类合同的示范文本订立合同。

《企业国有产权无偿划转管理暂行办法》(国资发产权〔2005〕239号，自2005年8月29日实施)

第十条 划转双方协商一致后，应当签订企业国有产权无偿划转协议。划转协议应当包括下列主要内容：

（一）划入划出双方的名称与住所；

（二）被划转企业的基本情况；

（三）被划转企业国有产权数额及划转基准日；

（四）被划转企业涉及的职工分流安置方案；

（五）被划转企业涉及的债权、债务（包括拖欠职工债务）以及或有负债的处理方案；

（六）划转双方的违约责任；

（七）纠纷的解决方式；

（八）协议生效条件；

（九）划转双方认为必要的其他条款。

无偿划转事项按照本办法规定程序批准后，划转协议生效。划转协议生效以前，划转双方不得履行或者部分履行。

【法律文本参考】

见“第二编　资产划转法律文书”：《××有限公司资产划转协议》。

二、资产划转协议的成立和生效

合同成立与合同生效是两个既有联系又有区别的概念，合同成立是一个事实问题，而合同生效是一个法律评价问题。

资产划转协议自划转双方签字或盖章时成立。“采用合同书形式订立合同的，最后签名、盖章或者按指印的地点为合同成立的地点，但是当事人另有约定的除外。”①

而生效时间要根据资产划转协议约定的生效条件或者法律法规规定的条件成就时才能发生法律效力。《中华人民共和国民法典》第五百零二条规定：“依法成立的合同，自成立时生效，但是法律另有规定或者当事人另有约定的除外。依照法律、行政法规的规定，合同应当办理批准等手续的，依照其规定。未办理批准等手续影响合同生效的，不影响合同中履行报批等义务条款以及相关条款的效力。应当办理申请批准等手续的当事人未履行义务的，对方可以请求其承担违反该义务的责任。依照法律、行政法规的规定，合同的变更、转让、解除等情形应当

---

①《中华人民共和国民法典》第四百九十三条规定。

办理批准等手续的,适用前款规定。”

就国有企业资产划转而言,一般情况下,资产划转按照《中华人民共和国企业国有资产法》《企业国有资产监督管理暂行条例》《企业国有产权无偿划转管理暂行办法》规定程序批准后,资产划转协议生效。划转协议生效以前,划转双方不得履行或者部分履行。

《企业国有产权无偿划转管理暂行办法》第十二条、第十三条、第十四条规定,“企业国有产权在同一国资监管机构所出资企业之间无偿划转的,由所出资企业共同报国资监管机构批准。企业国有产权在不同国资监管机构所出资企业之间无偿划转的,依据划转双方的产权归属关系,由所出资企业分别报同级国资监管机构批准”;“实施政企分开的企业,其国有产权无偿划转所出资企业或其子企业持有的,由同级国资监管机构和主管部门分别批准”;“下级政府国资监管机构所出资企业国有产权无偿划转上级政府国资监管机构所出资企业或其子企业持有的,由下级政府和上级政府国资监管机构分别批准”。

就民营企业资产划转而言,一般情况下,资产划转协议按照《中华人民共和国公司法》及公司章程规定的权力决策机构,如股东(大)会审议通过或股东决定后,资产划转协议生效。法律法规规定需要其他批准的,获得相关的批准后,资产划转协议生效。当然,除此之外,资产划转协议可以附期限或附条件生效,所附期限届满时或所附条件成就时,资产划转协议生效。

就上市公司资产划转而言,资产划转不构成上市公司重大资产重组的,一般情况下,由上市公司股东大会审议通过后,资产划转协议生效;构成上市公司重大资产重组的,应当依照《中华人民共和国证券法》《上市公司重大资产重组管理办法》以及相关的上市板块业务规则细则及指引等,如《创业板上市公司持续监管办法(试行)》《公开发行证券的公司信息披露内容与格式准则第26号——上市公司重大资产重组》《深圳证券交易所股票上市规则》《深圳证券交易所创业板股票上市规则》《深圳证券交易所上市公司自律监管指引第8号——重大资产重组》等,履行相关的信息披露、董事会或股东大会审议、交易所审核及证监会注册等程序,资产划转协议生效。

【法规索引速查】

《中华人民共和国民法典》(2020年5月28日)

第一百五十八条 民事法律行为可以附条件,但是根据其性质不得附条件的除外。附生效条件的民事法律行为，自条件成就时生效。附解除条件的民事法律行为，自条件成就时失效。

第一百五十九条 附条件的民事法律行为，当事人为自己的利益不正当地阻止条件成就的，视为条件已经成就；不正当地促成条件成就的，视为条件不成就。

第一百六十条 民事法律行为可以附期限，但是根据其性质不得附期限的除外。附生效期限的民事法律行为，自期限届至时生效。附终止期限的民事法律行为，自期限届满时失效。

第四百九十条 当事人采用合同书形式订立合同的，自当事人均签名、盖章或者按指印时合同成立。在签名、盖章或者按指印之前，当事人一方已经履行主要义务，对方接受时，该合同成立。

法律、行政法规规定或者当事人约定合同应当采用书面形式订立，当事人未采用书面形式但是一方已经履行主要义务，对方接受时，该合同成立。

第四百九十一条 当事人采用信件、数据电文等形式订立合同要求签订确认书的，签订确认书时合同成立。

当事人一方通过互联网等信息网络发布的商品或者服务信息符合要约条件的，对方选择该商品或者服务并提交订单成功时合同成立，但是当事人另有约定的除外。

第四百九十二条 承诺生效的地点为合同成立的地点。

采用数据电文形式订立合同的，收件人的主营业地为合同成立的地点；没有主营业地的，其住所地为合同成立的地点。当事人另有约定的，按照其约定。

第四百九十三条 当事人采用合同书形式订立合同的，最后签名、盖章或者按指印的地点为合同成立的地点，但是当事人另有约定的除外。

第五百零二条 依法成立的合同，自成立时生效，但是法律另有规定或者当事人另有约定的除外。

依照法律、行政法规的规定，合同应当办理批准等手续的，依照其规定。未办理批准等手续影响合同生效的，不影响合同中履行报批等义务条款以及相关条款的效力。应当办理申请批准等手续的当事人未履行义务的，对方可以请求其承担违反该义务的责任。

依照法律、行政法规的规定，合同的变更、转让、解除等情形应当办理批准等手续的，适用前款规定。

《中华人民共和国企业国有资产法》(2008 年 10 月 28 日)

第三十四条 重要的国有独资企业、国有独资公司、国有资本控股公司的合并、分立、解散、申请破产以及法律、行政法规和本级人民政府规定应当由履行出资人职责的机构报经本级人民政府批准的重大事项，履行出资人职责的机构在作出决定或者向其委派参加国有资本控股公司股东会会议、股东大会会议的股东代表作出指示前，应当报请本级人民政府批准。

本法所称的重要的国有独资企业、国有独资公司和国有资本控股公司，按照国务院的规定确定。

《企业国有资产监督管理暂行条例》(2019 年修订)

第二十一条 国有资产监督管理机构依照法定程序决定其所出资企业中的国有独资企业、国有独资公司的分立、合并、破产、解散、增减资本、发行公司债券等重大事项。其中，重要的国有独资企业、国有独资公司分立、合并、破产、解散的，应当由国有资产监督管理机构审核后，报本级人民政府批准。

国有资产监督管理机构依照法定程序审核、决定国防科技工业领域其所出资企业中的国有独资企业、国有独资公司的有关重大事项时，按照国家有关法律、规定执行。

第二十二条 国有资产监督管理机构依照公司法的规定，派出股东代表、董事，参加国有控股的公司、国有参股的公司的股东会、董事会。

国有控股的公司、国有参股的公司的股东会、董事会决定公司的分立、合并、破产、解散、增减资本、发行公司债券、任免企业负责人等重大事项时，国有资产监督管理机构派出的股东代表、董事，应当按照国有资产监督管理机构的指示发表意见、行使表决权。

国有资产监督管理机构派出的股东代表、董事，应当将其履行职责的有关情况及时向国有资产监督管理机构报告。

第二十三条 国有资产监督管理机构决定其所出资企业的国有股权转让。其中，转让全部国有股权或者转让部分国有股权致使国家不再拥有控股地位的，报本级人民政府批准。

第二十四条 所出资企业投资设立的重要子企业的重大事项，需由所出资企业报国有资产监督管理机构批准的，管理办法由国务院国有资产监督管理机构另行制定，报国务院批准。

《企业国有产权无偿划转管理暂行办法》(国资发产权〔2005〕239号)

第十条第二款 无偿划转事项按照本办法规定程序批准后，划转协议生效。划转协议生效以前，划转双方不得履行或者部分履行。

第十二条 企业国有产权在同一国资监管机构所出资企业之间无偿划转的，由所出资企业共同报国资监管机构批准。

企业国有产权在不同国资监管机构所出资企业之间无偿划转的，依据划转双方的产权归属关系，由所出资企业分别报同级国资监管机构批准。

第十三条 实施政企分开的企业，其国有产权无偿划转所出资企业或其子企业持有的，由同级国资监管机构和主管部门分别批准。

第十四条 下级政府国资监管机构所出资企业国有产权无偿划转上级政府国资监管机构所出资企业或其子企业持有的，由下级政府和上级政府国资监管机构分别批准。

第十五条 企业国有产权在所出资企业内部无偿划转的，由所出资企业批准并抄报同级国资监管机构。

《上市公司重大资产重组管理办法》(2023年修订)

第三十二条第一款 上市公司重大资产重组完成相关批准程序后，应当及时实施重组方案，并于实施完毕之日起三个工作日内编制实施情况报告书，向证券交易所提交书面报告，并予以公告。

《非上市公众公司重大资产重组管理办法》(2023年修订)

第二十三条第一款 公众公司重大资产重组完成相关批准程序后，应当及时实施重组方案，并在本次重大资产重组实施完毕之日起2个工作日内，编制并披露实施情况报告书及独立财务顾问、律师的专业意见。

《创业板上市公司持续监管办法(试行)》(2020年6月12日证监会令第169号公布，自2020年6月12日起施行)

第十九条 上市公司并购重组，涉及发行股票的，由交易所审核通过后报中国证监会注册。

中国证监会收到交易所报送的审核意见等相关文件后，在五个工作日内对上市公司注册申请作出予以注册或者不予注册的决定，按规定应当扣除的时间不计算在本款规定的时限内。

《深圳证券交易所上市公司自律监管指引第8号——重大资产重组》(2023年修订)

第二十三条 上市公司董事会审议重大资产重组方案的,应当对下列议案作出决议:

(一)《关于上市公司进行重大资产重组的议案》,至少应当包括:重大资产重组的方式、交易标的和交易对方,交易价格或者价格区间(如有),定价方式或者定价依据,相关资产自定价基准日至交割日期间损益的归属,相关资产办理权属转移的合同义务和违约责任,决议的有效期,对董事会办理重大资产重组事宜的具体授权,以及其他需要明确的事项(需逐项表决);

(二)《关于本次重组符合〈上市公司监管指引第9号——上市公司筹划和实施重大资产重组的监管要求〉第四条规定的议案》;

(三)《关于评估机构或者估值机构的独立性、评估(估值)假设前提的合理性、评估(估值)方法与评估(估值)目的的相关性以及评估(估值)定价的公允性的议案》(如有);

(四)《关于本次重组是否构成关联交易的议案》;

(五)《关于本次重组符合〈重组审核规则〉第十条或者第十一条规定的议案》(如适用);

(六)《关于签订重组相关协议的议案》;

(七)《关于批准本次重组有关审计、评估和盈利预测报告的议案》(如有);

(八)《重大资产重组预案》或者《重大资产重组报告书及其摘要》;

(九)《关于提请股东大会审议同意相关方免于按照有关规定向全体股东发出(全面)要约的议案》(如适用);

(十)《关于本次重组符合〈重组办法〉第十三条规定的议案》(适用于构成重组上市的情形);

(十一)《关于召开上市公司股东大会的议案》(如有)。

第二十四条 上市公司股东大会审议重大资产重组方案的,应当对本指引第二十三条第一项所列事项进行逐项表决。

上市公司发行股份购买资产同时募集配套资金的,如购买资产不以募集配套资金为前提,购买资产与募集配套资金的交易方案可以分拆为两项议案、分别表决;如购买资产与募集配套资金互为前提,购买资产与募集配套资金的议案均获审议通过后,交易方案方可继续推进。

第二十五条　上市公司在发行股份购买资产的首次董事会决议公告后，六个月内未发出召开股东大会通知的，应当在六个月期限届满时，及时披露关于未发出召开股东大会通知的专项说明。专项说明应当披露相关原因，并明确是否继续推进或者终止本次重组事项。继续推进的，上市公司应当重新召开董事会审议发行股份购买资产事项，并以该次董事会决议公告日作为发行股份的定价基准日。

发行股份购买资产事项提交股东大会审议未获批准的，上市公司董事会如再次作出发行股份购买资产的决议，应当以该次董事会决议公告日作为发行股份的定价基准日。

第二十六条　上市公司披露重组方案后，拟对交易对方、交易标的、交易价格等作出变更，构成对原交易方案重大调整的，应当重新履行相关决策程序并作出公告。

《国务院关于进一步优化企业兼并重组市场环境的意见》（国发〔2014〕14号）

二、加快推进审批制度改革

（四）简化审批程序。优化企业兼并重组相关审批流程，推行并联式审批，避免互为前置条件。实行上市公司并购重组分类审核，对符合条件的企业兼并重组实行快速审核或豁免审核。简化海外并购的外汇管理，改革外汇登记要求，进一步促进投资便利化。优化国内企业境外收购的事前信息报告确认程序，加快办理相关核准手续。提高经营者集中反垄断审查效率。企业兼并重组涉及的生产许可、工商登记、资产权属证明等变更手续，从简限时办理。

《中国银行间市场交易商协会关于进一步规范债务融资工具发行企业无偿划转事项的通知》（中市协发〔2021〕20号）

二、及时召集持有人会议

企业拟无偿划转资产，由于划出资产导致净资产减少10%，或由于划出/划入资产构成重大资产重组的，或导致丧失重要子公司控制权的，应及时通知召集人。召集人应在知悉上述事项后，严格按照《银行间债券市场非金融企业债务融资工具持有人会议规程》及时召集持有人会议，商议偿债保障安排。触发投资人保护条款的，企业及主承销商还应按照发行文件约定履行投资人意见征集及相关救济措施。

【案例与评析】

案例7-1:石基信息(证券代码:002153)向子公司划转控股子公司股权

(一)基本情况

石基信息(北京中长石基信息技术股份有限公司,证券简称:石基信息,证券代码:002153)成立于1998年2月6日,2007年8月13日成为深交所主板上市公司,主营业务是为酒店、餐饮、零售、休闲娱乐等大消费行业提供整体信息化解决方案。石基信息的实际控制人为境内自然人。

2022年6月24日,石基信息发布了《关于子公司股权内部划转的公告》(公告编号:2022-21)[①]:为完善公司组织架构和管理体系,整合及优化公司战略布局,集合公司目前业务的地域优势,提高经营管理效率,抓住海南自由贸易港发展红利,进一步优化公司内部资源和资产结构,助力公司国际化和平台化,公司拟将持有的深圳市思迅软件股份有限公司(新三板挂牌公司,证券简称:思迅软件,证券代码:838758)67.21%股份以对应的长期股权投资账面净值全部一次性划转至新设全资子公司中长石基信息技术(海南)有限公司(以下简称石基海南)。本次划转属于公司子公司股权进行内部划转,不构成关联交易,也不构成《上市公司重大资产重组管理办法》规定的重大资产重组。本事项无须提交股东大会审议通过。本次划转的具体内容:

1.划出方与划入方的关系:划入方石基海南为划出方石基信息的全资子公司,划出方持有划入方100%股权。

2.拟划转标的资产:(1)划转标的:石基信息拟将持有的思迅软件67.21%股份以2021年12月31日为基准日确定的长期股权投资账面净值划转至石基海南。(2)标的资产的账面价值:截至2021年12月31日,经审计确认的石基信息对思迅软件的长期股权投资账面净值为18,819.90万元。(3)划转方式:石基信息按照对思迅软件的长期股权投资账面净值作价18,819.90万元向全资子公司石基海南划转其持有的思迅软件67.21%股份。划转完成后,石基海南取得思迅软件67.21%的股份。因石基信息持有石基海南100%股权,故石基信息仍然间接持有思迅软件67.21%股份。思迅软件仅作投资主体变更,其他事项不发生变化。(4)权属情况说明:本次划转资产产权清晰,不存在抵押、质押或者其他第三人权利,不

---

① 《石基信息:关于子公司股权内部划转的公告》(证券代码:002153),载巨潮资讯网2022年6月24日,http://www.cninfo.com.cn/new/disclosure/detail?plate=szse&orgId=9900003424&stockCode=002153&announcementId=1213806709&announcementTime=2022-06-24。

存在重大争议、诉讼或仲裁事项，不存在查封、冻结等司法措施。

3. 划转前后的股权结构变化情况：本次股权划转前后，上述公司股权结构将变化如下：

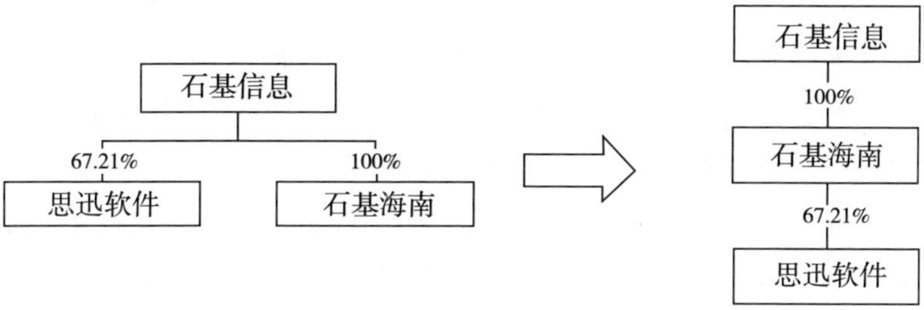

图 7－1　石基信息股权结构变化情况

4. 划转涉及的税务安排：本次股权划转拟适用特殊性税务处理，具体以税务部门的认定为准。

2022 年 6 月 22 日，石基信息与石基海南签署《关于思迅软件的股权划转协议》，主要内容如下：(1) 石基信息同意将其持有的思迅软件 67.21% 的股份以对思迅软件的长期股权投资账面净值划转给石基海南。截至 2021 年 12 月 31 日，思迅软件 67.21% 股份的账面净值为 18,819.90 万元。(2) 划转完成后，石基信息仍持有石基海南 100% 股权，石基海南将持有思迅软件 67.21% 股份。(3) 石基信息转让其所持思迅软件股份后，其在思迅软件原享有的权利，随股份转让而转由石基海南享有与承担。

2022 年 6 月 22 日，石基信息第七届董事会 2022 年第三次临时会议审议通过了《关于子公司股权内部划转的议案》，董事会授权公司、相关子公司及其管理层签署相关协议及办理后续相关事项。

思迅软件为新三板挂牌公司，故本次划转尚需取得全国中小企业股份转让系统审核同意，并作相应的信息披露。

思迅软件成立于 2004 年 4 月 27 日，2016 年 8 月 9 日成为新三板挂牌公司，主营业务为开发和销售零售行业标准化专用软件产品，并提供相关支付技术服务。目前属于创新层挂牌公司。思迅软件目前的控股股东为中长石基信息技术（海南）有限公司，实际控制人为境内自然人。

针对本次股份划转，思迅软件于 2022 年 6 月 23 日在全国中小企业股份转让系统信息披露平台（www. neeq. com. cn）上披露了《深圳市思迅软件股份有限公司权益变动报告书(减持)》(公告编号:2022－065)、《深圳市思迅软件股份有限公司权益变动报告书(增持)》(公告编号:2022－066)、《深圳市思迅软件股份有限公司第一大股东、控股股东拟变更公告》(公告编号:2022－067)。2022年8月5日,全国中小企业股份转让系统有限责任公司出具了《关于思迅软件特定事项协议转让申请的确认函》(股转函〔2022〕1846号)。根据2022年9月29日中国证券登记结算有限责任公司(以下简称中登公司)出具的《证券过户登记确认书》,上述股权已于2022年9月28日完成过户登记手续。

2022年9月30日,石基信息发布了《关于子公司股权内部划转完成过户登记的进展公告》(公告编号:2022－24):公司于2022年9月29日收到中登公司出具的《证券过户登记确认书》,确认已经于2022年9月28日将公司所持思迅软件股份70,230,000股(截至本公告披露日,该股份占思迅软件股份总数106,035,000股的66.23%)转出至石基海南名下,并在中登公司办理完毕过户登记手续。

(二)简要评析

石基信息的本次资产划转:一是母公司向子公司划转持有的控制子公司的67.21%股份,划转双方主体适格;二是划转双方签订了资产划转协议,协议规定了划转的主要内容,具体确定;三是划转标的为新三板挂牌公司的67.21%股份,不同于一般的资产,也不同于一般的股权,此为其特殊性之一,符合资产划转的标的资产要求;四是按照截至划转基准日确定的长期股权投资账面净值划转,目的是拟适用特殊性税务处理,享受相关的税收优惠;五是通过资产划转,原属于石基信息的控制子公司的思迅软件,变更成为石基信息间接控股的孙公司;六是涉及一家上市公司、一家新三板挂牌公司,需要分别按照各自挂牌上市板块的规则要求履行决策和信息披露,经划转双方董事会等有权机构审议通过,以及证券交易所和全国中小企业股份转让系统的审核同意,即双重审核、双重信息披露,此为其特殊性之二。石基信息的本次资产划转签署了资产划转协议,获得了董事会等有权机构的审议且通过了证券交易所和全国中小企业股份转让系统的审核同意,并因涉及上市公司和新三板挂牌公司的双重审核和信息披露,具有独特性。

案例7－2:华融化学(证券代码:301256)向子公司资产划转

(一)基本情况

详见“第四章　资产划转主体”之“案例4－1:华融化学(证券代码:301256)向子公司资产划转”。

（二）简要评析

华融化学的本次资产划转：一是划转双方签订了资产划转协议，内容包括但不限于资产划转双方当事人、划转标的资产、债权债务处理、职工安置等事项，具体确定；二是根据华融化学《公司章程》及法律法规的相关规定，本次资产划转经过有权机构董事会的审议并履行了相应的信息披露义务，通过了证券交易所的审核同意，资产划转协议具备了成立并生效的形式要件和实质要件。

案例7-3：ST华英（证券代码：002321）向子公司资产划转

（一）基本情况

ST华英（河南华英农业发展股份有限公司，证券简称：华英农业，证券代码：002321）成立于2002年1月30日，2009年12月16日成为深交所主板上市公司，主营业务为种鸭/鸡养殖、孵化、禽苗销售、饲料生产、商品鸭/鸡屠宰加工、冻品销售、熟食、羽绒及羽绒制品生产和销售。ST华英的实际控制人为境内自然人。

2023年4月15日，ST华英发布了《关于向全资子公司划转养殖业务相关资产与负债的公告》（公告编号：2023-014）①：为更好地使养殖板块健康发展，扩大养殖规模，便于产业链统筹管理，公司拟以2022年12月31日为基准日，将公司现有的与养殖业务相关的资产及负债按账面净值22,224.38万元划转至全资子公司信阳华英生态养殖有限责任公司（以下简称华英生态养殖公司），并授权公司管理层办理资产及负债划转的相关事宜。本次资产划转的具体内容：

1. 划转资产、负债的情况：(1)公司拟将与养殖业务相关的资产和负债以2022年12月31日为基准日，按账面净值22,224.38万元划转给华英生态养殖公司。划转基准日至实际划转日期间发生的资产及负债变动，也包括在划转标的范围之内。最终划转的资产与负债以划转实施结果为准。(2)截至划转基准日，账面净值资产合计26,701.18万元、负债合计4476.80万元、净资产22,224.38万元。最终划转的金额以划转实施结果为准。

2. 划转涉及的员工安置：本次划转涉及的公司员工根据“人随资产走”的原则，在划转后拟全部由华英生态养殖公司接收，公司及华英生态养殖公司将按照国家有关法律法规的规定，在履行必要的程序后，为员工办理相关转移手续。

---

① 《ST华英：关于向全资子公司划转养殖业务相关资产与负债的公告》（证券代码：002321），载巨潮资讯网2023年4月15日，http://www.cninfo.com.cn/new/disclosure/detail?plate=szse&orgId=9900009334&stockCode=002321&announcementId=1216419831&announcementTime=2023-04-15。

3. 划转涉及的税务安排：本次划转涉及的税务问题，具体以税务部门的认定为准。

4. 划转涉及的债权债务转移及协议主体变更安排：对于公司已签订的涉及业务的协议、合同等，将办理协议、合同主体变更手续，合同、协议的权利义务转移至华英生态养殖公司；专属于公司或按规定不得转移的协议、合同不在转移范围内，仍由公司继续履行。

2023 年 4 月 13 日，ST 华英第七届董事会第四次会议审议通过了《关于向全资子公司划转养殖业务相关资产与负债的议案》。本次交易属于公司董事会审议权限范围内，无须提交股东大会审议。本次划转不涉及关联交易，不构成《上市公司重大资产重组管理办法》规定的重大资产重组。

（二）简要评析

ST 华英的本次资产划转：一是母公司向子公司的资产划转，划转双方主体适格；二是划转的标的既有资产，也有负债，还有员工，属于概括资产划转，需要处理好债权债务的转移、合同权利义务的一并承继手续，以及职工的安置工作；三是公告中资产划转的内容明确；四是经过了有权机构董事会的审议通过，并履行了信息披露义务，获得了证券交易所的审核认可，履行了批准及审核程序。ST 华英的本次资产划转基于标的资产的多样性而具有相应的代表性。

第八章　资产划转的程序

资产划转作为企业重组的方式之一，在实施过程中应当遵循合法规范的程序，以保证资产划转的规范性、合规性和有效性。按照企业重组的一般程序，结合企业资产划转的实务程序，并借鉴《企业国有产权无偿划转管理暂行办法》的程序性规定，资产划转应遵循的一般程序如下：

一、制定资产划转的可行性报告或资产划转工作实施方案

资产划转前，划出方和划入方及其权力决策机构应做好可行性研究，明确其资产划转的路径、目的、必要性和可行性等。

编制或制定资产划转的可行性报告或资产划转工作实施方案（含预案），是资产划转可行性研究的表现形式，并以此作为资产划转权力机构决策的根据和基础。

资产划转的可行性报告或资产划转工作实施方案（含预案）的主要内容，详见"第六章　资产划转的原则和方案"之"二、资产划转方案"。

【法规索引速查】

详见"第六章　资产划转的原则和方案"之"二、资产划转方案"之"【法规索引速查】"。

【法律文本参考】

见"第二编　资产划转法律文书"：《××有限公司资产无偿划转方案》。

二、划转双方分别作出内部决议并形成书面决议文件

(一)划出方内部审议和承诺

划出方针对拟划出的资产事项,按照划出方的企业类别的相关法律规定(如有限公司按照《中华人民共和国公司法》及其公司章程等规定),由其权力决策机构,如董事会、股东(大)会进行审议并作出书面的决议。

划出方作出资产划转的决议后,应当同时作出关于被划转的企业资产权属清晰,不存在限制或者妨碍产权转移的情形的承诺书。

(二)划入方内部审议

划入方针对拟划入的资产事项,按照划入方的企业类别的相关法律规定(如有限公司按照《中华人民共和国公司法》及公司章程等规定),由其权力决策机构,如董事会、股东(大)会进行审议并作出书面的决议。

【法规索引速查】

详见“第六章　资产划转的原则和方案”之“二、资产划转方案”之“【法规索引速查】”。

【法律文本参考】

见“第二编　资产划转法律文书”:

《××有限公司总经理办公会议决议》(划出方、划入方分例)。

《××有限公司董事决定》(划出方、划入方分例)。

《××有限公司第____届董事会第____次会议决议》(划出方、划入方分例)。

《××股份有限公司第____届董事会第____次会议决议》(适用于上市公司及新三板挂牌公司)(划出方、划入方分例)。

《××有限公司股东决定》(适用于一人有限公司)(划出方、划入方分例)。

《××有限公司________年第____次临时股东会会议决议/________年度股东会决议》(划出方、划入方分例)。

《××股份有限公司________年第____次临时股东会会议决议/________年度股东会决议》(适用于上市公司及新三板挂牌公司)(划出方、划入方分例)。

三、划转双方分别取得外部批准或核准备案(或有)

(一)划出方的外部批准或核准备案(或有)

划出方划转资产,依照相关法律法规规定需要有关部门批准的,需经有权部门作出批准。上市公司作为划出方的,按照《中华人民共和国证券法》等法律法规,构成重大资产重组的,应当由董事会依法作出决议,并提交股东大会批准,并需经证券交易所审核同意。中国证监会基于证券交易所的审核意见,依法对上市公司发行股份购买资产涉及的证券发行申请履行注册程序,并对证券交易所的审核工作进行监督。

(二)划入方的外部批准或核准备案(或有)

划入方划入资产,依照相关法律法规规定需要有关部门批准的,需经有权部门作出批准。上市公司作为划入方的,按照《中华人民共和国证券法》等法律法规,需要履行有关部门核准的,执行其规定。

【法规索引速查】

详见"第六章 资产划转的原则和方案"之"二、资产划转方案"之"【法规索引速查】"。

四、制定债权债务处置方案并发出通知

涉及债权债务一并划转的,划出方应当制定有关划转的债权债务的处置方案,并通知债务人和债权人。通知的方式包括直接送达、公告等方式。

债权债务处置方案,应当列入资产划转方案之中,作为方案的构成部分。

【法规索引速查】

《企业国有产权无偿划转管理暂行办法》(国资发产权〔2005〕239号)

第八条 划出方应当就无偿划转事项通知本企业(单位)债权人,并制订相应的债务处置方案。

第十条 划转双方协商一致后,应当签订企业国有产权无偿划转协议。划转协议应当包括下列主要内容:

……

（五）被划转企业涉及的债权、债务（包括拖欠职工债务）以及或有负债的处理方案；

……

《企业国有产权无偿划转工作指引》（国资发产权〔2009〕25号）

《上市公司重大资产重组管理办法》（2023年修订）

第十一条 上市公司实施重大资产重组，应当就本次交易符合下列要求作出充分说明，并予以披露：

……

（三）重大资产重组所涉及的资产定价公允，不存在损害上市公司和股东合法权益的情形；

……

《非上市公众公司重大资产重组管理办法》（2023年修订）

第四条 公众公司实施重大资产重组，应当就本次交易符合下列要求作出充分说明，并予以披露：

……

（二）重大资产重组所涉及的资产权属清晰，资产过户或者转移不存在法律障碍，相关债权债务处理合法；所购买的资产，应当为权属清晰的经营性资产；

……

《国务院关于进一步优化企业兼并重组市场环境的意见》（国发〔2014〕14号）

七、进一步加强服务和管理

（十九）规范企业兼并重组行为。严格依照有关法律法规和政策，保护职工、债权人和投资者的合法权益。完善国有产权转让有关规定，规范国有资产处置，防止国有资产流失。采取切实措施防止企业通过兼并重组逃废银行债务，依法维护金融债权，保障金融机构合法权益。在资本市场上，主板、中小板企业兼并重组构成借壳上市的，要符合首次公开发行条件。加强上市公司和非上市公众公司信息披露，强化事中、事后监管，严厉查处内幕交易等违法违规行为。加强外国投资者并购境内企业安全审查，维护国家安全。

五、职工安置方案及其讨论通过（或有）

资产划转中，涉及职工安置的，划出方应当制定相应的职工安置方案，职工安置方案应当经职工大会或职工代表大会讨论通过。

职工安置方案主要包括职工劳动关系的变更和承继、工资薪酬和经济补偿、社会保险的承继或转移等重要事项。

【法规索引速查】

《中华人民共和国公司法》(2023年修订)

第十七条第三款 公司研究决定改制、解散、申请破产以及经营方面的重大问题、制定重要的规章制度时,应当听取公司工会的意见,并通过职工代表大会或者其他形式听取职工的意见和建议。

《中华人民共和国企业国有资产法》(2008年10月28日)

第三十七条 国家出资企业的合并、分立、改制、解散、申请破产等重大事项,应当听取企业工会的意见,并通过职工代表大会或者其他形式听取职工的意见和建议。

《企业国有产权无偿划转管理暂行办法》(国资发产权〔2005〕239号)

第七条 划转双方应当在可行性研究的基础上,按照内部决策程序进行审议,并形成书面决议。

划入方(划出方)为国有独资企业的,应当由总经理办公会议审议;已设立董事会的,由董事会审议。划入方(划出方)为国有独资公司的,应当由董事会审议;尚未设立董事会的,由总经理办公会议审议。所涉及的职工分流安置事项,应当经被划转企业职工代表大会审议通过。

第十八条 有下列情况之一的,不得实施无偿划转:

……

(三)无偿划转涉及的职工分流安置事项未经被划转企业的职工代表大会审议通过的;

……

《国务院关于进一步优化企业兼并重组市场环境的意见》(国发〔2014〕14号)

五、完善土地管理和职工安置政策

(十二)进一步做好职工安置工作。落实完善兼并重组职工安置政策。实施兼并重组的企业要按照国家有关法律法规及政策规定,做好职工安置工作,妥善处理职工劳动关系。地方各级人民政府要进一步落实促进职工再就业政策,做好职工社会保险关系转移接续,保障职工合法权益。对采取有效措施稳定职工队伍的企业给予稳定岗位补贴,所需资金从失业保险基金中列支。

六、编制划转资产清单，清产核资、审计和评估（或有）

（一）编制资产划转的资产清单、清产核资及审计、评估（或有）

划出方针对划转资产编制清单，并根据需要编制清产核资报告、审计和评估（或有），作为企业资产无偿划转的依据。

一般情况下，划转的资产应当委托独立第三方实施审计并取得相应的审计报告，涉及不动产、知识产权等资产划转的，应当委托评估机构实施评估并取得相应的评估报告，以确定划转资产的范围、类别、数量和账面价值，以及产权是否清晰等。

（二）资产划转范围、数量及账面价值的确认

划出方对划转资产的划转范围、数量及账面价值等，由其权力机构，如董事会、股东会等，根据划转资产的清产核资及审计、评估（或有）结果等作出确认或审议通过。

划转的资产范围、类别、数量及账面价值等，作为资产划转协议的标的资产予以具体确定。

【法规索引速查】

《中华人民共和国公司法》（2023 年修订）

第二百二十二条 公司分立，其财产作相应的分割。

公司分立，应当编制资产负债表及财产清单。公司应当自作出分立决议之日起十日内通知债权人，并于三十日内在报纸上或者国家企业信用信息公示系统公告。

第二百二十四条 公司减少注册资本，应当编制资产负债表及财产清单。

公司应当自股东会作出减少注册资本决议之日起十日内通知债权人，并于三十日内在报纸上或者国家企业信用信息公示系统公告。债权人自接到通知之日起三十日内，未接到通知的自公告之日起四十五日内，有权要求公司清偿债务或者提供相应的担保。

公司减少注册资本，应当按照股东出资或者持有股份的比例相应减少出资额或者股份，法律另有规定、有限责任公司全体股东另有约定或者股份有限公司章程另有规定的除外。

《企业国有产权无偿划转管理暂行办法》(国资发产权〔2005〕239号)

第九条　划转双方应当组织被划转企业按照有关规定开展审计或清产核资,以中介机构出具的审计报告或经划出方国资监管机构批准的清产核资结果作为企业国有产权无偿划转的依据。

第十六条　批准企业国有产权无偿划转事项,应当审查下列书面材料:

……

(六)中介机构出具的被划转企业划转基准日的审计报告或同级国资监管机构清产核资结果批复文件;

……

第十八条　有下列情况之一的,不得实施无偿划转:

……

(二)中介机构对被划转企业划转基准日的财务报告出具否定意见、无法表示意见或保留意见的审计报告的;

……

第十九条　下列无偿划转事项,依据中介机构出具的被划转企业上一年度(或最近一次)的审计报告或经国资监管机构批准的清产核资结果,直接进行账务调整,并按规定办理产权登记等手续。

(一)由政府决定的所出资企业国有产权无偿划转本级国资监管机构其他所出资企业的;

(二)由上级政府决定的所出资企业国有产权在上、下级政府国资监管机构之间的无偿划转;

(三)由划入、划出方政府决定的所出资企业国有产权在互不隶属的政府的国资监管机构之间的无偿划转;

(四)由政府决定的实施政企分开的企业,其国有产权无偿划转国资监管机构持有的;

(五)其他由政府或国资监管机构根据国有经济布局、结构调整和重组需要决定的无偿划转事项。

七、签订资产划转协议

划出方与划入方作为双方当事人签订资产划转协议,缔结资产划转的最重要的法律文件。

资产划转协议应当采用书面合同书的形式，并记载相对规范、全面的内容。资产划转协议的主要内容，详见本编“第七章　资产划转协议”。

【法规索引速查】

详见“第七章　资产划转协议”之“【法规索引速查】”。

【法律文本参考】

见“第二编　资产划转法律文书”：《××有限公司资产划转协议》。

八、信息披露

划转双方，尤其是资产划出方，针对其资产划转事项，按照其企业类别的相关法律法规、规范性文件，以及企业章程及其内部的信息披露管理制度等，需要履行信息披露的，及时履行信息披露义务。特别是上市公司的资产划转，需要依照《中华人民共和国证券法》及上市公司信息披露的管理规定规则等规定，按照“真实、准确、完整”的原则进行信息披露。

【法规索引速查】

《中华人民共和国公司法》（2023 年修订）

第一百三十八条　上市公司设董事会秘书，负责公司股东会和董事会会议的筹备、文件保管以及公司股东资料的管理，办理信息披露事务等事宜。

《中华人民共和国证券法》（2019 年修订）

第七十八条　发行人及法律、行政法规和国务院证券监督管理机构规定的其他信息披露义务人，应当及时依法履行信息披露义务。

信息披露义务人披露的信息，应当真实、准确、完整，简明清晰，通俗易懂，不得有虚假记载、误导性陈述或者重大遗漏。

证券同时在境内境外公开发行、交易的，其信息披露义务人在境外披露的信息，应当在境内同时披露。

《上市公司信息披露管理办法》（2021 年修订）

第三条　信息披露义务人应当及时依法履行信息披露义务，披露的信息应当真实、准确、完整，简明清晰、通俗易懂，不得有虚假记载、误导性陈述或者重大遗漏。

信息披露义务人披露的信息应当同时向所有投资者披露，不得提前向任何单位和个人泄露。但是，法律、行政法规另有规定的除外。

在内幕信息依法披露前，内幕信息的知情人和非法获取内幕信息的人不得公开或者泄露该信息，不得利用该信息进行内幕交易。任何单位和个人不得非法要求信息披露义务人提供依法需要披露但尚未披露的信息。

证券及其衍生品种同时在境内境外公开发行、交易的，其信息披露义务人在境外市场披露的信息，应当同时在境内市场披露。

第四条　上市公司的董事、监事、高级管理人员应当忠实、勤勉地履行职责，保证披露信息的真实、准确、完整，信息披露及时、公平。

第五条　除依法需要披露的信息之外，信息披露义务人可以自愿披露与投资者作出价值判断和投资决策有关的信息，但不得与依法披露的信息相冲突，不得误导投资者。

信息披露义务人自愿披露的信息应当真实、准确、完整。自愿性信息披露应当遵守公平原则，保持信息披露的持续性和一致性，不得进行选择性披露。

信息披露义务人不得利用自愿披露的信息不当影响公司证券及其衍生品种交易价格，不得利用自愿性信息披露从事市场操纵等违法违规行为。

《上市公司重大资产重组管理办法》(2023年修订)

第四条　上市公司实施重大资产重组，有关各方必须及时、公平地披露或者提供信息，保证所披露或者提供信息的真实、准确、完整，不得有虚假记载、误导性陈述或者重大遗漏。

第三十九条　上市公司筹划、实施重大资产重组，相关信息披露义务人应当公平地向所有投资者披露可能对上市公司股票交易价格产生较大影响的相关信息(以下简称股价敏感信息)，不得提前泄露。

《非上市公众公司重大资产重组管理办法》(2023年修订)

第五条　公众公司实施重大资产重组，有关各方应当及时、公平地披露或者提供信息，保证所披露或者提供信息的真实、准确、完整，不得有虚假记载、误导性陈述或者重大遗漏。

第十三条　筹划、实施公众公司重大资产重组，相关信息披露义务人应当公平地向所有投资者披露可能对公众公司股票转让价格产生较大影响的相关信息，不得有选择性地向特定对象提前泄露。但是，法律、行政法规另有规定的除外。

公众公司的股东、实际控制人以及参与重大资产重组筹划、论证、决策等环节的其他相关机构和人员，应当及时、准确地向公众公司通报有关信息，并配合公众公司及时、准确、完整地进行披露。

《国务院关于进一步优化企业兼并重组市场环境的意见》（国发〔2014〕14号）

七、进一步加强服务和管理

（十九）规范企业兼并重组行为。严格依照有关法律法规和政策，保护职工、债权人和投资者的合法权益。完善国有产权转让有关规定，规范国有资产处置，防止国有资产流失。采取切实措施防止企业通过兼并重组逃废银行债务，依法维护金融债权，保障金融机构合法权益。在资本市场上，主板、中小板企业兼并重组构成借壳上市的，要符合首次公开发行条件。加强上市公司和非上市公众公司信息披露，强化事中、事后监管，严厉查处内幕交易等违法违规行为。加强外国投资者并购境内企业安全审查，维护国家安全。

《中国银行间市场交易商协会关于进一步规范债务融资工具发行企业无偿划转事项的通知》（中市协发〔2021〕20号）

一、严格履行信息披露义务

企业无偿划出资产的，应严格按照《银行间债券市场非金融企业债务融资工具信息披露规则》及《银行间债券市场非金融企业债务融资工具存续期信息披露表格体系》PZ－6表要求披露无偿划转信息及进展。企业无偿划入资产构成重大资产重组的，应参照上述要求及时披露。

企业及其全体董事或具有同等职责的人员，应当保证所披露的信息真实、准确、完整、及时。企业控股股东、实际控制人应积极配合企业履行信息披露义务。

《国务院国有资产监督管理委员会关于企业国有资产交易流转有关事项的通知》（国资发产权规〔2022〕39号）

九、产权转让、企业增资导致国家出资企业及其子企业失去标的企业实际控制权的，交易完成后标的企业不得继续使用国家出资企业及其子企业的字号、经营资质和特许经营权等无形资产，不得继续以国家出资企业子企业名义开展经营活动。上述要求应当在信息披露中作为交易条件予以明确，并在交易合同中对工商变更、字号变更等安排作出相应约定。

九、划转资产的交割、产权登记、财务调整和涉税核准备案

划转双方根据资产划转协议，进行实际的产权交割。一般情况下，应当编制划转交接的资产清单，由划转双方逐项核实后签署交接清单，作为资产交割的凭

证。资产交割清单的签署，也代表了一般资产的产权转移时间。

涉及土地、房屋不动产等需要办理产权变更登记手续的，依照《民法典》等相关法律法规的规定，办理相关资产产权的变更登记手续；涉及在建工程资产划转的，依照城乡规划法等相关的法律法规规定，办理建设工程规划及施工许可证等的变更手续；涉及商标、专利、著作权等知识产权划转的，依照商标法、专利法、著作权法等相关的法律法规规定，办理相应的产证变更登记。

划转资产交割完成后，划转双方依照相关企业会计准则等规定，对应进行账务调整，做到账账相符、账证相符、账实相符，真实记载发生的资产划转经济业务。

资产划转涉及应享受的税收优惠政策，或者相关的应税义务的，由划出方和划入方分别依照相关的税收法律法规和规范性文件，办理税收优惠核准备案，或者相应的纳税申报，保障资产划转过程中的涉税合法合规。

【法规索引速查】

《中华人民共和国民法典》(2020 年 5 月 28 日公布)

第二百零八条　不动产物权的设立、变更、转让和消灭，应当依照法律规定登记。动产物权的设立和转让，应当依照法律规定交付。

第二百一十条　不动产登记，由不动产所在地的登记机构办理。

国家对不动产实行统一登记制度。统一登记的范围、登记机构和登记办法，由法律、行政法规规定。

第二百一十四条　不动产物权的设立、变更、转让和消灭，依照法律规定应当登记的，自记载于不动产登记簿时发生效力。

第二百一十五条　当事人之间订立有关设立、变更、转让和消灭不动产物权的合同，除法律另有规定或者当事人另有约定外，自合同成立时生效；未办理物权登记的，不影响合同效力。

第二百二十四条　动产物权的设立和转让，自交付时发生效力，但是法律另有规定的除外。

第二百二十五条　船舶、航空器和机动车等的物权的设立、变更、转让和消灭，未经登记，不得对抗善意第三人。

第二百二十六条　动产物权设立和转让前，权利人已经占有该动产的，物权自民事法律行为生效时发生效力。

第二百二十七条　动产物权设立和转让前，第三人占有该动产的，负有交付义务的人可以通过转让请求第三人返还原物的权利代替交付。

第二百二十八条 动产物权转让时,当事人又约定由出让人继续占有该动产的,物权自该约定生效时发生效力。

《中华人民共和国公司法》(2023年修订)

第八十四条 有限责任公司的股东之间可以相互转让其全部或者部分股权。

股东向股东以外的人转让股权的,应当将股权转让的数量、价格、支付方式和期限等事项书面通知其他股东,其他股东在同等条件下有优先购买权。股东自接到书面通知之日起三十日内未答复的,视为放弃优先购买权。两个以上股东行使优先购买权的,协商确定各自的购买比例;协商不成的,按照转让时各自的出资比例行使优先购买权。

公司章程对股权转让另有规定的,从其规定。

第八十五条 人民法院依照法律规定的强制执行程序转让股东的股权时,应当通知公司及全体股东,其他股东在同等条件下有优先购买权。其他股东自人民法院通知之日起满二十日不行使优先购买权的,视为放弃优先购买权。

第八十七条 依照本法转让股权后,公司应当及时注销原股东的出资证明书,向新股东签发出资证明书,并相应修改公司章程和股东名册中有关股东及其出资额的记载。对公司章程的该项修改不需再由股东会表决。

第一百五十七条 股份有限公司的股东持有的股份可以向其他股东转让,也可以向股东以外的人转让;公司章程对股份转让有限制的,其转让按照公司章程的规定进行。

第一百五十八条 股东转让其股份,应当在依法设立的证券交易场所进行或者按照国务院规定的其他方式进行。

第一百五十九条 股票的转让,由股东以背书方式或者法律、行政法规规定的其他方式进行;转让后由公司将受让人的姓名或者名称及住所记载于股东名册。

股东会会议召开前二十日内或者公司决定分配股利的基准日前五日内,不得变更股东名册。法律、行政法规或者国务院证券监督管理机构对上市公司股东名册变更另有规定的,从其规定。

《企业国有产权无偿划转管理暂行办法》(国资发产权〔2005〕239号)

第十一条 划转双方应当依据相关批复文件及划转协议,进行账务调整,按规定办理产权登记等手续。

《企业国有产权无偿划转工作指引》(国资发产权〔2009〕25号)

第七条　中央企业应当按照《办法》第十六条的规定向国资委报送文件材料,其中:

(一)申请文件的主要内容包括:

7. 相关承诺事项。

(1)被划转企业国有产权权属清晰,不存在限制或者妨碍产权转移的情形。

(2)除已报送国资委的划转协议和承诺事项外,未与划转他方签订任何补充协议,也无其他承诺事项。

申请文件中有关被划转企业的主营业务、财务状况、或有负债、人员安置等内容,应与可行性论证报告、划转协议及审计报告等相关内容一致。

《财政部关于印发〈关于企业国有资产办理无偿划转手续的规定〉的通知》(财管字〔1999〕301号)

第十条　划入、划出双方企业应依据资产划转文件办理变动产权登记等有关手续,并进行相关的账务调整。

《财政部、国家税务总局关于企业重组业务企业所得税处理若干问题的通知》(财税〔2009〕59号)

二、企业发生符合本通知规定的特殊性重组条件并选择特殊性税务处理的,当事各方应在该重组业务完成当年企业所得税年度申报时,向主管税务机关提交书面备案资料,证明其符合各类特殊性重组规定的条件。企业未按规定书面备案的,一律不得按特殊重组业务进行税务处理。

《国家税务总局关于发布〈企业重组业务企业所得税管理办法〉的公告》(国家税务总局公告2010年第4号)

第二十九条　适用《通知》第五条第(三)项和第(五)项的当事各方应在完成重组业务后的下一年度的企业所得税年度申报时,向主管税务机关提交书面情况说明,以证明企业在重组后的连续12个月内,有关符合特殊性税务处理的条件未发生改变。

第三十七条　发生《通知》第七条第(三)项规定的重组,居民企业应向其所在地主管税务机关报送以下资料:

1. 当事方的重组情况说明,申请文件中应说明股权转让的商业目的;

2. 双方所签订的股权转让协议;

3. 双方控股情况说明;

4. 由评估机构出具的资产或股权评估报告。报告中应分别列示涉及的各单项被转让资产和负债的公允价值；

5. 证明重组符合特殊性税务处理条件的资料，包括股权或资产转让比例，支付对价情况，以及 12 个月内不改变资产原来的实质性经营活动、不转让所取得股权的承诺书等；

6. 税务机关要求的其他材料。

《国家税务总局关于资产（股权）划转企业所得税征管问题的公告》（国家税务总局公告 2015 年第 40 号）

五、交易双方应在企业所得税年度汇算清缴时，分别向各自主管税务机关报送《居民企业资产（股权）划转特殊性税务处理申报表》（详见附件）和相关资料（一式两份）。

相关资料包括：

1. 股权或资产划转总体情况说明，包括基本情况、划转方案等，并详细说明划转的商业目的；

2. 交易双方或多方签订的股权或资产划转合同（协议），需有权部门（包括内部和外部）批准的，应提供批准文件；

3. 被划转股权或资产账面净值和计税基础说明；

4. 交易双方按账面净值划转股权或资产的说明（需附会计处理资料）；

5. 交易双方均未在会计上确认损益的说明（需附会计处理资料）；

6. 12 个月内不改变被划转股权或资产原来实质性经营活动的承诺书。

六、交易双方应在股权或资产划转完成后的下一年度的企业所得税年度申报时，各自向主管税务机关提交书面情况说明，以证明被划转股权或资产自划转完成日后连续 12 个月内，没有改变原来的实质性经营活动。

《国家税务总局关于纳税人资产重组有关增值税问题的公告》（国家税务总局公告 2013 年第 66 号）

纳税人在资产重组过程中，通过合并、分立、出售、置换等方式，将全部或者部分实物资产以及与其相关联的债权、负债经多次转让后，最终的受让方与劳动力接收方为同一单位和个人的，仍适用《国家税务总局关于纳税人资产重组有关增值税问题的公告》（国家税务总局公告 2011 年第 13 号）的相关规定，其中货物的多次转让行为均不征收增值税。资产的出让方需将资产重组方案等文件资料报其主管税务机关。

十、立卷归档及其他相关程序

资产划转后，依照档案法等法律法规或企业内部的档案管理制度，对资产划转全过程的文件、资料、证件等进行整理归集、立卷归档、分类保管，做到有案可查。

法律法规对资产划转其他程序有特别规定的，从其规定。

【法规索引速查】

《中华人民共和国档案法》(2020 年修订)

第二条　从事档案收集、整理、保护、利用及其监督管理活动，适用本法。

本法所称档案，是指过去和现在的机关、团体、企业事业单位和其他组织以及个人从事经济、政治、文化、社会、生态文明、军事、外事、科技等方面活动直接形成的对国家和社会具有保存价值的各种文字、图表、声像等不同形式的历史记录。

第九条　机关、团体、企业事业单位和其他组织应当确定档案机构或者档案工作人员负责管理本单位的档案，并对所属单位的档案工作实行监督和指导。

中央国家机关根据档案管理需要，在职责范围内指导本系统的档案业务工作。

第十二条　按照国家规定应当形成档案的机关、团体、企业事业单位和其他组织，应当建立档案工作责任制，依法健全档案管理制度。

第三十五条　各级人民政府应当将档案信息化纳入信息化发展规划，保障电子档案、传统载体档案数字化成果等档案数字资源的安全保存和有效利用。

档案馆和机关、团体、企业事业单位以及其他组织应当加强档案信息化建设，并采取措施保障档案信息安全。

《会计档案管理办法》(2015 年修订)(财政部、国家档案局令第 79 号)

第二条　国家机关、社会团体、企业、事业单位和其他组织(以下统称单位)管理会计档案适用本办法。

第三条　本办法所称会计档案是指单位在进行会计核算等过程中接收或形成的，记录和反映单位经济业务事项的，具有保存价值的文字、图表等各种形式的会计资料，包括通过计算机等电子设备形成、传输和存储的电子会计档案。

第四条　财政部和国家档案局主管全国会计档案工作，共同制定全国统一的会计档案工作制度，对全国会计档案工作实行监督和指导。

县级以上地方人民政府财政部门和档案行政管理部门管理本行政区域内的会计档案工作,并对本行政区域内会计档案工作实行监督和指导。

第五条 单位应当加强会计档案管理工作,建立和完善会计档案的收集、整理、保管、利用和鉴定销毁等管理制度,采取可靠的安全防护技术和措施,保证会计档案的真实、完整、可用、安全。

单位的档案机构或者档案工作人员所属机构(以下统称单位档案管理机构)负责管理本单位的会计档案。单位也可以委托具备档案管理条件的机构代为管理会计档案。

【案例与评析】

案例8-1:旗滨集团(证券代码:601636)孙公司之间资产划转

(一)基本情况

旗滨集团(株洲旗滨集团股份有限公司,证券简称:旗滨集团,证券代码:601636)成立于2005年7月8日,2011年8月12日成为上交所主板上市公司,主营业务为玻璃原片制造与销售,玻璃新材料研发和玻璃深加工。旗滨集团的实际控制人为境内自然人。

2022年3月17日,旗滨集团发布了《关于全资孙公司资产划转的公告》(公告编号:2022-016)①:为确保和增厚企业盈利水平,减少光伏业务板块与公司其他业务板块之间的交易额,进一步突出光伏玻璃板块主营业务,同时避免部分行政审批手续办理不到位的合规瑕疵,现决定对公司光伏业务资产进行部分调整,以2021年12月31日为划转基准日,将全资孙公司漳州旗滨光伏新能源科技有限公司(以下简称漳州光伏)现有两条浮法超白玻璃生产线所涉及的相关存货、机器设备、厂房以及在建工程等经营性资产和负债(以下简称本次划转资产),按照账面净值全部划转至公司全资孙公司漳州旗滨玻璃有限公司(以下简称漳州旗滨)。划转基准日至实际划转日发生的资产及负债变动情况将据实调整。

1.划转资产、负债范围:漳州光伏拥有的位于漳州光伏厂区内两条浮法超白玻璃生产线相关存货、机器设备、厂房以及在建工程等经营性资产和负债。经审计截至划转基准日账面净值分别为71,793.41万元、30,176.32万元,基准日合计

---

① 《旗滨集团:关于全资孙公司资产划转的公告》(证券代码:601636),载巨潮资讯网2022年3月17日,http://www.cninfo.com.cn/new/disclosure/detail?plate=sse&orgId=9900021239&stockCode=601636&announcementId=1212591542&announcementTime=2022-03-17。

净资产账面净值为41,617.08万元。最终划转的资产、负债金额及明细项目以划转实施结果为准。

2. 划转方式:按照资产、负债的账面净值无偿划转,漳州旗滨无须向漳州光伏支付任何价款。划入方漳州旗滨按最终划转的资产、负债的账面净值增加对应资产、负债项目金额,并将最终划转形成的净资产按账面净值计入漳州旗滨的资本公积(注册资本暂时不变);划出方漳州光伏按最终划转的资产、负债的账面净值减少对应资产、负债项目金额,并按最终划出的净资产账面净值减少漳州光伏资本公积、实收资本;上述两交易主体的母公司将按最终划转的资产、负债的账面净值增加对漳州旗滨的投资,并对应减少对漳州光伏的投资。

3. 划转基准日:2021年12月31日。

4. 划转涉及的员工安置:按照"人随业务、资产走"的原则,划转后漳州光伏上述生产线相关的员工劳动关系由漳州旗滨接收,漳州光伏和漳州旗滨按照国家有关法律法规,为相关员工办理劳动合同变更、社会保险转移等手续,漳州光伏及漳州旗滨保持组织架构和管理模式的稳定性。

5. 划转涉及的协议主体变更及债权债务转移安排:对于漳州光伏签订的与本次划转资产业务相关的协议及产生的债权债务,将在履行相关的必要程序后,办理合同主体变更至漳州旗滨的相关手续,相关权利义务均转移至漳州旗滨。

6. 过渡期安排:划转基准日至各项资产实际交割日期间("过渡期")发生的资产、负债变动将根据实际情况进行调整,最终划转的资产、负债金额及明细项目以划转实施结果为准。

7. 划转目的:主要是确保光伏业务板块完全独立,突出主营,加快公司在光伏玻璃领域的战略布局,并进一步发挥集团内部优势板块的核心竞争力,确保集团整体战略发展和转型升级目标更好地实现。

8. 对公司的影响:本次资产划转属于公司资源配置的调整和内部转移,有利于提升公司资产配置能力,理顺业务管理架构,进一步提高公司管理效率,符合公司整体发展战略;本次划转不涉及支付对价。本次资产划转不涉及合并报表范围变化,不会对公司的正常经营、财务状况和经营成果产生重大影响,不会损害公司及股东利益。

9. 交易履行的决策程序:2022年3月16日,旗滨集团第四届董事会第三十九次会议已审议通过了本次资产划转事项。董事会同意授权公司经营管理层负责组织并办理本次资产划转的相关具体事宜(包括但不限于划入资产、负债及业务、人员承接、工商变更等事宜)。本次股权划转事项不构成关联交易,亦不构成《上市公司重大资产重组管理办法》规定的重大资产重组。根据证券监管法律法规要求,以及《公司章程》及有关规定,上述事项无须提交公司股东大会审议。独立董事发表了同意孙公司资产划转的独立意见,监事会发布了同意划转的监督意见。

2022 年 4 月 28 日,旗滨集团发布了《关于全资孙公司资产划转等事宜进展情况的公告》(公告编号:2022-048):截至 2022 年 3 月 31 日,本次划转资产、负债已编制资产交割清单,完成了划转交割,划转的净资产合计 41,617.08 万元。划入方漳州旗滨按上述最终划转的资产、负债的账面净值增加对应资产、负债项目金额,并将最终划转形成的净资产按账面净值计入漳州旗滨的资本公积(注册资本暂时不变);划出方漳州光伏按最终划转的资产、负债的账面净值减少对应资产、负债项目金额,并按最终划出的净资产账面净值减少漳州光伏资本公积、实收资本。

(二)简要评析

旗滨集团的本次资产划转:一是旗滨集团同一控制下的孙公司之间的资产划转,划转双方主体适格;二是划转的标的既有资产、负债,也有业务、人员的一并划转,属于概括划转;三是划转的目的明确,具有合理的商业目的,资产划转后不改变整体资产原来的实质性经营活动,并按账面净值划转,划转各方分别按照增减投资、增减资本公积进行会计处理,以期获得相应的税收优惠;四是明确了具体的债权债务处理方式及职工安置方案;五是披露了资产划转的交割及执行情况;六是明确了决策程序,经过了有权机构董事会审议通过,独立董事发表了独立意见,监事会发表了监督意见,进行了相应的信息披露,并获得了证券交易所的审核认可。旗滨集团的同一控制下的孙公司之间的本次资产划转,履行的资产划转程序是合规的,且披露的划转方案及内容比较规范。

第九章　资产划转的会计处理

资产划转是一项企业经济业务行为，涉及一个问题、两个方面：一方面是划出方划出资产后会计如何处理，另一方面是划入方接收资产后会计如何对应处理。

会计处理涉及企业会计确认、计量等，会计核算应当以实际发生的经济业务为依据，如实反映财务状况和经营成果。会计处理需要以会计法、企业会计准则等法律法规、规范性文件为依据。财税法规性文件主要是从税务的角度规范企业的收入确认、计税基础确定。二者既有联系，又有区别。

依照《财政部、国家税务总局关于促进企业重组有关企业所得税处理问题的通知》（财税〔2014〕109 号）和《国家税务总局关于资产（股权）划转企业所得税征管问题的公告》（国家税务总局公告 2015 年第 40 号）有关资产划转的规定，常见的资产划转有下划（母—子）、上划（子—母）和平划（子—子）三种不同的情形，如图 9－1 所示：

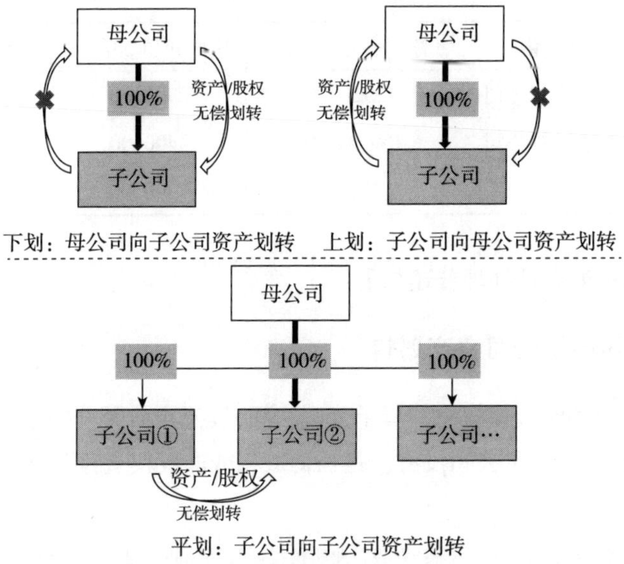

图 9－1　常见的资产划转形式

【以案分析】

本章节统一以下述资产划转为案例：

A 公司：母公司，三名中国国籍的自然人投资设立的境内有限公司。

B 公司：A 公司的全资子公司。

C 公司：A 公司的全资子公司。　　备注：A 公司、B 公司、C 公司均非房地产开发企业。

资产划转基准日：2023 年 10 月 31 日。

资产划转的标的：在建工程（国有土地使用权及地上在建工程），附加与在建工程相关的债权债务及与工程建设相关的管理人员 10 名职工，一并实施划转。其中：

（1）相关资产——在建工程及与此相关的债权

科目	资产内容	账面价值（万元）	账面净值（万元）	评估值（万元）
无形资产	国有土地使用权	320.00	270.00	2200.00
其他应收款	某科技公司	340.00	300.00	300.00
在建工程	工程施工投资款	7300.00	7300.00	7300.00
小计		7960.00	7870.00	9800.00

（2）相关债务——与在建工程相关的债务

科目	负债内容	账面价值（万元）	账面净值（万元）	评估值（万元）
应付款	某建筑公司	2900.00	2900.00	2900.00
其他应付款	某材料公司	4400.00	4400.00	4400.00
小计		7300.00	7300.00	7300.00

其相应的一般会计处理分述如下：

一、母公司向子公司资产划转

此即属于“100% 直接控制的母子公司之间，母公司向子公司按账面净值划转其持有的股权或资产，母公司没有获得任何股权或非股权支付”①的情形。

---

① 《国家税务总局关于资产（股权）划转企业所得税征管问题的公告》（国家税务总局公告 2015 年第 40 号）第一条第二项规定。

从财税法规性文件上，母公司向子公司的资产划转，在特殊性税务处理下，符合合理商业目的以及权益连续性、经营连续性的要求，且会计处理上划转双方均未确认损益的，确认为"母公司按冲减实收资本（包括资本公积，下同）处理，子公司按接受投资处理"①。

从企业会计准则上，受同一控制下的母子公司之间、子公司与子公司之间的资产划转，依照《〈企业会计准则第 7 号——非货币性资产交换（财会〔2019〕8号）〉应用指南》《监管规则适用指引——会计类第 1 号》的相关解释，"非货币性资产交换构成权益性交易的，应当适用权益性交易的有关会计处理规定。企业应当遵循实质重于形式的原则判断非货币性资产交换是否构成权益性交易。主要包括以下情形：(1)非货币性资产交换的一方直接或间接对另一方持股且以股东身份进行交易；(2)非货币性资产交换的双方均受同一方或相同的多方最终控制，且该非货币性资产交换的交易实质是交换的一方向另一方进行了权益性分配或交换的一方接受了另一方权益性投入。例如，集团重组中发生的非货币性资产划拨、划转行为，在股东或最终控制方的安排下，企业无代价或以明显不公平的代价将非货币性资产转让给其他企业或接受其他企业的非货币性资产，该类转让的实质是企业进行了权益性分配或接受了权益性投入，不适用本准则，应当适用权益性交易会计处理的有关规定"②；"对于上市公司的股东、股东控制的其他关联方、上市公司的实际控制人对上市公司进行直接或间接的捐赠、债务豁免等单方面的利益输送行为，由于交易是基于双方的特殊身份才得以发生，且使得上市公司明显地、单方面地从中获益，因此，应认定其经济实质具有资本投入性质，形成的利得应计入所有者权益"③。

假设：资产划转的标的归属于 A 公司，A 公司决定通过资产划转的方式，按照账面净值，将该标的资产无偿划转给其全资子公司 B 公司。在不考虑注册资本变化的情况下，则 A 公司、B 公司就本次资产划转应然的会计处理为：

A 公司：

借：实收资本或资本公积　　570

---

① 《国家税务总局关于资产（股权）划转企业所得税征管问题的公告》（国家税务总局公告 2015 年第 40 号）第一条第二项规定。

② 《〈企业会计准则第 7 号——非货币性资产交换（财会〔2019〕8 号）〉应用指南》第三条第一项第 5 目。

③ 2020 年 11 月 13 日中国证监会发布的《监管规则适用指引——会计类第 1 号》"1－22 权益性交易"规定。

应付款——某建筑公司 2900

其他应付款——某材料公司 4400

贷:在建工程 7300

无形资产——国有土地使用权 270

其他应收款——某科技公司 300

B 公司:

借:在建工程 7300

无形资产——国有土地使用权 270

其他应收款——某科技公司 300

贷:应付款——某建筑公司 2900

其他应付款——某材料公司 4400

资本公积 570

如果以评估值作为本次资产划转双方的会计处理,则可能导致资产划转前后价值的差异,不符合资产无偿划转的资产价值确定规范要求。依照相关的财税法规性文件规定,也不符合资产划转的税收优惠条件。

【法规索引速查】

《国家税务总局关于资产(股权)划转企业所得税征管问题的公告》(国家税务总局公告 2015 年第 40 号)

一、《通知》第三条所称"100% 直接控制的居民企业之间,以及受同一或相同多家居民企业 100% 直接控制的居民企业之间按账面净值划转股权或资产",限于以下情形:

(二)100% 直接控制的母子公司之间,母公司向子公司按账面净值划转其持有的股权或资产,母公司没有获得任何股权或非股权支付。母公司按冲减实收资本(包括资本公积,下同)处理,子公司按接受投资处理。

《〈企业会计准则第 7 号——非货币性资产交换(财会〔2019〕8 号)〉应用指南》

三、关于适用范围

企业对于符合本准则非货币性资产交换定义和适用范围的交易,应当按照本准则的要求进行会计处理。

(一)适用其他会计准则的非货币性资产交换

5. 非货币性资产交换构成权益性交易的,应当适用权益性交易的有关会计处理规定。企业应当遵循实质重于形式的原则判断非货币性资产交换是否构成权益性交易。主要包括以下情形:(1)非货币性资产交换的一方直接或间接对另一方持股且以股东身份进行交易;(2)非货币性资产交换的双方均受同一方或相同的多方最终控制,且该非货币性资产交换的交易实质是交换的一方向另一方进行了权益性分配或交换的一方接受了另一方权益性投入。例如,集团重组中发生的非货币性资产划拨、划转行为,在股东或最终控制方的安排下,企业无代价或以明显不公平的代价将非货币性资产转让给其他企业或接受其他企业的非货币性资产,该类转让的实质是企业进行了权益性分配或接受了权益性投入,不适用本准则,应当适用权益性交易会计处理的有关规定。

《监管规则适用指引——会计类第1号》(2020年11月13日)

1-22 权益性交易

上市公司与其控股股东或者其他关联方之间可能以多种形式进行权益性交易,其主要特征概括如下:

1. 权益性交易的交易对象。权益性交易除所有者以其所有者身份与主体之间的交易外,还包括不同所有者之间的交易,且后者多为合并财务报表层面不同所有者(母公司与子公司少数股东)之间。

2. 权益性交易对主体权益总额的影响。主体与所有者之间的权益性交易会导致主体权益总额发生增减变动,所有者之间的权益性交易不影响权益总额,但会改变权益内部各项目金额。

3. 权益性交易的会计处理结果。与权益性交易有关的利得和损失应直接计入权益,不会影响当期损益。

对于所有者之间的权益性交易,如果涉及合并财务报表的,应从合并财务报表主体的范围来界定其是否属于权益性交易。如果母公司因转让子公司股权(权益)而丧失控制权的,被转让公司不再纳入合并财务报表范围,母公司不以所有者身份进行交易;如果母公司转让子公司股权(权益)但未丧失控制权,该子公司仍然纳入合并财务报表范围,就合并财务报表主体而言,母公司以子公司所有者身份与其他所有者之间进行的交易应作为权益性交易处理。

监管实践发现,部分公司对于权益性交易的认定和会计处理存在偏差和分歧。现就如何适用上述原则的意见如下:

对于上市公司的股东、股东控制的其他关联方、上市公司的实际控制人对上市公司进行直接或间接的捐赠、债务豁免等单方面的利益输送行为，由于交易是基于双方的特殊身份才得以发生，且使得上市公司明显地、单方面地从中获益，因此，应认定其经济实质具有资本投入性质，形成的利得应计入所有者权益。上市公司在判断是否属于权益性交易时应分析该交易是否公允以及商业上是否存在合理性。上市公司与潜在股东之间发生的上述交易，应比照上述原则进行处理。

【案例与评析】

案例9－1：华融化学（证券代码：301256）向子公司资产划转

（一）基本情况

详见“第四章　资产划转主体”之“案例4－1：华融化学（证券代码：301256）向子公司资产划转”。

（二）简要评析

华融化学的本次资产划转：一是系母公司向子公司资产划转；二是划转资产后的会计处理：华融化学按账面净值（经专项审计资产总额22,180.07万元，负债总额1329.55万元）划转，净资产计入华融成都的资本公积，后续将资本公积中14,000万元转增至华融成都的实收资本，华融成都注册资本将由1000万元增至15,000万元。税务安排：本次划转资产拟适用特殊性税务处理，具体以税务部门的认定为准。华融化学的本次资产划转的会计处理符合相关的会计准则，且符合资产划转的特殊性税务处理规范要求。

二、子公司向母公司资产划转

此即属于“100%直接控制的母子公司之间，子公司向母公司按账面净值划转其持有的股权或资产，子公司没有获得任何股权或非股权支付”①的情形。

从财税法规性文件上，在特殊性税务处理下，确认为“母公司按收回投资处理，或按接受投资处理，子公司按冲减实收资本处理。母公司应按被划转股权或资产的原计税基础，相应调减持有子公司股权的计税基础”②。

---

① 《国家税务总局关于资产（股权）划转企业所得税征管问题的公告》（国家税务总局公告2015年第40号）第一条第三项规定。

② 《国家税务总局关于资产（股权）划转企业所得税征管问题的公告》（国家税务总局公告2015年第40号）第一条第三项规定。

从企业会计准则上，子公司向母公司的划转资产，同样属于权益性交易的范畴，应当按照权益性交易进行会计处理。子公司向母公司无偿划转资产且未采用利润分配方式的，会计处理时，母公司应按收回投资处理，相应地冲减对子公司的投资成本。如果划转资产账面价值大于母公司对子公司的投资成本的，超出部分则应确认为投资收益处理。如果子公司未冲减注册资本，也未作出利润分配的决定，则不应冲减实收资本，应依次冲减资本公积、盈余公积和未分配利润。如果子公司做减资处理，首先则应冲减实收资本，不足部分再依次冲减资本公积、盈余公积和未分配利润。如果作出利润分配决定，则应直接冲减未分配利润处理。

假设：资产划转的标的归属于B公司，决定通过资产划转的方式，按照账面净值，将该标的资产无偿划转给其母公司A公司。在不考虑注册资本变化的情况下，则A公司、B公司就本次资产划转应然的会计处理为：

A公司：

借：在建工程	7300	
无形资产——国有土地使用权	270	
其他应收款——某科技公司	300	
贷：应付款——某建筑公司		2900
其他应付款——某材料公司		4400
长期股权投资——B公司		570

B公司：

借：实收资本	570	
应付款——某建筑公司	2900	
其他应付款——某材料公司	4400	
贷：在建工程		7300
无形资产——国有土地使用权		270
其他应收款——某科技公司		300

【法规索引速查】

《国家税务总局关于资产（股权）划转企业所得税征管问题的公告》（国家税务总局公告2015年第40号）

一、《通知》第三条所称"100%直接控制的居民企业之间，以及受同一或相同多家居民企业100%直接控制的居民企业之间按账面净值划转股权或资产"，限于以下情形：

（三）100%直接控制的母子公司之间，子公司向母公司按账面净值划转其持有的股权或资产，子公司没有获得任何股权或非股权支付。母公司按收回投资处理，或按接受投资处理，子公司按冲减实收资本处理。母公司应按被划转股权或资产的原计税基础，相应调减持有子公司股权的计税基础。

【案例与评析】

案例9-2：海昌新材（证券代码：300885）子公司向母公司资产划转

（一）基本情况

详见“第十章　资产划转的税收优惠政策”之“案例10-2：海昌新材（证券代码：300885）子公司向母公司资产划转及交易所要求核查涉税事项”。

（二）简要评析

海昌新材的本次资产划转：一是系子公司向母公司资产划转，划转的标的资产主要为土地及房屋不动产；二是资产划转后不改变被划转资产原有的经营活动，美特粉末及海昌新材在会计上均不确认损益，被划转资产的计税基础以被划转的资产的原账面净值确定，并按其原账面净值计算折旧扣除，依法享受企业所得税、土地增值税、契税等税收优惠，且经过公司的逐项情况说明、保荐机构和发行人律师的逐项核查并发表了明确的意见，创业板上市委员会对海昌新材的上市审核通过并取得中国证监会的核准注册。海昌新材的本次资产划转会计和税收处理，符合资产划转的相关会计准则和税收政策，并得到了监管机构的认可，公开进行了信息披露，具有代表性。

案例9-3：欧科亿（证券代码：699308）子公司向母公司资产划转

（一）基本情况

欧科亿（株洲欧科亿数控精密刀具股份有限公司，证券简称：欧科亿，证券代码：688308）成立于1996年1月23日，2020年12月10日成为上交所科创板上市公司，主营业务为硬质合金制品和数控刀具产品的研发、生产和销售。欧科亿的实际控制人为境内自然人。

2022年4月29日，欧科亿发布了《关于将全资子公司部分资产划转母公司的公告》(公告编号:2022－034)[①]:为提升经营管理效率,优化业务构架与管理层级,促进公司持续稳定发展,全资子公司炎陵欧科亿数控精密刀具有限公司(以下简称炎陵欧科亿)按照2022年3月31日为基准日,将现有的2000万片数控刀片业务的机器设备的账面价值净值为4686.23万元,存货的账面价值净值为3268.52万元,划转给母公司欧科亿。划转基准日至划转日期间发生的资产变动将根据实际情况调整并予以划转,最终划转的资产以划转实施结果为准。公司已签订的与划转业务相关的协议、合同、承诺等也将办理主体变更手续,相应的权利义务也随之转移。员工安置根据“人随业务、资产走”的原则,划转前炎陵欧科亿2000万片数控刀片业务相关的员工由母公司欧科亿接收,公司将按照国家相关法律法规的规定在履行必要的程序后对员工办理相关的转移手续。

2022年4月28日,欧科亿第二届董事会第十九次会议审议通过了《关于将全资子公司部分资产划转母公司的议案》。根据《上海证券交易所科创板股票上市规则》及《公司章程》的规定,本次交易事项的批准权限在公司董事会审批权限内,无须提交股东大会审议。本次资产划转属于公司内部的资产划转事项,未进行审计、评估,不构成关联交易,也不构成《上市公司重大资产重组管理办法》规定的重大资产重组,不需要经过有关部门批准。

(二)简要评析

欧科亿的本次资产划转:一是全资子公司向母公司的资产划转,划转双方主体适格;二是划转的标的既有固定资产、存货、业务,也有人员,以及与资产相关的合同权利义务等的一并划转,属于概括划转;三是按照账面净值划转(未经审计),符合资产划转的会计处理和财税法规性文件要求;四是经过了有权机构董事会的审议通过,进行了相应的信息披露,并获得了证券交易所的审核认可。欧科亿的本次资产划转系子公司向母公司划转,具有相应的代表性。

三、同一控制下的子公司之间资产划转

此即属于“受同一或相同多家母公司100%直接控制的子公司之间,在母公司主导下,一家子公司向另一家子公司按账面净值划转其持有的股权或资产,划出

---

① 《欧科亿:关于将全资子公司部分资产划转母公司的公告》(证券代码:688308),载巨潮资讯网2022年4月29日,http://www.cninfo.com.cn/new/disclosure/detail?plate=sse&orgId=9900041574&stockCode=688308&announcementId=1213221785&announcementTime=2022-04-29。

方没有获得任何股权或非股权支付"[①]的情形。

从财税法规性文件上,在特殊性税务处理下,划转双方均不确认所得,确认为"划出方按冲减所有者权益处理,划入方按接受投资处理"[②]。从企业会计准则上,子公司向受同一控制下(如同一母公司)的子公司无偿划转资产,同样属于权益性交易的范畴,应当按照权益性交易进行会计处理。

尽管从形式上来看,全资子公司向全资子公司进行资产无偿划转在不改变股权结构的情况下相较于单纯的母子公司结构下的资产划转会显得比较复杂,但是实质仍然可以分解为两步交易步骤。第一步,资产划出的子公司视为以划转资产向母公司进行减资分配;第二步,母公司取得划转资产后以该资产向划入资产的子公司进行增资。如图 9 - 2 所示:

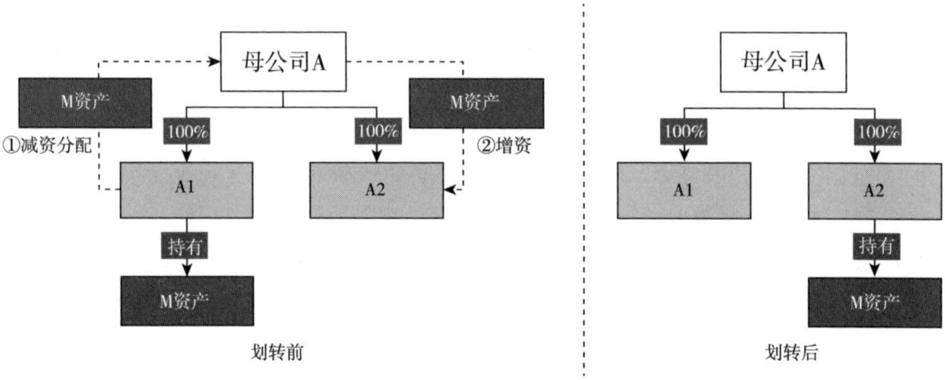

图 9 - 2 同一控制下子公司之间的资产划转

通过拆解,实际上就将"子—子"无偿划转的模式拆分为《国家税务总局关于资产(股权)划转企业所得税征管问题的公告》(国家税务总局公告 2015 年第 40 号)所规定的"子—母"无偿划转 + "母—子"有偿划转的结合。[③]

假设:资产划转的标的归属于 B 公司,在 A 公司统一决策和主导下,决定按照账面净值,由 B 公司将该标的资产无偿划转给 A 公司控制的另一子公司 C 公司。在不

① 《国家税务总局关于资产(股权)划转企业所得税征管问题的公告》(国家税务总局公告 2015 年第 40 号)第一条第四项规定。

② 《国家税务总局关于资产(股权)划转企业所得税征管问题的公告》(国家税务总局公告 2015 年第 40 号)第一条第四项规定。

③ 王殿会:《不同资产划转情形下企业重组税法适用政策分析——企业所得税篇》,载税屋网 2021 年 10 月 22 日,https://www.shui5.cn/article/f8/115193.html。

考虑注册资本变化的情况下，则B公司、C公司就本次资产划转应然的会计处理为：

A公司：

借：长期股权投资——子公司C

　贷：长期股权投资——子公司B

C公司：

借：在建工程	7300	
无形资产——国有土地使用权	270	
其他应收款——某科技公司	300	
贷：应付款——某建筑公司		2900
其他应付款——某材料公司		4400
实收资本或资本公积		570

B公司：

借：实收资本或资本公积	570	
应付款——某建筑公司	2900	
其他应付款——某材料公司	4400	
贷：在建工程		7300
无形资产——国有土地使用权		270
其他应收款——某科技公司		300

上为简单的资产划转的分析及举例。

在资产划转的具体实践中，需要按照企业会计准则的相关规定，考虑划出方、划入方的注册资本、投入成本、资产账面原值、折旧、摊销、坏账计提、账面净值、实收资本、资本公积、盈余公积和未分配利润、所有者权益等情况，作出相应的会计处理。

【法规索引速查】

《国家税务总局关于资产(股权)划转企业所得税征管问题的公告》(国家税务总局公告2015年第40号)

一、《通知》第三条所称“100%直接控制的居民企业之间，以及受同一或相同多家居民企业100%直接控制的居民企业之间按账面净值划转股权或资产”，限于以下情形：

(四)受同一或相同多家母公司100%直接控制的子公司之间，在母公司主导下，一家子公司向另一家子公司按账面净值划转其持有的股权或资产，划出方没有获得任何股权或非股权支付。划出方按冲减所有者权益处理,划入方按接受投资处理。

四、按照《通知》第三条规定进行特殊性税务处理的股权或资产划转,交易双方应在协商一致的基础上,采取一致处理原则统一进行特殊性税务处理。

《财政部、国家税务总局关于促进企业重组有关企业所得税处理问题的通知》(财税〔2014〕109号)

三、关于股权、资产划转

对100%直接控制的居民企业之间,以及受同一或相同多家居民企业100%直接控制的居民企业之间按账面净值划转股权或资产,凡具有合理商业目的、不以减少、免除或者推迟缴纳税款为主要目的,股权或资产划转后连续12个月内不改变被划转股权或资产原来实质性经营活动,且划出方企业和划入方企业均未在会计上确认损益的,可以选择按以下规定进行特殊性税务处理:

1. 划出方企业和划入方企业均不确认所得。

2. 划入方企业取得被划转股权或资产的计税基础,以被划转股权或资产的原账面净值确定。

3. 划入方企业取得的被划转资产,应按其原账面净值计算折旧扣除。

【案例与评析】

案例9-4:旗滨集团(证券代码:601636)孙公司之间资产划转

(一)基本情况

详见“第八章 资产划转的程序”之“案例8-1:旗滨集团(证券代码:601636)孙公司之间资产划转”。

(二)简要评析

旗滨集团的本次资产划转:一是系同一控制下的孙公司与孙公司之间的资产划转;二是划转的标的既有资产、负债,也有业务、人员的一并划转,属于概括划转;三是截至2022年3月31日,本次划转资产、负债已编制资产交割清单,完成了划转交割,划转的净资产合计41,617.08万元,划入方漳州旗滨按上述最终划转的资产、负债的账面净值增加对应资产、负债项目金额,并将最终划转形成的净资产按账面净值计入漳州旗滨的资本公积(注册资本暂时不变);划出方漳州光伏按最终划转的资产、负债的账面净值减少对应资产、负债项目金额,并按最终划出的净资产账面净值减少漳州光伏资本公积、实收资本。上述两交易主体的母公司将按最终划转的资产、负债的账面净值增加对漳州旗滨的投资,并对应减少对漳州光伏的投资。旗滨集团孙子公司之间的本次资产划转符合相关的会计准则和特殊性税务处理的规范要求。

案例9-5:ST美讯(证券代码:600898)子公司向孙公司资产划转后+ST美讯收购孙公司100%股权+转让子公司100%股权三重重大资产重组及所涉及的诉讼案

(一)基本情况

ST美讯(国美通讯设备股份有限公司,证券简称:ST美讯,曾经简称:三联商联,证券代码:600898)成立于1989年9月11日,1996年4月18日成为上交所主板上市公司,主营业务为移动智能终端的研发、生产和销售。国美通讯的实际控制人为境内自然人。

1.资产划转、股权转让等三重重大资产重组情况

本次资产重组前,浙江德景电子科技有限公司(以下简称德景电子)系ST美讯的全资子公司,ST美讯持有德景电子100%的股权;嘉兴京美电子科技有限公司(以下简称京美电子)、惠州德恳电子科技有限公司(以下简称德恳电子)均系德景电子的全资子公司,德景电子分别持有京美电子100%、德恳电子100%的股权。即京美电子、德恳电子系ST美讯的全资孙公司。

2020年4月23日、2020年5月20日、2020年6月18日ST美讯先后发布了《国美通讯设备股份有限公司关于筹划重大资产重组暨关联交易的提示性公告》(公告编号:临2020-08)、《国美通讯设备股份有限公司重大资产重组进展公告》(公告编号:临2020-18)、《国美通讯设备股份有限公司重大资产出售暨关联交易报告书(草案)》、《北京市竞天公诚律师事务所关于国美通讯设备股份有限公司重大资产出售暨关联交易的法律意见书》[①]等公告及文件:

---

① ST美讯:《关于筹划重大资产重组暨关联交易的提示性公告》《ST美讯:重大资产重组进展公告》《国美通讯设备股份有限公司重大资产出售暨关联交易报告书(草案)》《北京市竞天公诚律师事务所关于国美通讯设备股份有限公司重大资产出售暨关联交易的法律意见书》,载巨潮资讯网,http://www.cninfo.com.cn/new/disclosure/detail?plate=sse&orgId=gssh0600898&stockCode=600898&announcementId=1207559015&announcementTime=2020-04-23;http://www.cninfo.com.cn/new/disclosure/detail?plate=sse&orgId=gssh0600898&stockCode=600898&announcementId=1207843241&announcementTime=2020-05-22;http://www.cninfo.com.cn/new/disclosure/detail?plate=sse&orgId=gssh0600898&stockCode=600898&announcementId=1208036481&announcementTime=2020-07-16;http://www.cninfo.com.cn/new/disclosure/detail?plate=sse&orgId=gssh0600898&stockCode=600898&announcementId=1207935227&announcementTime=2020-06-18。

ST美讯(国美通讯)拟向北京美昊投资管理有限公司(以下简称美昊投资)以现金方式出售ST美讯持有的德景电子100%的股权。本次交易交割前,德景电子需剥离持有的京美电子100%的股权、德恳电子100%的股权,具体方式为ST美讯受让德景电子持有的京美电子100%股权、德恳电子100%股权。本次交易完成后,ST美讯不再持有德景电子股权。双方就上述事项于2020年4月22日签署了《关于浙江德景电子科技有限公司股权转让之框架协议》(以下简称本次重大资产重组)。

本次股权转让交易对象的美昊投资,系北京鹏康投资有限公司(以下简称鹏康投资)的全资子公司,鹏康投资为ST美讯控股股东山东龙脊岛建设有限公司的一致行动人北京战圣投资有限公司(以下简称战圣投资)的控股子公司,因此本次股权转让构成关联交易。

根据初步研究和测算,ST美讯本次出售德景电子100%股权预计构成《上市公司重大资产重组管理办法》规定的重大资产重组,公司将按照上交所的有关规定,组织独立财务顾问、法律顾问、审计机构和评估机构等中介机构开展相关工作,并履行信息披露义务。公司预计在2020年6月30日前披露按照《公开发行证券的公司信息披露内容与格式准则第26号——上市公司重大资产重组》等规定编制且经董事会审议通过的本次交易预案。

在本次股权转让交割前,德景电子先行将其与智能移动终端OEM相关的资产、部分债权和债务按账面值划转至其全资子公司京美电子(以下简称资产划转);在资产划转交割后,德景电子将其持有的京美电子100%的股权、德恳电子100%的股权按照公允价格转让给上市公司。该"资产划转"事项作为ST美讯与美昊投资的交易条件之一列入《关于浙江德景电子科技有限公司股权转让之框架协议》。

2020年6月17日,ST美讯第十届董事会第二十九次会议和ST美讯第十届监事会第二十次会议审议通过有关上述本次重大资产重组事项的《关于公司本次重大资产出售符合法律法规规定的重大资产重组条件的议案》《关于公司本次重大资产出售暨关联交易方案的议案》《关于〈国美通讯设备股份有限公司重大资产出售暨关联交易报告书(草案)〉及其摘要的议案》《关于签署附生效条件的〈关于浙江德景电子科技有限公司之股权转让协议〉的议案》《关于批准本次重大资产出售有关资产评估报告及财务报告的议案》《关于提请股东大会授权董事会全权办理本次重大资产出售相关事宜的议案》《关于向国美电器有限公司提前偿还借款的议案》《关于公司本次重大资产出售涉及银行债务/授信转移为控股子公司提供担保暨关联交易的议案》及其他相关议案等，并发布了《国美通讯设备股份有限公司第十届董事会第二十九次会议决议公告》（公告编号：临 2020 - 21）、《国美通讯设备股份有限公司第十届监事会第二十次会议决议公告》（公告编号：临 2020 - 22）①。2020 年 7 月 31 日，ST 美讯 2020 年第二次临时股东大会审议通过了前述有关本次重大资产重组的议案（关联股东回避了表决）并发布了《国美通讯设备股份有限公司 2020 年第二次临时股东大会决议公告》（公告编号：2020 - 42）②，ST 美讯本次股东大会的见证律师出具了《国美通讯设备股份有限公司 2020 年第二次临时股东大会的法律意见书》，认为"本次股东大会的召集、召开程序符合《中华人民共和国公司法》、《股东大会规则》及《公司章程》的有关规定；出席会议的人员资格、召集人的资格合法有效；本次股东大会的表决程序和表决结果合法有效"③。

根据 ST 美讯董事会、股东大会审议通过的上述议案：ST 美讯拟通过现金出售的方式向美昊投资出售德景电子 100% 的股权。本次股权出售交割前，德景电子将其所拥有的与智能移动终端制造业务相关的资产及部分债权、债务按照账面值划转至其全资子公司京美电子。在资产划转完成后，德景电子将其持有的京美电子 100% 的股权、德恳电子 100% 的股权参照评估值协商作价转让给 ST 美讯。

其一，资产划转的主要内容：德景电子将其拥有的与智能移动终端制造业务相关的资产及部分债权、债务按照账面值划转至京美电子，划转资产在 2019 年 12 月 31 日的账面值为 8544.84 万元，在 2019 年 12 月 31 日后发生的资产及负债变动情况将据实调整并予以划转。2020 年 6 月 17 日，德景电子与京美电子签署了《资产划转协议》。

---

① ST 美讯：《第十届董事会第二十九次会议决议公告》（公告编号：临 2020 - 21）（证券代码：600898），载巨潮资讯网 2020 年 6 月 18 日，http://www.cninfo.com.cn/new/disclosure/detail?plate=sse&orgId=gssh0600898&stockCode=600898&announcementId=1207935187&announcementTime=2020-06-18。

② ST 美讯：《2020 年第二次临时股东大会决议公告》（公告编号：2020 - 42），载巨潮资讯网 2020 年 8 月 1 日，http://www.cninfo.com.cn/new/disclosure/detail?plate=sse&orgId=gssh0600898&stockCode=600898&announcementId=1208113941&announcementTime=2020-08-01。

③ ST 美讯：《北京市竞天公诚律师事务所国美通讯设备股份有限公司 2020 年第二次临时股东大会的法律意见书》，载巨潮资讯网 2020 年 8 月 1 日，http://www.cninfo.com.cn/new/disclosure/detail?plate=sse&orgId=gssh0600898&stockCode=600898&announcementId=1208113942&announcementTime=2020-08-01。

其二,ST美讯通过收购股权方式将孙公司重组为全资子公司。上述资产划转完成后,德景电子将其持有的京美电子100%、德恳电子100%的股权以有偿的方式公允定价(评估值)出售给ST美讯,从而将京美电子、德恳电子由之前的ST美讯的全资孙公司重组为ST美讯的全资子公司。参照评估值,ST美讯自德景电子受让京美电子100%、德恳电子100%的股权价格分别确定为11,679.00万元、0万元。股权转让价款的支付,由ST美讯与德景电子通过互负债务相抵销方式进行。

2020年7月3日,上交所针对ST美讯本次重大资产重组发出了《关于对国美通讯设备股份有限公司重大资产出售暨关联交易草案信息披露的问询函》(上证公函〔2020〕0812号,以下简称《问询函》),其中第1项问题要求ST美讯补充披露、财务顾问和会计师对以下问题核查并发表意见:"草案披露,上市公司拟向关联方美昊投资出售德景电子100%股权。在本次交易交割前,德景电子将其所拥有的与智能移动终端制造业务相关的资产及部分债权、债务按照账面值划转至京美电子,并将其持有的京美电子100%股权、德恳电子100%股权参照评估值以1.17亿元转让给上市公司。请公司补充披露:(1)本次交易标的系德景电子转让京美电子、德恳电子之后的剩余资产或业务,请说明剩余资产或业务的具体内容,及相关财务会计信息,包括但不限于最近两年模拟财务报表、上市公司备考合并财务报表等,如涉及债权债务,说明债权债务形成的原因及金额;(2)德景电子划转资产至京美电子的资产划转标准,京美电子、德恳电子是否构成业务,相关业务资质是否保留,如是,请补充披露最近两年一期的主要财务数据或模拟财务数据。请财务顾问和会计师发表意见。"

2020年7月16日,ST美讯披露了《北京北方亚事资产评估事务所关于上海证券交易所〈关于对国美通讯设备股份有限公司重大资产出售暨关联交易草案信息披露的问询函〉之专项核查意见》、《大华会计师事务所关于上海证券交易所〈关于对国美通讯设备股份有限公司重大资产出售暨关联交易草案信息披露的问询函〉的专项说明》、《中信证券股份有限公司〈关于国美通讯设备股份有限公司对上海证券交易所《关于对国美通讯设备股份有限公司重大资产出售暨关联交易草案信息披露的问询函》之回复报告〉之核查意见》及《国美通讯设备股份有限公司关于上海证券交易所〈关于对国美通讯设备股份有限公司重大资产出售暨关联交易草案信息披露的问询函〉的回复公告》(公告编号:临 2020-36)[①],针对《问询函》第1项问题中的资产划转的集中回复意见如下:

"(一)德景电子划转资产至京美电子的资产划转标准

与智能移动终端制造业务相关的土地、房产、设备、无形资产、人员等及与制造业务相关的债权、债务:

(1)德景电子所取得的国有土地使用权证编号为'嘉南国用(2015)第1042025号'的33,586平方米的国有土地使用权及其地上房产(包括该土地上未取得房产证的房产);

(2)德景电子名下所拥有的除上述(1)以外的与智能移动终端制造业务相关的固定资产及商用软件等无形资产;

(3)德景电子名下与智能移动终端制造业务相关的部分债权、债务。"

"德景电子划转至京美电子的资产为与智能移动终端制造业务相关的土地、房产、设备、无形资产、人员等及与制造业务相关的债权、债务,京美电子、德恳电子均构成业务,德恳电子的相关业务资质无变化,京美电子将不保留德景电子持有的和国美自有品牌手机相关的业务资质。"

"(二)进一步说明出售交易标的的必要性及合理性,是否有利于提高公司的持续经营能力,是否符合《重大资产重组管理办法》相关条件

(1)本次交易必要性及合理性。上市公司2018年度、2019年度经审计归属母公司所有者净利润分别为-38,192.46万元、-85,113.07万元,2019年末经审计的归属母公司所有者权益为-77,556.45万元,因此公司2019年度审计报告被出

---

① ST美讯:《北京北方亚事资产评估事务所关于上海证券交易所〈关于对国美通讯设备股份有限公司重大资产出售暨关联交易草案信息披露的问询函〉之专项核查意见》《大华会计师事务所关于上海证券交易所〈关于对国美通讯设备股份有限公司重大资产出售暨关联交易草案信息披露的问询函〉的专项说明》《中信证券股份有限公司关于国美通讯设备股份有限公司对上海证券交易所〈关于对国美通讯设备股份有限公司重大资产出售暨关联交易草案信息披露的问询函〉之回复报告之核查意见》《国美通讯设备股份有限公司关于上海证券交易所〈关于对国美通讯设备股份有限公司重大资产出售暨关联交易草案信息披露的问询函〉的回复公告》,载巨潮资讯网2020年7月16日,http://www.cninfo.com.cn/new/disclosure/detail?plate=sse&orgId=gssh0600898&stockCode=600898&announcementId=1208036478&announcementTime=2020-07-16;http://www.cninfo.com.cn/new/disclosure/detail?plate=sse&orgId=gssh0600898&stockCode=600898&announcementId=1208036479&announcementTime=2020-07-16;http://www.cninfo.com.cn/new/disclosure/detail?plate=sse&orgId=gssh0600898&stockCode=600898&announcementId=1208857594&announcementTime=2020-12-05;http://www.cninfo.com.cn/new/disclosure/detail?plate=sse&orgId=gssh0600898&stockCode=600898&announcementId=1208036477&announcementTime=2020-07-16。

具了带持续经营重大不确定性段落的无保留意见。为尽快解决公司目前的困境，缓解经营压力，提高上市公司的持续经营能力，上市公司拟进行本次资产出售。

(2)本次交易有助于优化公司资产结构、改善资产质量。截至2019年末，上市公司归属母公司所有者权益为－77,556.45万元，资产负债率144.88%。本次交易完成后，上市公司将置出其经营情况不达预期的资产及逾期的往来款，并置出了对沙翔、于正刚、久禄鑫的相关债务。此外上市公司利用本次交易获得的5亿元对价提前偿还对国美电器的部分借款，将大幅降低上市公司的财务费用，上市公司资产负债结构得到优化，资产质量得到提高。

(3)本次交易完成后，上市公司仍具备持续经营能力。交易完成后，上市公司的业务主要包括智能制造业务以及物业租赁业务。上市公司通过本次重组保留的智能制造业务的核心资产，利用此前德景电子从事ODM及OEM业务积累的广泛客户资源及订单，充分利用5G智能、物联所带来的发展机会，围绕智能制造、智慧商业持续进行业务调整和优化。此外，上市公司还通过出租公司位于济南的自有房产开展物业租赁业务，上市公司已与济南国美签署一笔于2032年到期的物业租赁合同，该笔物业租赁业务亦将长期为上市公司带来收入及现金流。因此，本次交易完成后，上市公司具备持续经营能力。

综上，出售德景电子具有必要性和合理性，上市公司出售德景电子有利于增强上市公司持续经营能力，不存在可能导致上市公司重组后主要资产为现金或者无具体经营业务的情形，符合《上市公司重大资产重组管理办法》的相关条件。”

“(三)此次交易的相关会计处理和依据，结合公司近两年亏损、最近一期净资产为负的情况，说明本次交易对上市公司财务报表的影响，是否构成权益性交易

本次交易构成权益性交易，假设本次交易已于2019年12月31日交割完成，本次交易的相关会计处理以及对上市公司财务报表的影响如下：

(1)根据《资产划转协议》约定，德景电子将其名下现所拥有的与智能移动终端制造业务相关的资产及部分债权、债务按照账面值划转至京美电子，德景电子会计处理如下：

单位：万元

借：长期股权投资——京美电子	8544.85
各项负债(划转债务)	762.94
贷：各项资产(划转资产)	9307.79

(2)根据股权转让协议之约定,本次交易交割前,德景电子需剥离京美电子100%股权、德恳电子100%股权,剥离资产参考截至2019年12月31日的评估值协商作价11,679.00万元转让给上市公司,上市公司会计处理如下:

单位:万元

借:长期股权投资——京美电子	8544.85
长期股权投资——德恳电子	0
资本公积	3134.15
贷:其他应付款——德景电子	11,679.00

本次交易完成后,上市公司相关资产能够独立运营,具有持续经营能力,出售德景电子具有必要性和合理性,若本次重大资产重组顺利完成,将有利于增强公司的持续经营能力,符合《上市公司重大资产重组管理办法》的相关条件。

本次交易构成权益性交易,资产处置损益计入资本公积,上市公司相关会计处理符合《企业会计准则》的相关规定。"

2020年8月12日,ST美讯发布了《国美通讯设备股份有限公司重大资产出售暨关联交易实施情况报告书》《国美通讯设备股份有限公司关于重大资产出售暨关联交易之标的资产过户完成的公告》(公告编号:2020-46)①:

"二、本次交易的实施情况

(一)划转资产的划转情况

截至本报告书(《国美通讯设备股份有限公司重大资产出售暨关联交易实施情况报告书》,下同)出具之日,德景电子已经将划转资产按照账面值划转至京美电子,原为德景电子拥有的33,586平方米的国有土地使用权及其地上房产已经过户至京美电子名下,上述土地上未取得房产证的房产以及划转资产范围内的其他固定资产、无形资产、与智能移动终端制造业务相关的部分债权、债务均已经全部交付京美电子,划转资产的全部权利、义务、责任和风险均已由京美电子享有和承担。

(二)剥离资产的剥离情况

根据嘉兴市南湖区行政审批局于2020年8月10日出具的变更登记情况的核

① ST美讯:《关于重大资产出售暨关联交易之标的资产过户完成的公告》(公告编号:2020-46),载巨潮资讯网2020年8月12日,http://www.cninfo.com.cn/new/disclosure/detail?plate=sse&orgId=gssh0600898&stockCode=600898&announcementId=1208152520&announcementTime=2020-08-12。

准文件，德景电子已于2020年8月10日将所持京美电子100%股权过户至国美通讯名下，京美电子成为国美通讯的全资子公司。

根据惠州仲恺高新技术产业开发区市场监督管理局于2020年8月7日出具的《核准变更登记通知书》(惠核变通内字〔2020〕第2000295319号)，德景电子已于2020年8月7日将所持德恳电子100%股权过户至国美通讯名下，德恳电子成为国美通讯的全资子公司。

(三)交易价款的支付情况

根据《股权转让协议》之约定，美昊投资应在《股权转让协议》生效之日起30日内向上市公司支付首期股权转让价款(交易价款总额的51%)，并应于本次交易的交割日起3个月内支付完毕剩余股权转让价款(交易价款总额的49%)。

截至本报告书出具之日，美昊投资已向国美通讯支付了首期股权转让价款25,500万元(交易价款总额的51%)，《股权转让协议》约定的交割条件已经满足。

(四)标的股权的过户情况

根据《股权转让协议》之约定，交易双方在交割条件满足之日起的15个工作日内完成向标的公司所在地的工商行政管理部门因本次交易而发生的企业相关登记事项的变更登记。标的公司的100%的股权登记至美昊投资名下之日为本次交易的交割日。

根据嘉兴市南湖区行政审批局于2020年8月10日出具的变更登记情况的核准文件，国美通讯已于2020年8月10日将所持德景电子100%股权过户至美昊投资名下，德景电子成为美昊投资的全资子公司，本次交易的标的股权的过户已经办理完毕。

(五)上市公司与德景电子往来款以及担保的处理

根据《股权转让协议》和国美通讯2020年第二次临时股东大会决议，在本次交易的交割日前，国美通讯对德景电子的债权将与德景电子对国美通讯的债权(含国美通讯需向德景电子支付的购买京美电子100%股权、德恳电子100%股权的对价)相互抵销；抵销完成后，就德景电子仍需向国美通讯偿还的款项，德景电子应当在本次交易的交割日前向国美通讯偿还完毕，美昊投资对此承担连带责任。截至本次交易的交割日，国美通讯与德景电子之间的债权债务已进行抵销，抵销完成后，就德景电子欠付国美通讯的款项，德景电子已经偿还完毕，德景电子不存在占用国美通讯资金的情形。

根据《股权转让协议》和国美通讯2020年第二次临时股东大会决议，就国美通讯为德景电子提供的担保，由国美通讯、美昊投资及德景电子共同与相关债权人协商，在本次交易的交割日前解除国美通讯为德景电子提供的担保，如根据债权人的要求需要提供其他形式的担保的，由美昊投资负责协调。截至本次交易的交割日，各方已经通过德景电子提前偿还债务、国美通讯与担保权人签署解除担保协议等方式解除了国美通讯为德景电子的担保责任。”

至此，ST 美讯本次重大资产重组及关联交易中涉及的资产划转已经完成、股权转让已经完成。

根据 ST 美讯披露的相关公告及信息，针对本次重大资产重组及关联交易事项，ST 美讯委托审计、资产评估机构出具了相应的审计报告、资产评估报告。

ST 美讯本次的独立财务顾问出具《中信证券股份有限公司关于国美通讯设备股份有限公司重大资产出售暨关联交易实施情况之独立财务顾问核查意见》①，结论性意见：“(1)本次交易的实施符合《公司法》、《证券法》和重组管理办法等相关法律法规及规范性文件的规定；(2)本次交易已经取得必要的批准和授权，无尚需履行的审批程序；(3)交易对方已经支付本次交易首期股权转让价款；(4)交易对方与上市公司已完成标的资产的交付及过户，过户手续合法有效，上市公司已合法转让本次交易标的资产的所有权；(5)上市公司已就本次交易履行了相关信息披露义务，符合相关法律法规和上市规则的要求，本次交易实施过程中，不存在与已披露信息存在重大差异的情形；(6)本次重大资产出售实施过程中不存在上市公司的资金、资产被其第一大股东及其一致行动人、关联人占用的情形或上市公司为其第一大股东及其一致行动人、关联人提供担保的情形；(7)在本次重组相关承诺的履行过程中，承诺各方无违反承诺的情形；(8)在本次交易相关各方均按照已签署的本次重大资产出售相关协议和作出的相关承诺全面履行各自义务的情况下，本次交易涉及的相关后续事项在合规性方面不存在重大障碍，该等后续事项的办理不存在实质性障碍。”

ST 美讯的法律顾问出具《北京市竞天公诚律师事务所关于国美通讯设备股

---

① ST 美讯：《中信证券股份有限公司关于国美通讯设备股份有限公司重大资产出售暨关联交易实施情况之独立财务顾问核查意见》，载巨潮资讯网 2020 年 8 月 12 日，http://www.cninfo.com.cn/new/disclosure/detail? plate = sse&orgId = gssh0600898&stockCode = 600898&announcementId = 1208152521&announcementTime = 2020 - 08 - 12。

份有限公司重大资产出售暨关联交易实施情况的法律意见书》[①]，结论性意见："截至本法律意见书出具之日，本次交易已经取得必要的批准和授权，具备实施的法定条件；《股权转让协议》约定的交割条件已经满足，且标的资产已完成过户登记手续，本次交易的实施过程符合《公司法》、《证券法》、重组管理办法等法律法规及规范性文件的规定；本次交易实施过程中，不存在相关实际情况与此前披露的信息存在重大差异的情形；本次重大资产出售相关协议及承诺均正常履行；在本次交易相关各方均按照已签署的本次重大资产出售相关协议和作出的相关承诺全面履行各自义务的情况下，本次交易相关后续事项的办理不存在实质性法律障碍。"

至此，ST 美讯本次重大资产重组全面完成，上交所经过审核予以了认可。

2. 涉及资产划转的诉讼裁判情况

2018 年 12 月 7 日，长沙金维信息技术有限公司（以下简称金维公司）与德景电子签订了《智慧停车管理系统开发及服务合同》，金维公司受德景电子委托提供"智慧停车管理系统开发及服务"，软件和服务费总价为 540.6 万元，截至 2019 年 7 月 1 日，德景电子向金维公司支付货款 50 万元，剩余合同价款 490.60 万元未支付。

为追索余下的 490.60 万元合同价款，2020 年金维公司作为原告，将德景电子、ST 美讯和美昊投资作为共同被告，向浙江省嘉兴市南湖区人民法院提起民事诉讼，要求德景电子清偿 490.6 万元合同价款及逾期付款利息，ST 美讯和美昊投资对德景电子的该诉求债务承担连带清偿责任。金维公司将 ST 美讯和美昊投资作为共同被告诉请承担对德景电子的连带清偿责任的主要理由是：ST 美讯实施的前述 2020 年 4—8 月的资产划转和股权转让等重大资产重组行为，属于滥用股东控制权实施的重大资产交易，直接导致德景电子偿债能力急剧下降，侵害了债权人的利益。

ST 美讯答辩称，其不存在滥用股东权利的情形，重大资产重组交易的各个环节均由相关机构作出了专业的报告，符合相关监管部门的要求。即使德景电子不具备偿债能力，债权人可以申请德景电子破产，而不是由 ST 美讯承担连带责任。

---

① ST 美讯：《北京市竞天公诚律师事务所关于国美通讯设备股份有限公司重大资产出售暨关联交易实施情况的法律意见书》，载巨潮资讯网 2020 年 8 月 12 日，http://www.cninfo.com.cn/new/disclosure/detail?plate=sse&orgId=gssh0600898&stockCode=600898&announcementId=1208152522&announcementTime=2020-08-12。

从德景电子的账目来看，其债权也是大于债务的。

美昊投资答辩称，根据其提供的相应的付款记录，已经向德景电子转账支付了相应的资金，完成了实缴出资的义务，也不存在抽逃出资的行为。德景电子虽然为美昊投资的一人公司，但不存在财产混同及人员混同的情况，因此美昊投资不应当承担连带责任。

这就涉及ST美讯主导的德景电子本次资产划转和股权转让是否合法有效，亦即是否受到法律保护问题，使民营企业的资产划转的合法性接受司法审判的“考验”，进而使该项资产划转有了新的意义。

嘉兴市南湖区人民法院经过审理作出了(2020)浙0402民初5461号民事判决书①：一、德景电子于判决生效之日起7日内支付金维公司合同价款490.60万元并支付逾期付款利息；二、驳回金维公司的其他诉讼请求(金维公司要求ST美讯、美昊投资承担连带清偿责任的诉讼请求)。

该民事判决书在“经审理查明”部分认定：“2020年4月22日，国美公司发布《关于筹划重大资产重组暨关联交易的提示性公告》，主要内容为：国美公司拟通过现金出售的方式向美昊公司出售其持有的德景公司的100%股权；本次交易交割前，德景公司先行将其与智能移动终端OEM相关的资产、部分债权和债务按账面值划转至其设立的全资子公司嘉兴京美电子科技有限公司(以下简称京美公司)，在资产划转交割后，德景公司将其持有的京美公司100%的股权、惠州德恳电子科技有限公司(以下简称德恳公司)100%的股权按照公允价格转让给国美公司；根据初步研究和测算及《上市公司重大资产重组管理办法》的有关规定，本次出售德景公司100%股权预计将构成重大资产重组；本次交易的对手方为美昊公司，系国美公司控股股东之一致行动人战圣公司的间接控股子公司，故本次交易构成关联交易；公司将按照上海证券交易所的有关规定，组织独立财务顾问、法律顾问、审计机构和评估机构等中介机构开展相关工作，并履行信息披露义务。

为完成上述资产出售暨关联交易，德景公司与京美公司于2020年6月17日签署了《资产划转协议》，国美公司与美昊公司、战圣公司于2020年6月17日签署了《股权转让协议》。同时，国美公司委托大华会计师事务所对德景公司拟划转

① 《长沙海格北斗信息技术有限公司、浙江德景电子科技有限公司等合同纠纷二审民事判决书》，载中国裁判文书网2022年6月17日，https://wenshu.court.gov.cn/website/wenshu/181107ANFZ0BXSK4/index.html?docId=j92DiLDzw1qeqry2Ckm6y2y8LXRCT3Zscz5xAYErBPSZHUjJunGq3JO3qNaLMqsJj18zWzOhn1uD6LQ7ng5tkKF4Km3kvT43irDVWK+bNT/VcAW8XWKsVOV3GiW6WQj4。

至京美公司的资产、负债进行了审计，大华会计师事务所于2020年6月17日出具了《资产划转专项审计报告》，审计结论为：德景公司拟划转至京美公司的资产、负债在所有重大方面按照企业会计准则的规定编制，公允反映了德景公司于2019年12月31日拟划转资产、负债的情况。

2020年6月17日，北京北方亚事资产评估事务所对拟收购京美公司股权涉及其股东全部权益价值、拟收购德恳公司股权涉及其股东全部权益价值以及拟转让德景公司股权涉及其股东全部权益价值进行了资产评估，并出具了相应的资产评估报告。《德景公司资产评估报告》评估结论为：在评估基准日2019年12月31日持续经营的前提下，德景公司评估前资产总额为119,620.08万元，负债总额为104,730.95万元，净资产为14,889.13万元；评估后资产总额为117,786.26万元，负债总额为104,258.06万元，净资产为13,528.20万元，评估减值为1360.93万元，减值率为9.14%。《德恳公司资产评估报告》评估结论为：选择收益法结果作为本次评估的最终结果，即德恳公司于评估基准日2019年12月31日的股东权益价值为14万元。《京美公司资产评估报告》评估结果为：选择收益法结果作为本次评估的最终结果，即京美公司于评估基准日2019年12月31日的股东全部权益价值为11,679万元。

此外，2020年6月，中信证券股份有限公司对于国美公司的此次重大资产出售暨关联交易出具了独立财务顾问报告，意见为：(1)国美公司本次交易方案符合《上市公司重大资产重组管理办法》《关于规范上市公司重大资产重组若干问题的规定》等法律法规及规范性文件的规定；(2)本次交易标的资产的定价原则公允，不存在损害上市公司和股东合法权益的情形；(3)本次拟出售的标的资产权属清晰，本次交易的实施有利于改善上市公司财务状况及持续经营能力，符合上市公司及全体股东的利益。2020年6月，北京市竞天公诚律师事务所对国美公司的重大资产出售暨关联交易出具了法律意见书，认为：(一)本次交易的交易双方均依法有效存续，具备本次交易的主体资格；(二)本次交易的交易方案和相关协议符合现行有效的法律法规和规范性文件的规定；(三)本次交易的标的股权权属清晰，依法办理权属转移不存在法律障碍；(四)国美公司已履行了法定的信息披露义务，不存在应披露而未披露的与交易对方签署的合同、协议、安排或其他事项的情况；(五)本次重大资产出售符合《重组管理办法》规定的相关实质性条件；(六)参与本次重大资产重组的证券服务机构均具备必要的资格；(七)本次重大资产重组已履行了现阶段应当履行的批准和授权程序，在取得已披露的尚需取得的批准和授权后方可实施。

2020年7月15日,国美公司针对上海证券交易所《关于对国美公司重大资产出售暨关联交易草案信息披露的问询函》出具《关于上海证券交易所〈关于对国美公司重大资产出售暨关联交易草案信息披露的问询函〉的回复公告》,对问询函中的问题逐一进行了回复。

2020年8月10日,德景公司将其全资子公司京美公司100%的股权转让给国美公司,国美公司将其持有的德景公司100%的股权转让给美昊公司,并对京美公司以及德景公司的投资人进行了变更登记。此后美昊公司分别于2020年8月24日和2020年8月31日合计向德景公司转账支付了135,389,535元,备注为投资款。德景公司在收到上述款项后将其中的80,431,201.66元款项转账支付给了战圣公司,备注为还款。此外,战圣公司在美昊公司向德景公司支付投资款前,于2020年6月至8月10日多次向德景公司转账汇款,金额远超德景公司在收到美昊公司投资款后支付给战圣公司的款项。

2020年8月11日,中信证券股份有限公司出具《关于国美公司重大资产出售暨关联交易实施情况之独立财务顾问检查意见》,载明:根据《股权转让协议》以及国美公司2020年第二次临时股东大会决议,在本次交易的交割前,国美公司对德景公司的债权将与德景公司对国美公司的债权(含国美公司需向德景公司支付的购买京美电子100%股权、德恳公司100%股权的对价)相互抵销,抵销完成后,就德景公司仍需向国美公司偿还的德景公司应当在本次交易的交割日前向国美公司清偿完毕,美昊公司对此承担连带责任;截至本次交易的交割日,国美公司与德景公司之间的债权债务已进行抵销,抵销完成后,就德景公司欠付国美公司的款项,德景公司已经偿还完毕,德景公司不存在占用国美公司资金的情形。经核查,独立财务顾问认为:(1)本次交易的实施符合《公司法》、《证券法》和《重组管理办法》等法律法规及规范性文件的规定;(2)本次交易已取得必要的批准和授权,无尚需履行的审批手续;(3)交易对方已经支付本次交易首期股权转让价款;(4)交易对方与上市公司已完成标的资产的交付及过户,过户手续合法有效,国美公司已合法转让本次交易标的资产的所有权;(5)国美公司已就本次交易履行了相关信息披露义务,符合相关法律法规和《上市规则》的要求,本次交易中不存在与已披露信息存在重大差异的情形;(6)本次重大资产出售实施过程中不存在国美公司的资金、资产被其第一大股东及其一致行动人、关联人占用的情形或国美公司为其第一大股东及其一致行动人、管理人提供担保的情形;(7)在本次重组相关承诺的履行过程中,承诺各方无违反承诺的情形;(8)在本次交易相关各方均按照已签署的本次重大资产出售相关协议和作出的相关承诺全面履行各自义务的情况下,本次交易涉及的相关后续事项在合规性方面不存在重大障碍,该等后续事项的办理不存在实质性障碍。"

该民事判决书在"本院认为"部分确认"关于争议焦点二。一审法院认为,金维公司要求国美公司对案涉债务承担连带清偿责任,没有事实和法律依据,一审法院不予支持。……国美公司是否需要对德景公司的案涉债务承担连带清偿责任"和"美昊公司是否需对案涉债务承担连带清偿责任"是本案三个焦点中的其中两个,并认为"……国美公司虽然通过此次交易将德景公司的资产划转至京美公司并向德景公司购买了京美公司的全部股权,同时将德景公司的股权转让给了美昊公司,但这一系列交易都是经过相关评估机构进行资产评估并根据评估报告的评估价值来确定交易的金额,并不存在德景公司划转的资产被低估的情形。虽然国美公司并未实际向德景公司支付其购买京美公司的股权转让款,但双方之间已就该款项进行了抵销,事实上国美公司已通过债务抵销的方式向德景公司支付了对价,并未导致德景公司的总体资产减损。第三,德景公司将其部分资产划转至京美公司后虽已不具备产出能力,但根据德景公司的资产评估报表,其在将部分资产划转至京美公司后,其本身仍持有大量的债权,且根据评估报告显示其债权金额大于债务金额,故德景公司将资产划转至京美公司后并不必然导致债权人的债权无法实现,严重损害债权人的利益;本案中德景公司之所以未履行付款义务系因双方对付款期限存在争议,德景公司认为双方约定的付款条件未成就,并无证据证明其无能力履行付款义务,故在双方对付款期限存在争议且案涉款项未经强制执行程序执行不到的情况下,无法直接认定国美公司转让德景公司股权的行为导致德景公司无能力履行案涉债务,损害了债权人的利益。第四,国美公司以高于评估价值的价格将其持有的德景公司的股权转让给美昊公司的行为,亦不存在逃避出资人义务、损害债权人利益的情形。且在美昊公司成为德景公司的股东后,亦足额履行了实缴出资的义务,因此国美公司将其持有的德景公司的股权转让给美昊公司的行为并不存在逃避出资人义务的情形。综上,根据现有证据,无法认定国美公司与德景公司存在财产混同以及滥用公司法人独立地位和股东有限责任,逃避债务,严重损害公司债权人利益的情形,金维公司要求国美公司对案涉债务承担连带清偿责任,无事实和法律依据,一审法院不予支持"。

“关于争议焦点三。根据美昊公司提供的付款记录，其已向德景公司转账支付了相应的出资款，完成了实缴出资义务。至于金维公司称战圣公司系美昊公司的股东，德景公司在收到美昊公司的出资款后将相关款项转账支付给战圣公司系抽逃出资，应对德景公司的案涉债务承担连带清偿责任的抗辩，德景公司抗辩称，德景公司转账支付战圣公司的款项系归还德景公司此前向战圣公司的借款，其提供的付款凭证中也明确载明款项性质为还款，且其也提供了战圣公司此前向德景公司转账的付款记录，故对德景公司的抗辩意见，一审法院予以采纳。金维公司据此要求美昊公司对案涉债务承担连带清偿责任，没有事实和法律依据，一审法院不予支持。美昊公司系德景公司的一人法人股东，但根据美昊公司提供的审计报告及财务报表，美昊公司进行独立的财务审计，且会计师事务所出具的审计报告也明确载明美昊公司在所有重大方面按照企业会计准则的规定编制，公允反映了美昊公司的财务状况、经营成本和现金流量，因此可以证明美昊公司的财产与德景公司的财产是相互独立的，并不存在财产混同的情况；且金维公司也未举证证明两公司的财产存在混同的情形，故金维公司据此理由要求美昊公司对德景公司的案涉债务承担连带清偿责任，一审法院不予支持。”

基于上述审理查明的事实和理由，该民事判决书“依照《中华人民共和国合同法》第六十条、第一百七十四条、第一百零七条、第一百零九条，《中华人民共和国公司法》第二十一条、第六十三条，《最高人民法院关于审理买卖合同纠纷案件适用法律问题的解释》(2020年12月23日最高人民法院审判委员会通过)第十八条第六款、第三十二条，《最高人民法院关于适用〈中华人民共和国民法典〉时间效力的若干规定》第一条第二款”等规定，判决驳回了金维公司对ST美讯和美昊投资对德景电子合同债务承担连带清偿责任的诉讼请求。

金维公司和德景电子均不服嘉兴市南湖区人民法院(2020)浙0402民初5461号民事判决，依法提起了上诉。2022年5月30日，嘉兴市中级人民法院对本案经过审理作出了(2022)浙04民终304号民事判决书①，确认“经审理，本院对一审法院认定的事实予以确认”，“一审判决正确，应予维持。金维公司和德景公司的上诉均不能成立，均应予驳回。依照《中华人民共和国民事诉讼法》第一百七十七条

---

① 《长沙海格北斗信息技术有限公司、浙江德景电子科技有限公司等合同纠纷二审民事判决书》，载中国裁判文书网2022年6月17日，https://wenshu.court.gov.cn/website/wenshu/181107ANFZ0BXSK4/index.html?docId=j92DiLDzw1qeqry2Ckm6y2y8LXRCT3Zscz5xAYErBPSZHUjJunGq3JO3qNaLMqsJj18zWzOhn1uD6LQ7ng5tkKF4Km3kvT43irDVWK+bNT/VcAW8XWKsVOV3GiW6WQj4。

第一款第一项规定，判决如下：驳回上诉，维持原判。”

就此，ST美讯主导下的本次“资产划转”经历了司法审理的洗礼，并受到了生效裁判文书的支持。

（二）简要评析

ST美讯的本次重大资产重组中的资产划转：一是受ST美讯同一控制下的母公司德景电子向其全资子公司京美电子之间的资产划转，划转双方主体适格。二是资产划转具有合理的商业目的，系为尽快解决ST美讯目前的困境，缓解经营压力，提高上市公司的持续经营能力，有助于优化公司资产结构、提高资产质量。三是系ST美讯重大资产重组的第一步，且按账面值划转，划转双方均按权益性交易，资产处置损益计入资本公积，符合资产划转的财税法规性文件要求。四是划转的标的既有土地及地上未取得房产证的房产，也有其他固定资产、无形资产、与智能移动终端制造业务相关的部分债权、债务，属于概括划转，涉及划转的债权债务的处置方案等。五是本次资产划转系ST美讯重大资产重组的其中一个步骤，ST美讯的本次重大资产重组的独有特点及其创新之处在于为实现本次重大资产重组，按时间先后及其承前启后的关系，分为“三个阶段＋四个特别处”。其中，“三个阶段”：第一阶段——德景电子将其智能移动终端OEM相关的资产、部分债权和债务按账面值划转至其全资子公司京美电子，及将该资产从德景电子中剥离到ST美讯的孙公司京美电子，该资产划转系无偿的；第二阶段——德景电子将其持有的京美电子、德恳电子全资子公司的各自100%的股权转让给ST美讯，使原属ST美讯的全资孙公司京美电子、德恳电子重组为ST美讯的全资子公司，即将京美电子、德恳电子从德景电子中予以剥离，该股权转让系有偿的；第三阶段——ST美讯将其持有的德景电子的100%股权转让给美昊投资，使德景电子从ST美讯控制关系中剥离，该股权转让也系有偿的。“四个特别处”：(1)本次资产重组构成上市公司重大资产重组；(2)本次资产重组涉及关联交易；(3)本次资产重组有会计师、资产评估机构、独立财务顾问、律师等中介机构全面参与并出具了专项的报告、意见等；(4)受到了证券交易所的关注并提出了有针对性问询，ST美讯、会计师、资产评估机构、独立财务顾问、法律顾问等均给予了回复及核查并发表了明确意见。六是经过了ST美讯董事会、监事会、股东大会的审议，关联董事、监事和股东回避了表决，并进行了相应的信息披露，取得了证券交易所的审核认可。七是被划转资产以及被转让100%股权的德景电子的债权人金维公司，针对ST美讯的本次重大资产重组及其中的资产划转的合法合规，以及是否损害德景电子债权人合法权益问题提起了诉讼，一、二审法院已发生法律效力的裁判文书维护了资产划转的合法性，成为本次资产划转的“最耀眼的光环”。ST 美讯的本次资产划转及其相关的重大资产重组带来的思考是无限的……

第十章　资产划转的税收优惠政策

资产划转涉及不同企业主体之间的资产的划出和划入，虽然是在同一控制下实施，但必然涉及税收事项，而且税收政策是鼓励，还是限制，或者禁止的“态度”，一定程度上决定了资产划转作为企业重组的方式之一在具体适用中的活跃度，关系到资产划转的工具价值。

从财税法律法规上，针对资产划转事项给予的税收优惠政策，不仅适用于国有企业，也适用于其他企业集团内部的股权或资产划转交易，有利于引导非公有制经济发展。同时，为落实国家关于取消非行政许可审批事项的决定，相关的财税法规性不再对股权、资产划转设置事先核准，改为在企业所得税年度汇算清缴时报送申报表和相关资料，简化管理方式，优化征管流程，为完善资产划转法律制度起了“先行先试”的引导作用。“让政策红利惠及每一户纳税人，为企业做大做强、拓展国际国内市场、优化产业结构提供有力支撑。”①

根据国家目前对企业重组的支持性政策，尤其是现行的财税法规性文件的相关规定，资产划转中涉及的企业所得税、增值税、土地增值税、契税、印花税等不同税种税项，与资产划转相关的税收优惠政策，分解如下。

一、企业所得税——特殊性税务处理，符合条件的不涉企业所得税

在企业所得税上，调整和规范包括但不限于资产划转在内的企业重组涉及的企业所得税主要的法律法规及规范性文件有《中华人民共和国企业所得税法》、《企业所得税法实施条例》、《国务院关于进一步优化企业兼并重组市场环境的意见》（国发〔2014〕14 号）、《财政部、国家税务总局关于企业重组业务企业所得税处理若干问题的通知》（财税〔2009〕59 号）、《国家税务总局关于发布〈企业重组业务企业所得税管理办法〉的公告》（国家税务总局公告 2010 年第 4 号）、《国家税务总

① 吴秋余：《四类企业资产划转行为可享受税收优惠》，载《人民日报》2015 年 6 月 4 日，第 10 版。

局关于资产(股权)划转企业所得税征管问题的公告》(国家税务总局公告2015年第40号)、《财政部、国家税务总局关于基础设施领域不动产投资信托基金(REITs)试点税收政策的公告》(财政部、税务总局公告2022年第3号)等。

根据该等法律法规和财税法规性文件的规定,资产划转属于企业重组的形式之一,涉及的企业所得税项政策为:"对100%直接控制的居民企业之间,以及受同一或相同多家居民企业100%直接控制的居民企业之间按账面净值划转股权或资产,凡具有合理商业目的、不以减少、免除或者推迟缴纳税款为主要目的,股权或资产划转后连续12个月内不改变被划转股权或资产原来实质性经营活动,且划出方企业和划入方企业均未在会计上确认损益的,可以选择按以下规定进行特殊性税务处理:1. 划出方企业和划入方企业均不确认所得。2. 划入方企业取得被划转股权或资产的计税基础,以被划转股权或资产的原账面净值确定。3. 划入方企业取得的被划转资产,应按其原账面净值计算折旧扣除。"①

在上述基本条件下,明确的具体条件为:

1. "'100%直接控制的居民企业之间,以及受同一或相同多家居民企业100%直接控制的居民企业之间按账面净值划转股权或资产',限于以下情形:(1)100%直接控制的母子公司之间,母公司向子公司按账面净值划转其持有的股权或资产,母公司获得子公司100%的股权支付。母公司按增加长期股权投资处理,子公司按接受投资(包括资本公积,下同)处理。母公司获得子公司股权的计税基础以划转股权或资产的原计税基础确定。(2)100%直接控制的母子公司之间,母公司向子公司按账面净值划转其持有的股权或资产,母公司没有获得任何股权或非股权支付。母公司按冲减实收资本(包括资本公积,下同)处理,子公司按接受投资处理。(3)100%直接控制的母子公司之间,子公司向母公司按账面净值划转其持有的股权或资产,子公司没有获得任何股权或非股权支付。母公司按收回投资处理,或按接受投资处理,子公司按冲减实收资本处理。母公司应按被划转股权或资产的原计税基础,相应调减持有子公司股权的计税基础。(4)受同一或相同多家母公司100%直接控制的子公司之间,在母公司主导下,一家子公司向另一家子公司按账面净值划转其持有的股权或资产,划出方没有获得任何股权或非股权支付。划出方按冲减所有者权益处理,划入方按接受投资处理"。

---

① 《财政部、国家税务总局关于促进企业重组有关企业所得税处理问题的通知》(财税〔2014〕109号)"三、关于股权、资产划转"中的规定。

2.“‘股权或资产划转后连续12个月内不改变被划转股权或资产原来实质性经营活动’,是指自股权或资产划转完成日起连续12个月内不改变被划转股权或资产原来实质性经营活动。股权或资产划转完成日,是指股权或资产划转合同(协议)或批复生效,且交易双方已进行会计处理的日期”。

3.“‘划入方企业取得被划转股权或资产的计税基础,以被划转股权或资产的原账面净值确定’,是指划入方企业取得被划转股权或资产的计税基础,以被划转股权或资产的原计税基础确定;‘划入方企业取得的被划转资产,应按其原账面净值计算折旧扣除’,是指划入方企业取得的被划转资产,应按被划转资产的原计税基础计算折旧扣除或摊销”。

4.“进行特殊性税务处理的股权或资产划转,交易双方应在协商一致的基础上,采取一致处理原则统一进行特殊性税务处理”。

5.“交易双方应在企业所得税年度汇算清缴时,分别向各自主管税务机关报送《居民企业资产(股权)划转特殊性税务处理申报表》(详见附件)和相关资料(一式两份)”①等。

需要指出的是,上述规定中的“账面净值”是指税收法律法规及规范性文件中的“计税基础”之义,并非会计上的账面净值,二者既有联系又有区别。《企业所得税法实施条例》(2019年修订)第七十四条规定,企业所得税法第十六条所称资产的净值和第十九条所称财产净值,是指有关资产、财产的计税基础减除已经按照规定扣除的折旧、折耗、摊销、准备金等后的余额。当划转的标的资产的会计账面净值与“计税基础”存在差异时,划出方“增加长期股权投资和划入方取得资产的计税基础都应按照被划转资产的原计税基础确定,而不是会计层面上的账面净值。这主要是出于企业所得税计税基础链条完整性的考量”②。

另外,为落实国务院关于取消非行政许可审批事项的决定,税务机关不再对资产(股权)划转设置事先核准,改为在企业所得税年度汇算清缴时报送申报表和相关资料,简化管理方式,优化征管流程。

---

① 《国家税务总局关于资产(股权)划转企业所得税征管问题的公告》(国家税务总局公告2015年第40号)。

② 王殿会:《不同资产划转情形下企业重组税法适用政策分析——企业所得税篇》,载税屋网2021年10月22日,https://www.shui5.cn/article/f8/115193.html。

【法规索引速查】

《中华人民共和国企业所得税法》(2018 年修正)

第一条　在中华人民共和国境内,企业和其他取得收入的组织(以下统称企业)为企业所得税的纳税人,依照本法的规定缴纳企业所得税。

个人独资企业、合伙企业不适用本法。

第二条　企业分为居民企业和非居民企业。

本法所称居民企业,是指依法在中国境内成立,或者依照外国(地区)法律成立但实际管理机构在中国境内的企业。

本法所称非居民企业,是指依照外国(地区)法律成立且实际管理机构不在中国境内,但在中国境内设立机构、场所的,或者在中国境内未设立机构、场所,但有来源于中国境内所得的企业。

第二十一条　在计算应纳税所得额时,企业财务、会计处理办法与税收法律、行政法规的规定不一致的,应当依照税收法律、行政法规的规定计算。

第二十六条　企业的下列收入为免税收入:

(一)国债利息收入;

(二)符合条件的居民企业之间的股息、红利等权益性投资收益;

(三)在中国境内设立机构、场所的非居民企业从居民企业取得与该机构、场所有实际联系的股息、红利等权益性投资收益;

(四)符合条件的非营利组织的收入。

第四十七条　企业实施其他不具有合理商业目的的安排而减少其应纳税收入或者所得额的,税务机关有权按照合理方法调整。

《中华人民共和国企业所得税法实施条例》(国务院令第 512 号,2019 年修订)

第三条　企业所得税法第二条所称依法在中国境内成立的企业,包括依照中国法律、行政法规在中国境内成立的企业、事业单位、社会团体以及其他取得收入的组织。

企业所得税法第二条所称依照外国(地区)法律成立的企业,包括依照外国(地区)法律成立的企业和其他取得收入的组织。

第七十四条　企业所得税法第十六条所称资产的净值和第十九条所称财产净值,是指有关资产、财产的计税基础减除已经按照规定扣除的折旧、折耗、摊销、准备金等后的余额。

第七十五条 除国务院财政、税务主管部门另有规定外，企业在重组过程中，应当在交易发生时确认有关资产的转让所得或者损失，相关资产应当按照交易价格重新确定计税基础。

第一百一十七条 企业所得税法第四十五条所称控制，包括：

（一）居民企业或者中国居民直接或者间接单一持有外国企业10%以上有表决权股份，且由其共同持有该外国企业50%以上股份；

（二）居民企业，或者居民企业和中国居民持股比例没有达到第（一）项规定的标准，但在股份、资金、经营、购销等方面对该外国企业构成实质控制。

第一百二十条 企业所得税法第四十七条所称不具有合理商业目的，是指以减少、免除或者推迟缴纳税款为主要目的。

《国务院关于进一步优化企业兼并重组市场环境的意见》（国发〔2014〕14号）

（七）完善企业所得税、土地增值税政策。修订完善兼并重组企业所得税特殊性税务处理的政策，降低收购股权（资产）占被收购企业全部股权（资产）的比例限制，扩大特殊性税务处理政策的适用范围。抓紧研究完善非货币性资产投资交易的企业所得税、企业改制重组涉及的土地增值税等相关政策。

（十四）鼓励优强企业兼并重组。推动优势企业强强联合、实施战略性重组，带动中小企业"专精特新"发展，形成优强企业主导、大中小企业协调发展的产业格局。

（二十一）消除跨地区兼并重组障碍。清理市场分割、地区封锁等限制，加强专项监督检查，落实责任追究制度。加大一般性转移支付力度，平衡地区间利益关系。落实跨地区机构企业所得税分配政策，协调解决企业兼并重组跨地区利益分享问题，解决跨地区被兼并企业的统计归属问题。

《财政部、国家税务总局关于企业重组业务企业所得税处理若干问题的通知》（财税〔2009〕59号）

一、本通知所称企业重组，是指企业在日常经营活动以外发生的法律结构或经济结构重大改变的交易，包括企业法律形式改变、债务重组、股权收购、资产收购、合并、分立等。……

五、企业重组同时符合下列条件的，适用特殊性税务处理规定：

（一）具有合理的商业目的，且不以减少、免除或者推迟缴纳税款为主要目的。

（二）被收购、合并或分立部分的资产或股权比例符合本通知规定的比例。

（三）企业重组后的连续12个月内不改变重组资产原来的实质性经营活动。

（四）重组交易对价中涉及股权支付金额符合本通知规定比例。

（五）企业重组中取得股权支付的原主要股东，在重组后连续12个月内，不得转让所取得的股权。

《国家税务总局关于发布〈企业重组业务企业所得税管理办法〉的公告》（国家税务总局公告2010年第4号）

第一条　本办法所称企业重组业务，是指《通知》第一条所规定的企业法律形式改变、债务重组、股权收购、资产收购、合并、分立等各类重组。

第四条　同一重组业务的当事各方应采取一致税务处理原则，即统一按一般性或特殊性税务处理。

第五条　《通知》第一条第（四）项所称实质经营性资产，是指企业用于从事生产经营活动、与产生经营收入直接相关的资产，包括经营所用各类资产、企业拥有的商业信息和技术、经营活动产生的应收款项、投资资产等。

第二十条　《通知》第五条第（三）和第（五）项所称"企业重组后的连续12个月内"，是指自重组日起计算的连续12个月内。

第二十一条　《通知》第六条第（四）项规定的同一控制，是指参与合并的企业在合并前后均受同一方或相同的多方最终控制，且该控制并非暂时性的。能够对参与合并的企业在合并前后均实施最终控制权的相同多方，是指根据合同或协议的约定，对参与合并企业的财务和经营政策拥有决定控制权的投资者群体。在企业合并前，参与合并各方受最终控制方的控制在12个月以上，企业合并后所形成的主体在最终控制方的控制时间也应达到连续12个月。

《国家税务总局关于资产（股权）划转企业所得税征管问题的公告》（国家税务总局公告2015年第40号）

一、关于股权、资产划转

对100%直接控制的居民企业之间，以及受同一或相同多家居民企业100%直接控制的居民企业之间按账面净值划转股权或资产，凡具有合理商业目的、不以减少、免除或者推迟缴纳税款为主要目的，股权或资产划转后连续12个月内不改变被划转股权或资产原来实质性经营活动，且划出方企业和划入方企业均未在会计上确认损益的，可以选择按以下规定进行特殊性税务处理：

1. 划出方企业和划入方企业均不确认所得。

2. 划入方企业取得被划转股权或资产的计税基础，以被划转股权或资产的原账面净值确定。

3. 划入方企业取得的被划转资产，应按其原账面净值计算折旧扣除。

四、本通知自2014年1月1日起执行。本通知发布前尚未处理的企业重组，符合本通知规定的可按本通知执行。

《财政部、国家税务总局关于基础设施领域不动产投资信托基金(REITs)试点税收政策的公告》(财政部、税务总局公告2022年第3号)

一、设立基础设施REITs前，原始权益人向项目公司划转基础设施资产相应取得项目公司股权，适用特殊性税务处理，即项目公司取得基础设施资产的计税基础，以基础设施资产的原计税基础确定；原始权益人取得项目公司股权的计税基础，以基础设施资产的原计税基础确定。原始权益人和项目公司不确认所得，不征收企业所得税。

二、增值税——符合条件的不征收增值税

在增值税上，调整和规范包括但不限于资产划转在内的企业重组涉及增值税的法律法规及规范性文件主要有《中华人民共和国增值税暂行条例》(2017年修订)、《国家税务总局关于纳税人资产重组有关增值税问题的公告》(国家税务总局公告2011年第13号)、《国家税务总局关于纳税人资产重组有关增值税问题的公告》(国家税务总局公告2013年第66号)和《财政部、国家税务总局关于全面推开营业税改征增值税试点的通知》(财税〔2016〕36号)等。

根据该等法律法规和财税法规性文件的规定，资产划转涉及的增值税项政策为："纳税人在资产重组过程中，通过合并、分立、出售、置换等方式，将全部或者部分实物资产以及与其相关联的债权、负债和劳动力一并转让给其他单位和个人不属于增值税的征税范围，其中涉及的货物转让，不征收增值税"①；"在资产重组过程中，通过合并、分立、出售、置换等方式，将全部或者部分实物资产以及与其相关联的债权、负债和劳动力一并转让给其他单位和个人，其中涉及的不动产、土地使用权转让行为"②，不征收增值税。

---

① 《国家税务总局关于纳税人资产重组有关增值税问题的公告》(国家税务总局公告2011年第13号)。

② 《财政部、国家税务总局关于全面推开营业税改征增值税试点的通知》(财税〔2016〕36号)"附件2：营业税改征增值税试点有关事项的规定"第一条"(二)不征收增值税项目"规定。

【法规索引速查】

《中华人民共和国增值税暂行条例》(2017 年修订)

第一条　在中华人民共和国境内销售货物或者加工、修理修配劳务(以下简称劳务),销售服务、无形资产、不动产以及进口货物的单位和个人,为增值税的纳税人,应当依照本条例缴纳增值税。

《中华人民共和国增值税暂行条例实施细则》(2011 年修订)

第三条　条例第一条所称销售货物,是指有偿转让货物的所有权。

条例第一条所称提供加工、修理修配劳务(以下称应税劳务),是指有偿提供加工、修理修配劳务。单位或者个体工商户聘用的员工为本单位或者雇主提供加工、修理修配劳务,不包括在内。

本细则所称有偿,是指从购买方取得货币、货物或者其他经济利益。

《国务院关于进一步优化企业兼并重组市场环境的意见》(国发〔2014〕14 号)

(八)落实增值税、营业税等政策。企业通过合并、分立、出售、置换等方式,转让全部或者部分实物资产以及与其相关联的债权、债务和劳动力的,不属于增值税和营业税征收范围,不应视同销售而征收增值税和营业税。税务部门要加强跟踪管理,企业兼并重组工作牵头部门要积极协助财税部门做好相关税收政策的落实。

《国家税务总局关于纳税人资产重组有关增值税问题的公告》(国家税务总局公告 2011 年第 13 号)

纳税人在资产重组过程中,通过合并、分立、出售、置换等方式,将全部或者部分实物资产以及与其相关联的债权、负债和劳动力一并转让给其他单位和个人,不属于增值税的征税范围,其中涉及的货物转让,不征收增值税。

本公告自 2011 年 3 月 1 日起执行。此前未作处理的,按照本公告的规定执行。《国家税务总局关于转让企业全部产权不征收增值税问题的批复》(国税函〔2002〕420 号)、《国家税务总局关于纳税人资产重组有关增值税政策问题的批复》(国税函〔2009〕585 号)、《国家税务总局关于中国直播卫星有限公司转让全部产权有关增值税问题的通知》(国税函〔2010〕350 号)同时废止。

《国家税务总局关于纳税人资产重组有关增值税问题的公告》(国家税务总局公告 2013 年第 66 号)

纳税人在资产重组过程中,通过合并、分立、出售、置换等方式,将全部或者部分实物资产以及与其相关联的债权、负债经多次转让后,最终的受让方与劳动力接收方为同一单位和个人的,仍适用《国家税务总局关于纳税人资产重组有关增值税问题的公告》(国家税务总局公告2011年第13号)的相关规定,其中货物的多次转让行为均不征收增值税。资产的出让方需将资产重组方案等文件资料报其主管税务机关。

本公告自2013年12月1日起施行。纳税人此前已发生并处理的事项,不再做调整;未处理的,按本公告规定执行。

《财政部、国家税务总局关于落实降低企业杠杆率税收支持政策的通知》(财税〔2016〕125号)

二、落实好降杠杆相关税收支持政策

(六)在企业重组过程中,企业通过合并、分立、出售、置换等方式,将全部或者部分实物资产以及与其相关联的债权、负债和劳动力,一并转让给其他单位和个人,其中涉及的货物、不动产、土地使用权转让行为,符合规定的,不征收增值税。

三、土地增值税——依照"税收法定"原则应不征收土地增值税(房地产开发企业除外)

在土地增值税上,调整和规范包括但不限于资产划转在内的企业重组涉及土地增值税的主要法律法规及规范性文件有《中华人民共和国土地增值税暂行条例》(2011年修订)、《中华人民共和国土地增值税暂行条例实施细则》、《财政部、税务总局关于继续实施企业改制重组有关土地增值税政策的公告》(财政部、税务总局公告2023年第51号)和《财政部、税务总局关于继续实施企业改制重组有关土地增值税政策的公告》(财政部、税务总局公告2021年第21号)等。

《中华人民共和国土地增值税暂行条例》(2011年修订)第二条规定:"转让国有土地使用权、地上的建筑物及其附着物(以下简称转让房地产)并取得收入的单位和个人,为土地增值税的纳税义务人(以下简称纳税人),应当依照本条例缴纳土地增值税";《中华人民共和国土地增值税暂行条例实施细则》第二条规定:"条例第二条所称的转让国有土地使用权、地上的建筑物及其附着物并取得收入,是指以出售或者其他方式有偿转让房地产的行为。不包括以继承、赠与方式无偿转让房地产的行为。"

《财政部、税务总局关于继续实施企业改制重组有关土地增值税政策的公告》(财政部、税务总局公告2023年第51号)和《财政部、税务总局关于继续实施企业改制重组有关土地增值税政策的公告》(财政部、税务总局公告2021年第21号)规定了四种情形:除房地产转移的任意一方为房地产开发企业外,企业整体改制、合并、分立或改制重组时以房地产作价入股进行投资情形下,对房地产(国有土地使用权、地上的建筑物及其附着物)的转移、变更暂不征收土地增值税。但未明确将资产划转列入不征收土地增值税情形之一,也未明确列入不征收土地增值税的除外情形。

资产划转是同一控制下的"无偿"划转,不是有偿的,是企业重组方式之一。根据"税收法定"原则和《中华人民共和国土地增值税暂行条例》(2011 年修订)第二条及《中华人民共和国土地增值税暂行条例实施细则》第二条的规定,资产划转中含有国有土地使用权和地上的建筑物及其附着物的房地产资产的,应不征收土地增值税。

对此,个别地方税收政策对资产划转不征收土地增值税给予了明确的规范,例如,《重庆市地方税务局关于土地增值税若干政策执行问题的公告》(重庆市地方税务局公告 2014 年第 9 号)(部分失效)第三条规定:"同一投资主体内部所属企业之间无偿划转(调拨)房地产,不征收土地增值税。该款规定不适用于房地产开发企业。"《重庆市财政局　重庆市地方税务局关于印发土地增值税等财产行为税政策执行问题处理意见的通知》(渝财税〔2015〕93 号)"一、土地增值税"之"(五)重庆市地方税务局 2014 年第 9 号公告执行口径"之"3. 第三条第一款:'同一投资主体内部所属企业之间无偿划转(调拨)房地产,不征收土地增值税。'该款规定不适用于房地产开发企业。"

值得注意的是,针对资产划转中含有房地产不动产资产的,由于国家土地增值税政策没有直接明确资产划转中的房地产不动产资产不征收土地增值税,导致没有地方性政策的省市县执行不一,存在争议。有的同一个地级市,不同的区县税务部门执行就有别,有按不征收处理的,有认为应当缴纳土地增值税的。实务操作中,应当注意与当地税务机关进行充分沟通。这就需要在建立健全资产划转法律制度中进一步明确和统一。

【法规索引速查】

《中华人民共和国土地增值税暂行条例》(2011 年修订)

第二条　转让国有土地使用权、地上的建筑物及其附着物(以下简称转让房地产)并取得收入的单位和个人,为土地增值税的纳税义务人(以下简称纳税人),应当依照本条例缴纳土地增值税。

《中华人民共和国土地增值税暂行条例实施细则》(财法字〔1995〕6号)

第二条 条例第二条所称的转让国有土地使用权、地上的建筑物及其附着物并取得收入,是指以出售或者其他方式有偿转让房地产的行为。不包括以继承、赠与方式无偿转让房地产的行为。

《国务院关于进一步优化企业兼并重组市场环境的意见》(国发〔2014〕14号)

(七)完善企业所得税、土地增值税政策。修订完善兼并重组企业所得税特殊性税务处理的政策,降低收购股权(资产)占被收购企业全部股权(资产)的比例限制,扩大特殊性税务处理政策的适用范围。抓紧研究完善非货币性资产投资交易的企业所得税、企业改制重组涉及的土地增值税等相关政策。

《财政部、国家税务总局关于落实降低企业杠杆率税收支持政策的通知》(财税〔2016〕125号)

二、落实好降杠杆相关税收支持政策

(七)企业重组改制涉及的土地增值税、契税、印花税,符合规定的,可享受相关优惠政策。

《财政部、税务总局关于继续实施企业改制重组有关土地增值税政策的公告》(财政部、税务总局公告2021年第21号)

一、企业按照《中华人民共和国公司法》有关规定整体改制,包括非公司制企业改制为有限责任公司或股份有限公司,有限责任公司变更为股份有限公司,股份有限公司变更为有限责任公司,对改制前的企业将国有土地使用权、地上的建筑物及其附着物(以下称房地产)转移、变更到改制后的企业,暂不征土地增值税。

本公告所称整体改制是指不改变原企业的投资主体,并承继原企业权利、义务的行为。

五、上述改制重组有关土地增值税政策不适用于房地产转移任意一方为房地产开发企业的情形。

八、本公告所称不改变原企业投资主体、投资主体相同,是指企业改制重组前后出资人不发生变动,出资人的出资比例可以发生变动;投资主体存续,是指原企业出资人必须存在于改制重组后的企业,出资人的出资比例可以发生变动。

九、本公告执行期限为2021年1月1日至2023年12月31日。企业改制重组过程中涉及的土地增值税尚未处理的,符合本公告规定可按本公告执行。

《重庆市地方税务局关于土地增值税若干政策执行问题的公告》(重庆市地方税务局公告2014年第9号)(部分失效、部分有效,下为有效执行部分)

三、无偿划转房地产有关规定

(一)同一投资主体划转

同一投资主体内部所属企业之间无偿划转(调拨)房地产,不征收土地增值税。"同一投资主体内部所属企业之间"是指母公司与其全资子公司之间;同一公司所属全资子公司之间;自然人与其设立的个人独资企业、一人有限公司之间。

(二)行政性调整划转

经县级以上人民政府或国有资产管理部门批准,按照国有产权无偿划转的相关规定,国有企业、事业单位、国家机关之间无偿划转房地产不征收土地增值税。

《重庆市财政局　重庆市地方税务局关于印发土地增值税等财产行为税政策执行问题处理意见的通知》(渝财税〔2015〕93号)

一、土地增值税

(四)几种特殊情况认定

4.改制重组政策

企业在整体改建、合并、分立、投资等改组改制活动中,土地、房屋的转让方和承受方一方属于房地产开发企业的,均不适用《财政部　国家税务总局关于企业改制重组有关土地增值税政策的通知》(财税〔2015〕5号)文件的政策规定。

(五)重庆市地方税务局2014年第9号公告执行口径

3.第三条第一款:"同一投资主体内部所属企业之间无偿划转(调拨)房地产,不征收土地增值税。"

该款规定不适用于房地产开发企业。

四、契税——符合条件的免征契税

在契税上,调整和规范包括但不限于资产划转在内的企业重组涉及契税的主要法律法规及规范性文件有《中华人民共和国契税法》、《国务院关于进一步优化企业兼并重组市场环境的意见》(国发〔2014〕14号)、《财政部、税务总局关于继续实施企业、事业单位改制重组有关契税政策的公告》(财政部、税务总局公告2023年第49号)和《财政部、税务总局关于继续执行企业事业单位改制重组有关契税政策的公告》(财政部、税务总局公告2021年第17号)等。

依据该等法律法规和财税法规性文件的规定,资产划转涉及的契税政策为:

"对承受县级以上人民政府或国有资产管理部门按规定进行行政性调整、划转国有土地、房屋权属的单位,免征契税。同一投资主体内部所属企业之间土地、房屋权属的划转,包括母公司与其全资子公司之间,同一公司所属全资子公司之间,同一自然人与其设立的个人独资企业、一人有限公司之间土地、房屋权属的划转,免征契税。母公司以土地、房屋权属向其全资子公司增资,视同划转,免征契税。"①

【法规索引速查】

《财政部、税务总局关于继续执行企业事业单位改制重组有关契税政策的公告》(财政部、税务总局公告 2021 年第 17 号)

一、资产划转

对承受县级以上人民政府或国有资产管理部门按规定进行行政性调整、划转国有土地、房屋权属的单位,免征契税。

同一投资主体内部所属企业之间土地、房屋权属的划转,包括母公司与其全资子公司之间,同一公司所属全资子公司之间,同一自然人与其设立的个人独资企业、一人有限公司之间土地、房屋权属的划转,免征契税。

母公司以土地、房屋权属向其全资子公司增资,视同划转,免征契税。

五、印花税

在印花税上,调整和规范包括但不限于资产划转在内的企业重组涉及印花税的主要法律法规及规范性文件有《中华人民共和国印花税法》、《印花税税目税率表》、《财政部、国家税务总局关于企业改制过程中有关印花税政策的通知》(财税〔2003〕183 号)和《财政部、税务总局关于印花税若干事项政策执行口径的公告》(财政部、税务总局公告 2022 年第 22 号)等。

根据该等法律法规和财税法规性文件的规定,资产划转涉及的印花税政策为:产权转移书据,包括土地使用权出让书据;土地使用权、房屋等建筑物和构筑物所有权转让书据(不包括土地承包经营权和土地经营权转移);股权转让书据(不包括应缴纳证券交易印花税的);商标专用权、著作权、专利权、专有技术使用权转让书据[转让包括买卖(出售)、继承、赠与、互换、分割]等,应依照《中华人民

---

① 《财政部、税务总局关于继续执行企业事业单位改制重组有关契税政策的公告》(财政部、税务总局公告 2021 年第 17 号)"六、资产划转"规定。

共和国印花税法》所附《印花税税目税率表》列明的合同、产权转移书据和营业账簿及其规定的相应的税目、税率,缴纳印花税。

六、防止非合理商业目的和限期内实质性经营活动发生改变

根据上述,企业资产划转可以享受相关的税收优惠待遇,大大缓解了企业纳税资金压力,很大程度上节约了融资成本,有利于促进企业业务重组,推进企业改革进程,有助于企业放下包袱,轻装上阵,主动参与市场竞争,不断增强企业活力、控制力、影响力和竞争力。资产划转的税收优惠政策不仅适用于国有企业,也适用于民营企业,保证了不同所有制性质的市场主体在同一税收政策起跑线上公平竞争,有利于引导非公有制经济健康发展。

值得关注的是,资产划转应当符合合理商业目的原则,不具有合理商业目的的安排,而是有减少、免除或者推迟缴纳税款或者其他非法目的的资产划转,对于减少其应纳税收入或者所得额的,税务机关有权按照合理方法调整。

同时,按照放管结合的原则,被划转资产在一定时间内(资产划转后连续12个月内)实质性经营活动发生改变的,税务机关应追回企业已享受的优惠待遇,防止企业出于偷逃税款的目的滥用优惠政策。

此为资产划转的一般限制性要求。特殊情况下的资产划转,详见“第十一章　基础设施 REITs 项目中的资产划转的特殊性”。

【案例与评析】

案例 10 -1:航发控制(证券代码:000738)子公司向控股股东子公司资产划转享受企业所得税、土地增值税、契税等税收优惠案

(一)基本情况

航发控制(中国航发动力控制股份有限公司,证券简称:航发控制,曾用名:南方摩托,证券代码:000738)成立于1997年6月20日,于1997年6月26日成为深交所主板上市公司,主营业务为航空发动机控制系统及衍生产品、国际合作业务、非航空产品及其他三大业务。

中国航空发动机集团有限公司(以下简称中国航发)为航发控制的控股股东,中国航发西安动力控制科技有限公司(以下简称中国航发西控)系航发控制的全资子公司,西安西控航空苑商贸有限公司(以下简称航空苑,中国航发的全资子公司,2021年9月8日变更为航发控制的全资子公司,2022年8月18日注销)。

2021年8月6日,航发控制发布了《中国航发动力控制股份有限公司　中信证券股份有限公司关于中国航发动力控制股份有限公司非公开发行股票申请文件二次反馈意见的回复报告(修订稿)》①:中国证监会对公司提交的《中国航发动力控制股份有限公司上市公司非公开发行股票(A股主板和中小板、B股)核准》行政许可申请材料进行了审查并于2021年6月10日向公司下发了《中国证监会行政许可项目审查二次反馈意见通知书》(公告编号:210674),其中"问题四、相关土地房产从航发西控变更为航空苑、向中国航发长空购买募集资金项目所需厂房及土地预计需要缴纳的土地增值税、契税等税费金额,税费承担的主体,上述标的资产评估报告假设中是否已考虑过户转让产生的税费对评估值的影响,评估假设、评估值是否合理",要求公司及保荐机构核查并回复。公司及保荐机构回复报告称:经国资有权监管单位《关于中国航发西控无偿划转部分资产的批复》(航发资〔2020〕564号)及划转双方签署的《无偿划转协议》,中国航发西控原拥有的2宗土地使用权(合计100,022.14平方米)及4项房产(合计25,857.13平方米)、专利、设备等经营性资产,无偿划转给航空苑。截至本回复出具日,证载权利人已变更至航空苑。

"根据中国航发西控与航空苑签订的协议,中国航发西控负责将不动产证书过户至航空苑,对于办理资产交付及权属变更登记手续、土地使用权划拨转出让并办理不动产权属证书涉及相关费用由中国航发西控承担,对于过户产生其他税费(如有),由各方依法承担。主要税费情况如下:

1)转让方相关税费

①土地增值税

根据有关税务主管部门出具的土地增值税免税证明,本次土地使用权过户免征土地增值税。

②增值税

上述土地、房产过户过程中,中国航发西控已按照有关税务主管部门要求,足额缴纳增值税约2724万元。

---

① 《中国航发动力控制股份有限公司　中信证券股份有限公司关于中国航发动力控制股份有限公司非公开发行股票申请文件二次反馈意见的回复报告(修订稿)》,载巨潮资讯网2021年8月6日,http://www.cninfo.com.cn/new/disclosure/detail?plate=szse&orgId=gssz0000738&stockCode=000738&announcementId=1210665083&announcementTime=2021-08-06。

③增值税附加

上述土地、房产过户过程中，中国航发西控已按照有关税务主管部门要求，足额缴纳城市维护建设税、教育费附加、地方教育附加和水利基金等税费合计约353万元。

④企业所得税

截至本回复出具日，相关土地、房产已完成产权过户至航空苑，未涉及企业所得税事项。

⑤印花税

上述土地、房产过户过程中，中国航发西控已按照有关税务主管部门要求，足额缴纳印花税约15万元。

2)受让方相关税费

①契税

根据有关税务主管部门出具的契税完税情况证明，上述土地、房产过户有关契税已全额减免。

②印花税

本次土地使用权、房产过户中，航空苑已按照有关税务主管部门要求，足额缴纳印花税约15万元。

截至本回复出具日，中国航发西控、航空苑已经完成将所涉土地、房产过户至航空苑，航空苑已取得不动产权证。”

(二)简要评析

航发控制子公司的本次资产划转：一是受中国航空同一控制下的孙公司向子公司的资产划转，划转双方主体适格；二是标的资产有2宗土地使用权和4项房产及专利、设备等经营性资产，属于“资产包”；三是中国证监会明确要求公司及保荐机构核查并回复划转涉及的厂房及土地变更是否需要缴纳土地增值税、契税等税费，以及税费承担的主体问题，航发控制及保荐机构经核查并明确回复本次资产划转中划出方涉及的企业所得税，土地增值税为不征或免征，应纳印花税已缴纳，涉及的增值税已经缴纳(因划转时土地使用权取得方式为行政划拨地，尚未完成变更为出让地的手续，根据评估报告及评估说明，假设划拨土地使用权变更为出让土地使用权及办理不动产权证及过户至航空苑不存在法律障碍，而产生相应的增值税)；划入方涉及的契税根据有关税务主管部门出具的契税完税情况证明已全额减免，应纳印花税已缴纳，此回复意见得到了中国证监会的认可。航发控制子公司的本次资产划转依法享受了相应的税收优惠。

案例10－2:海昌新材(证券代码:300885)子公司向母公司资产划转及交易所要求核查涉税事项

(一)基本情况

详见“第三章　资产划转的立法现状”之“案例3－1:海昌新材(证券代码:300885)子公司向母公司资产划转及交易所要求核查涉税事项”。

(二)简要评析

海昌新材的本次资产划转:一是不但明确了资产划转的性质,而且回答了自然人控制的上市公司资产划转的方式、程序、用途是否符合有关法律法规及规范性文件的规定等的合法合规问题;二是不但回答了中国证监会要求核查反馈的海昌新材、美特粉末是否就土地使用权及房屋所有权转让依法缴纳相应税款,是否存在行政处罚的风险,是否构成重大违法行为及本次发行的法律障碍的问题,而且逐项明确了划出方美特粉末涉及的企业所得税无须缴纳、增值税无须缴纳、土地增值税无须缴纳,印花税应缴已缴,划入方海昌新材涉及的契税无须缴纳,印花税应缴已缴,并取得了当地税务主管部门出具的税务方面合规的证明。海昌新材本次资产划转,用实际案例一一回应了资产划转涉及的税收优惠政策,具有典型的代表性。

案例10－3:云海金属(证券代码:002182)向子公司资产划转

(一)基本情况

云海金属(南京云海特种金属股份有限公司,证券简称:云海金属,证券代码:002182)成立于1993年11月30日,2007年11月13日成为深交所主板上市公司,主营业务为有色金属的冶炼和压延加工业务。云海金属的实际控制人为境内自然人。

2023年4月8日,云海金属发布了《关于母公司向全资子公司划转铝业务相关资产的公告》(公告编号:2023－21)①:为整合公司管理,保持铝产品相关资产

① 《南京云海特种金属股份有限公司关于母公司向全资子公司划转铝业务相关资产的公告》(证券代码:002182),载巨潮资讯网2023年4月8日,http://www.cninfo.com.cn/new/disclosure/detail?plate=szse&orgId=9900003827&stockCode=002182&announcementId=1216358147&announcementTime=2023－04－08。

的完整性和业务的延续性,公司将铝业务相关资产划转至南京云开合金有限公司(以下简称云开合金),云开合金更名为南京云海铝业有限公司(以下简称南京云海铝业,最终以工商机关核准的名称为准)。本次资产划转的具体方案:

1. 本次资产划转涉及的资产、负债及人员安排:母公司划转铝产品业务及相应的资产情况,具体包括:(1)生产经营相关的存货、固定资产、无形资产及与其相关的债权债务;(2)未履行完毕的合同权利义务(如无法变更的,公司代为履行,南京云海铝业最终承揽);(3)根据"人随业务、资产走"的原则,现有铝业务有关的职员转为南京云海铝业,员工用工方式不变,工龄连续计算,重新签订劳动合同;(4)权属情况说明:本次划转资产产权清晰,不存在抵押、质押或者其他第三人权利,不存在重大争议、诉讼或仲裁事项,不存在查封、冻结等司法措施。

2. 拟划转资产:以 2022 年 12 月 31 日为基准日,按账面净值拟划转总资产 122,682.30 万元,总负债 62,571.25 万元,净资产 60,111.05 万元,具体根据实际交割日作相应调整,过渡期损益归属于公司。最终划转的金额以划转实施结果为准。

3. 价款支付:本次交易系母公司将铝业务资产按照账面净值划转至 100% 控制的全资子公司南京云海铝业,南京云海铝业取得划转资产无须支付对价。

4. 税务筹划:根据《财政部、国家税务总局关于企业重组业务企业所得税处理若干问题的通知》(财税〔2014〕109 号)、《关于促进企业重组有关企业所得税处理问题的通知》(国家税务总局公告 2015 年第 40 号)、《国家税务总局关于资产(股权)划转企业所得税征管问题的公告》,母公司将铝业务资产按照账面净值划转至 100% 控制的全资子公司南京云海铝业,且划转后 12 个月内不改变被划转资产原来实质性经营活动,划出方与划入方企业均未在会计上确认损益,符合上述文件精神。本次事项拟适用特殊性税务处理尚需税务部门认定。

2023 年 4 月 6 日,云海金属第六届董事会第十四次会议审议通过了《关于母公司向全资子公司划转铝业务相关资产的议案》,并授权管理层具体办理本次资产划转所涉事宜,签署相关协议、办理相关变更手续等以及管理层可根据实际情况确定划转的资产、负债、人员的范围等事项。独立董事意见认为:本次母公司向公司子公司南京云海铝业划转铝业务相关资产,有利于公司优化产品架构,明晰公司各板块的工作权责,符合公司的发展战略及全体股东的利益,有利于公司的长远发展。公司董事会审议和表决该议案的程序合法有效。不存在损害公司及股东,特别是中小股东利益的情形。独立董事同意本次事项并提交公司 2022 年度股东大会审议。监事会经过审核认为：本次事项将有利于进一步优化公司及各子公司管理职能和业务职能，明晰公司各业务板块的工作权责，使公司战略布局更加清晰，提升整体管理效率，促进公司持续稳健发展。

本次资产划转在母子公司之间发生，不涉及关联交易，亦不构成《上市公司重大资产管理办法》规定的重大资产重组。本次资产划转事项尚需提交公司2022年度股东大会审议。2023年4月28日，云海金属2022年度股东大会审议通过了该资产划转的议案，并发布了《2022年度股东大会决议公告》（公告编号：2023－35）。

（二）简要评析

云海金属的本次资产划转：一是母公司向子公司的资产划转，划转双方主体适格；二是划转的标的既有资产，也有负债，还有员工，属于概括资产划转；三是本次资产划转具有合理的商业目的，明确了划转的依据为财政部和国家税务总局的财税法规性文件，母公司将铝业务资产按照账面净值划转至100%控制的全资子公司南京云海铝业，且划转后12个月内不改变被划转资产原来实质性经营活动，划出方与划入方企业均未在会计上确认损益，拟适用特殊性税务处理尚需税务部门认定；四是先后经过了有权机构董事会、股东大会的审议通过，独立董事发布了独立意见，监事会发布了监督意见，履行了相应的信息披露义务，并获得了证券交易所的审核认可。云海金属本次资产划转的特点，主要体现在其明确了资产划转的财税法规性文件依据，并严格依照财税法规性文件的要求实施划转，以期获得企业所得税、增值税、土地增值税、契税的免征优惠。

第十一章 基础设施 REITs 项目中的资产划转的特殊性

一、基础设施 REITs 设立前的资产划转

基础设施 REITs 的全称系基础设施领域不动产投资信托基金。

“基础设施 REITs 是国际通行的配置资产，具有流动性较高、收益相对稳定、安全性较强等特点，能有效盘活存量资产，填补当前金融产品空白，拓宽社会资本投资渠道，提升直接融资比重，增强资本市场服务实体经济质效。”①《中华人民共和国国民经济和社会发展第十四个五年规划和 2035 年远景目标纲要》（以下简称“十四五”规划纲要）提出，推动基础设施 REITs 健康发展，有效盘活存量资产，形成存量资产和新增投资的良性循环。开展基础设施 REITs 试点，对推动形成市场主导的投资内生增长机制，提升资本市场服务实体经济的质效，构建投资领域新发展格局，具有重要意义。

依据《中华人民共和国证券投资基金法》、《中华人民共和国证券法》、《公开募集证券投资基金运作管理办法》（证监会令第 104 号）、《公开募集基础设施证券投资基金指引（试行）》（证监会公告〔2020〕54 号）、《中国证监会　国家发展改革委关于推进基础设施领域不动产投资信托基金（REITs）试点相关工作的通知》（证监发〔2020〕40 号）、《国家发展改革委关于进一步做好基础设施领域不动产投资信托基金（REITs）试点工作的通知》（发改投资〔2021〕958 号）、《国务院办公厅关于进一步盘活存量资产扩大有效投资的意见》（国办发〔2022〕19 号）、《国家发展改革委关于规范高效做好基础设施领域不动产投资信托基金（REITs）项目申报推荐工作的通知》（发改投资〔2023〕236 号）、《证监会关于进一步推进基础设施领

---

① 《中国证监会　国家发展改革委关于推进基础设施领域不动产投资信托基金（REITs）试点相关工作的通知》（证监发〔2020〕40 号）第一条规定。

域不动产投资信托基金（REITs）常态化发行相关工作的通知》（2023年3月7日）等法律法规、规章及规范性文件的规定，自2020年4月，我国正式启动基础设施不动产投资信托基金（REITs）试点工作，2021年6月首批试点项目上市，在制度规则方面构建了交易所负责上市审核、证监会负责产品注册、国家发展改革委负责项目合法合规性把关推荐的制度体系和业务流程。“截至2023年8月18日，我国28只REITs产品已挂牌上市，总市值约为870.96亿元。REITs在国际资本市场已有60多年发展历史，40多个国家或地区建立了REITs市场，截至2022年底，全球REITs市场规模超过2万亿美元。相比于国际成熟REITs市场，C－REITs市场尚处于起步阶段，规模尚小，未来存在较大的发展空间”[①]。已上市的基础设施REITs，项目涵盖收费公路、产业园区、污水处理、仓储物流、清洁能源、保障性租赁住房等多种资产类型，募集资金重点用于科技创新、绿色发展和民生等补短板领域，回收资金带动投资的新项目总投资额，形成了良好示范效应。

为申请或实施基础设施领域不动产投资信托基金（REITs）业务，在基础设施REITs设立前，通常需要对基础设施不动产进行资产重组，一般为标的资产的原始权益人成立项目公司，之后，原始权益人通过收购、划转、投资等方式，将标的资产转移给项目公司。即资产划转成为基础设施REITs设立前的一种重要的资产重组方式，并已经成为挂牌上市的基础设施REITs产品中常用的重组工具。

对于基础设施领域不动产投资信托基金（REITs）的项目资产即底层资产，《国家发展改革委办公厅关于做好基础设施领域不动产投资信托基金（REITs）试点项目申报工作的通知》（发改办投资〔2020〕586号）规定：“三、确保试点项目满足基本条件”“（七）基础设施项目权属清晰、资产范围明确，发起人（原始权益人）依法合规拥有项目所有权、特许经营权或运营收费权，相关股东已协商一致同意转让。”这与一般的资产划转对标的资产的权属条件要求实质是一致的。

截至2023年9月30日，在沪深两个证券交易所已成功发行的28只基础设施REITs中，红土深圳安居REIT（基金代码：180501）、鹏华深圳能源REIT（基金代码：180401）、平安广州广河REIT（基金代码：180201）、嘉实京东仓储基础设施REIT（基金代码：508098）、华夏北京保障房REIT（基金代码：508068）、中金厦门安居REIT（基金代码：508058）、中金安徽交控REIT（基金代码：508009）、国泰君安

① 《促进基础设施公募REITs市场常态化发行研究》（大公国际资信评估有限公司　王景华　温鑫），载大公国际资信评估有限公司网2023年9月28日，https://www.dagongcredit.com/M00/00/09/Cr0LSGUVMbiAKvL9AAN7d2Qh8Zo795.pdf。

临港创新产业园 REIT（基金代码：508021）、东吴苏园产业 REIT（基金代码：508027）、中信建投国家电投新能源 REIT（基金代码：508028）①等均涉及通过资产划转的方式进行基础资产的重组。

其中有代表性的保障性租赁住房 REITs 为红土深圳安居 REIT（基金代码：180501）、中金厦门安居 REIT（基金代码：508058）的底层资产为保障性租赁住房，华夏北京保障房 REIT（基金代码：508068）的底层资产为公共租赁住房，该 3 只保障性租赁住房 REITs 均是采用国有资产划转方式来进行基础资产的重组。

【法规索引速查】

《中华人民共和国证券投资基金法》(2015 年修正)

第二条　在中华人民共和国境内，公开或者非公开募集资金设立证券投资基金（以下简称基金），由基金管理人管理，基金托管人托管，为基金份额持有人的利益，进行证券投资活动，适用本法；本法未规定的，适用《中华人民共和国信托法》、《中华人民共和国证券法》和其他有关法律、行政法规的规定。

第五十条　公开募集基金，应当经国务院证券监督管理机构注册。未经注册，不得公开或者变相公开募集基金。

前款所称公开募集基金，包括向不特定对象募集资金、向特定对象募集资金累计超过二百人，以及法律、行政法规规定的其他情形。

公开募集基金应当由基金管理人管理，基金托管人托管。

《中华人民共和国证券法》(2019 年修订)

第二条　在中华人民共和国境内，股票、公司债券、存托凭证和国务院依法认定的其他证券的发行和交易，适用本法；本法未规定的，适用《中华人民共和国公司法》和其他法律、行政法规的规定。政府债券、证券投资基金份额的上市交易，适用本法；其他法律、行政法规另有规定的，适用其规定。

资产支持证券、资产管理产品发行、交易的管理办法，由国务院依照本法的原则规定。

在中华人民共和国境外的证券发行和交易活动，扰乱中华人民共和国境内市场秩序，损害境内投资者合法权益的，依照本法有关规定处理并追究法律责任。

---

① 2023 年 9 月 30 日对深圳证券交易所 http://reits.szse.cn、上海证券交易所 http://www.sse.com.cn/公募 REITs 信息平台发行上市基础设施 REITs 的核查统计。

《公开募集证券投资基金运作管理办法》(证监会令第104号)

全文见附录:《公开募集证券投资基金运作管理办法》。

《公开募集基础设施证券投资基金指引(试行)》(证监会公告〔2020〕54号)

全文见附录:《公开募集基础设施证券投资基金指引(试行)》。

《中国证监会　国家发展改革委关于推进基础设施领域不动产投资信托基金(REITs)试点相关工作的通知》(证监发〔2020〕40号)

三、基础设施REITs试点项目要求

(三)聚焦优质项目。基础设施REITs试点项目应符合以下条件:

1. 项目权属清晰,已按规定履行项目投资管理,以及规划、环评和用地等相关手续,已通过竣工验收。PPP项目应依法依规履行政府和社会资本管理相关规定,收入来源以使用者付费为主,未出现重大问题和合同纠纷。

2. 具有成熟的经营模式及市场化运营能力,已产生持续、稳定的收益及现金流,投资回报良好,并具有持续经营能力、较好的增长潜力。

3. 发起人(原始权益人)及基础设施运营企业信用稳健、内部控制制度健全,具有持续经营能力,最近3年无重大违法违规行为。基础设施运营企业还应当具有丰富的运营管理能力。

四、基础设施REITs试点工作安排

(三)中国证监会制定公开募集基础设施证券投资基金相关规则,对基金管理人等参与主体履职要求、产品注册、份额发售、投资运作、信息披露等进行规范。沪深证券交易所比照公开发行证券相关要求建立基础设施资产支持证券发行审查制度。中国证监会各派出机构、沪深证券交易所、中国证券业协会、中国证券投资基金业协会等有关单位要抓紧建立基础设施资产支持证券受理、审核、备案、信息披露和持续监管的工作机制,做好投资者教育和市场培育,参照公开发行证券相关要求强化对基础设施资产支持证券发行等环节相关参与主体的监督管理,压实中介机构责任,落实各项监管要求。

《国家发展改革委关于进一步做好基础设施领域不动产投资信托基金(REITs)试点工作的通知》(发改投资〔2021〕958号)

《国务院办公厅关于进一步盘活存量资产扩大有效投资的意见》(国办发〔2022〕19号)

(四)推动基础设施领域不动产投资信托基金(REITs)健康发展。进一步提高推荐、审核效率,鼓励更多符合条件的基础设施REITs项目发行上市。对于在维护产业链供应链稳定、强化民生保障等方面具有重要作用的项目，在满足发行要求、符合市场预期、确保风险可控等前提下，可进一步灵活合理确定运营年限、收益集中度等要求。建立健全扩募机制，探索建立多层次基础设施 REITs 市场。国有企业发行基础设施 REITs 涉及国有产权非公开协议转让的，按规定报同级国有资产监督管理机构批准。研究推进 REITs 相关立法工作。

《国家发展改革委关于规范高效做好基础设施领域不动产投资信托基金(REITs)项目申报推荐工作的通知》(发改投资〔2023〕236 号)

(二)确保申报材料真实客观。发起人(原始权益人)要按照《国家发展改革委关于进一步做好基础设施领域不动产投资信托基金(REITs)试点工作的通知》(发改投资〔2021〕958 号)、《国家发展改革委办公厅关于做好基础设施领域不动产投资信托基金(REITs)新购入项目申报推荐有关工作的通知》(发改办投资〔2022〕617 号)、本通知及项目申报格式文本的要求，认真准备项目申报材料，真实、全面、客观反映项目情况，不得弄虚作假、避重就轻、违规包装。要如实提供项目历史收益数据，全面分析可能影响项目收益的各项因素，客观预测项目未来收益水平。如发起人(原始权益人)、基金管理人等未真实、全面、客观反映项目情况，故意瞒报漏报甚至弄虚作假的，我委将视情节轻重，采取提醒谈话、暂停受理等方式予以处理，并提请有关部门依法予以惩戒。

《证监会关于进一步推进基础设施领域不动产投资信托基金(REITs)常态化发行相关工作的通知》(2023 年 3 月 7 日)

(一)拓宽试点资产类型。贯彻落实中央经济工作会议关于着力扩大国内需求，优化政策措施，充分发挥消费的基础作用，把恢复和扩大消费摆在优先位置的决策部署，研究支持增强消费能力、改善消费条件、创新消费场景的消费基础设施发行基础设施 REITs。优先支持百货商场、购物中心、农贸市场等城乡商业网点项目，保障基本民生的社区商业项目发行基础设施 REITs。项目用地性质应符合土地管理相关规定。项目发起人(原始权益人)应为持有消费基础设施、开展相关业务的独立法人主体，不得从事商品住宅开发业务。严禁规避房地产调控要求，不得为商品住宅开发项目变相融资。

(三)推动扩募发行常态化。按照市场化法治化原则，鼓励运营业绩良好、投资运作稳健、会计基础工作规范的上市 REITs 通过增发份额收购资产，开展并购重组活动。加快推动首批扩募 REITs 项目落地，完善扩募定价机制，鼓励更多符合条件的扩募项目发行上市。

（六）优化审核注册流程。建立分工明确、各有侧重、高效衔接的审核注册工作机制，进一步优化审核注册流程，提高审核注册工作的规范性、可预期性和透明度。证监会和证券交易所原则上应当将问题一次汇总成书面反馈意见，并由证券交易所统一发出。坚持开门办审核，定期开展市场机构座谈会，传递监管工作理念。

二、基础设施 REITs 设立前资产划转的特点及税收优惠

根据 2022 年 1 月 26 日《财政部、国家税务总局关于基础设施领域不动产投资信托基金（REITs）试点税收政策的公告》（财政部、税务总局公告 2022 年第 3 号）第一条规定，“设立基础设施 REITs 前，原始权益人向项目公司划转基础设施资产相应取得项目公司股权，适用特殊性税务处理，即项目公司取得基础设施资产的计税基础，以基础设施资产的原计税基础确定；原始权益人取得项目公司股权的计税基础，以基础设施资产的原计税基础确定。原始权益人和项目公司不确认所得，不征收企业所得税”。

这是对基础设施 REITs 项目中资产划转的特殊规定，与《财政部、国家税务总局关于企业重组业务企业所得税处理若干问题的通知》（财税〔2009〕59 号）和《财政部、国家税务总局关于促进企业重组有关企业所得税处理问题的通知》（财税〔2014〕109 号）及其他相关财税规范文件等对企业重组业务涉及的企业所得税特殊性税务处理的条件有所区别，弱化了限期内（资产划转后连续 12 个月内）不得发生实质性经营活动改变的要求。这一特殊性还表现在：

涉及的当事人：原始权益人、项目公司。

涉及的交易：原始权益人向项目公司划转基础设施资产，相应地，原始权益人取得项目公司股权。项目公司取得划入的基础设施资产。

特殊性税务处理：原始权益人和项目公司不确认所得，不征收企业所得税：（1）项目公司取得基础设施资产的计税基础 = 基础设施资产的原计税基础；（2）原始权益人取得项目公司股权的计税基础 = 基础设施资产的原计税基础。

基础设施 REITs 项目中，在基础设施 REITs 设立前，涉及的原始权益人向项目公司划转基础设施资产，基本都涉及土地及房屋及其他基础设施资产，除符合《财政部、国家税务总局关于基础设施领域不动产投资信托基金（REITs）试点税收政策的公告》（财政部、税务总局公告 2022 年第 3 号）规定不征收企业所得税外，与前述同理，涉及增值税、土地增值税和契税依照相关财税法规性文件的规

定,亦属于免征情形。涉及印花税,则依法应当缴纳。

【法规索引速查】

《财政部、国家税务总局关于基础设施领域不动产投资信托基金(REITs)试点税收政策的公告》(财政部、税务总局公告2022年第3号)

一、设立基础设施REITs前,原始权益人向项目公司划转基础设施资产相应取得项目公司股权,适用特殊性税务处理,即项目公司取得基础设施资产的计税基础,以基础设施资产的原计税基础确定;原始权益人取得项目公司股权的计税基础,以基础设施资产的原计税基础确定。原始权益人和项目公司不确认所得,不征收企业所得税。

二、基础设施REITs设立阶段,原始权益人向基础设施REITs转让项目公司股权实现的资产转让评估增值,当期可暂不缴纳企业所得税,允许递延至基础设施REITs完成募资并支付股权转让价款后缴纳。其中,对原始权益人按照战略配售要求自持的基础设施REITs份额对应的资产转让评估增值,允许递延至实际转让时缴纳企业所得税。

原始权益人通过二级市场认购(增持)该基础设施REITs份额,按照先进先出原则认定优先处置战略配售份额。

三、对基础设施REITs运营、分配等环节涉及的税收,按现行税收法律法规的规定执行。

四、本公告适用范围为证监会、发展改革委根据有关规定组织开展的基础设施REITs试点项目。

五、本公告自2021年1月1日起实施。2021年1月1日前发生的符合本公告规定的事项,可按本公告规定享受相关政策。

【案例与评析】

案例11-1:华夏北京保障房中心REIT(基金代码:508068)设立前原始权益人向项目公司划转基础设施资产

(一)基本情况

华夏北京保障房中心REIT(基金代码:508068,基金类别:基础设施公募REITs),全称:华夏北京保障房中心租赁住房封闭式基础设施证券投资基金,2022年8月31日在上交所发行上市。标的基础设施项目包括两个子项目:文龙家园项目(位于北京市海淀区文龙家园一里)和熙悦尚郡项目(位于北京市朝阳区朝阳北路82号院)。根据《华夏北京保障房中心租赁住房封闭式基础设施证券投资基金招募说明书》①等公开披露的公告等信息,在该基础设施REITs设立前:

2022年4月7日,原始权益人北京保障房中心有限公司(以下简称北京保障房中心)注册设立了全资项目公司北京燕保宜居住房租赁有限公司(以下简称燕保宜居项目公司)。

根据原始权益人北京保障房中心于2022年3月30日、4月11日作出的执行董事决定,以及2022年4月12日作出的《北京燕保宜居住房租赁有限公司关于北京保障房中心租赁住房基础设施公募REITs试点项目资产划转的股东决定》,北京保障房中心与燕保宜项目公司于2022年5月13日签署了《集团内企业资产、债务及员工之整体划转实施协议》(以下简称《资产划转协议》),北京保障房中心为实施以基础设施项目作为底层资产开展REITs项目,作为资产划出方拟将目标基础设施资产(文龙家园公租房项目、熙悦尚郡公租房项目)以及与其相关联的债权、债务(包括与资产相关的预收租金和租赁押金等经营性负债)、与经营性负债等额的营运现金及人员一并无偿划转给燕保宜居项目公司,标的资产和负债按照其资产交割日的账面净值划转,进行项目资产重组;同意SPV公司100%股权转让及燕保宜居项目公司100%股权转让等事项,授权经营管理层根据实际情况调整项目方案并全权办理本项目相关工作。

根据本项目交易安排,原始权益人北京保障房中心根据《资产划转协议》将文龙家园项目、熙悦尚郡项目对应的房屋所有权及占用范围内的土地使用权划转至燕保宜居项目公司,并办理不动产转移登记手续。燕保宜居项目公司于2022年7月19日、7月20日办理了不动产转移并取得了文龙家园项目的《不动产权证书》,于2022年7月15日办理了不动产转移并取得了熙悦尚郡项目的《不动产权证书》。至此,燕保宜居项目公司成为文龙家园项目和熙悦尚郡项目合法的房屋所有权人及相应的土地使用权人,目标基础设施资产已完成权属转移登记。

根据法律顾问出具的法律意见书,截至2022年3月31日,基础设施项目共计2053间房屋处于在租状态,其中文龙家园项目在租1326间(公开配租租赁1004间,趸租租赁322间);熙悦尚郡项目在租727间。基础设施项目原由北京保障房

---

① 《华夏北京保障房中心租赁住房封闭式基础设施证券投资基金招募说明书》,载上海证券交易所REITs信息平台2022年8月9日,http://www.sse.com.cn/disclosure/fund/announcement/c/new/2022-08-09/508068_20220809_3_D8EQeRWp.pdf。

中心持有并对外签署租赁合同,在原始权益人北京保障房中心将基础设施项目无偿划转至燕保宜居项目公司后,根据相关法律法规及原始权益人与燕保宜居项目公司签署的协议约定,原租赁合同项下租金收取等权利义务由燕保宜居项目公司享有。无偿划转后新租户、原有租户续租等新签署租赁合同由燕保宜居项目公司与租户直接签订。

2022 年 8 月 5 日,中国证监会作出证监许可〔2022〕1729 号文准予华夏北京保障房中心 REIT(华夏北京保障房中心租赁住房封闭式基础设施证券投资基金)注册。2022 年 8 月 31 日,华夏北京保障房中心 REIT 上市交易。

华夏北京保障房中心 REIT(基金代码:508068)的整体架构如图 11－1 所示:

(二)简要评析

华夏北京保障房中心 REIT(基金代码:508068)设立前原始权益人向项目公司的划转资产:一是为设立华夏北京保障房中心 REITs 的目的,在基础设施 REITs 设立前,原始权益人向项目公司实施的土地、房屋不动产及相关的债权债务的资产划转,目的特别且直接,此为其特殊性一;二是划出方为基础设施 REITs 的原始权益人,划入方为项目公司,标的资产为文龙家园公租房项目、熙悦尚郡公租房项目以及与其相关联的债权、债务(包括与资产相关的预收租金和租赁押金等经营性负债)、与经营性负债等额的营运现金及人员一并无偿划转,标的资产和负债按照其资产交割日的账面净值划转,满足了"原计税基础确定"的财税法规性文件要求,此为特殊性二;三是在基础设施 REITs 的底层资产重组完成后,原始权益人将其持有的项目公司的 100% 转让给保障性租赁住房资产支持专项计划,即资产重组与股权转让到专项计划之间的时间间隔较短,不足 12 个月,突破了一般资产划转后连续 12 个月内不改变被划转资产原来实质性经营活动的限制,此为其特殊性三;四是适用了特殊性税务处理,尤其是针对基础设施 REITs 的资产划转的条件要求及不征收企业所得税,财政部、国家税务总局出台了专项财税法规性文件,鼓励该类企业重组,促进企业合理的商业调整和资源配置,不征收企业所得税被业界称为基础设施 TEITs 资产重组的"皇冠",最为亮点,此为特殊性四。本案例中的资产划转,在基础设施 REITs 设立前的资产重组中很有代表性。

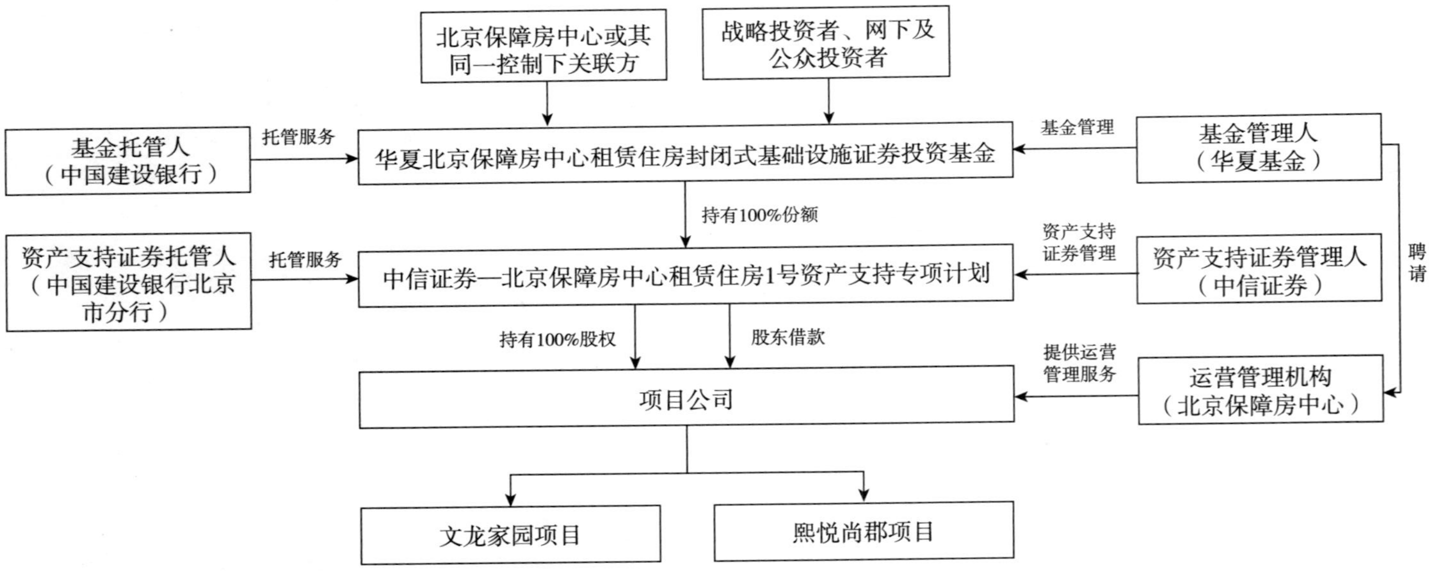

图11–1　华夏北京保障房中心REIT架构

第十二章　资产划转涉及的经营者集中申报及反垄断审查

一、资产划转属于反垄断法规范的事项

为了预防和制止垄断行为，保护市场公平竞争，鼓励创新，提高经济运行效率，维护消费者利益和社会公共利益，促进社会主义市场经济健康发展，国家建立健全了反垄断法律法规和经营者集中申报及反垄断审查制度。

《中华人民共和国反垄断法》(2022 年修订)第十五条、第二十五条规定，本法所称经营者，是指从事商品生产、经营或者提供服务的自然人、法人和非法人组织；本法所称相关市场，是指经营者在一定时期内就特定商品或者服务(以下统称商品)进行竞争的商品范围和地域范围；经营者集中是指下列情形：(一)经营者合并；(二)经营者通过取得股权或者资产的方式取得对其他经营者的控制权；(三)经营者通过合同等方式取得对其他经营者的控制权或者能够对其他经营者施加决定性影响。

资产划转作为企业重组的重要方式之一，在近几年呈现出使用频率越来越高、规模越来越大、资产种类越来越丰富等特点，尤其是在央企和地方国企、上市公司中更为突出。为了优化资产、业务、技术和人员结构，增强竞争力等合理商业目的，划出方向划入方划入资产、负债、业务、资质及人员，是资产划转的基本表现。基于此：

首先，划入方为经营者，且一般为营利性法人，属于反垄断法对经营者的定义。

其次，资产划转过程实质就是通过资产划转行为，划入方取得划出方的资产(含股权)等，实现了对划入资产或对其他经营者的控制权或者能够对其他经营者施加决定性影响资源等的集中，属于反垄断法对经营者集中的定义及其情形。

据此，资产划转划入方及划转行为，属于反垄断法对经营者及经营者集中的

概念及定义范围，当受反垄断法的规范和调整。这是资产划转中，应当特别注意且不可忽视的重要问题。

【法规索引速查】

《中华人民共和国反垄断法》（2022年修订）

第二条 中华人民共和国境内经济活动中的垄断行为，适用本法；中华人民共和国境外的垄断行为，对境内市场竞争产生排除、限制影响的，适用本法。

第三条 本法规定的垄断行为包括：

（一）经营者达成垄断协议；

（二）经营者滥用市场支配地位；

（三）具有或者可能具有排除、限制竞争效果的经营者集中。

第六条 经营者可以通过公平竞争、自愿联合，依法实施集中，扩大经营规模，提高市场竞争能力。

第七条 具有市场支配地位的经营者，不得滥用市场支配地位，排除、限制竞争。

第八条 国有经济占控制地位的关系国民经济命脉和国家安全的行业以及依法实行专营专卖的行业，国家对其经营者的合法经营活动予以保护，并对经营者的经营行为及其商品和服务的价格依法实施监管和调控，维护消费者利益，促进技术进步。

前款规定行业的经营者应当依法经营，诚实守信，严格自律，接受社会公众的监督，不得利用其控制地位或者专营专卖地位损害消费者利益。

第二十五条 经营者集中是指下列情形：

（一）经营者合并；

（二）经营者通过取得股权或者资产的方式取得对其他经营者的控制权；

（三）经营者通过合同等方式取得对其他经营者的控制权或者能够对其他经营者施加决定性影响。

第二十六条 经营者集中达到国务院规定的申报标准的，经营者应当事先向国务院反垄断执法机构申报，未申报的不得实施集中。

经营者集中未达到国务院规定的申报标准，但有证据证明该经营者集中具有或者可能具有排除、限制竞争效果的，国务院反垄断执法机构可以要求经营者申报。

经营者未依照前两款规定进行申报的，国务院反垄断执法机构应当依法进行调查。

《国务院关于经营者集中申报标准的规定》(2024 年 1 月 22 日修订)

第二条 经营者集中是指下列情形：

(一)经营者合并；

(二)经营者通过取得股权或者资产的方式取得对其他经营者的控制权；

(三)经营者通过合同等方式取得对其他经营者的控制权或者能够对其他经营者施加决定性影响。

第三条 经营者集中达到下列标准之一的，经营者应当事先向国务院反垄断执法机构申报，未申报的不得实施集中：

(一)参与集中的所有经营者上一会计年度在全球范围内的营业额合计超过 120 亿元人民币，并且其中至少两个经营者上一会计年度在中国境内的营业额均超过 8 亿元人民币；

(二)参与集中的所有经营者上一会计年度在中国境内的营业额合计超过 40 亿元人民币，并且其中至少两个经营者上一会计年度在中国境内的营业额均超过 8 亿元人民币。

营业额的计算，应当考虑银行、保险、证券、期货等特殊行业、领域的实际情况，具体办法由国务院反垄断执法机构会同国务院有关部门制定。

第四条 经营者集中未达到本规定第三条规定的申报标准，但有证据证明该经营者集中具有或者可能具有排除、限制竞争效果的，国务院反垄断执法机构可以要求经营者申报。

《经营者集中反垄断合规指引》(国市监反执二发〔2023〕74 号)

二、经营者集中申报及反垄断审查对资产划转的抑制

资产划转虽然属于反垄断法规定的经营者集中情形，但并不是所有的资产划转行为都需要申报并接受审查，只有因资产划转使划入方达到法定标准的经营者集中的，其资产划转行为才应当申报并接受国家反垄断执行机构的审查。

《中华人民共和国反垄断法》(2022 年修订)第三条、第六条、第七条、第十一条、第二十二条、第二十六条规定，本法规定的垄断行为包括：(一)经营者达成垄断协议；(二)经营者滥用市场支配地位；(三)具有或者可能具有排除、限制竞争效果的经营者集中；经营者可以通过公平竞争、自愿联合，依法实施集中，扩大经

营规模，提高市场竞争能力；具有市场支配地位的经营者，不得滥用市场支配地位，排除、限制竞争；禁止具有市场支配地位的经营者滥用市场支配地位；国家健全完善反垄断规则制度，强化反垄断监管力量，提高监管能力和监管体系现代化水平，加强反垄断执法司法，依法公正高效审理垄断案件，健全行政执法和司法衔接机制，维护公平竞争秩序；经营者集中达到国务院规定的申报标准的，经营者应当事先向国务院反垄断执法机构申报，未申报的不得实施集中；经营者集中未达到国务院规定的申报标准，但有证据证明该经营者集中具有或者可能具有排除、限制竞争效果的，国务院反垄断执法机构可以要求经营者申报；经营者未依照前两款规定进行申报的，国务院反垄断执法机构应当依法进行调查。

《国务院关于经营者集中申报标准的规定》(国务院令第773号，2024年修订)第三条、第四条规定，经营者集中达到下列标准之一的，经营者应当事先向国务院反垄断执法机构申报，未申报的不得实施集中：(一)参与集中的所有经营者上一会计年度在全球范围内的营业额合计超过120亿元人民币，并且其中至少两个经营者上一会计年度在中国境内的营业额均超过8亿元人民币；(二)参与集中的所有经营者上一会计年度在中国境内的营业额合计超过40亿元人民币，并且其中至少两个经营者上一会计年度在中国境内的营业额均超过8亿元人民币。营业额的计算，应当考虑银行、保险、证券、期货等特殊行业、领域的实际情况，具体办法由国务院反垄断执法机构会同国务院有关部门制定；经营者集中未达到本规定第三条规定的申报标准，但有证据表明该经营者集中具有或者可能具有排除、限制竞争效果的，国务院反垄断执法机构可以要求经营者申报。

2023年9月5日，国家市场监督管理总局发布了《经营者集中反垄断合规指引》(国市监反执二发〔2023〕74号)，对经营者集中反垄断审查的目的和依据、合规的必要性、适用范围、经营者集中审查主要规定、重点合规风险等作出合规指引。

据此，资产划转涉及经营者集中，达到经营者集中申报标准的，应当向反垄断执法机构申报并接受反垄断审查通过后，方可继续实施资产划转。否则，资产划转可能涉及违法及被行政处罚的问题。

【法规索引速查】

《中华人民共和国反垄断法》(2022年修订)

第二十五条 经营者集中是指下列情形：

(一)经营者合并；

(二)经营者通过取得股权或者资产的方式取得对其他经营者的控制权;

(三)经营者通过合同等方式取得对其他经营者的控制权或者能够对其他经营者施加决定性影响。

第二十六条　经营者集中达到国务院规定的申报标准的,经营者应当事先向国务院反垄断执法机构申报,未申报的不得实施集中。

经营者集中未达到国务院规定的申报标准,但有证据证明该经营者集中具有或者可能具有排除、限制竞争效果的,国务院反垄断执法机构可以要求经营者申报。

经营者未依照前两款规定进行申报的,国务院反垄断执法机构应当依法进行调查。

第二十七条　经营者集中有下列情形之一的,可以不向国务院反垄断执法机构申报:

(一)参与集中的一个经营者拥有其他每个经营者百分之五十以上有表决权的股份或者资产的;

(二)参与集中的每个经营者百分之五十以上有表决权的股份或者资产被同一个未参与集中的经营者拥有的。

第三十条　国务院反垄断执法机构应当自收到经营者提交的符合本法第二十八条规定的文件、资料之日起三十日内,对申报的经营者集中进行初步审查,作出是否实施进一步审查的决定,并书面通知经营者。国务院反垄断执法机构作出决定前,经营者不得实施集中。

国务院反垄断执法机构作出不实施进一步审查的决定或者逾期未作出决定的,经营者可以实施集中。

【案例与评析】

案例12－1:长城军工(证券代码:601606)控股股东股权无偿划转通过经营者集中反垄断审查

(一)基本情况

长城军工(公司全称:安徽长城军工股份有限公司,证券简称:长城军工,证券代码:601606)于2023年8月17日发布了《关于控股股东安徽军工集团控股有限公司51%股权无偿划转事宜通过经营者集中反垄断审查的公告》(公告编号:

2023－023)[①]:长城军工于2021年11月19日、2022年12月31日披露了《安徽长城军工股份有限公司关于实际控制人筹划重大事项的提示性公告》(公告编号:2021－064)和《安徽长城军工股份有限公司关于控股股东国有股权无偿划转暨实控人变更的进展公告》(公告编号:2022－051),本次划转因涉及经营者集中反垄断审查事宜,兵器装备集团于近日收到国家市场监督管理总局出具的《经营者集中反垄断审查不予禁止决定书》(反执二审查决定〔2023〕504号),国家市场监督管理总局决定对兵器装备集团收购安徽军工集团股权案不予禁止。

(二)简要评析

长城军工控股股东安徽军工集团控股有限公司51%股权无偿划转:一是涉及经营者集中,属于《中华人民共和国反垄断法》规制的经营者集中反垄断审查的对象和范围;二是本次股权划转相关方兵器装备集团依法依规进行了经营者集中反垄断审查申报,并取得了《经营者集中反垄断审查不予禁止决定书》,国家市场监督管理总局决定对兵器装备集团收购安徽军工集团股权案不予禁止,履行了经营者集中反垄断审查程序。

案例12－2:辽宁港口集团有限公司未履行经营者集中反垄断审查被行政处罚案

(一)基本情况

2019年12月9日,国家市场监督管理总局针对"当事人:辽宁港口集团有限公司"作出了《国家市场监督管理总局行政处罚决定书》(国市监处〔2019〕48号),认定:2017年12月20日,大连市国资委、营口市国资委分别与辽宁港航签署了《大连港集团有限公司股权无偿划转协议》和《营口港务集团有限公司股权无偿划转协议》,大连港集团和营口港务集团的100%股权无偿划转给辽宁港航。辽宁港口集团(原辽宁港航)取得大连港集团和营口港务集团100%股权,属于《中华人民共和国反垄断法》第二十条规定的经营者集中。辽宁港口集团(原辽宁港航)2017年度未开展实际业务,也未产生营业额;大连港集团2017年度全球和中国营业额均为人民币146.07亿元;营口港务集团2017年度全球和中国营业额均为人

① 《安徽长城军工股份有限公司关于控股股东安徽军工集团控股有限公司51%股权无偿划转事宜通过经营者集中反垄断审查的公告》(证券简称:长城军工,证券代码:601606,公告编号:2023－023),载上海证券交易所网2023年8月17日,http://static.sse.com.cn/disclosure/listedinfo/announcement/c/new/2023－08－17/601606_20230817_WO1A.pdf。

民币97.95亿元,达到《国务院关于经营者集中申报标准的规定》第三条规定的申报标准,属于应当申报的情形。2018年2月9日,大连港集团和营口港务集团分别完成股东工商登记变更,此前未依法申报,违反《中华人民共和国反垄断法》第二十一条规定,构成未依法申报的经营者集中。本机关就辽宁港口集团取得大连港集团和营口港务集团100%股权对市场竞争的影响进行了评估,评估认为,该项经营者集中不具有排除、限制竞争的效果。根据上述调查情况和评估结论,本机关根据《中华人民共和国反垄断法》第四十八条、第四十九条和《未依法申报经营者集中调查处理暂行办法》第十三条规定:对辽宁港口集团处以35万元人民币罚款的行政处罚。依据《中华人民共和国行政处罚法》第四十六条规定,当事方应当自收到本行政处罚决定书之日起15日内,根据本行政处罚决定书,携缴款码到12家中央财政非税收入收缴代理银行(工、农、中、建、交、中信、光大、招商、邮储、华夏、平安、兴业)任一银行网点或者网上银行交纳罚款。缴款码为:(略)①。

(二)简要评析

辽宁港口集团有限公司的本次资产(股权)划转:一是涉及经营者集中,属于经营者集中反垄断审查的对象和范围,应当履行经营者集中反垄断审查程序;二是基于应当履行经营者集中反垄断审查而未依法履行即完成了股东工商变更登记,违反了《中华人民共和国反垄断法》第二十一条规定,构成未依法申报的经营者集中的违法行为,从而受到相应的行政处罚。本案例即为资产划转未依法进行经营者集中申报被行政处罚案,具有一定的警示作用。

---

① 《市场监管总局发布对辽宁港口集团取得大连港集团和营口港务集团股权未依法申报案的行政处罚决定书》,载国家市场监督管理总局网2019年12月30日,https://www.samr.gov.cn/jzxts/tzgg/xzcf/art/2023/art_be97ccbdbb4a4491ac3cd84ba8958e21.html。

第十三章　资产划转的立法建议

一、民营企业资产划转立法缺陷的弊端

目前,企业资产划转的“一条腿走路”的立法缺陷,存在的弊端可简要归结如下:

(一)形成了“市场分割”,区别对待,破坏了统一大市场建设中平等对待市场规则,与国家加快建设全国统一大市场的方针政策不符

国有企业、民营企业和外商投资企业等,均为市场主体,营利法人,承载着同样的发展经济、承担社会责任的任务。以市场机制与法治体系深度融合为动力,推动经济发展在法治轨道上运行,是我国经济现代化的一个鲜明特征。在社会主义市场经济体系下,2014 年 10 月通过的《中共中央关于全面推进依法治国若干重大问题的决定》指出,“社会主义市场经济本质上是法治经济”,深刻揭示了市场经济与法治的内在关系。在“法治经济”的方略中,所有市场主体应当平等对待。

建设全国统一大市场是构建新发展格局的基础支撑和内在要求。2022 年 3 月 25 日《中共中央　国务院关于加快建设全国统一大市场的意见》要求,“充分发挥法治的引领、规范、保障作用,加快建立全国统一的市场制度规则,打破地方保护和市场分割,打通制约经济循环的关键堵点,促进商品要素资源在更大范围内畅通流动,加快建设高效规范、公平竞争、充分开放的全国统一大市场,全面推动我国市场由大到强转变,为建设高标准市场体系、构建高水平社会主义市场经济体制提供坚强支撑”。

截至目前,国有企业资产划转法律规制相对明确完善,而民营企业却“无法可依”,相关的规范仅散见于财税法规性文件之中。

（二）限制了民营企业重组的手段和工具使用，制约了民营企业的活力和市场竞争力

与国有企业及其他类别的企业一样，民营企业在不同的发展阶段，不同的发展环境中，通过合并、分立、资产收购、债务收购、资产划拨等各类企业重组方式，压缩过剩产能、淘汰落后产能、促进转型转产、突出主业、剥离辅业，提高生存能力和市场竞争力，是企业生存和可持续发展的必然要求。

对于企业分立、合并、资产收购、债务收购、股权收购等企业重组事项，公司法等法律法规已有相应的规范，但对于民营企业的资产划拨却缺乏相关的法律法规规定，势必导致采取资产划拨方式实施的企业重组陷入“困局”。进而导致民营企业重组方式的不全面，限制了民营企业重组的手段和工具使用，制约了民营企业的活力和市场竞争力。

（三）造成实务中民营企业能否采取资产划转的方式实施重组的争议

实务中，不少民营企业在讨论或计划使用资产划转的手段实施企业重组中，主要有两种截然不同的观点：第一种观点认为，资产划转不是一个法律概念，财政部和国家税务总局的有关企业重组的财税文件，不属于法律范畴的法律文件，民营企业资产划转没有法律依据，不能实施；第二种观点认为，财税法规性文件属于“法律”范畴，资产划转是一个法律概念，民营企业资产划转虽然缺乏法律法规层面的支持，但已有法规规范性文件支撑，可以实施。另外，还有个别观点认为，民营企业资产划转属于债权债务的转移，只能按照《民法典》有关债权债务的转移对待执行。

上述不同的观点，导致了民营企业在选择资产划转方式上，或者“遗憾摇头”，或者“望而却步”，或者“疑虑重重”……

二、建立健全民营企业资产划转法律制度具有必要性和可行性

建立健全民营企业资产划转或统一企业资产划转法律制度，具有其必要性和可行性。

（一）建设全国统一的市场制度规则的应然要求

建设全国统一大市场是构建新发展格局的基础支撑和内在要求。2022 年 3

月25日《中共中央 国务院关于加快建设全国统一大市场的意见》要求，“立破并举，完善制度。从制度建设着眼，明确阶段性目标要求，压茬推进统一市场建设，同时坚持问题导向，着力解决突出矛盾和问题，加快清理废除妨碍统一市场和公平竞争的各种规定和做法，破除各种封闭小市场、自我小循环”；“维护统一的公平竞争制度。坚持对各类市场主体一视同仁、平等对待。健全公平竞争制度框架和政策实施机制，建立公平竞争政策与产业政策协调保障机制，优化完善产业政策实施方式。健全反垄断法律规则体系，加快推动修改反垄断法、反不正当竞争法，完善公平竞争审查制度，研究重点领域和行业性审查规则，健全审查机制，统一审查标准，规范审查程序，提高审查效能。”

“市场是实现资源优化配置的有效手段，建设全国统一大市场是构建新发展格局的基础支撑和内在要求。只有加快建设全国统一大市场，彻底破除地方保护和市场分割等造成的经济大循环中的堵点、卡点、断点，促进商品要素资源在更大范围畅通流动和高效配置，才能充分发挥我国经济纵深广阔和超大规模市场优势，推动我国市场由大到强，才能进一步促进科技创新和产业升级，增强产业链供应链韧性，更好地利用全球先进资源要素，推动经济高质量发展。”①

“当今世界，最稀缺的资源是市场。我国有14亿多人口，有超过4亿并不断扩大的中等收入群体，还有1.7亿户经营主体，是全球最具成长性的超大规模市场。加快建设全国统一大市场，有利于充分发挥我国超大规模市场优势，全面释放强大国内市场潜力。”②党的二十大报告提出：“构建全国统一大市场，深化要素市场化改革，建设高标准市场体系。”2022年12月中央经济工作会议审议通过的2022中央经济工作会议公报强调，要从制度和法律上把对国企民企平等对待的要求落下来，从政策和舆论上鼓励支持民营经济和民营企业发展壮大。依法保护民营企业产权和企业家权益。“推进全国统一大市场建设要坚持问题导向、回应市场关切、大力提振市场信心，特别是提振企业和企业家信心，让国企敢干、民企敢闯，而最紧迫的还是要调动民营企业和企业家积极性。”③

据此，建立健全民营企业资产划转的法律制度，是统一全国大市场建设的应

---

① 毛同辉：《建设统一大市场需坚持问题导向》，载中国经济网2023年6月5日，http://www.ce.cn/xwzx/gnsz/gdxw/202306/05/t20230605_38575027.shtml。

② 祝合良：《为构建高水平社会主义市场经济体制提供支撑，加快建设全国统一大市场》，载《人民日报》2023年8月24日，第9版。

③ 樊盛涛：《王一鸣：从制度和法律上，落实国企和民企平等地位》，载澎湃新闻网2023年1月7日，https://www.thepaper.cn/newsDetail_forward_21465340。

然要求，也是尊重市场规律，深化简政放权、放管结合、优化服务改革的具体体现。

（二）上符合国家政策要求，下符合财税法规性规定，具备各项制度性基础

民营企业资产划转，小的方面，可以说是企业重组的方式之一，大的方面，可以说是关系建设全国统一大市场。

如前所述，建立健全民营企业资产划转法律制度，上有《国务院关于进一步优化企业兼并重组市场环境的意见》（国发〔2014〕14 号）、2019 年 12 月《中共中央　国务院关于营造更好发展环境支持民营企业改革发展的意见》、2022 年 3 月 25 日《中共中央　国务院关于加快建设全国统一大市场的意见》、2022 中央经济工作会议公报、2023 年 7 月《中共中央　国务院关于促进民营经济发展壮大的意见》等国家政策引导和要求。其中：《国务院关于进一步优化企业兼并重组市场环境的意见》（国发〔2014〕14 号）要求，“完善企业所得税、土地增值税政策。修订完善兼并重组企业所得税特殊性税务处理的政策，降低收购股权（资产）占被收购企业全部股权（资产）的比例限制，扩大特殊性税务处理政策的适用范围”；2019 年 12 月《中共中央　国务院关于营造更好发展环境支持民营企业改革发展的意见》明确深化“放管服”改革，进一步精简市场准入行政审批事项，不得额外对民营企业设置准入条件，各地严格执行市场准入负面清单，按照“非禁即入”“非限即入”原则，打破各种各样的隐性壁垒，给民企发展创造充足市场空间。下有《财政部、国家税务总局关于企业重组业务企业所得税处理若干问题的通知》（财税〔2009〕59 号）、《国家税务总局关于资产（股权）划转企业所得税征管问题的公告》（国家税务总局公告 2015 年第 40 号）、《国家税务总局关于纳税人资产重组有关增值税问题的公告》（国家税务总局公告 2011 年第 13 号）、《财政部、税务总局关于继续实施企业改制重组有关土地增值税政策的公告》（财政部、税务总局公告 2023 年第 51 号）、《财政部、税务总局关于继续实施企业、事业单位改制重组有关契税政策的公告》（财政部、税务总局公告 2023 年第 49 号）等财税法规性文件的支持。

（三）民营经济发展局的设立，为建立健全民营企业资产划转法律制度提供了有效沟通机制

2023 年 9 月初，经中央编办正式批复，国家发展改革委内部设立民营经济发展局，作为促进民营经济发展壮大的专门工作机构，加强相关领域政策统筹协调，推动各项重大举措早落地、见实效。

民营经济发展局的主要职责是：跟踪了解和分析研判民营经济发展状况，统筹协调、组织拟定促进民营经济发展的政策措施，拟定促进民间投资发展政策。建立与民营企业的常态化沟通交流机制，协调解决民营经济发展重大问题，协调支持民营经济提升国际竞争力。

2023年7月19日发布的《中共中央 国务院关于促进民营经济发展壮大的意见》指出，民营经济是推进中国式现代化的生力军，是高质量发展的重要基础，是推动我国全面建成社会主义现代化强国、实现第二个百年奋斗目标的重要力量；意见要求加快构建新发展格局，着力推动高质量发展，坚持社会主义市场经济改革方向，坚持"两个毫不动摇"，加快营造市场化、法治化、国际化一流营商环境，优化民营经济发展环境，依法保护民营企业产权和企业家权益，全面构建亲清政商关系，使各种所有制经济依法平等使用生产要素、公平参与市场竞争、同等受到法律保护，引导民营企业通过自身改革发展、合规经营、转型升级不断提升发展质量，促进民营经济做大做优做强，在全面建设社会主义现代化国家新征程中作出积极贡献，在中华民族伟大复兴历史进程中肩负起更大使命、承担起更重责任、发挥出更大作用；意见提出，持续优化民营经济发展环境，加大对民营经济政策支持力度，强化民营经济发展法治保障，着力推动民营经济实现高质量发展，促进民营经济人士健康成长，持续营造关心促进民营经济发展壮大社会氛围。民营经济发展局的设立是贯彻落实这一政策要求的具体举措之一，将进一步加强对民营经济发展工作的统筹协调，巩固拓展现有工作成果，为民营经济发展营造更优环境，为民营经济发展提供更加有力支持。

当然，民营经济发展局的设立和运营，无疑为建立健全包括但不限于民营企业资产划转法律制度，信息"互联互通"等，提供了有效的沟通协调机制。

三、资产划转的立法建议

（一）研究制定国企民企统一适用的《企业重组法》或者《企业重组业务条例》

企业重组既是企业加强资源整合、突出主业，剥离辅业，实现快速发展、提高竞争力的有效措施，也是化解产能过剩矛盾、调整优化产业结构、提高发展质量效益的重要途径，既是重要的法律问题，也是复杂的财税问题，需要法律规范。

企业法律形式的改变（如企业改制，非公司制企业改制为有限责任公司或股份有限公司，有限责任公司变更为股份有限公司，股份有限公司变更为有限责任公司等)、分立、合并、股权收购、资产收购、股权划转、资产划转、债务处置、债权转股权、资产(如划拨土地出让或作价)出资、股权(股份)转让、资产置换等,都属于企业重组的方式及其范畴,在各类市场主体中大量且普遍适用。可以说,只要有企业"江湖"存在,企业重组将与其"形影不离"。

企业重组作为创办企业、经营管理企业和发展壮大企业的必不可少的工具,涉及企业内内外外、方方面面。在特殊的经济发展时期,国家鼓励督促央企和地方国企重组和混合所有制改革,支持民营企业兼并重组,其严重性、必要性和不可回避性不言而喻。而企业重组须做到"有法可依",防止"鱼目混珠"、"市场分割"和"各行其是",否则,企业重组可能不但起不到其应有作用及实现诉求目的,反而导致企业及其他相关方陷入更加不利的局面。

但是,截至目前,我国上没有从法律、行政法规层面对企业重组进行立法规制,中仅有适用于国有企业的《企业国有产权无偿划转管理暂行办法》部门规章,下主要有财政部和国家税务总局的规范性文件和个别的企业会计准则(如《企业会计准则第12号——债务重组》《企业会计准则第20号——企业合并》等),造成国企民企的"区别对待"和"一条腿走路"。

"十四五"规划纲要第九章"发展壮大战略性新兴产业"第一节"构筑产业体系新支柱"提出,要"鼓励技术创新和企业兼并重组";第十二章"畅通国内大循环"第一节"提升供给体系适配性"提出,要"依托强大国内市场,贯通生产、分配、流通、消费各环节,形成需求牵引供给、供给创造需求的更高水平动态平衡,促进国民经济良性循环","完善企业兼并重组法律法规和配套政策"。

随着我国统一大市场的建设和市场经济的进一步深入发展,满足国企民企各类市场主体的现实需求,就需要研究制定统一的《企业重组法》或者《企业重组业务条例》,将目前成熟有效的财税法规中的有关企业重组的内容及其对象上升到法律法规层次,从法律、行政法规层面对包括但不限于企业资产划转在内的企业重组方式进行规制。

《企业重组法》或者《企业重组业务条例》在适用对象上应当国企民企平等对待,对于国企的特殊性,可以特别条款予以特别规定;在调整规范的对象方面,应当包括但不限于资产划转、企业分立、企业合并、股权收购、资产收购、股权划转、资产划转、债务处置、债权转股权、资产(如划拨土地出让或作价)出资、股权(股份)转让、资产置换及企业法律形式的改变等企业重组方式,并根据不同的重组方式设定特别条款予以规定;法律法规章节结构上可分为总则、企业重组的主体及相关关系方、企业重组的决定决策及其审批、企业重组的程序、企业重组的条件、企业重组的监督管理和法律责任等进行全面的规制。

(二)制定国企民企统一适用的《企业资产无偿划转管理办法》

如果制定《企业重组法》或《企业重组业务条例》有困难或需要一定时期调研试行的话,可以借鉴目前国有企业适用的《企业国有产权无偿划转管理暂行办法》,结合目前行之有效的财税法规性文件有关资产划转的内容等,制定国企民企统一适用的《企业资产无偿划转管理办法》。

《企业资产无偿划转管理办法》内容可分为总则、资产划转的程序、资产划转的审批或备案、资产划转的信息披露、监督管理、法律责任、附则。其中,总则主要规定适用企业对象、资产划转的范围、资产划转的原则等内容;资产划转的程序主要规定企业资产划转的可行性方案或可行性报告及其内部审议、资产划出方和划入方及其内部决策、资产划转协议及其内容规范要求、划出方和划入方账务调整及相关的产权变更登记等;资产划转的审批或备案主要规定国有企业、外商投资企业的特殊审批或备案,民营企业涉及的特殊审批(或有)等;资产划转的信息披露主要规定涉及债权债务的转移的,以及上市公司特殊要求等信息披露事项;监督管理主要规定企业资产划转过程中政府及其国有资产监督管理部门、财政和税务部门、市场监督部门等的监督管理问题;法律责任主要规定对于违规实施企业资产划转或借资产划转名义恶意转移资产、逃废债务、逃税等应承担的法律责任等;附则主要规定办法实施时间及其他问题等。

制定统一的《企业资产无偿划转管理办法》的各项条件均已具备,应不存在实质性的重大障碍或技术问题。在《企业资产无偿划转管理办法》中,可以针对国企民企的特殊性问题,以特别条款给予规定。

通过建立健全企业资产划转的法律制度,加快推进企业内部资源整合,积极稳妥开展资产划转、吸收合并、企业分立等重组业务活动,提高产业集中度,推动质量品牌提升,推进管理、业务、资产、技术、市场和人力资源等方面的协同与融合,充分发挥各企业的专业化优势和比较优势,尊重市场规律,加强沟通协调,防止无序和不公平竞争。

第二编

资产划转法律文书

本编以公司（有限责任公司和股份有限公司）作为资产划转的当事人双方，提供资产划转法律文书的参考文本。其他类型的企业资产划转的法律文书，根据其企业类别及企业章程的规定，由其相关的决策机构作出相应的决策，可借鉴公司类资产划转法律文书。

一、资产划转方案

母公司向子公司进行资产划转的方案文本（子公司向母子公司、同一控制下的子公司之间的资产划转方案可一并参考适用）。

××有限公司
企业资产无偿划转方案

根据××有限公司（以下简称 A 公司）整体发展需要，为完善经营业务结构，突出主业，实施主辅分离，整合并优化资源配置，进一步提升企业价值，公司拟以资产划转方式，将公司现有的土地、在建工程及相关资产、负债、人员一并划转至全资子公司 B 公司。根据《中华人民共和国公司法》并参照《企业国有产权无偿划转管理暂行办法》等法律法规、规范性文件的相关规定，制定本资产划转方案。

一、指导思想

为完善经营业务结构，突出主业，实施主辅分离，整合优化资源配置，进一步提升企业价值，不断增强企业活力和竞争力，促进 A 公司（或 B 公司）的健康及可持续发展。

二、基本原则、目标任务

（一）基本原则

本次企业资产无偿划转，遵循以下原则：

1. 符合国家有关法律法规和产业政策的规定；

2. 符合突出主业，实施主辅分离的需要；

3. 有利于优化产业结构和提高企业核心竞争力；

4. 划转双方协商一致。

（二）目标任务

________年____月____日前，完成 A 公司企业资产的无偿划转工作。

三、A公司及本次划转企业资产范围

（一）A公司的基本情况

A公司的登记信息如下：

公司名称：××有限公司

统一社会信用代码：×××××

类型：有限责任公司/股份有限公司（非上市）

法定代表人：×××

注册资本：×××××万元人民币

成立日期：××××年××月××日

住所：××××××

经营范围：××××××

（二）本次企业资产划转的范围

本次拟划转的企业资产范围：公司拥有的（如现有的土地、在建工程及相关资产、负债、人员）一并划转至全资子公司B公司。

四、本次企业资产划转的划出方和划入方

（一）划出方——A公司

本次企业资产划转的划出方为A公司，其基本信息见前述。

（二）划入方——B公司

本次企业资产划转的划入方为B公司，其基本信息如下：

公司名称：B公司

类型：有限责任公司

法定代表人：×××

注册资本：×××××万元人民币

住所：××××××

经营范围：××××××

（三）划转双方的关系

B公司为A公司的全资子公司，A公司持有B公司100%股权。

五、本次企业资产划转的具体方案和实施程序

（一）制定本次企业资产划转的可行性报告（或有）

（二）划出方和划入方分别作出内部决议并形成书面决议文件

1. 划出方内部审议和承诺

A 公司针对无偿划转部分企业资产由公司董事会作出决议，并提交公司股东（大）会审议。

A 公司作为划出方，作出关于被划转企业 A 公司企业资产权属清晰，不存在限制或者妨碍产权转移的情形的承诺书。

2. 划入方内部审议

划入方 B 公司，按照其公司章程规定，由公司股东作出同意 A 公司企业资产划入的决定文件。

（三）制定《债务处理方案》并通知债权人

划出方 A 公司制定《债务处置方案》并通知本企业已知债权人。并采用公告形式通知或有债权人债务人。

（四）编制划转资产清单，进行清产核资、审计和评估（或有）

1. 编制本次资产划转的资产清单

A 公司针对本次划转的资产编制清单，根据需要编制清产核资报告、审计和评估（或有），作为 A 公司企业资产无偿划转的依据。

2. 资产划转范围、数量及金额的确认

A 公司对本次划转的资产划转范围、数量及金额等，由公司董事会、股东（大）会确认，并以截至资产划转基准日的账面净值划转。

（五）划转双方签订《资产划转协议》

A 公司与 B 公司作为划出方和划入方签订企业资产无偿划转协议。企业资产无偿划转协议的主要内容包括但不限于：

1. 划入、划出双方的名称与住所；

2. 被划转企业的基本情况；

3. 被划转企业资产数额及划转基准日；

4. 被划转企业职工安置方案；

5. 被划转企业涉及的债权、债务（包括拖欠职工债务）以及或有负债的处理方案；

6. 划转双方的违约责任；

7. 纠纷的解决方式；

8. 协议生效条件；

9. 划转双方认为必要的其他条款。

（六）企业资产划转基准日、交割日、财务调整及产权登记

A、B公司确定资产划转基准日、交割日，以及基准日至实际交割日期间的损益认定和处理，并在资产划转协议中予以明确。

A、B公司按照资产划转协议，进行实际的产权交割；划转双方按照相关规定对应账务调整并办理产权登记等手续。

（七）不动产及在建工程规划、施工许可等手续的变更登记（或有）

根据企业资产划转协议，A公司申请将土地不动产登记，在建工程的规划、施工等许可证件变更至B公司名下。

六、与标的资产一并划转的债权债务处理方案

本次资产划转属于同一实际控制下的企业资产重组，A公司的法人独立性、业务及其资质均保持不变，涉及与标的资产相关的债权债务一并划转的，通知债权债务人，并取得债权人同意或采取债权人要求的提前清偿债务、提供担保等方式，保证不损害债权人的合法权益。

或采取以下债权债务处理方案：×××××。

七、职工安置方案

本次资产划转不涉及职工安置，不影响职工的合法权益。

或者需要进行职工安置，安置方案为：×××××。

该职工安置方案需经职工大会或职工代表大会讨论通过。

八、资产划转对A公司的影响和风险

（一）对A公司的影响

1. 本次资产划转有利于整合公司内部资源，提高公司经营管理效率，优化资产结构，促进公司健康发展，符合公司发展战略和整体利益。

2. 本次资产划转为了A公司主辅分离，突出主业，不以减少、免除或者推迟缴纳税款为主要目的，有利于提高公司竞争力。

3. 本次资产划转不涉及公司股本及股东变化，资产划转完成后，公司注册资本与股权结构，以及董事会、监事会和高级管理人员的组成不变。

4. 本次资产划转系母子公司之间的资产划转，是在公司合并报表范围内进行，不会导致公司合并报表范围变更，不影响A公司的生产经营活动，不会对A公司的股东权益、现金流量、偿债能力造成影响，不会对债权人的合法权益造成不利影响，不会损害公司及股东的利益，不会对公司未来财务状况和经营成果产生重大影响。

（二）本次资产划转的风险

1. 本次资产划转符合《中华人民共和国公司法》《企业会计准则》和财税法规及相关政策规定，公司经营范围和组织形式不会发生变化，不会对公司生产经营产生重大不利影响。

2. 本次资产划转系母公司对全资子公司的划转，B公司的净资产和形成的净利润均归属于股东A公司，不存在损害公司及中小股东的利益，风险可控。

3. 本次涉及的债权转让的一并划转，尚需取得债权人的同意或认可，划转的债务具有一定的不确定性。

4. 本次资产划转能否适用特殊性税务处理尚需税务部门认定。

九、资产划转的必要性与可行性

（一）必要性

本次资产划转，系A公司为完善经营业务结构，突出主业，实施主辅分离，整合优化资源配置，进一步提升企业价值，公司决定以资产划转方式，将公司（如现有的土地、在建工程及相关资产、负债、人员）全部划转至全资子公司B公司，由B公司负责经营管理（如在建工程及日后的物业管理及其运营）。因此，本次资产划转具有必要性。

（二）可行性

1. 本次划转的标的资产产权权属清晰，不存在争议，且无抵押、质押等担保情形，不存在资产划转权属方面的禁止情形。

2. 本次资产划转的划转双方均系中国境内的居民企业，且系同一实际控制下的母子公司之间的资产重组，符合资产划转的主体资格条件。

3. 本次资产划转依照公司法、财税法规性文件等法律法规及划转双方的公司章程等规定，将全面履行各自的内外决策程序并取得公司董事会、股东（大）会等权力机构有效的决策文件，可以做到程序正当合规。

4. 本次资产划转将依照公司法、民法典等法律法规规定，起草签署资产划转协议、债权转让处理方案、职工安置方案及其他相关法律文件，可以做到资产划转的相关文件齐备、有效。

5. 本次资产划转系同一控制下的资产重组，不会导致公司合并报表范围变更，不影响公司正常的生产经营，不改变资产原来实质性经营活动。

6. 本次一并划转的债权债务的处理和职工安置均有相应的处理方案，不损害公司及其股东、债权人及职工的合法权益。

十、法律法规及政策依据

本次资产划转,涉及的法律法规及政策依据主要有:

1.《中华人民共和国公司法》(2023 年修订);

2.《企业国有产权无偿划转管理暂行办法》(国资发产权〔2005〕239 号);

3. 财政部、国家税务总局《关于企业重组业务企业所得税处理若干问题的通知》(财税〔2009〕59 号);

4.《国家税务总局关于发布〈企业重组业务企业所得税管理办法〉的公告》(国家税务总局公告 2010 年第 4 号);

5.《财政部、国家税务总局关于促进企业重组有关企业所得税处理问题的通知》(财税〔2014〕109 号);

6.《国家税务总局关于资产(股权)划转企业所得税征管问题的公告》(国家税务总局公告 2015 年第 40 号);

7.《国家税务总局关于纳税人资产重组有关增值税问题的公告》(国家税务总局公告 2011 年第 13 号);

8.《国家税务总局关于纳税人资产重组有关增值税问题的公告》(国家税务总局公告 2013 年第 66 号);

9.《国家税务总局关于企业重组业务企业所得税征收管理若干问题的公告》(国家税务总局公告 2015 年第 48 号);

10.《财政部、税务总局关于继续实施企业、事业单位改制重组有关契税政策的公告》(财政部、税务总局公告 2023 年第 49 号);

11.《财政部、税务总局关于继续实施企业改制重组有关土地增值税政策的公告》(财政部、税务总局公告 2023 年第 51 号);

12.《财政部、国家税务总局关于企业改制过程中有关印花税政策的通知》(财税〔2003〕183 号)等。

十一、结论性意见

本次资产划转系母子公司之间的资产重组,有合理商业理由,无偿划转方案符合相关法规、规范性文件的规定,不会损害公司、股东及债权人的合法权益,风险可控,该方案总体是可行的。

二、总经理办公会决议

总经理办公会议决议作为资产划转文书之一,是依照公司法和公司章程的相关规定,资产划转的规模金额等事项属于公司总经理职权的范围,或者先经总经理办公会议决议程序,之后提交公司董事或董事会审议通过,或者更进一层董事或董事会审议后需提交公司股东决定或股东会审议通过。

1. 划出方

××有限公司
总经理办公会议决议

××公司(以下简称公司)总经理办公会议于________年____月____日时间在 公司会议室 召开。本次总经理办公会议应到总经理、副总经理、财务总监等高级管理人员____人,实到____人,符合《中华人民共和国公司法》、《××有限公司章程》和《××有限公司总经理工作细则》的相关规定。

本次会议由公司总经理________主持,按照会议议程审议并通过了以下决议:

X:审议通过了《××有限公司资产无偿划转的议案》

根据该议案,公司拟截至________年____月____日公司________资产,以及相关的债权债务、人员,按账面净值一并划转给××公司,划转的具体资产详见《划转资产、负债汇总表》及其相关的《固定资产明细表》《无形资产明细表》《预付款项明细表》《应付账款明细表》《其他应付款明细表》等。截至上述基准日,该资产的账面净值为:资产合计____万元、负债合计____万元、净资产____万元(经审计或未经审计)。

本议案有效审议通过后由公司与××公司签署《资产划转协议》,办理资产交割手续,拟在________年____月____日前完成划转。涉及不动产、知识产权等产权变更登记的,公司依法办理相关的手续。

本议案项下的资产划转完成后,公司将划出的资产作相应的会计处理:__________。

本决议经总经理办公会议审议通过后执行(或需经公司董事/董事会或股东决定/股东会审议通过后生效执行)。

与会人员签字:

________年____月____日

2. 划入方

××有限公司
总经理办公会议决议

××公司(以下简称公司)总经理办公会议于________年____月____日时间在 公司会议室 召开。本次总经理办公会议应到总经理、副总经理、财务总监等高级管理人员____人,实到____人,符合《中华人民共和国公司法》、《××有限公司章程》和《××有限公司总经理工作细则》的相关规定。

本次会议由公司总经理________主持,按照会议议程审议并通过了以下决议:

X:审议通过了《关于公司接受××有限公司资产无偿划转的议案》

根据该议案,公司拟接受从××公司无偿划入的________资产,以及相关的债权债务、人员等,资产划转基准日为________年____月____日,按账面净值一并划转入本公司。划入的具体资产详见______。①

本议案有效审议通过后由公司与××公司签署《资产划转协议》,办理资产交割手续,拟在________年____月____日前完成划转。涉及不动产、知识产权等产权变更登记的,依法办理相关的手续。

本议案项下的资产划转完成后,公司将划入的资产作相应的会计处理:____________。

本决议经总经理办公会议审议通过后执行(或需经公司董事/董事会或股东决定/股东会审议通过后生效执行)。

与会人员签字:

________年____月____日

三、董事决定/董事会决议

1. 划出方

(1)董事决定(适用于设一名董事,不设董事会的公司):

---

① 如《划转资产、负债汇总表》及其相关的《固定资产明细表》《无形资产明细表》《预付款项明细表》《应付账款明细表》《其他应付款明细表》等。截至上述基准日,该资产的账面净值为:资产合计____万元、负债合计____万元、净资产____万元(经审计或未经审计)。下同。

××有限公司
董事决定

××有限公司(以下简称公司)根据《中华人民共和国公司法》(以下简称《公司法》)和《××有限公司章程》(以下简称《公司章程》)的相关规定,于________年____月____日在___公司___由董事作出以下决定:

X:同意《关于××有限公司资产无偿划转的议案》

根据该议案,公司决定拟将截至________年____月____日公司________资产,以及相关的债权债务、人员,按账面净值一并划转给××公司。划转的具体资产详见________。①

本议案有效审议通过后由公司与××公司签署《资产划转协议》,办理资产交割手续,拟在________年____月____日前完成划转。涉及不动产、知识产权等产权变更登记的,公司依法办理相关的手续。

本议案项下的资产划转完成后,公司将划出的资产作相应的会计处理:____________。

本决议经董事决定后执行(或需经公司股东决定/股东会审议通过后生效执行)。

董事(签名):

________年____月____日

(2)董事会决议(适用于设董事会的有限公司):

××有限公司
第____届董事会第____次会议决议

××有限公司(以下简称公司),根据《中华人民共和国公司法》(以下简称《公司法》)和《××有限公司章程》(以下简称《公司章程》)的相关规定,于________年____月____日在公司会议室召开公司第____届董事会第____次会议。本次会

① 如《划转资产、负债汇总表》及其相关的《固定资产明细表》《无形资产明细表》《预付款项明细表》《应付账款明细表》《其他应付款明细表》等。截至上述基准日,该资产的账面净值为:资产合计____万元、负债合计____万元、净资产____万元(经审计或未经审计)。下同。

议的召开时间、地点和议题,已提前____日以________方式(书面/电话/或其他方式)通知了全体董事。本次会议应到董事____人,实到____人。本次会议的召集、召开和决议,符合《公司法》和《公司章程》的规定,合法有效。

本次会议由公司董事长________主持,经与会董事表决(____票赞同、____票反对、____票弃权),审议通过了以下议案:

X:审议通过了《××有限公司资产无偿划转的议案》

根据该议案,公司决定将截至________年____月____日公司________资产,以及相关的债权债务、人员,按账面净值一并划转给××公司。划转的具体资产详见《划转资产、负债汇总表》及其相关的《固定资产明细表》《无形资产明细表》《预付款项明细表》《应付账款明细表》《其他应付款明细表》等。截至上述基准日,该资产的账面净值为:资产合计____万元、负债合计____万元、净资产____万元(经审计或未经审计)。

本议案有效审议通过后由公司与××公司签署《资产划转协议》,办理资产交割手续,拟在________年____月____日前完成划转。涉及不动产、知识产权等产权变更登记的,公司依法办理相关的手续。

本议案项下的资产划转完成后,公司将划出的资产作相应的会计处理:____________。

本决议经董事会审议通过后,授权总经理负责执行(或需经公司股东决定/股东会审议通过后生效执行)。

董事(签名):

________年____月____日

(3)董事会决议(适用上市公司及新三板挂牌公司):

××股份有限公司

第____届董事会第____次会议决议

××股份有限公司(以下简称公司)根据《中华人民共和国公司法》(以下简称《公司法》)、《××股份有限公司章程》(以下简称《公司章程》)和《××股份有限公司董事会议事规则》(以下简称《董事会议事规则》)的相关规定,于________年____月____日在公司会议室召开公司第____届董事会第____次会议。本次会议的召开时间、地点和议题,已提前____日以______方式(书面/电话/或其他方式)通知了全体董事。本次会议应到董事____人,实到____人。本次会议的召集、召开和决议,符合《公司法》、《公司章程》和《董事会议事规则》的规定,合法有效。

本次会议由公司董事长________主持,经与会董事表决(____票赞同、____票反对、____票弃权),审议通过了以下议案:

X:审议通过了《××有限公司资产无偿划转的议案》

根据该议案,公司决定将截至________年____月____日公司________资产,以及相关的债权债务、人员,按账面净值一并划转给××公司。划转的具体资产详见______________________________________。

本议案有效审议通过后由公司与××公司签署《资产划转协议》,办理资产交割手续,拟在________年____月____日前完成划转。涉及不动产、知识产权等产权变更登记的,公司依法办理相关的手续。

本议案项下的资产划转完成后,公司将划出的资产作相应的会计处理:__________。

本决议经董事会审议通过后,由董事会依照相关规定进行信息披露,并授权总经理负责执行(或需经公司股东决定/股东会审议通过后生效执行)。

董事(签名):

________年____月____日

2. 划入方

(1)董事决定(适用于设一名董事,不设董事会的公司):

××有限公司

董事决定

××有限公司(以下简称公司)根据《中华人民共和国公司法》(以下简称《公司法》)和《××有限公司章程》(以下简称《公司章程》)的相关规定,于________年____月____日在公司由董事作出以下决定:

X:同意《关于公司接受××有限公司资产无偿划转的议案》

根据该议案,公司拟接受从××公司无偿划入的__________资产,以及相关的债权债务、人员等,资产划转基准日为________年____月____日,按账面净值一并划转入本公司。划入的具体资产详见____________。

本议案有效审议通过后由公司与××公司签署《资产划转协议》,办理资产交割手续，拟在________年____月____日前完成划转。涉及不动产、知识产权等产权变更登记的，依法办理相关的手续。

本议案项下的资产划转完成后，公司将划入的资产作相应的会计处理：________________________。

本决议经董事决定后执行（或需经公司股东决定/股东会审议通过后生效执行）。

董事（签名）：

________年____月____日

（2）董事会决议（适用于设董事会的有限公司）：

××有限公司
第____届董事会第____次会议决议

××有限公司（以下简称公司），根据《中华人民共和国公司法》（以下简称《公司法》）和《××有限公司章程》（以下简称《公司章程》）的相关规定，于________年____月____日在公司会议室召开公司第____届董事会第____次会议。本次会议的召开时间、地点和议题，已提前____日以______方式（书面/电话/或其他方式）通知了全体董事。本次会议应到董事____人，实到____人。本次会议的召集、召开和决议，符合《公司法》和《公司章程》的规定，合法有效。

本次会议由公司董事长______主持，经与会董事表决（____票赞同、____票反对、____票弃权），审议通过了以下议案：

X：审议通过了《关于公司接受××有限公司资产无偿划转的议案》

根据该议案，公司拟接受从××公司无偿划入的__________资产，以及相关的债权债务、人员等，资产划转基准日为________年____月____日，按账面净值一并划转入本公司。划入的具体资产详见______________。

本议案有效审议通过后由公司与××公司签署《资产划转协议》，办理资产交割手续，拟在________年____月____日前完成划转。涉及不动产、知识产权等产权变更登记的，依法办理相关的手续。

本议案项下的资产划转完成后，公司将划入的资产作相应的会计处理：________________。

本决议经董事会审议通过后，并授权总经理负责执行（或需经公司股东决定/

股东会审议通过后生效执行)。

董事(签名):

________年____月____日

(3)董事会决议(适用上市公司及新三板挂牌公司):

××股份有限公司

第____届董事会第____次会议决议

××股份有限公司(以下简称公司)根据《中华人民共和国公司法》(以下简称《公司法》)、《××股份有限公司章程》(以下简称《公司章程》)和《××股份有限公司董事会议事规则》(以下简称《董事会议事规则》)的相关规定,于________年____月____日在公司会议室召开第____届董事会第____次会议。本次会议的召开时间、地点和议题,已提前____日以______方式(书面/电话/或其他方式)通知了全体董事。本次会议应到董事____人,实到____人。本次会议的召集、召开和表决,符合《公司法》、《公司章程》和《董事会议事规则》的规定,合法有效。

本次会议由公司董事长______主持。经与会董事表决(____票赞同、____票反对、____票弃权),审议通过了以下议案:

X:同意《关于公司接受××有限公司资产无偿划转的议案》

根据该议案,公司拟接受从××公司无偿划入的__________资产,以及相关的债权债务、人员等,资产划转基准日为________年____月____日,按账面净值一并划转入本公司。划入的具体资产详见____________。

本议案有效审议通过后由公司与××公司签署《资产划转协议》,办理资产交割手续,拟在________年____月____日前完成划转。涉及不动产、知识产权等产权变更登记的,依法办理相关的手续。

本议案项下的资产划转完成后,公司将划入的资产作相应的会计处理:________________。

本决议经董事会审议通过后,由董事会依照相关规定进行信息披露,并授权总经理负责执行(或需经公司股东决定/股东会审议通过后生效执行)。

董事(签名):

________年____月____日

四、股东决定/股东(大)会决议

1. 划出方

(1)一人有限公司:

××有限公司
股东决定

××有限公司(以下简称公司)根据《中华人民共和国公司法》(以下简称《公司法》)和《××有限公司章程》(以下简称《公司章程》)的相关规定,于________年____月____日在公司由公司股东作出以下决定:

X:同意《关于××有限公司资产无偿划转的议案》

根据该议案,公司决定将截至________年____月____日公司________资产,以及相关的债权债务、人员,按账面净值一并划转给××公司。划转的具体资产详见____。

本议案有效审议通过后由公司与××公司签署《资产划转协议》,办理资产交割手续,拟在________年____月____日前完成划转。涉及不动产、知识产权等产权变更登记的,公司依法办理相关的手续。

本议案项下的资产划转完成后,公司将划出的资产作相应的会计处理:____________。

本决议经股东决定后生效,授权董事/董事会(或总经理)负责执行。

股东(自然人股东签名/法人股东盖章):

________年____月____日

(2)设股东会的有限公司:

××有限公司
________年第______次临时股东会会议决议/________年度股东会决议

××有限公司(以下简称公司)________年第____次临时股东会会议(或________年度股东会会议)于________年____月____日在公司会议室召开。根据《中华人民共和国公司法》(以下简称《公司法》)和《××有限公司章程》(以下简称《公司章程》)的有关规定,本次会议由公司董事/董事会召集,召开的时间和地点,已于15日前以______方式(书面/电话/或其他方式)通知了全体股东。本次会议应到股东____人,实际到会股东____人,代表公司表决权____%。本次会议的召集、召开和表决,符合《公司法》和《公司章程》的规定,合法有效。

本次会议由公司董事/董事长________主持。经代表公司表决权100%的股东同意,代表公司表决权0%的股东反对,0%的股东弃权,审议并通过了以下决议:

X:审议通过了《××有限公司资产无偿划转的议案》

根据该议案,公司决定将截至________年____月____日公司________资产,以及相关的债权债务、人员,按账面净值一并划转给××公司。划转的具体资产详见____。

本议案有效审议通过后由公司与××公司签署《资产划转协议》,办理资产交割手续,拟在________年____月____日前完成划转。涉及不动产、知识产权等产权变更登记的,公司依法办理相关的手续。

本议案项下的资产划转完成后,公司将划出的资产作相应的会计处理:____________。

本决议经股东会审议通过生效,授权公司董事/董事会/总经理负责执行。

股东(自然人股东签名/法人股东盖章):

________年____月____日

(3)上市公司及新三板挂牌公司:

××股份有限公司

________年第____次临时股东大会会议决议/________年度股东大会决议

××股份有限公司(以下简称公司)________年第____次临时股东大会会议(或________年度股东大会会议)于________年____月____日在公司会议室召开。根据《中华人民共和国公司法》(以下简称《公司法》)、《××有限公司章程》(以下简称《公司章程》)和《××股份有限公司股东大会议事规则》(以下简称《股东大会议事规则》)的有关规定,本次会议由公司董事会召集,召开的时间和地点,已于15日前以______方式(书面/电话/或其他方式)通知了全体股东。出席和授权出席本次股东大会的股东共____人,持有表决权的股份总数____股,占公司有表决权股份总数的____%。本次会议的召集、召开和表决,符合《公司法》、《公司章程》和《股东大会议事规则》的规定,合法有效。

本次会议由公司董事长________主持。经与会股东□现场投票 □网络投票 □其他方式投票表决:

X:审议通过了《××有限公司资产无偿划转的议案》

1. 议案主要内容:公司决定将截至________年____月____日公司________资产,以及相关的债权债务、人员,按账面净值一并划转给××公司。划转的具体资产详见____。本议案有效审议通过后由公司与××公司签署《资产划转协议》,办理资产交割手续,拟在________年____月____日前完成划转。涉及不动产、知识产权等产权变更登记的,公司依法办理相关的手续。资产划转完成后,公司将划出的资产作相应的会计处理:____________________。

2. 议案表决结果:普通股同意股数____股,占本次股东大会有表决权股份总数的____%;反对股数____股,占本次股东大会有表决权股份总数的____%;弃权股数____股,占本次股东大会有表决权股份总数的____%。

3. 回避表决情况:不涉及关联关系,无须回避表决(或涉及的关股东,回避了表决)。

(备存:股东表决票):

________年____月____日

2. 划入方

(1)一人有限公司:

××有限公司

股东决定

××有限公司(以下简称公司)根据《中华人民共和国公司法》(以下简称《公司法》)和《××有限公司章程》(以下简称《公司章程》)的相关规定,于________年____月____日在公司由公司股东作出以下决定:

X:同意《关于公司接受××有限公司资产无偿划转的议案》

根据该议案,公司拟接受从××公司无偿划入的________资产,以及相关的债权债务、人员等,资产划转基准日为________年____月____日,按账面净值一并划转入本公司。划入的具体资产详见__________。

本议案有效审议通过后由公司与××公司签署《资产划转协议》,办理资产交割手续,拟在______年____月____日前完成划转。涉及不动产、知识产权等产权变更登记的,依法办理相关的手续。

本议案项下的资产划转完成后,公司将划入的资产作相应的会计处理:______________。

本决议经股东决定后生效,授权董事/董事会(或总经理)负责执行。

股东(自然人股东签名/法人股东盖章):

______年____月____日

(2)设股东会的有限公司:

××有限公司

______年第____次临时股东会会议决议/______年度股东会决议

××有限公司(以下简称公司)______年第____次临时股东会会议(或________年度股东会会议)于______年____月____日在公司会议室召开。根据《中华人民共和国公司法》(以下简称《公司法》)和《××有限公司章程》(以下简称《公司章程》)的有关规定,本次会议由公司董事/董事会召集,召开的时间和地点,已于15日前以______方式(书面/电话/或其他方式)通知了全体股东。本次会议应到股东____人,实际到会股东____人,代表公司表决权____%。本次会议的召集、召开和表决,符合《公司法》和《公司章程》的规定,合法有效。

本次会议由公司董事/董事长主持。经代表公司表决权 100 %的股东同意,代表公司表决权 0 %的股东反对, 0 %的股东弃权,审议并通过了以下决议:

X:审议通过了《关于公司接受××有限公司资产无偿划转的议案》

根据该议案,公司拟接受从××公司无偿划入的______资产,以及相关的债权债务、人员等,资产划转基准日为______年____月____日,按账面净值一并划转入本公司。划入的具体资产详见__________。

本议案有效审议通过后由公司与××公司签署《资产划转协议》,办理资产交割手续,拟在______年____月____日前完成划转。涉及不动产、知识产权等产权变更登记的,依法办理相关的手续。

本议案项下的资产划转完成后,公司将划入的资产作相应的会计处理:____

________________。

本决议经股东会审议通过生效，授权公司董事/董事会/总经理负责执行。

股东（自然人股东签名/法人股东盖章）：

________年____月____日

（3）上市公司及新三板挂牌公司：

××股份有限公司

________年第____次临时股东大会会议决议/________年度股东大会决议

××股份有限公司（以下简称公司）________年第____次临时股东大会会议（或________年度股东大会会议）于________年____月____日在公司会议室召开。根据《中华人民共和国公司法》（以下简称《公司法》）、《××有限公司章程》（以下简称《公司章程》）和《××股份有限公司股东大会议事规则》（以下简称《股东大会议事规则》）的有关规定，本次会议由公司董事会召集，召开的时间和地点，已于15日前以______方式（书面/电话/或其他方式）通知了全体股东。出席和授权出席本次股东大会的股东共____人，持有表决权的股份总数____股，占公司有表决权股份总数的____%。本次会议的召集、召开和表决，符合《公司法》、《公司章程》和《股东大会议事规则》的规定，合法有效。

本次会议由公司董事长________主持。经与会股东□现场投票　□网络投票　□其他方式投票表决：

X：审议通过了《关于公司接受××有限公司资产无偿划转的议案》

1. 议案主要内容：公司接受从××公司无偿划入的________资产，以及相关的债权债务、人员等，资产划转基准日为________年____月____日，按账面净值一并划转入本公司。划入的具体资产详见______________。本议案有效审议通过后由公司与××公司签署《资产划转协议》，办理资产交割手续，拟在________年____月____日前完成划转。涉及不动产、知识产权等产权变更登记的，公司依法办理相关的手续。资产划转完成后，公司将划出的资产作相应的会计处理：____________。

2. 议案表决结果：普通股同意股数____股，占本次股东大会有表决权股份总数的____%；反对股数____股，占本次股东大会有表决权股份总数的____%；弃权股数____股，占本次股东大会有表决权股份总数的____%。

3. 回避表决情况:不涉及关联关系,无须回避表决(或涉及的关股东,回避了表决)。

(备存:股东票决票):

________年____月____日

五、资产划转协议

××有限公司
资产划转协议

【协议当事人】:

甲方(划出方):××××有限公司,统一社会信用代码:××××

乙方(划入方):××××有限公司,统一社会信用代码:××××

【鉴于】:

1. 甲乙双方系母子公司关系,甲方持有乙方100%股权,乙方系甲方投资控制的一人有限公司。

2. 甲方将本协议所列企业资产划转给乙方,有利于实施产业科学布局,充分发挥资产功能,提高资产利用效率,进一步提升企业价值,不断增强企业活力和竞争力。

甲乙双方根据《中华人民共和国民法典》《中华人民共和国公司法》等法律法规的规定及甲方股东会的决议,就甲方所属____等资产无偿划转事宜,签订本协议。

第一条　目的和宗旨

1.1　本协议项下的资产划转,系甲方为实施产业科学布局,充分发挥资产功能,提高资产利用效率,进一步提升企业价值,不断增强企业活力和竞争力,决定以资产划转方式,将甲方______资产及与该资产相关的债权债务、人员、业务一并划转至乙方,由乙方接受并负责生产经营和管理。

1.2　本协议项下的资产划转系同一实际控制下的母子公司之间的资产重组,且划转的资产产权清晰,不损害甲方公司、股东及债权人的合法权益。本协议项下的资产划转,已经按照公司法和公司章程的相关规定,取得了甲方董事/董事会/股东决定/股东会的审议。

第二条 划转双方的基本情况

2.1 划出方:××××有限公司,统一社会信用代码:××××,类型:××公司,住所:××××,经营范围:××××;成立于××××年××月××日,主营业务:×××××。

2.2 划入方:××××有限公司,统一社会信用代码:××××,类型:××公司,住所:×××,经营范围:××××;成立于××××年××月××日,主营业务:×××××。

2.3 划转双方的关系:甲方系乙方的母公司,拥有乙方100%的股权,乙方系甲方的全资子公司。

第三条 标的资产

3.1 甲方将其拥有产权的____资产,以及与该资产相关的债权债务、人员、业务一并划转给乙方。划转的具体资产详见________。

3.2 本协议项下的资产以截至划转基准日的账面净值实施划转,涉及债权债务一并划转的,由甲方按照本次资产划转债权债务的处理方案,依法依规办理债权债务的划转后续,债权债务的实际划转数量金额等,以划转交割日实际完成的划转情况确定,不损害债权人的合法权益。

3.3 遵循"人随业务、资产走"的原则,在履行必要的程序后,甲方将与标的资产及业务生产经营相关的职员____名一并转入乙方,员工用工方式不变,薪酬待遇不减、劳动保护措施不减、工龄连续计算,重新签订劳动合同,不损害职工合法权益。

第四条 资产划转基准日、交割日及对价

4.1 资产划转基准日为××××年××月××日,以截至该日资产的账面净值实施划转(经审计或未经审计)。

4.2 资产划转交割日为××××年××月××日,在该日及该日之前划转双方办理资产(含债权债务)、人员、业务等的交接手续。

4.3 资产划转基准日至交割日期间发生的标的资产变动情况将据实调整并予以划转。

4.4 本协议项下的资产划转系同一实际控制下的母子公司之间的无偿资产划转,不涉及对价。

第五条 债权债务处理方案

5.1 本协议项下的资产划转系母子公司之间的无偿划转,不影响甲方的法人独立性、业务及其资质，不影响甲方的合并会计报表及资产总额和负债总额。

5.2 与划转的标的资产相关且一并划转的债权债务，由甲方制定相应的处理方案，依照《民法典》的相关规定，通知债权债务人，或者采取提前清偿债务、提供担保等保障措施取得债权人同意或认可的相关手续，依法办理债权债务的转移手续，不得损害债权人的合法权益(或者本协议项下的资产划转不涉及债权债务的承继或转移)。

5.3 债权债务的划转以截至资产划转交割日已经办妥转移手续且实际交割的数量金额为准，未依法办妥债权债务转移手续的，仍作为甲方的债权债务处理。

第六条 被划转企业职工安置方案

6.1 本协议项下的资产划转涉及的职工安置，按照“人随业务、资产走”的原则，计____名职工，由乙方负责接收安置(涉及人数众多的职工安置的，职工安置方案需职工大会或职工代表大会审议通过，或不涉及甲方职工的安置事项，故不涉及职工安置方案问题)。

6.2 乙方负责接收到职工，交接过程中需保持劳动关系的稳定性，依法办理劳动关系的变更手续，保证划转前后员工用工方式不变，薪酬待遇不减、劳动环境和保护措施不减、工龄连续计算。

第七条 资产划转的必要安排

7.1 本协议生效后至交割日前，甲乙双方相互配合，积极完成划转的资产的交接手续，以及涉及的土地厂房等不动产、知识产权及业务资质等变更登记手续，使相关的不动产、知识产权及业务资质等产权及证件变更至乙方名下，从形式上和实质上全面完成资产划转。

7.2 涉及债权债务一并划转的，甲方应在交割日前按照债权债务处理方案，依法依规履行通知及征得债权人同意或认可的手续，或者采取为债权人同意转移的保障措施等。

7.3 本协议项下的资产划转基准日至实际交割日期间的标的资产发生的损益，处理方式为：__________。

7.4 乙方自实际接收甲方划转的资产(财务手续完成)之日起，对划转的资产拥有全面且实际的产权、管理权及运营权等，并相应地负担划转的债务。

7.5 甲乙双方共同或相互承诺，自资产划转完成12个月内不改变划转标的资产原来实质性经营活动，包括现在发生生产经营业务、公司性质、资产或股权结构等情况变化。

第八条 会计及税务处理

8.1 本协议项下的资产划转按账面净值划转,甲乙双方均不确认所得,双方一致采用特殊性税务处理;划入方取得划转资产的计税基础,以被划转资产的原账面净值确定;资产划转完成后,按照会计法、企业会计准则的相关规定,甲方对划出的资产的会计处理为________;乙方对划入的资产的会计处理为________。

8.2 本协议项下的资产划转,具有合理商业目的、不以减少、免除或者推迟缴纳税款为主要目的,划转双方初拟使用特殊性税务处理,具体以税务主管机关的认定为准。

第九条 违约责任

9.1 甲乙双方任何一方违反本协议项下的任一条款均构成违约,违约方负有主动纠正违约行为的义务。

9.2 违约责任:______________________________________。

第十条 保密

10.1 甲乙双方在签订、履行本协议过程中,对了解、知悉或掌握的对方的商业秘密,均负有严格的保密义务。除依法依规履行公告、通知、批准备案等之外,未经划转双方一致书面同意,任何一方不得泄露对方的商业秘密。

10.2 任何一方以任何方式泄密的或者侵犯对方商业秘密的,违约方除负有及时纠正违约行为义务外,需向守约方支付______万元的违约金,并赔偿由此给守约方造成的经济损失。

第十一条 争议的解决

因签订、履行本协议及与本协议相关的其他权益争议或纠纷,甲乙双方应本着友好原则,协商处理。协商未果的,由______仲裁委员会裁决(或由______法院裁决)。

第十二条 附则

12.1 本协议未尽事宜,由甲乙双方协商后签署补充协议。补充协议系本协议的组成部分,具有同等效力。本协议与补充协议不一致之处,以补充协议为准。

12.2 本协议项下的资产划转,依法需要履行相关的信息披露的,由信息披露义务方按规定办理。

12.3 本协议自甲乙双方签字盖章后成立,自甲乙双方相应的权力机构审议通过时生效执行,协议文本一式____份,甲乙双方各执____份、甲方股东备案____份,其他相关部门备案____份。

甲方(盖章):××有限公司
法定代表人或授权代表人:

年　　月　　日

乙方(盖章):××有限公司
法定代表人或授权代表人:

年　　月　　日

六、资产划转交接清单

资产划转交割(移交)清单

资产移交方:××有限公司　　　　资产接收方:××有限公司
授权代表:　　　　　　　　　　　授权代表人:

资产交割明细清单

编制单位:××有限公司　　　　　　　　　　交割时间:　　年　月　日

<table>
<tr><th rowspan="2">序号</th><th rowspan="2">资产名称及类别</th><th rowspan="2">规格型号</th><th rowspan="2">购置日期</th><th colspan="2">金额(元)</th><th rowspan="2">使用状况</th><th rowspan="2">移交原因</th><th rowspan="2">备注</th></tr>
<tr><th>账面原值</th><th>账面净值</th></tr>
<tr><td>1</td><td></td><td></td><td></td><td></td><td></td><td></td><td rowspan="11">资产划转</td><td></td></tr>
<tr><td>2</td><td></td><td></td><td></td><td></td><td></td><td></td><td></td></tr>
<tr><td>3</td><td></td><td></td><td></td><td></td><td></td><td></td><td></td></tr>
<tr><td>4</td><td></td><td></td><td></td><td></td><td></td><td></td><td></td></tr>
<tr><td>5</td><td></td><td></td><td></td><td></td><td></td><td></td><td></td></tr>
<tr><td>6</td><td></td><td></td><td></td><td></td><td></td><td></td><td></td></tr>
<tr><td>7</td><td></td><td></td><td></td><td></td><td></td><td></td><td></td></tr>
<tr><td>8</td><td></td><td></td><td></td><td></td><td></td><td></td><td></td></tr>
<tr><td>9</td><td></td><td></td><td></td><td></td><td></td><td></td><td></td></tr>
<tr><td>10</td><td></td><td></td><td></td><td></td><td></td><td></td><td></td></tr>
<tr><td colspan="4">合计</td><td></td><td></td><td></td><td></td></tr>
</table>

移交单位(盖章):　　　　　　　　　　接收单位(盖章):
移交单位负责人:　　　　　　　　　　接收单位负责人:

监交人：
注：使用状况分为“正常使用”“闲置”“待修”“待报废”。

债权债务交割清单

编制单位：××有限公司　　　　交割时间：　　年　月　日

类别	分类	金额(元)		交割原因	状况	备注
		账面原值	账面净值			
债权	应收账款					
	预付账款					
	其他应收款			资产划转(含债权债务)		
	应收票据					
	合计					
债务	短期借款					
	应付账款					
	预收账款					
	应付票据					
	应付福利费			企业产权转让(含债权债务)		
	其他应付款					
	应缴税费					
	长期应付款					
	其他					
	合计					

移交单位(盖章)：　　　　接收单位(盖章)：
移交单位负责人：　　　　接收单位负责人：　　　　监交人：
注：1. 状况分为“正常”“呆账”“死账”；2. 后附债权债务人名单及其金额清单。

七、资产划转公告

1. 一般企业资产划转公告(非上市挂牌公司)

××有限公司资产划转公告

××有限公司以截至××××年××月××日公司的________等资产，含相关的债权债务、人员、业务一并无偿划转给全资子公司××有限公司。本次资产划转涉及的一并转移的债权债务，××有限公司已经制定相应的债权债务处理方案(或者本次资产划转不涉及债权债务处理)，相关债权人自本公告之日起____日内可以向××有限公司提出书面的反馈意见，核实债权债务并提出具体的处置方案。

特此公告。

××有限公司

年 月 日

(1)以《中国商报》(国内刊号:CN11－0088)于2021年6月1日刊登的资产无偿划转的公告[①]为例:

公 告

为顺利推进山西七一煤化集团有限公司("七一集团公司")产权改革，根据国有企业改制的相关规定，七一集团公司及其全资子公司山西襄垣七一新发煤业有限公司拟将企业办社会职能等非经营性资产及随附的相应债务无偿划转至七一集团公司全资子公司襄垣县七一安泰房地产开发有限公司，七一集团公司拟将其所持襄垣县七一安泰房地产开发有限公司全部股权、山西七一能源有限公司全部股权无偿划转至政府主管部门指定的国有独资公司襄垣县兴通城市建设投资管理有限公司承接。现特就本次无偿划转向各有关债权人进行公告通知，敬请知悉，并感谢支持。

山西七一煤化集团有限公司山西襄垣七一新发煤业有限公司

2021年6月1日

(2)以《珠江特区报》于2019年1月26日刊登的公司资产划转公告[②]为例:

珠海市香洲正方控股有限公司关于无偿划转资产的公告

随着承接的业务范围逐渐扩大，为规范管理承接的不同业务，有效防范投资风险，确保国有资产保值增值。根据区政府投资引导基金工作会议纪要(〔2018〕2

① 《中国华融资产管理股份有限公司江苏省分公司资产处置公告》，载《中国商报》2021年6月1日，第3版。

② 《珠海市香洲正方控股有限公司关于无偿划转资产的公告》，载《珠海特区报》2019年1月26日，第8版。

号）精神，需将珠海市香洲正方控股有限公司现有的四个市场化投资项目（珠海威丝曼股份有限公司的股权、珠海国芯云科技有限公司的股权、珠海小可乐科技有限公司的股权、珠海华光镭射唱片有限公司债权包，账面价值共计1600万元）无偿划转给珠海正方金融投资有限公司。珠海市香洲区国有资产管理办公室于2018年8月21日发出编号：珠香国资办〔2018〕60号《关于正方控股公司将四个市场化投资项目无偿划转至正方金投公司的批复》。

以上四项资产的账面价值合计占珠海市香洲正方控股有限公司2017年年末经审计净资产比例为6.28%。本次拟无偿划转资产事项不会对公司生产经营、财务状况及偿债能力产生重大不利影响。

截至本次公告日，上述无偿划转资产事项尚在推进过程中，我司将按照法定程序推动划转事宜。

特此公告

珠海市香洲正方控股有限公司

2019年1月26日

2. 上市挂牌公司资产划转公告

以上市公司东立科技（证券代码：835193）发布的资产划转的公告为例①：

证券代码：835193　证券简称：东立科技　主办券商：华西证券

公告编号：2023－026

四川东立科技股份有限公司关于拟向全资子公司划转资产的公告

本公司及董事会全体成员保证公告内容的真实、准确和完整，没有虚假记载、误导性陈述或者重大遗漏，并对其内容的真实性、准确性和完整性承担个别及连带法律责任。

一、概述

四川东立科技股份有限公司（以下简称公司或东立科技）为进一步优化公司组织结构和管理体系，提高生产经营管理效率，拟以2022年12月31日为划转基准日，将母公司东立科技现有硫酸亚铁掺烧硫精砂制酸业务涉及的相关资产等按照账面净值划转至全资子公司攀枝花东立新材料有限公司（以下简称东立新材

① 《四川东立科技股份有限公司关于拟向全资子公司划转资产的公告》，载全国中小企业股份转让系统，https://www.neeq.com.cn/disclosure/2023/2023－04－04/1680596395_260602.pdf。

料），并授权公司管理层办理本次划转的相关事宜。

公司于2023年4月3日召开第三届董事会第七次会议，审议通过《关于拟向全资子公司划转资产的议案》等议案。本次划转不涉及关联交易，不构成《非上市公众公司重大资产重组管理办法》规定的重大资产重组，是公司合并报表范围内的资产划转，属于公司管理架构的调整。根据《公司章程》等相关规定，本次划转事项在公司董事会审议权限内，无须提交公司股东大会审议。

二、本次划转的具体内容

（一）资产划转双方基本情况

1. 划出方

公司名称：四川东立科技股份有限公司

住所：四川省攀枝花市钒钛产业园区

注册资本：5200万元人民币

成立日期：2007年10月29日

法定代表人：饶华

企业类型：股份有限公司

经营范围：许可项目：危险化学品生产；危险化学品经营（依法须经批准的项目，经相关部门批准后方可开展经营活动，具体经营项目以相关部门批准文件或许可证件为准）；一般项目：化工产品销售（不含许可类化工产品）；技术服务、技术开发、技术咨询、技术交流、技术转让、技术推广（除依法须经批准的项目外，凭营业执照依法自主开展经营活动）。

2. 划入方

公司名称：攀枝花东立新材料有限公司

住所：四川省攀枝花市钒钛产业园区

注册资本：1000万元人民币

成立日期：2017年1月23日

法定代表人：饶华

企业类型：有限责任公司

经营范围：以新能源材料、金属材料、化工新材料为代表的新材料技术开发、转让、咨询、服务及相关产品研发、制造、销售；进出口贸易（依法须经批准的项目，经相关部门批准后方可开展经营活动）。

3. 划出方与划入方关系说明

划入方东立新材料系划出方东立科技全资子公司,东立科技持有东立新材料100%股权。

(二)划转资产情况

公司拟将硫酸亚铁掺烧硫精砂制酸生产线相关的固定资产、无形资产、存货等资产按基准日2022年12月31日的账面价值划转至东立新材料,划转期间发生的资产变动情况将据实调整并予以划转。

截至2022年12月31日,公司拟划转资产情况如下:

单位:元

名称	账面余额	累计折旧/摊销	减值准备	账面价值
存货	13,085,135.38	0	0	13,085,135.38
固定资产	73,004,043.13	39,178,938.87	0	33,825,104.26
无形资产	5,121,800.59	1,632,072.57	0	3,489,728.02
合 计	91,210,979.10	40,811,011.44	0	50,399,967.66

(三)划转涉及的员工安置

根据"人随业务、资产走"的原则,在履行必要的程序后,母公司现有一线生产及业务有关的职员全部转入东立新材料,员工用工方式不变,工龄连续计算,重新签订劳动合同。

(四)划转涉及的税务安排

本次划转拟适用特殊性税务处理,具体以税务主管机关的认定为准。

(五)其他说明

公司董事会授权管理层按规定程序办理资产划转的相关手续,包括但不限于资产处置、人员安置、债权债务处置、税务、产权转移手续等,授权有效期至上述资产划转等相关事项全部办理完毕止。

三、本次划转可能存在的风险

(一)本次资产划转符合《中华人民共和国公司法》、《企业会计准则》、财税法规及相关政策规定,公司经营范围和组织形式不会发生变化,不会对公司生产经营产生重大不利影响。

(二)本次资产划转系母公司对全资子公司的划转,东立新材料的净资产和形成的净利润均归属于挂牌公司全体股东,不存在损害公司及中小股东的利益,风险可控。

（三）本次划转能否适用特殊性税务处理尚需税务部门认定。

四、本次划转对公司的影响

（一）本次划转有利于整合公司内部资源，提高公司经营管理效率，优化资产结构，符合公司发展战略和整体利益。

（二）本次划转资产是在公司合并报表范围内进行，不会导致公司合并报表范围变更，不会损害公司及股东的利益，不会对公司未来财务状况和经营成果产生重大影响，也不存在损害公司及股东合法权益的情形。

（三）本次资产划转不涉及公司股本及股东变化，资产划转完成后，公司注册资本与股权结构，以及董事会、监事会和高级管理人员的组成不变。

五、备查文件

《四川东立科技股份有限公司第三届董事会第七次会议决议》

特此公告

四川东立科技股份有限公司

董事会

2023年4月4日

附录　资产划转相关法规

一、法　律

中华人民共和国民法典（节录）

1．2020年5月28日第十三届全国人民代表大会第三次会议通过
2．2020年5月28日中华人民共和国主席令第45号公布
3．自2021年1月1日起施行

第五十七条　【法人的定义】[①]法人是具有民事权利能力和民事行为能力，依法独立享有民事权利和承担民事义务的组织。

第五十八条　【法人成立的条件】法人应当依法成立。

法人应当有自己的名称、组织机构、住所、财产或者经费。法人成立的具体条件和程序，依照法律、行政法规的规定。

设立法人，法律、行政法规规定须经有关机关批准的，依照其规定。

第五十九条　【法人民事权利能力和民事行为能力的起止】法人的民事权利能力和民事行为能力，从法人成立时产生，到法人终止时消灭。

第六十条　【法人民事责任承担】法人以其全部财产独立承担民事责任。

第六十六条　【公示登记信息】登记机关应当依法及时公示法人登记的有关信息。

第六十七条　【法人合并、分立后权利义务的享有和承担】法人合并的，其权利和义务由合并后的法人享有和承担。

法人分立的，其权利和义务由分立后的法人享有连带债权，承担连带债务，但是债权人和债务人另有约定的除外。

第七十六条　【营利法人的定义及类型】以取得利润并分配给股东等出资人为目的成立的法人，为营利法人。

营利法人包括有限责任公司、股份有限公司和其他企业法人等。

---

① 条文主旨为编者所加，供参考，下同。

第七十七条　【营利法人的成立】营利法人经依法登记成立。

第七十八条　【营利法人的营业执照】依法设立的营利法人，由登记机关发给营利法人营业执照。营业执照签发日期为营利法人的成立日期。

第七十九条　【营利法人的章程】设立营利法人应当依法制定法人章程。

第八十条　【营利法人的权力机构】营利法人应当设权力机构。

权力机构行使修改法人章程，选举或者更换执行机构、监督机构成员，以及法人章程规定的其他职权。

第八十一条　【营利法人的执行机构】营利法人应当设执行机构。

执行机构行使召集权力机构会议，决定法人的经营计划和投资方案，决定法人内部管理机构的设置，以及法人章程规定的其他职权。

执行机构为董事会或者执行董事的，董事长、执行董事或者经理按照法人章程的规定担任法定代表人；未设董事会或者执行董事的，法人章程规定的主要负责人为其执行机构和法定代表人。

第八十二条　【营利法人的监督机构】营利法人设监事会或者监事等监督机构的，监督机构依法行使检查法人财务，监督执行机构成员、高级管理人员执行法人职务的行为，以及法人章程规定的其他职权。

第八十三条　【出资人滥用权利的责任承担】营利法人的出资人不得滥用出资人权利损害法人或者其他出资人的利益；滥用出资人权利造成法人或者其他出资人损失的，应当依法承担民事责任。

营利法人的出资人不得滥用法人独立地位和出资人有限责任损害法人债权人的利益；滥用法人独立地位和出资人有限责任，逃避债务，严重损害法人债权人的利益的，应当对法人债务承担连带责任。

第八十四条　【限制不当利用关联关系】营利法人的控股出资人、实际控制人、董事、监事、高级管理人员不得利用其关联关系损害法人的利益；利用关联关系造成法人损失的，应当承担赔偿责任。

第八十五条　【决议的撤销】营利法人的权力机构、执行机构作出决议的会议召集程序、表决方式违反法律、行政法规、法人章程，或者决议内容违反法人章程的，营利法人的出资人可以请求人民法院撤销该决议。但是，营利法人依据该决议与善意相对人形成的民事法律关系不受影响。

第八十六条　【营利法人应履行的义务】营利法人从事经营活动，应当遵守商业道德，维护交易安全，接受政府和社会的监督，承担社会责任。

第一百零二条　【非法人组织的定义及类型】非法人组织是不具有法人资格，但是能够依法以自己的名义从事民事活动的组织。

非法人组织包括个人独资企业、合伙企业、不具有法人资格的专业服务机构等。

第一百零三条　【非法人组织的设立程序】非法人组织应当依照法律的规定登记。

设立非法人组织，法律、行政法规规定须经有关机关批准的，依照其规定。

第一百零四条　【非法人组织的债务承担】非法人组织的财产不足以清偿债务的，其出资人或者设立人承担无限责任。法律另有规定的,依照其规定。

第一百零五条 【非法人组织的代表人】非法人组织可以确定一人或者数人代表该组织从事民事活动。

第一百零八条 【参照适用】非法人组织除适用本章规定外,参照适用本编第三章第一节的有关规定。

第一百一十三条 【财产权利平等保护】民事主体的财产权利受法律平等保护。

第一百一十四条 【物权的定义及类型】民事主体依法享有物权。

物权是权利人依法对特定的物享有直接支配和排他的权利,包括所有权、用益物权和担保物权。

第一百一十五条 【物权客体】物包括不动产和动产。法律规定权利作为物权客体的,依照其规定。

第一百一十六条 【物权法定原则】物权的种类和内容,由法律规定。

第一百一十八条 【债权的定义】民事主体依法享有债权。

债权是因合同、侵权行为、无因管理、不当得利以及法律的其他规定,权利人请求特定义务人为或者不为一定行为的权利。

第一百一十九条 【合同的约束力】依法成立的合同,对当事人具有法律约束力。

第一百二十三条 【知识产权】民事主体依法享有知识产权。

知识产权是权利人依法就下列客体享有的专有的权利:

(一)作品;

(二)发明、实用新型、外观设计;

(三)商标;

(四)地理标志;

(五)商业秘密;

(六)集成电路布图设计;

(七)植物新品种;

(八)法律规定的其他客体。

第一百二十五条 【投资性权利】民事主体依法享有股权和其他投资性权利。

第一百二十六条 【其他民事权益】民事主体享有法律规定的其他民事权利和利益。

第一百二十七条 【数据、网络虚拟财产的保护】法律对数据、网络虚拟财产的保护有规定的,依照其规定。

第一百二十九条 【民事权利的取得方式】民事权利可以依据民事法律行为、事实行为、法律规定的事件或者法律规定的其他方式取得。

第一百三十条 【按照自己的意愿依法行使民事权利】民事主体按照自己的意愿依法行使民事权利,不受干涉。

第一百三十一条 【权利义务一致】民事主体行使权利时,应当履行法律规定的和当事人约定的义务。

第一百三十二条 【不得滥用民事权利】民事主体不得滥用民事权利损害国家利益、社会公共利益或者他人合法权益。

第一百三十三条　【民事法律行为的定义】民事法律行为是民事主体通过意思表示设立、变更、终止民事法律关系的行为。

第一百三十四条　【民事法律行为的成立】民事法律行为可以基于双方或者多方的意思表示一致成立,也可以基于单方的意思表示成立。

法人、非法人组织依照法律或者章程规定的议事方式和表决程序作出决议的,该决议行为成立。

第一百三十五条　【民事法律行为的形式】民事法律行为可以采用书面形式、口头形式或者其他形式;法律、行政法规规定或者当事人约定采用特定形式的,应当采用特定形式。

第一百三十六条　【民事法律行为的生效时间】民事法律行为自成立时生效,但是法律另有规定或者当事人另有约定的除外。

行为人非依法律规定或者未经对方同意,不得擅自变更或者解除民事法律行为。

第一百四十三条　【民事法律行为有效的条件】具备下列条件的民事法律行为有效:

(一)行为人具有相应的民事行为能力;

(二)意思表示真实;

(三)不违反法律、行政法规的强制性规定,不违背公序良俗。

第一百五十三条　【违反强制性规定及违背公序良俗的民事法律行为的效力】违反法律、行政法规的强制性规定的民事法律行为无效。但是,该强制性规定不导致该民事法律行为无效的除外。

违背公序良俗的民事法律行为无效。

第一百五十四条　【恶意串通的民事法律行为的效力】行为人与相对人恶意串通,损害他人合法权益的民事法律行为无效。

第一百五十五条　【无效、被撤销的民事法律行为自始无效】无效的或者被撤销的民事法律行为自始没有法律约束力。

第一百五十六条　【民事法律行为部分无效】民事法律行为部分无效,不影响其他部分效力的,其他部分仍然有效。

第一百五十七条　【民事法律行为无效、被撤销或确定不发生效力的法律后果】民事法律行为无效、被撤销或者确定不发生效力后,行为人因该行为取得的财产,应当予以返还;不能返还或者没有必要返还的,应当折价补偿。有过错的一方应当赔偿对方由此所受到的损失;各方都有过错的,应当各自承担相应的责任。法律另有规定的,依照其规定。

第一百五十八条　【附条件的民事法律行为】民事法律行为可以附条件,但是根据其性质不得附条件的除外。附生效条件的民事法律行为,自条件成就时生效。附解除条件的民事法律行为,自条件成就时失效。

第一百五十九条　【条件成就和不成就的拟制】附条件的民事法律行为,当事人为自己的利益不正当地阻止条件成就的,视为条件已经成就;不正当地促成条件成就的,视为条件不成就。

第一百六十条　【附期限的民事法律行为】民事法律行为可以附期限,但是根据其性质不得附期限的除外。附生效期限的民事法律行为，自期限届至时生效。附终止期限的民事法律行为，自期限届满时失效。

第一百七十六条　【民事义务与责任】民事主体依照法律规定或者按照当事人约定，履行民事义务，承担民事责任。

第一百七十七条　【按份责任】二人以上依法承担按份责任，能够确定责任大小的，各自承担相应的责任；难以确定责任大小的，平均承担责任。

第二百零七条　【物权平等保护原则】国家、集体、私人的物权和其他权利人的物权受法律平等保护，任何组织或者个人不得侵犯。

第二百零八条　【物权公示原则】不动产物权的设立、变更、转让和消灭，应当依照法律规定登记。动产物权的设立和转让，应当依照法律规定交付。

第二百零九条　【不动产物权登记的效力】不动产物权的设立、变更、转让和消灭，经依法登记，发生效力；未经登记，不发生效力，但是法律另有规定的除外。

依法属于国家所有的自然资源，所有权可以不登记。

第二百一十条　【不动产登记机构和不动产统一登记】不动产登记，由不动产所在地的登记机构办理。

国家对不动产实行统一登记制度。统一登记的范围、登记机构和登记办法，由法律、行政法规规定。

第二百一十四条　【不动产物权变动的生效时间】不动产物权的设立、变更、转让和消灭，依照法律规定应当登记的，自记载于不动产登记簿时发生效力。

第二百一十五条　【合同效力与物权变动区分】当事人之间订立有关设立、变更、转让和消灭不动产物权的合同，除法律另有规定或者当事人另有约定外，自合同成立时生效；未办理物权登记的，不影响合同效力。

第二百一十六条　【不动产登记簿的效力和管理】不动产登记簿是物权归属和内容的根据。

不动产登记簿由登记机构管理。

第二百一十七条　【不动产登记簿与不动产权属证书的关系】不动产权属证书是权利人享有该不动产物权的证明。不动产权属证书记载的事项，应当与不动产登记簿一致；记载不一致的，除有证据证明不动产登记簿确有错误外，以不动产登记簿为准。

第二百二十四条　【动产交付的效力】动产物权的设立和转让，自交付时发生效力，但是法律另有规定的除外。

第二百二十五条　【特殊动产登记的效力】船舶、航空器和机动车等的物权的设立、变更、转让和消灭，未经登记，不得对抗善意第三人。

第二百二十六条　【动产物权受让人先行占有】动产物权设立和转让前，权利人已经占有该动产的，物权自民事法律行为生效时发生效力。

第二百二十七条　【指示交付】动产物权设立和转让前，第三人占有该动产的，负有交付义务的人可以通过转让请求第三人返还原物的权利代替交付。

第二百二十八条　【占有改定】动产物权转让时，当事人又约定由出让人继续占有该动产的，物权自该约定生效时发生效力。

第二百六十六条　【私有财产的范围】私人对其合法的收入、房屋、生活用品、生产工具、原材料等不动产和动产享有所有权。

第二百六十九条　【法人财产权】营利法人对其不动产和动产依照法律、行政法规以及章程享有占有、使用、收益和处分的权利。

营利法人以外的法人，对其不动产和动产的权利，适用有关法律、行政法规以及章程的规定。

第三百四十四条　【建设用地使用权的定义】建设用地使用权人依法对国家所有的土地享有占有、使用和收益的权利，有权利用该土地建造建筑物、构筑物及其附属设施。

第三百五十三条　【建设用地使用权的流转方式】建设用地使用权人有权将建设用地使用权转让、互换、出资、赠与或者抵押，但是法律另有规定的除外。

第三百五十四条　【处分建设用地使用权的合同形式和期限】建设用地使用权转让、互换、出资、赠与或者抵押的，当事人应当采用书面形式订立相应的合同。使用期限由当事人约定，但是不得超过建设用地使用权的剩余期限。

第三百五十五条　【建设用地使用权流转后变更登记】建设用地使用权转让、互换、出资或者赠与的，应当向登记机构申请变更登记。

第三百五十六条　【建筑物等设施随建设用地使用权的流转而一并处分】建设用地使用权转让、互换、出资或者赠与的，附着于该土地上的建筑物、构筑物及其附属设施一并处分。

第三百五十七条　【建设用地使用权随建筑物等设施的流转而一并处分】建筑物、构筑物及其附属设施转让、互换、出资或者赠与的，该建筑物、构筑物及其附属设施占用范围内的建设用地使用权一并处分。

第三百八十六条　【担保物权的定义】担保物权人在债务人不履行到期债务或者发生当事人约定的实现担保物权的情形，依法享有就担保财产优先受偿的权利，但是法律另有规定的除外。

第三百八十八条　【担保合同】设立担保物权，应当依照本法和其他法律的规定订立担保合同。担保合同包括抵押合同、质押合同和其他具有担保功能的合同。担保合同是主债权债务合同的从合同。主债权债务合同无效的，担保合同无效，但是法律另有规定的除外。

担保合同被确认无效后，债务人、担保人、债权人有过错的，应当根据其过错各自承担相应的民事责任。

第三百八十九条　【担保物权的担保范围】担保物权的担保范围包括主债权及其利息、违约金、损害赔偿金、保管担保财产和实现担保物权的费用。当事人另有约定的，按照其约定。

第三百九十四条　【抵押权的定义】为担保债务的履行，债务人或者第三人不转移财产的占有，将该财产抵押给债权人的，债务人不履行到期债务或者发生当事人约定的实现抵押权的情形，债权人有权就该财产优先受偿。

前款规定的债务人或者第三人为抵押人，债权人为抵押权人，提供担保的财产为抵押财产。

第三百九十六条　【浮动抵押】企业、个体工商户、农业生产经营者可以将现有的以及将有的生产设备、原材料、半成品、产品抵押，债务人不履行到期债务或者发生当事人约定的实现抵押权的情形,债权人有权就抵押财产确定时的动产优先受偿。

第三百九十七条 【建筑物与建设用地使用权同时抵押规则】以建筑物抵押的,该建筑物占用范围内的建设用地使用权一并抵押。以建设用地使用权抵押的,该土地上的建筑物一并抵押。

抵押人未依据前款规定一并抵押的,未抵押的财产视为一并抵押。

第四百条 【抵押合同】设立抵押权,当事人应当采用书面形式订立抵押合同。

抵押合同一般包括下列条款:

(一)被担保债权的种类和数额;

(二)债务人履行债务的期限;

(三)抵押财产的名称、数量等情况;

(四)担保的范围。

第四百零二条 【不动产抵押登记】以本法第三百九十五条第一款第一项至第三项规定的财产或者第五项规定的正在建造的建筑物抵押的,应当办理抵押登记。抵押权自登记时设立。

第四百零三条 【动产抵押的效力】以动产抵押的,抵押权自抵押合同生效时设立;未经登记,不得对抗善意第三人。

第四百零四条 【动产抵押权对抗效力的限制】以动产抵押的,不得对抗正常经营活动中已经支付合理价款并取得抵押财产的买受人。

第四百零五条 【抵押权与租赁权的关系】抵押权设立前,抵押财产已经出租并转移占有的,原租赁关系不受该抵押权的影响。

第四百零六条 【抵押财产的转让】抵押期间,抵押人可以转让抵押财产。当事人另有约定的,按照其约定。抵押财产转让的,抵押权不受影响。

抵押人转让抵押财产的,应当及时通知抵押权人。抵押权人能够证明抵押财产转让可能损害抵押权的,可以请求抵押人将转让所得的价款向抵押权人提前清偿债务或者提存。转让的价款超过债权数额的部分归抵押人所有,不足部分由债务人清偿。

第四百零七条 【抵押权处分的从属性】抵押权不得与债权分离而单独转让或者作为其他债权的担保。债权转让的,担保该债权的抵押权一并转让,但是法律另有规定或者当事人另有约定的除外。

第四百六十三条 【合同编的调整范围】本编调整因合同产生的民事关系。

第四百六十四条 【合同的定义和身份关系协议的法律适用】合同是民事主体之间设立、变更、终止民事法律关系的协议。

婚姻、收养、监护等有关身份关系的协议,适用有关该身份关系的法律规定;没有规定的,可以根据其性质参照适用本编规定。

第四百六十五条 【依法成立的合同效力】依法成立的合同,受法律保护。

依法成立的合同,仅对当事人具有法律约束力,但是法律另有规定的除外。

第四百六十九条 【合同订立形式】当事人订立合同,可以采用书面形式、口头形式或者其他形式。

书面形式是合同书、信件、电报、电传、传真等可以有形地表现所载内容的形式。

以电子数据交换、电子邮件等方式能够有形地表现所载内容，并可以随时调取查用的数据电文，视为书面形式。

第四百七十条　【合同主要条款与示范文本】合同的内容由当事人约定，一般包括下列条款：

（一）当事人的姓名或者名称和住所；

（二）标的；

（三）数量；

（四）质量；

（五）价款或者报酬；

（六）履行期限、地点和方式；

（七）违约责任；

（八）解决争议的方法。

当事人可以参照各类合同的示范文本订立合同。

第四百七十一条　【合同订立方式】当事人订立合同，可以采取要约、承诺方式或者其他方式。

第四百九十条　【采用书面形式订立的合同成立时间】当事人采用合同书形式订立合同的，自当事人均签名、盖章或者按指印时合同成立。在签名、盖章或者按指印之前，当事人一方已经履行主要义务，对方接受时，该合同成立。

法律、行政法规规定或者当事人约定合同应当采用书面形式订立，当事人未采用书面形式但是一方已经履行主要义务，对方接受时，该合同成立。

第四百九十一条　【签订确认书的合同及电子合同成立时间】当事人采用信件、数据电文等形式订立合同要求签订确认书的，签订确认书时合同成立。

当事人一方通过互联网等信息网络发布的商品或者服务信息符合要约条件的，对方选择该商品或者服务并提交订单成功时合同成立，但是当事人另有约定的除外。

第四百九十二条　【合同成立地点】承诺生效的地点为合同成立的地点。

采用数据电文形式订立合同的，收件人的主营业地为合同成立的地点；没有主营业地的，其住所地为合同成立的地点。当事人另有约定的，按照其约定。

第四百九十三条　【书面合同成立地点】当事人采用合同书形式订立合同的，最后签名、盖章或者按指印的地点为合同成立的地点，但是当事人另有约定的除外。

第五百零二条　【合同生效时间】依法成立的合同，自成立时生效，但是法律另有规定或者当事人另有约定的除外。

依照法律、行政法规的规定，合同应当办理批准等手续的，依照其规定。未办理批准等手续影响合同生效的，不影响合同中履行报批等义务条款以及相关条款的效力。应当办理申请批准等手续的当事人未履行义务的，对方可以请求其承担违反该义务的责任。

依照法律、行政法规的规定，合同的变更、转让、解除等情形应当办理批准等手续的，适用前款规定。

第五百零九条　【合同履行的原则】当事人应当按照约定全面履行自己的义务。

当事人应当遵循诚信原则,根据合同的性质、目的和交易习惯履行通知、协助、保密等义务。

当事人在履行合同过程中,应当避免浪费资源、污染环境和破坏生态。

第五百四十三条 【协议变更合同】当事人协商一致,可以变更合同。

第五百四十五条 【债权转让】债权人可以将债权的全部或者部分转让给第三人,但是有下列情形之一的除外:

(一)根据债权性质不得转让;

(二)按照当事人约定不得转让;

(三)依照法律规定不得转让。

当事人约定非金钱债权不得转让的,不得对抗善意第三人。当事人约定金钱债权不得转让的,不得对抗第三人。

第五百四十六条 【债权转让通知】债权人转让债权,未通知债务人的,该转让对债务人不发生效力。

债权转让的通知不得撤销,但是经受让人同意的除外。

第五百四十七条 【债权转让时从权利一并变动】债权人转让债权的,受让人取得与债权有关的从权利,但是该从权利专属于债权人自身的除外。

受让人取得从权利不因该从权利未办理转移登记手续或者未转移占有而受到影响。

第五百四十八条 【债权转让时债务人抗辩权】债务人接到债权转让通知后,债务人对让与人的抗辩,可以向受让人主张。

第五百五十一条 【债务转移】债务人将债务的全部或者部分转移给第三人的,应当经债权人同意。

债务人或者第三人可以催告债权人在合理期限内予以同意,债权人未作表示的,视为不同意。

第五百五十三条 【债务转移时新债务人抗辩和抵销】债务人转移债务的,新债务人可以主张原债务人对债权人的抗辩;原债务人对债权人享有债权的,新债务人不得向债权人主张抵销。

第五百五十四条 【债务转移时从债务一并转移】债务人转移债务的,新债务人应当承担与主债务有关的从债务,但是该从债务专属于原债务人自身的除外。

第五百五十五条 【合同权利义务一并转让】当事人一方经对方同意,可以将自己在合同中的权利和义务一并转让给第三人。

第五百五十六条 【合同权利义务一并转让的法律适用】合同的权利和义务一并转让的,适用债权转让、债务转移的有关规定。

中华人民共和国公司法(节录)

1. 1993年12月29日第八届全国人民代表大会常务委员会第五次会议通过
2. 根据1999年12月25日第九届全国人民代表大会常务委员会第十三次会议《关于修改〈中华人民共和国公司法〉的决定》第一次修正
3. 根据2004年8月28日第十届全国人民代表大会常务委员会第十一次会议《关于修改〈中华人民共和国公司法〉的决定》第二次修正
4. 2005年10月27日第十届全国人民代表大会常务委员会第十八次会议第一次修订
5. 根据2013年12月28日第十二届全国人民代表大会常务委员会第六次会议《关于修改〈中华人民共和国海洋环境保护法〉等七部法律的决定》第三次修正
6. 根据2018年10月26日第十三届全国人民代表大会常务委员会第六次会议《关于修改〈中华人民共和国公司法〉的决定》第四次修正
7. 2023年12月29日第十四届全国人民代表大会常务委员会第七次会议第二次修订

第二条 【调整范围】本法所称公司,是指依照本法在中华人民共和国境内设立的有限责任公司和股份有限公司。

第三条 【公司法律地位及权益保护】公司是企业法人,有独立的法人财产,享有法人财产权。公司以其全部财产对公司的债务承担责任。

公司的合法权益受法律保护,不受侵犯。

第四条 【股东责任形式和股东权利】有限责任公司的股东以其认缴的出资额为限对公司承担责任;股份有限公司的股东以其认购的股份为限对公司承担责任。

公司股东对公司依法享有资产收益、参与重大决策和选择管理者等权利。

第十二条 【公司形式变更及其债权债务承继】有限责任公司变更为股份有限公司,应当符合本法规定的股份有限公司的条件。股份有限公司变更为有限责任公司,应当符合本法规定的有限责任公司的条件。

有限责任公司变更为股份有限公司的,或者股份有限公司变更为有限责任公司的,公司变更前的债权、债务由变更后的公司承继。

第十九条 【公司经营活动基本原则】公司从事经营活动,应当遵守法律法规,遵守社会公德、商业道德,诚实守信,接受政府和社会公众的监督。

第二十条 【公司社会责任】公司从事经营活动,应当充分考虑公司职工、消费者等利益相关者的利益以及生态环境保护等社会公共利益,承担社会责任。

国家鼓励公司参与社会公益活动,公布社会责任报告。

第二十九条 【公司设立登记】设立公司,应当依法向公司登记机关申请设立登记。

法律、行政法规规定设立公司必须报经批准的,应当在公司登记前依法办理批准手续。

第三十条 **【公司设立登记申请】**申请设立公司,应当提交设立登记申请书、公司章程等文件,提交的相关材料应当真实、合法和有效。

申请材料不齐全或者不符合法定形式的,公司登记机关应当一次性告知需要补正的材料。

第三十一条 **【公司设立的准则主义】**申请设立公司,符合本法规定的设立条件的,由公司登记机关分别登记为有限责任公司或者股份有限公司;不符合本法规定的设立条件的,不得登记为有限责任公司或者股份有限公司。

第三十三条 **【公司营业执照】**依法设立的公司,由公司登记机关发给公司营业执照。公司营业执照签发日期为公司成立日期。

公司营业执照应当载明公司的名称、住所、注册资本、经营范围、法定代表人姓名等事项。

公司登记机关可以发给电子营业执照。电子营业执照与纸质营业执照具有同等法律效力。

第四十二条 **【有限责任公司股东人数】**有限责任公司由一个以上五十个以下股东出资设立。

第四十三条 **【有限责任公司设立协议】**有限责任公司设立时的股东可以签订设立协议,明确各自在公司设立过程中的权利和义务。

第四十七条 **【有限责任公司注册资本】**有限责任公司的注册资本为在公司登记机关登记的全体股东认缴的出资额。全体股东认缴的出资额由股东按照公司章程的规定自公司成立之日起五年内缴足。

法律、行政法规以及国务院决定对有限责任公司注册资本实缴、注册资本最低限额、股东出资期限另有规定的,从其规定。

第四十八条 **【股东出资方式】**股东可以用货币出资,也可以用实物、知识产权、土地使用权、股权、债权等可以用货币估价并可以依法转让的非货币财产作价出资;但是,法律、行政法规规定不得作为出资的财产除外。

对作为出资的非货币财产应当评估作价,核实财产,不得高估或者低估作价。法律、行政法规对评估作价有规定的,从其规定。

第四十九条 **【股东的出资义务及赔偿责任】**股东应当按期足额缴纳公司章程规定的各自所认缴的出资额。

股东以货币出资的,应当将货币出资足额存入有限责任公司在银行开设的账户;以非货币财产出资的,应当依法办理其财产权的转移手续。

股东未按期足额缴纳出资的,除应当向公司足额缴纳外,还应当对给公司造成的损失承担赔偿责任。

第五十条 **【股东出资不足或出资不实的责任】**有限责任公司设立时,股东未按照公司章程规定实际缴纳出资,或者实际出资的非货币财产的实际价额显著低于所认缴的出资额的,设立时的其他股东与该股东在出资不足的范围内承担连带责任。

第五十一条　【董事会的核查义务及责任】有限责任公司成立后，董事会应当对股东的出资情况进行核查，发现股东未按期足额缴纳公司章程规定的出资的，应当由公司向该股东发出书面催缴书，催缴出资。

未及时履行前款规定的义务，给公司造成损失的，负有责任的董事应当承担赔偿责任。

第五十二条　【股东失权制度】股东未按照公司章程规定的出资日期缴纳出资，公司依照前条第一款规定发出书面催缴书催缴出资的，可以载明缴纳出资的宽限期；宽限期自公司发出催缴书之日起，不得少于六十日。宽限期届满，股东仍未履行出资义务的，公司经董事会决议可以向该股东发出失权通知，通知应当以书面形式发出。自通知发出之日起，该股东丧失其未缴纳出资的股权。

依照前款规定丧失的股权应当依法转让，或者相应减少注册资本并注销该股权；六个月内未转让或者注销的，由公司其他股东按照其出资比例足额缴纳相应出资。

股东对失权有异议的，应当自接到失权通知之日起三十日内，向人民法院提起诉讼。

第五十三条　【禁止股东抽逃出资】公司成立后，股东不得抽逃出资。

违反前款规定的，股东应当返还抽逃的出资；给公司造成损失的，负有责任的董事、监事、高级管理人员应当与该股东承担连带赔偿责任。

第五十四条　【出资加速到期】公司不能清偿到期债务的，公司或者已到期债权的债权人有权要求已认缴出资但未届出资期限的股东提前缴纳出资。

第五十八条　【有限责任公司股东会的组成及地位】有限责任公司股东会由全体股东组成。股东会是公司的权力机构，依照本法行使职权。

第五十九条　【有限责任公司股东会职权】股东会行使下列职权：

（一）选举和更换董事、监事，决定有关董事、监事的报酬事项；

（二）审议批准董事会的报告；

（三）审议批准监事会的报告；

（四）审议批准公司的利润分配方案和弥补亏损方案；

（五）对公司增加或者减少注册资本作出决议；

（六）对发行公司债券作出决议；

（七）对公司合并、分立、解散、清算或者变更公司形式作出决议；

（八）修改公司章程；

（九）公司章程规定的其他职权。

股东会可以授权董事会对发行公司债券作出决议。

对本条第一款所列事项股东以书面形式一致表示同意的，可以不召开股东会会议，直接作出决定，并由全体股东在决定文件上签名或者盖章。

第六十条　【一人有限责任公司股东行使职权的要求】只有一个股东的有限责任公司不设股东会。股东作出前条第一款所列事项的决定时，应当采用书面形式，并由股东签名或者盖章后置备于公司。

第六十七条　【董事会职权】有限责任公司设董事会，本法第七十五条另有规定的除外。

董事会行使下列职权：

（一）召集股东会会议，并向股东会报告工作；

（二）执行股东会的决议；

（三）决定公司的经营计划和投资方案；

（四）制订公司的利润分配方案和弥补亏损方案；

（五）制订公司增加或者减少注册资本以及发行公司债券的方案；

（六）制订公司合并、分立、解散或者变更公司形式的方案；

（七）决定公司内部管理机构的设置；

（八）决定聘任或者解聘公司经理及其报酬事项，并根据经理的提名决定聘任或者解聘公司副经理、财务负责人及其报酬事项；

（九）制定公司的基本管理制度；

（十）公司章程规定或者股东会授予的其他职权。

公司章程对董事会职权的限制不得对抗善意相对人。

第六十八条　【有限责任公司董事会的组成】有限责任公司董事会成员为三人以上，其成员中可以有公司职工代表。职工人数三百人以上的有限责任公司，除依法设监事会并有公司职工代表的外，其董事会成员中应当有公司职工代表。董事会中的职工代表由公司职工通过职工代表大会、职工大会或者其他形式民主选举产生。

董事会设董事长一人，可以设副董事长。董事长、副董事长的产生办法由公司章程规定。

第七十四条　【有限责任公司经理的产生和职权】有限责任公司可以设经理，由董事会决定聘任或者解聘。

经理对董事会负责，根据公司章程的规定或者董事会的授权行使职权。经理列席董事会会议。

第七十五条　【董事会设置例外】规模较小或者股东人数较少的有限责任公司，可以不设董事会，设一名董事，行使本法规定的董事会的职权。该董事可以兼任公司经理。

第七十六条　【有限责任公司监事会的设立与组成】有限责任公司设监事会，本法第六十九条、第八十三条另有规定的除外。

监事会成员为三人以上。监事会成员应当包括股东代表和适当比例的公司职工代表，其中职工代表的比例不得低于三分之一，具体比例由公司章程规定。监事会中的职工代表由公司职工通过职工代表大会、职工大会或者其他形式民主选举产生。

监事会设主席一人，由全体监事过半数选举产生。监事会主席召集和主持监事会会议；监事会主席不能履行职务或者不履行职务的，由过半数的监事共同推举一名监事召集和主持监事会会议。

董事、高级管理人员不得兼任监事。

第八十四条　【股权转让的一般规定】有限责任公司的股东之间可以相互转让其全部或者部分股权。

股东向股东以外的人转让股权的，应当将股权转让的数量、价格、支付方式和期限等事项书面通知其他股东，其他股东在同等条件下有优先购买权。股东自接到书面通知之日起三十日内未答复的，视为放弃优先购买权。两个以上股东行使优先购买权的，协商确定各自的购买比例；协商不成的，按照转让时各自的出资比例行使优先购买权。

公司章程对股权转让另有规定的，从其规定。

第八十五条　【强制执行程序中的股权转让】人民法院依照法律规定的强制执行程序转让股东的股权时，应当通知公司及全体股东，其他股东在同等条件下有优先购买权。其他股东自人民法院通知之日起满二十日不行使优先购买权的，视为放弃优先购买权。

第八十六条　【股权转让变更登记及救济】股东转让股权的，应当书面通知公司，请求变更股东名册；需要办理变更登记的，并请求公司向公司登记机关办理变更登记。公司拒绝或者在合理期限内不予答复的，转让人、受让人可以依法向人民法院提起诉讼。

股权转让的，受让人自记载于股东名册时起可以向公司主张行使股东权利。

第八十七条　【转让股权后应当履行的手续】依照本法转让股权后，公司应当及时注销原股东的出资证明书，向新股东签发出资证明书，并相应修改公司章程和股东名册中有关股东及其出资额的记载。对公司章程的该项修改不需再由股东会表决。

第八十八条　【股权转让中的出资责任】股东转让已认缴出资但未届出资期限的股权的，由受让人承担缴纳该出资的义务；受让人未按期足额缴纳出资的，转让人对受让人未按期缴纳的出资承担补充责任。

未按照公司章程规定的出资日期缴纳出资或者作为出资的非货币财产的实际价额显著低于所认缴的出资额的股东转让股权的，转让人与受让人在出资不足的范围内承担连带责任；受让人不知道且不应当知道存在上述情形的，由转让人承担责任。

第八十九条　【有限责任公司股东股份回购请求】有下列情形之一的，对股东会该项决议投反对票的股东可以请求公司按照合理的价格收购其股权：

（一）公司连续五年不向股东分配利润，而公司该五年连续盈利，并且符合本法规定的分配利润条件；

（二）公司合并、分立、转让主要财产；

（三）公司章程规定的营业期限届满或者章程规定的其他解散事由出现，股东会通过决议修改章程使公司存续。

自股东会决议作出之日起六十日内，股东与公司不能达成股权收购协议的，股东可以自股东会决议作出之日起九十日内向人民法院提起诉讼。

公司的控股股东滥用股东权利，严重损害公司或者其他股东利益的，其他股东有权请求公司按照合理的价格收购其股权。

公司因本条第一款、第三款规定的情形收购的本公司股权，应当在六个月内依法转让或者注销。

第九十条　【有限责任公司自然人股东的股东资格继承】自然人股东死亡后，其合法继承人可以继承股东资格；但是，公司章程另有规定的除外。

第九十一条　【股份有限公司的设立方式】设立股份有限公司，可以采取发起设立或者募集设立的方式。

发起设立，是指由发起人认购设立公司时应发行的全部股份而设立公司。

募集设立，是指由发起人认购设立公司时应发行股份的一部分，其余股份向特定对象募集或者向社会公开募集而设立公司。

第九十二条 【发起人的人数及其资格】设立股份有限公司，应当有一人以上二百人以下为发起人，其中应当有半数以上的发起人在中华人民共和国境内有住所。

第九十六条 【股份有限公司注册资本】股份有限公司的注册资本为在公司登记机关登记的已发行股份的股本总额。在发起人认购的股份缴足前，不得向他人募集股份。

法律、行政法规以及国务院决定对股份有限公司注册资本最低限额另有规定的，从其规定。

第九十七条 【发起人认购股份】以发起设立方式设立股份有限公司的，发起人应当认足公司章程规定的公司设立时应发行的股份。

以募集设立方式设立股份有限公司的，发起人认购的股份不得少于公司章程规定的公司设立时应发行股份总数的百分之三十五；但是，法律、行政法规另有规定的，从其规定。

第九十八条 【发起人的出资义务】发起人应当在公司成立前按照其认购的股份全额缴纳股款。

发起人的出资，适用本法第四十八条、第四十九条第二款关于有限责任公司股东出资的规定。

第九十九条 【发起人的违约责任】发起人不按照其认购的股份缴纳股款，或者作为出资的非货币财产的实际价额显著低于所认购的股份的，其他发起人与该发起人在出资不足的范围内承担连带责任。

第一百一十一条 【股份有限公司股东会的组成及地位】股份有限公司股东会由全体股东组成。股东会是公司的权力机构，依照本法行使职权。

第一百一十二条 【股份有限公司股东会职权】本法第五十九条第一款、第二款关于有限责任公司股东会职权的规定，适用于股份有限公司股东会。

本法第六十条关于只有一个股东的有限责任公司不设股东会的规定，适用于只有一个股东的股份有限公司。

第一百一十三条 【股份有限公司股东会年会与临时会】股东会应当每年召开一次年会。有下列情形之一的，应当在两个月内召开临时股东会会议：

（一）董事人数不足本法规定人数或者公司章程所定人数的三分之二时；

（二）公司未弥补的亏损达股本总额三分之一时；

（三）单独或者合计持有公司百分之十以上股份的股东请求时；

（四）董事会认为必要时；

（五）监事会提议召开时；

（六）公司章程规定的其他情形。

第一百二十条 【股份有限公司董事会设置、职权以及董事任职】股份有限公司设董事会，本法第一百二十八条另有规定的除外。

本法第六十七条、第六十八条第一款、第七十条、第七十一条的规定，适用于股份有限公司。

第一百二十一条 【股份有限公司审计委员会】股份有限公司可以按照公司章程的规定在董事会中设置由董事组成的审计委员会，行使本法规定的监事会的职权，不设监事会或者监事。

审计委员会成员为三名以上，过半数成员不得在公司担任除董事以外的其他职务，且不得与公司存在任何可能影响其独立客观判断的关系。公司董事会成员中的职工代表可以成为审计委员会成员。

审计委员会作出决议，应当经审计委员会成员的过半数通过。

审计委员会决议的表决，应当一人一票。

审计委员会的议事方式和表决程序，除本法有规定的外，由公司章程规定。

公司可以按照公司章程的规定在董事会中设置其他委员会。

第一百二十六条 【股份有限公司经理的产生及其职权】股份有限公司设经理，由董事会决定聘任或者解聘。

经理对董事会负责，根据公司章程的规定或者董事会的授权行使职权。经理列席董事会会议。

第一百二十七条 【董事会成员兼任经理】公司董事会可以决定由董事会成员兼任经理。

第一百二十八条 【股份有限公司董事会设置例外】规模较小或者股东人数较少的股份有限公司，可以不设董事会，设一名董事，行使本法规定的董事会的职权。该董事可以兼任公司经理。

第一百三十条 【股份有限公司监事会设立、组成以及监事任期】股份有限公司设监事会，本法第一百二十一条第一款、第一百三十三条另有规定的除外。

监事会成员为三人以上。监事会成员应当包括股东代表和适当比例的公司职工代表，其中职工代表的比例不得低于三分之一，具体比例由公司章程规定。监事会中的职工代表由公司职工通过职工代表大会、职工大会或者其他形式民主选举产生。

监事会设主席一人，可以设副主席。监事会主席和副主席由全体监事过半数选举产生。监事会主席召集和主持监事会会议；监事会主席不能履行职务或者不履行职务的，由监事会副主席召集和主持监事会会议；监事会副主席不能履行职务或者不履行职务的，由过半数的监事共同推举一名监事召集和主持监事会会议。

董事、高级管理人员不得兼任监事。

本法第七十七条关于有限责任公司监事任期的规定，适用于股份有限公司监事。

第一百三十一条 【股份有限公司监事会职权以及费用承担】本法第七十八条至第八十条的规定，适用于股份有限公司监事会。

监事会行使职权所必需的费用，由公司承担。

第一百三十二条 【监事会议事规则】监事会每六个月至少召开一次会议。监事可以提议召开临时监事会会议。

监事会的议事方式和表决程序，除本法有规定的外，由公司章程规定。

监事会决议应当经全体监事的过半数通过。

监事会决议的表决,应当一人一票。

监事会应当对所议事项的决定作成会议记录,出席会议的监事应当在会议记录上签名。

第一百三十三条 【股份有限公司监事会设置例外】规模较小或者股东人数较少的股份有限公司,可以不设监事会,设一名监事,行使本法规定的监事会的职权。

第一百三十四条 【上市公司的定义】本法所称上市公司,是指其股票在证券交易所上市交易的股份有限公司。

第一百三十五条 【上市公司重大资产交易与重要担保的议事规则】上市公司在一年内购买、出售重大资产或者向他人提供担保的金额超过公司资产总额百分之三十的,应当由股东会作出决议,并经出席会议的股东所持表决权的三分之二以上通过。

第一百三十七条 【须经审计委员会通过的事项】上市公司在董事会中设置审计委员会的,董事会对下列事项作出决议前应当经审计委员会全体成员过半数通过:

(一)聘用、解聘承办公司审计业务的会计师事务所;

(二)聘任、解聘财务负责人;

(三)披露财务会计报告;

(四)国务院证券监督管理机构规定的其他事项。

第一百三十八条 【上市公司董事会秘书职责】上市公司设董事会秘书,负责公司股东会和董事会会议的筹备、文件保管以及公司股东资料的管理,办理信息披露事务等事宜。

第一百三十九条 【上市公司董事关联交易书面报告及回避制度】上市公司董事与董事会会议决议事项所涉及的企业或者个人有关联关系的,该董事应当及时向董事会书面报告。有关联关系的董事不得对该项决议行使表决权,也不得代理其他董事行使表决权。该董事会会议由过半数的无关联关系董事出席即可举行,董事会会议所作决议须经无关联关系董事过半数通过。出席董事会会议的无关联关系董事人数不足三人的,应当将该事项提交上市公司股东会审议。

第一百四十条 【上市公司信息披露及禁止股票代持】上市公司应当依法披露股东、实际控制人的信息,相关信息应当真实、准确、完整。

禁止违反法律、行政法规的规定代持上市公司股票。

第一百四十一条 【禁止交叉持股】上市公司控股子公司不得取得该上市公司的股份。

上市公司控股子公司因公司合并、质权行使等原因持有上市公司股份的,不得行使所持股份对应的表决权,并应当及时处分相关上市公司股份。

第一百四十二条 【面额股和无面额股】公司的资本划分为股份。公司的全部股份,根据公司章程的规定择一采用面额股或者无面额股。采用面额股的,每一股的金额相等。

公司可以根据公司章程的规定将已发行的面额股全部转换为无面额股或者将无面额股全部转换为面额股。

采用无面额股的,应当将发行股份所得股款的二分之一以上计入注册资本。

第一百四十三条 【股份发行原则】股份的发行,实行公平、公正的原则,同类别的每一股份应当具有同等权利。

同次发行的同类别股份，每股的发行条件和价格应当相同；认购人所认购的股份，每股应当支付相同价额。

第一百四十四条　【类别股发行规则】公司可以按照公司章程的规定发行下列与普通股权利不同的类别股：

（一）优先或者劣后分配利润或者剩余财产的股份；

（二）每一股的表决权数多于或者少于普通股的股份；

（三）转让须经公司同意等转让受限的股份；

（四）国务院规定的其他类别股。

公开发行股份的公司不得发行前款第二项、第三项规定的类别股；公开发行前已发行的除外。

公司发行本条第一款第二项规定的类别股的，对于监事或者审计委员会成员的选举和更换，类别股与普通股每一股的表决权数相同。

第一百四十五条　【发行类别股的公司章程应记载的事项】发行类别股的公司，应当在公司章程中载明以下事项：

（一）类别股分配利润或者剩余财产的顺序；

（二）类别股的表决权数；

（三）类别股的转让限制；

（四）保护中小股东权益的措施；

（五）股东会认为需要规定的其他事项。

第一百四十七条　【股票】公司的股份采取股票的形式。股票是公司签发的证明股东所持股份的凭证。

公司发行的股票，应当为记名股票。

第一百四十八条　【股票发行价格要求】面额股股票的发行价格可以按票面金额，也可以超过票面金额，但不得低于票面金额。

第一百五十七条　【股份有限公司股份转让】股份有限公司的股东持有的股份可以向其他股东转让，也可以向股东以外的人转让；公司章程对股份转让有限制的，其转让按照公司章程的规定进行。

第一百五十八条　【股份转让场所和方式】股东转让其股份，应当在依法设立的证券交易场所进行或者按照国务院规定的其他方式进行。

第一百五十九条　【股票转让方式】股票的转让，由股东以背书方式或者法律、行政法规规定的其他方式进行；转让后由公司将受让人的姓名或者名称及住所记载于股东名册。

股东会会议召开前二十日内或者公司决定分配股利的基准日前五日内，不得变更股东名册。法律、行政法规或者国务院证券监督管理机构对上市公司股东名册变更另有规定的，从其规定。

第一百六十条　【股份转让限制】公司公开发行股份前已发行的股份，自公司股票在证券交易所上市交易之日起一年内不得转让。法律、行政法规或者国务院证券监督管理机构对上市公司的股东、实际控制人转让其所持有的本公司股份另有规定的，从其规定。

公司董事、监事、高级管理人员应当向公司申报所持有的本公司的股份及其变动情况，在就任时确定的任职期间每年转让的股份不得超过其所持有本公司股份总数的百分之二十五；所持本公司股份自公司股票上市交易之日起一年内不得转让。上述人员离职后半年内，不得转让其所持有的本公司股份。公司章程可以对公司董事、监事、高级管理人员转让其所持有的本公司股份作出其他限制性规定。

股份在法律、行政法规规定的限制转让期限内出质的，质权人不得在限制转让期限内行使质权。

第一百六十一条 【异议股东可以请求公司回购其股份的情形】有下列情形之一的，对股东会该项决议投反对票的股东可以请求公司按照合理的价格收购其股份，公开发行股份的公司除外：

（一）公司连续五年不向股东分配利润，而公司该五年连续盈利，并且符合本法规定的分配利润条件；

（二）公司转让主要财产；

（三）公司章程规定的营业期限届满或者章程规定的其他解散事由出现，股东会通过决议修改章程使公司存续。

自股东会决议作出之日起六十日内，股东与公司不能达成股份收购协议的，股东可以自股东会决议作出之日起九十日内向人民法院提起诉讼。

公司因本条第一款规定的情形收购的本公司股份，应当在六个月内依法转让或者注销。

第一百六十二条 【公司股份回购】公司不得收购本公司股份。但是，有下列情形之一的除外：

（一）减少公司注册资本；

（二）与持有本公司股份的其他公司合并；

（三）将股份用于员工持股计划或者股权激励；

（四）股东因对股东会作出的公司合并、分立决议持异议，要求公司收购其股份；

（五）将股份用于转换公司发行的可转换为股票的公司债券；

（六）上市公司为维护公司价值及股东权益所必需。

公司因前款第一项、第二项规定的情形收购本公司股份的，应当经股东会决议；公司因前款第三项、第五项、第六项规定的情形收购本公司股份的，可以按照公司章程或者股东会的授权，经三分之二以上董事出席的董事会会议决议。

公司依照本条第一款规定收购本公司股份后，属于第一项情形的，应当自收购之日起十日内注销；属于第二项、第四项情形的，应当在六个月内转让或者注销；属于第三项、第五项、第六项情形的，公司合计持有的本公司股份数不得超过本公司已发行股份总数的百分之十，并应当在三年内转让或者注销。

上市公司收购本公司股份的，应当依照《中华人民共和国证券法》的规定履行信息披露义务。上市公司因本条第一款第三项、第五项、第六项规定的情形收购本公司股份的，应当通过公开的集中交易方式进行。

公司不得接受本公司的股份作为质权的标的。

第一百六十三条　【禁止财务资助】公司不得为他人取得本公司或者其母公司的股份提供赠与、借款、担保以及其他财务资助，公司实施员工持股计划的除外。

为公司利益，经股东会决议，或者董事会按照公司章程或者股东会的授权作出决议，公司可以为他人取得本公司或者其母公司的股份提供财务资助，但财务资助的累计总额不得超过已发行股本总额的百分之十。董事会作出决议应当经全体董事的三分之二以上通过。

违反前两款规定，给公司造成损失的，负有责任的董事、监事、高级管理人员应当承担赔偿责任。

第一百六十四条　【股票被盗、遗失或者灭失的救济途径】股票被盗、遗失或者灭失，股东可以依照《中华人民共和国民事诉讼法》规定的公示催告程序，请求人民法院宣告该股票失效。人民法院宣告该股票失效后，股东可以向公司申请补发股票。

第一百六十八条　【国家出资公司】国家出资公司的组织机构，适用本章规定；本章没有规定的，适用本法其他规定。

本法所称国家出资公司，是指国家出资的国有独资公司、国有资本控股公司，包括国家出资的有限责任公司、股份有限公司。

第一百六十九条　【履行国家出资公司出资人职责的主体】国家出资公司，由国务院或者地方人民政府分别代表国家依法履行出资人职责，享有出资人权益。国务院或者地方人民政府可以授权国有资产监督管理机构或者其他部门、机构代表本级人民政府对国家出资公司履行出资人职责。

代表本级人民政府履行出资人职责的机构、部门，以下统称为履行出资人职责的机构。

第一百七十一条　【国有独资公司章程制定】国有独资公司章程由履行出资人职责的机构制定。

第一百七十二条　【国有独资公司重大事项的决定】国有独资公司不设股东会，由履行出资人职责的机构行使股东会职权。履行出资人职责的机构可以授权公司董事会行使股东会的部分职权，但公司章程的制定和修改，公司的合并、分立、解散、申请破产，增加或者减少注册资本，分配利润，应当由履行出资人职责的机构决定。

第一百七十三条　【国有独资公司董事会】国有独资公司的董事会依照本法规定行使职权。

国有独资公司的董事会成员中，应当过半数为外部董事，并应当有公司职工代表。

董事会成员由履行出资人职责的机构委派；但是，董事会成员中的职工代表由公司职工代表大会选举产生。

董事会设董事长一人，可以设副董事长。董事长、副董事长由履行出资人职责的机构从董事会成员中指定。

第一百七十四条　【国有独资公司经理聘任、解聘和兼任】国有独资公司的经理由董事会聘任或者解聘。

经履行出资人职责的机构同意，董事会成员可以兼任经理。

第一百七十五条 【国有独资公司董事、高级管理人员禁止兼职】国有独资公司的董事、高级管理人员，未经履行出资人职责的机构同意，不得在其他有限责任公司、股份有限公司或者其他经济组织兼职。

第一百七十六条 【国有独资公司监事会设置例外】国有独资公司在董事会中设置由董事组成的审计委员会行使本法规定的监事会职权的，不设监事会或者监事。

第一百七十七条 【国家出资公司合规管理】国家出资公司应当依法建立健全内部监督管理和风险控制制度，加强内部合规管理。

第一百九十四条 【公司债券】本法所称公司债券，是指公司发行的约定按期还本付息的有价证券。

公司债券可以公开发行，也可以非公开发行。

公司债券的发行和交易应当符合《中华人民共和国证券法》等法律、行政法规的规定。

第一百九十五条 【公司债券募集办法的公告及应载明事项】公开发行公司债券，应当经国务院证券监督管理机构注册，公告公司债券募集办法。

公司债券募集办法应当载明下列主要事项：

（一）公司名称；

（二）债券募集资金的用途；

（三）债券总额和债券的票面金额；

（四）债券利率的确定方式；

（五）还本付息的期限和方式；

（六）债券担保情况；

（七）债券的发行价格、发行的起止日期；

（八）公司净资产额；

（九）已发行的尚未到期的公司债券总额；

（十）公司债券的承销机构。

第二百零七条 【公司建立财务、会计制度的依据】公司应当依照法律、行政法规和国务院财政部门的规定建立本公司的财务、会计制度。

第二百零八条 【财务会计报告编制要求】公司应当在每一会计年度终了时编制财务会计报告，并依法经会计师事务所审计。

财务会计报告应当依照法律、行政法规和国务院财政部门的规定制作。

第二百零九条 【财务会计报告送交股东及公告】有限责任公司应当按照公司章程规定的期限将财务会计报告送交各股东。

股份有限公司的财务会计报告应当在召开股东会年会的二十日前置备于本公司，供股东查阅；公开发行股份的股份有限公司应当公告其财务会计报告。

第二百一十条 【公司税后利润分配】公司分配当年税后利润时，应当提取利润的百分之十列入公司法定公积金。公司法定公积金累计额为公司注册资本的百分之五十以上的，可以不再提取。

公司的法定公积金不足以弥补以前年度亏损的，在依照前款规定提取法定公积金之前，应当先用当年利润弥补亏损。

公司从税后利润中提取法定公积金后，经股东会决议，还可以从税后利润中提取任意公积金。

公司弥补亏损和提取公积金后所余税后利润，有限责任公司按照股东实缴的出资比例分配利润，全体股东约定不按照出资比例分配利润的除外；股份有限公司按照股东所持有的股份比例分配利润，公司章程另有规定的除外。

公司持有的本公司股份不得分配利润。

第二百一十一条 【违法分配利润的处理】公司违反本法规定向股东分配利润的，股东应当将违反规定分配的利润退还公司；给公司造成损失的，股东及负有责任的董事、监事、高级管理人员应当承担赔偿责任。

第二百一十二条 【公司利润分配时间】股东会作出分配利润的决议的，董事会应当在股东会决议作出之日起六个月内进行分配。

第二百一十三条 【公司资本公积金构成】公司以超过股票票面金额的发行价格发行股份所得的溢价款、发行无面额股所得股款未计入注册资本的金额以及国务院财政部门规定列入资本公积金的其他项目，应当列为公司资本公积金。

第二百一十四条 【公积金用途】公司的公积金用于弥补公司的亏损、扩大公司生产经营或者转为增加公司注册资本。

公积金弥补公司亏损，应当先使用任意公积金和法定公积金；仍不能弥补的，可以按照规定使用资本公积金。

法定公积金转为增加注册资本时，所留存的该项公积金不得少于转增前公司注册资本的百分之二十五。

第二百一十八条 【公司合并形式】公司合并可以采取吸收合并或者新设合并。

一个公司吸收其他公司为吸收合并，被吸收的公司解散。两个以上公司合并设立一个新的公司为新设合并，合并各方解散。

第二百一十九条 【公司合并无须股东会决议的情形】公司与其持股百分之九十以上的公司合并，被合并的公司不需经股东会决议，但应当通知其他股东，其他股东有权请求公司按照合理的价格收购其股权或者股份。

公司合并支付的价款不超过本公司净资产百分之十的，可以不经股东会决议；但是，公司章程另有规定的除外。

公司依照前两款规定合并不经股东会决议的，应当经董事会决议。

第二百二十条 【公司合并程序和债权人异议权】公司合并，应当由合并各方签订合并协议，并编制资产负债表及财产清单。公司应当自作出合并决议之日起十日内通知债权人，并于三十日内在报纸上或者国家企业信用信息公示系统公告。债权人自接到通知之日起三十日内，未接到通知的自公告之日起四十五日内，可以要求公司清偿债务或者提供相应的担保。

第二百二十一条 【公司合并时各方的债权、债务承继】公司合并时，合并各方的债权、债务，应当由合并后存续的公司或者新设的公司承继。

第二百二十二条 【公司分立时财产分割和分立程序】公司分立,其财产作相应的分割。

公司分立,应当编制资产负债表及财产清单。公司应当自作出分立决议之日起十日内通知债权人,并于三十日内在报纸上或者国家企业信用信息公示系统公告。

第二百二十三条 【公司分立前的债务承担】公司分立前的债务由分立后的公司承担连带责任。但是,公司在分立前与债权人就债务清偿达成的书面协议另有约定的除外。

第二百二十四条 【普通减资程序】公司减少注册资本,应当编制资产负债表及财产清单。

公司应当自股东会作出减少注册资本决议之日起十日内通知债权人,并于三十日内在报纸上或者国家企业信用信息公示系统公告。债权人自接到通知之日起三十日内,未接到通知的自公告之日起四十五日内,有权要求公司清偿债务或者提供相应的担保。

公司减少注册资本,应当按照股东出资或者持有股份的比例相应减少出资额或者股份,法律另有规定、有限责任公司全体股东另有约定或者股份有限公司章程另有规定的除外。

第二百二十五条 【简易减资程序】公司依照本法第二百一十四条第二款的规定弥补亏损后,仍有亏损的,可以减少注册资本弥补亏损。减少注册资本弥补亏损的,公司不得向股东分配,也不得免除股东缴纳出资或者股款的义务。

依照前款规定减少注册资本的,不适用前条第二款的规定,但应当自股东会作出减少注册资本决议之日起三十日内在报纸上或者国家企业信用信息公示系统公告。

公司依照前两款的规定减少注册资本后,在法定公积金和任意公积金累计额达到公司注册资本百分之五十前,不得分配利润。

第二百二十六条 【违法减少注册资本的法律责任】违反本法规定减少注册资本的,股东应当退还其收到的资金,减免股东出资的应当恢复原状;给公司造成损失的,股东及负有责任的董事、监事、高级管理人员应当承担赔偿责任。

第二百二十七条 【股东优先认购权】有限责任公司增加注册资本时,股东在同等条件下有权优先按照实缴的出资比例认缴出资。但是,全体股东约定不按照出资比例优先认缴出资的除外。

股份有限公司为增加注册资本发行新股时,股东不享有优先认购权,公司章程另有规定或者股东会决议决定股东享有优先认购权的除外。

第二百二十八条 【公司增加注册资本】有限责任公司增加注册资本时,股东认缴新增资本的出资,依照本法设立有限责任公司缴纳出资的有关规定执行。

股份有限公司为增加注册资本发行新股时,股东认购新股,依照本法设立股份有限公司缴纳股款的有关规定执行。

第二百二十九条 【公司解散原因及事由公示】公司因下列原因解散:

(一)公司章程规定的营业期限届满或者公司章程规定的其他解散事由出现;

(二)股东会决议解散;

(三)因公司合并或者分立需要解散;

(四)依法被吊销营业执照、责令关闭或者被撤销;

（五）人民法院依照本法第二百三十一条的规定予以解散。

公司出现前款规定的解散事由，应当在十日内将解散事由通过国家企业信用信息公示系统予以公示。

第二百三十条　【使公司存续的表决规则】公司有前条第一款第一项、第二项情形，且尚未向股东分配财产的，可以通过修改公司章程或者经股东会决议而存续。

依照前款规定修改公司章程或者经股东会决议，有限责任公司须经持有三分之二以上表决权的股东通过，股份有限公司须经出席股东会会议的股东所持表决权的三分之二以上通过。

第二百三十一条　【强制解散】公司经营管理发生严重困难，继续存续会使股东利益受到重大损失，通过其他途径不能解决的，持有公司百分之十以上表决权的股东，可以请求人民法院解散公司。

第二百三十二条　【清算义务人及其责任】公司因本法第二百二十九条第一款第一项、第二项、第四项、第五项规定而解散的，应当清算。董事为公司清算义务人，应当在解散事由出现之日起十五日内组成清算组进行清算。

清算组由董事组成，但是公司章程另有规定或者股东会决议另选他人的除外。

清算义务人未及时履行清算义务，给公司或者债权人造成损失的，应当承担赔偿责任。

第二百六十五条　【用语含义】本法下列用语的含义：

（一）高级管理人员，是指公司的经理、副经理、财务负责人，上市公司董事会秘书和公司章程规定的其他人员。

（二）控股股东，是指其出资额占有限责任公司资本总额超过百分之五十或者其持有的股份占股份有限公司股本总额超过百分之五十的股东；出资额或者持有股份的比例虽然低于百分之五十，但依其出资额或者持有的股份所享有的表决权已足以对股东会的决议产生重大影响的股东。

（三）实际控制人，是指通过投资关系、协议或者其他安排，能够实际支配公司行为的人。

（四）关联关系，是指公司控股股东、实际控制人、董事、监事、高级管理人员与其直接或者间接控制的企业之间的关系，以及可能导致公司利益转移的其他关系。但是，国家控股的企业之间不仅因为同受国家控股而具有关联关系。

第二百六十六条　【施行日期、出资期限及出资额的调整】本法自 2024 年 7 月 1 日起施行。

本法施行前已登记设立的公司，出资期限超过本法规定的期限的，除法律、行政法规或者国务院另有规定外，应当逐步调整至本法规定的期限以内；对于出资期限、出资额明显异常的，公司登记机关可以依法要求其及时调整。具体实施办法由国务院规定。

中华人民共和国个人独资企业法(节录)

1. 1999年8月30日第九届全国人民代表大会常务委员会第十一次会议通过

2. 1999年8月30日中华人民共和国主席令第20号公布

3. 自2000年1月1日起施行

第二条 【**定义**】本法所称个人独资企业,是指依照本法在中国境内设立,由一个自然人投资,财产为投资人个人所有,投资人以其个人财产对企业债务承担无限责任的经营实体。

第四条 【**依法经营**】个人独资企业从事经营活动必须遵守法律、行政法规,遵守诚实信用原则,不得损害社会公共利益。

个人独资企业应当依法履行纳税义务。

第五条 【**权益保护**】国家依法保护个人独资企业的财产和其他合法权益。

第六条 【**依法招聘职工、建立工会**】个人独资企业应当依法招用职工。职工的合法权益受法律保护。

个人独资企业职工依法建立工会,工会依法开展活动。

第八条 【**设立条件**】设立个人独资企业应当具备下列条件:

(一)投资人为一个自然人;

(二)有合法的企业名称;

(三)有投资人申报的出资;

(四)有固定的生产经营场所和必要的生产经营条件;

(五)有必要的从业人员。

第十三条 【**执照签发**】个人独资企业的营业执照的签发日期,为个人独资企业成立日期。

在领取个人独资企业营业执照前,投资人不得以个人独资企业名义从事经营活动。

第十四条 【**分支机构的设立**】个人独资企业设立分支机构,应当由投资人或者其委托的代理人向分支机构所在地的登记机关申请登记,领取营业执照。

分支机构经核准登记后,应将登记情况报该分支机构隶属的个人独资企业的登记机关备案。

分支机构的民事责任由设立该分支机构的个人独资企业承担。

第十五条 【**变更登记**】个人独资企业存续期间登记事项发生变更的,应当在作出变更决定之日起的十五日内依法向登记机关申请办理变更登记。

第十六条 【**禁止设立**】法律、行政法规禁止从事营利性活动的人,不得作为投资人申请设立个人独资企业。

第十七条 【**财产权**】个人独资企业投资人对本企业的财产依法享有所有权,其有关权利可以依法进行转让或继承。

第十八条　【无限责任】个人独资企业投资人在申请企业设立登记时明确以其家庭共有财产作为个人出资的，应当依法以家庭共有财产对企业债务承担无限责任。

第二十一条　【财务】个人独资企业应当依法设置会计帐簿，进行会计核算。

第二十二条　【职工权益保护】个人独资企业招用职工的，应当依法与职工签订劳动合同，保障职工的劳动安全，按时、足额发放职工工资。

第二十三条　【职工保险】个人独资企业应当按照国家规定参加社会保险，为职工缴纳社会保险费。

第二十四条　【企业权利】个人独资企业可以依法申请贷款、取得土地使用权，并享有法律、行政法规规定的其他权利。

第二十五条　【禁止摊派】任何单位和个人不得违反法律、行政法规的规定，以任何方式强制个人独资企业提供财力、物力、人力；对于违法强制提供财力、物力、人力的行为，个人独资企业有权拒绝。

第二十八条　【解散后的责任】个人独资企业解散后，原投资人对个人独资企业存续期间的债务仍应承担偿还责任，但债权人在五年内未向债务人提出偿债请求的，该责任消灭。

第三十一条　【个人其他财产清偿】个人独资企业财产不足以清偿债务的，投资人应当以其个人的其他财产予以清偿。

第四十七条　【适用范围】外商独资企业不适用本法。

第四十八条　【施行日期】本法自2000年1月1日起施行。

中华人民共和国证券法(节录)

1. 1998年12月29日第九届全国人民代表大会常务委员会第六次会议通过

2. 根据2004年8月28日第十届全国人民代表大会常务委员会第十一次会议《关于修改〈中华人民共和国证券法〉的决定》第一次修正

3. 2005年10月27日第十届全国人民代表大会常务委员会第十八次会议第一次修订

4. 根据2013年6月29日第十二届全国人民代表大会常务委员会第三次会议《关于修改〈中华人民共和国文物保护法〉等十二部法律的决定》第二次修正

5. 根据2014年8月31日第十二届全国人民代表大会常务委员会第十次会议《关于修改〈中华人民共和国保险法〉等五部法律的决定》第三次修正

6. 2019年12月28日第十三届全国人民代表大会常务委员会第十五次会议第二次修订

第一条　【立法目的】为了规范证券发行和交易行为，保护投资者的合法权益，维护社会经济秩序和社会公共利益，促进社会主义市场经济的发展，制定本法。

第二条　【适用范围】在中华人民共和国境内，股票、公司债券、存托凭证和国务院依法认定的其他证券的发行和交易,适用本法;本法未规定的,适用《中华人民共和国公司法》和其他法律、行政法规的规定。

政府债券、证券投资基金份额的上市交易,适用本法;其他法律、行政法规另有规定的,适用其规定。

资产支持证券、资产管理产品发行、交易的管理办法,由国务院依照本法的原则规定。

在中华人民共和国境外的证券发行和交易活动,扰乱中华人民共和国境内市场秩序,损害境内投资者合法权益的,依照本法有关规定处理并追究法律责任。

第三条　【公开、公平、公正原则】证券的发行、交易活动,必须遵循公开、公平、公正的原则。

第四条　【平等、自愿、有偿、诚实信用原则】证券发行、交易活动的当事人具有平等的法律地位,应当遵守自愿、有偿、诚实信用的原则。

第五条　【活动准则】证券的发行、交易活动,必须遵守法律、行政法规;禁止欺诈、内幕交易和操纵证券市场的行为。

第七十八条　【信息披露原则】发行人及法律、行政法规和国务院证券监督管理机构规定的其他信息披露义务人,应当及时依法履行信息披露义务。

信息披露义务人披露的信息,应当真实、准确、完整,简明清晰,通俗易懂,不得有虚假记载、误导性陈述或者重大遗漏。

证券同时在境内境外公开发行、交易的,其信息披露义务人在境外披露的信息,应当在境内同时披露。

第八十条　【上市公司、"新三板"挂牌公司临时报告义务】发生可能对上市公司、股票在国务院批准的其他全国性证券交易场所交易的公司的股票交易价格产生较大影响的重大事件,投资者尚未得知时,公司应当立即将有关该重大事件的情况向国务院证券监督管理机构和证券交易场所报送临时报告,并予公告,说明事件的起因、目前的状态和可能产生的法律后果。

前款所称重大事件包括:

(一)公司的经营方针和经营范围的重大变化;

(二)公司的重大投资行为,公司在一年内购买、出售重大资产超过公司资产总额百分之三十,或者公司营业用主要资产的抵押、质押、出售或者报废一次超过该资产的百分之三十;

(三)公司订立重要合同、提供重大担保或者从事关联交易,可能对公司的资产、负债、权益和经营成果产生重要影响;

(四)公司发生重大债务和未能清偿到期重大债务的违约情况;

(五)公司发生重大亏损或者重大损失;

(六)公司生产经营的外部条件发生的重大变化;

(七)公司的董事、三分之一以上监事或者经理发生变动,董事长或者经理无法履行职责;

(八)持有公司百分之五以上股份的股东或者实际控制人持有股份或者控制公司的情况发生较大变化,公司的实际控制人及其控制的其他企业从事与公司相同或者相似业务的情况发生较大变化；

（九）公司分配股利、增资的计划，公司股权结构的重要变化，公司减资、合并、分立、解散及申请破产的决定，或者依法进入破产程序、被责令关闭；

（十）涉及公司的重大诉讼、仲裁，股东大会、董事会决议被依法撤销或者宣告无效；

（十一）公司涉嫌犯罪被依法立案调查，公司的控股股东、实际控制人、董事、监事、高级管理人员涉嫌犯罪被依法采取强制措施；

（十二）国务院证券监督管理机构规定的其他事项。

公司的控股股东或者实际控制人对重大事件的发生、进展产生较大影响的，应当及时将其知悉的有关情况书面告知公司，并配合公司履行信息披露义务。

第八十一条　【债券上市交易的公司的临时报告义务】发生可能对上市交易公司债券的交易价格产生较大影响的重大事件，投资者尚未得知时，公司应当立即将有关该重大事件的情况向国务院证券监督管理机构和证券交易场所报送临时报告，并予公告，说明事件的起因、目前的状态和可能产生的法律后果。

前款所称重大事件包括：

（一）公司股权结构或者生产经营状况发生重大变化；

（二）公司债券信用评级发生变化；

（三）公司重大资产抵押、质押、出售、转让、报废；

（四）公司发生未能清偿到期债务的情况；

（五）公司新增借款或者对外提供担保超过上年末净资产的百分之二十；

（六）公司放弃债权或者财产超过上年末净资产的百分之十；

（七）公司发生超过上年末净资产百分之十的重大损失；

（八）公司分配股利，作出减资、合并、分立、解散及申请破产的决定，或者依法进入破产程序、被责令关闭；

（九）涉及公司的重大诉讼、仲裁；

（十）公司涉嫌犯罪被依法立案调查，公司的控股股东、实际控制人、董事、监事、高级管理人员涉嫌犯罪被依法采取强制措施；

（十一）国务院证券监督管理机构规定的其他事项。

第八十二条　【董监高对信息披露所负义务】发行人的董事、高级管理人员应当对证券发行文件和定期报告签署书面确认意见。

发行人的监事会应当对董事会编制的证券发行文件和定期报告进行审核并提出书面审核意见。监事应当签署书面确认意见。

发行人的董事、监事和高级管理人员应当保证发行人及时、公平地披露信息，所披露的信息真实、准确、完整。

董事、监事和高级管理人员无法保证证券发行文件和定期报告内容的真实性、准确性、完整性或者有异议的，应当在书面确认意见中发表意见并陈述理由，发行人应当披露。发行人不予披露的，董事、监事和高级管理人员可以直接申请披露。

第八十三条　【公平披露原则】信息披露义务人披露的信息应当同时向所有投资者披露，不得提前向任何单位和个人泄露。但是,法律、行政法规另有规定的除外。

任何单位和个人不得非法要求信息披露义务人提供依法需要披露但尚未披露的信息。任何单位和个人提前获知的前述信息,在依法披露前应当保密。

第八十四条 【自愿披露和公开承诺】除依法需要披露的信息之外,信息披露义务人可以自愿披露与投资者作出价值判断和投资决策有关的信息,但不得与依法披露的信息相冲突,不得误导投资者。

发行人及其控股股东、实际控制人、董事、监事、高级管理人员等作出公开承诺的,应当披露。不履行承诺给投资者造成损失的,应当依法承担赔偿责任。

第八十五条 【违反信息披露义务的民事赔偿责任】信息披露义务人未按照规定披露信息,或者公告的证券发行文件、定期报告、临时报告及其他信息披露资料存在虚假记载、误导性陈述或者重大遗漏,致使投资者在证券交易中遭受损失的,信息披露义务人应当承担赔偿责任;发行人的控股股东、实际控制人、董事、监事、高级管理人员和其他直接责任人员以及保荐人、承销的证券公司及其直接责任人员,应当与发行人承担连带赔偿责任,但是能够证明自己没有过错的除外。

第八十六条 【信息披露方式】依法披露的信息,应当在证券交易场所的网站和符合国务院证券监督管理机构规定条件的媒体发布,同时将其置备于公司住所、证券交易场所,供社会公众查阅。

第八十七条 【信息披露的监督】国务院证券监督管理机构对信息披露义务人的信息披露行为进行监督管理。

证券交易场所应当对其组织交易的证券的信息披露义务人的信息披露行为进行监督,督促其依法及时、准确地披露信息。

第一百六十八条 【证监会的基本职能和主要任务】国务院证券监督管理机构依法对证券市场实行监督管理,维护证券市场公开、公平、公正,防范系统性风险,维护投资者合法权益,促进证券市场健康发展。

第一百六十九条 【证监会的职责】国务院证券监督管理机构在对证券市场实施监督管理中履行下列职责:

(一)依法制定有关证券市场监督管理的规章、规则,并依法进行审批、核准、注册,办理备案;

(二)依法对证券的发行、上市、交易、登记、存管、结算等行为,进行监督管理;

(三)依法对证券发行人、证券公司、证券服务机构、证券交易场所、证券登记结算机构的证券业务活动,进行监督管理;

(四)依法制定从事证券业务人员的行为准则,并监督实施;

(五)依法监督检查证券发行、上市、交易的信息披露;

(六)依法对证券业协会的自律管理活动进行指导和监督;

(七)依法监测并防范、处置证券市场风险;

(八)依法开展投资者教育;

(九)依法对证券违法行为进行查处;

（十）法律、行政法规规定的其他职责。

第一百七十条　【证监会有权采取的措施】国务院证券监督管理机构依法履行职责，有权采取下列措施：

（一）对证券发行人、证券公司、证券服务机构、证券交易场所、证券登记结算机构进行现场检查；

（二）进入涉嫌违法行为发生场所调查取证；

（三）询问当事人和与被调查事件有关的单位和个人，要求其对与被调查事件有关的事项作出说明；或者要求其按照指定的方式报送与被调查事件有关的文件和资料；

（四）查阅、复制与被调查事件有关的财产权登记、通讯记录等文件和资料；

（五）查阅、复制当事人和与被调查事件有关的单位和个人的证券交易记录、登记过户记录、财务会计资料及其他相关文件和资料；对可能被转移、隐匿或者毁损的文件和资料，可以予以封存、扣押；

（六）查询当事人和与被调查事件有关的单位和个人的资金账户、证券账户、银行账户以及其他具有支付、托管、结算等功能的账户信息，可以对有关文件和资料进行复制；对有证据证明已经或者可能转移或者隐匿违法资金、证券等涉案财产或者隐匿、伪造、毁损重要证据的，经国务院证券监督管理机构主要负责人或者其授权的其他负责人批准，可以冻结或者查封，期限为六个月；因特殊原因需要延长的，每次延长期限不得超过三个月，冻结、查封期限最长不得超过二年；

（七）在调查操纵证券市场、内幕交易等重大证券违法行为时，经国务院证券监督管理机构主要负责人或者其授权的其他负责人批准，可以限制被调查的当事人的证券买卖，但限制的期限不得超过三个月；案情复杂的，可以延长三个月；

（八）通知出境入境管理机关依法阻止涉嫌违法人员、涉嫌违法单位的主管人员和其他直接责任人员出境。

为防范证券市场风险，维护市场秩序，国务院证券监督管理机构可以采取责令改正、监管谈话、出具警示函等措施。

第二百二十六条　【施行日期】本法自2020年3月1日起施行。

中华人民共和国企业国有资产法（节录）

1．2008年10月28日第十一届全国人民代表大会常务委员会第五次会议通过

2．2008年10月28日中华人民共和国主席令第5号公布

3．自2009年5月1日起施行

第二条　【定义及适用范围】本法所称企业国有资产（以下称国有资产），是指国家对企业各种形式的出资所形成的权益。

第三条 【国有资产权属】国有资产属于国家所有即全民所有。国务院代表国家行使国有资产所有权。

第四条 【国有资产出资人代表】国务院和地方人民政府依照法律、行政法规的规定,分别代表国家对国家出资企业履行出资人职责,享有出资人权益。

国务院确定的关系国民经济命脉和国家安全的大型国家出资企业,重要基础设施和重要自然资源等领域的国家出资企业,由国务院代表国家履行出资人职责。其他的国家出资企业,由地方人民政府代表国家履行出资人职责。

第五条 【国家出资企业】本法所称国家出资企业,是指国家出资的国有独资企业、国有独资公司,以及国有资本控股公司、国有资本参股公司。

第六条 【政企分开、政资分开原则】国务院和地方人民政府应当按照政企分开、社会公共管理职能与国有资产出资人职能分开、不干预企业依法自主经营的原则,依法履行出资人职责。

第七条 【国有经济的控制力和主导作用】国家采取措施,推动国有资本向关系国民经济命脉和国家安全的重要行业和关键领域集中,优化国有经济布局和结构,推进国有企业的改革和发展,提高国有经济的整体素质,增强国有经济的控制力、影响力。

第八条 【国有资产监管体制】国家建立健全与社会主义市场经济发展要求相适应的国有资产管理与监督体制,建立健全国有资产保值增值考核和责任追究制度,落实国有资产保值增值责任。

第九条 【国有资产基础管理制度】国家建立健全国有资产基础管理制度。具体办法按照国务院的规定制定。

第十条 【国有资产保护】国有资产受法律保护,任何单位和个人不得侵害。

第十一条 【履行出资人职责的机构】国务院国有资产监督管理机构和地方人民政府按照国务院的规定设立的国有资产监督管理机构,根据本级人民政府的授权,代表本级人民政府对国家出资企业履行出资人职责。

国务院和地方人民政府根据需要,可以授权其他部门、机构代表本级人民政府对国家出资企业履行出资人职责。

代表本级人民政府履行出资人职责的机构、部门,以下统称履行出资人职责的机构。

第十二条 【履行出资人职责的机构的基本职责】履行出资人职责的机构代表本级人民政府对国家出资企业依法享有资产收益、参与重大决策和选择管理者等出资人权利。

履行出资人职责的机构依照法律、行政法规的规定,制定或者参与制定国家出资企业的章程。

履行出资人职责的机构对法律、行政法规和本级人民政府规定须经本级人民政府批准的履行出资人职责的重大事项,应当报请本级人民政府批准。

第十六条 【国家出资企业的权利】国家出资企业对其动产、不动产和其他财产依照法律、行政法规以及企业章程享有占有、使用、收益和处分的权利。

国家出资企业依法享有的经营自主权和其他合法权益受法律保护。

第三十条 【重大事项的范围】国家出资企业合并、分立、改制、上市,增加或者减少注册资本,发行债券,进行重大投资,为他人提供大额担保,转让重大财产,进行大额捐赠,分配利润,以及解散、申请破产等重大事项,应当遵守法律、行政法规以及企业章程的规定,不得损害出资人和债权人的权益。

第三十一条　【国有独资企业、公司重大事项的决定之一】国有独资企业、国有独资公司合并、分立,增加或者减少注册资本,发行债券,分配利润,以及解散、申请破产,由履行出资人职责的机构决定。

第三十二条　【国有独资企业、公司重大事项的决定之二】国有独资企业、国有独资公司有本法第三十条所列事项的,除依照本法第三十一条和有关法律、行政法规以及企业章程的规定,由履行出资人职责的机构决定的以外,国有独资企业由企业负责人集体讨论决定,国有独资公司由董事会决定。

第三十三条　【国有资本控股、参股公司重大事项的决定】国有资本控股公司、国有资本参股公司有本法第三十条所列事项的,依照法律、行政法规以及公司章程的规定,由公司股东会、股东大会或者董事会决定。由股东会、股东大会决定的,履行出资人职责的机构委派的股东代表应当依照本法第十三条的规定行使权利。

第三十四条　【应由政府批准的重大事项】重要的国有独资企业、国有独资公司、国有资本控股公司的合并、分立、解散、申请破产以及法律、行政法规和本级人民政府规定应当由履行出资人职责的机构报经本级人民政府批准的重大事项,履行出资人职责的机构在作出决定或者向其委派参加国有资本控股公司股东会会议、股东大会会议的股东代表作出指示前,应当报请本级人民政府批准。

本法所称的重要的国有独资企业、国有独资公司和国有资本控股公司,按照国务院的规定确定。

第三十五条　【政府其他部门的审批】国家出资企业发行债券、投资等事项,有关法律、行政法规规定应当报经人民政府或者人民政府有关部门、机构批准、核准或者备案的,依照其规定。

第三十七条　【听取职工意见和建议】国家出资企业的合并、分立、改制、解散、申请破产等重大事项,应当听取企业工会的意见,并通过职工代表大会或者其他形式听取职工的意见和建议。

第三十八条　【所出资企业的重大事项】国有独资企业、国有独资公司、国有资本控股公司对其所出资企业的重大事项参照本章规定履行出资人职责。具体办法由国务院规定。

第四十七条　【应当评估的情形】国有独资企业、国有独资公司和国有资本控股公司合并、分立、改制,转让重大财产,以非货币财产对外投资,清算或者有法律、行政法规以及企业章程规定应当进行资产评估的其他情形的,应当按照规定对有关资产进行评估。

第四十八条　【委托第三方评估】国有独资企业、国有独资公司和国有资本控股公司应当委托依法设立的符合条件的资产评估机构进行资产评估;涉及应当报经履行出资人职责的机构决定的事项的,应当将委托资产评估机构的情况向履行出资人职责的机构报告。

第五十一条　【国有资产转让的定义】本法所称国有资产转让,是指依法将国家对企业的出资所形成的权益转移给其他单位或者个人的行为;按照国家规定无偿划转国有资产的除外。

第五十三条 【国有资产转让的决定】国有资产转让由履行出资人职责的机构决定。履行出资人职责的机构决定转让全部国有资产的,或者转让部分国有资产致使国家对该企业不再具有控股地位的,应当报请本级人民政府批准。

第七十六条 【金融企业国有资产的适用】金融企业国有资产的管理与监督,法律、行政法规另有规定的,依照其规定。

第七十七条 【施行日期】本法自 2009 年 5 月 1 日起施行。

中华人民共和国反垄断法(节录)

1. 2007 年 8 月 30 日第十届全国人民代表大会常务委员会第二十九次会议通过

2. 根据 2022 年 6 月 24 日第十三届全国人民代表大会常务委员会第三十五次会议《关于修改〈中华人民共和国反垄断法〉的决定》修正

第一条 【立法目的】为了预防和制止垄断行为,保护市场公平竞争,鼓励创新,提高经济运行效率,维护消费者利益和社会公共利益,促进社会主义市场经济健康发展,制定本法。

第二条 【调整对象和适用范围】中华人民共和国境内经济活动中的垄断行为,适用本法;中华人民共和国境外的垄断行为,对境内市场竞争产生排除、限制影响的,适用本法。

第三条 【垄断行为的基本种类】本法规定的垄断行为包括:

(一)经营者达成垄断协议;

(二)经营者滥用市场支配地位;

(三)具有或者可能具有排除、限制竞争效果的经营者集中。

第六条 【对经营者集中的原则规定】经营者可以通过公平竞争、自愿联合,依法实施集中,扩大经营规模,提高市场竞争能力。

第七条 【禁止滥用市场支配地位的原则规定】具有市场支配地位的经营者,不得滥用市场支配地位,排除、限制竞争。

第八条 【对特定行业经营者的规范】国有经济占控制地位的关系国民经济命脉和国家安全的行业以及依法实行专营专卖的行业,国家对其经营者的合法经营活动予以保护,并对经营者的经营行为及其商品和服务的价格依法实施监管和调控,维护消费者利益,促进技术进步。

前款规定行业的经营者应当依法经营,诚实守信,严格自律,接受社会公众的监督,不得利用其控制地位或者专营专卖地位损害消费者利益。

第九条 【对数字经济领域反垄断的原则规定】经营者不得利用数据和算法、技术、资本优势以及平台规则等从事本法禁止的垄断行为。

第十条 【对行政性垄断的原则规定】行政机关和法律、法规授权的具有管理公共事务职能的组织不得滥用行政权力,排除、限制竞争。

第十一条 【反垄断规则制度和反垄断监管】国家健全完善反垄断规则制度,强化反垄断监管力量,提高监管能力和监管体系现代化水平,加强反垄断执法司法,依法公正高效审理垄断案件,健全行政执法和司法衔接机制,维护公平竞争秩序。

第十二条 【国务院反垄断委员会的职能】国务院设立反垄断委员会,负责组织、协调、指导反垄断工作,履行下列职责:

(一)研究拟订有关竞争政策;

(二)组织调查、评估市场总体竞争状况,发布评估报告;

(三)制定、发布反垄断指南;

(四)协调反垄断行政执法工作;

(五)国务院规定的其他职责。

国务院反垄断委员会的组成和工作规则由国务院规定。

第十三条 【国务院反垄断执法机构】国务院反垄断执法机构负责反垄断统一执法工作。

国务院反垄断执法机构根据工作需要,可以授权省、自治区、直辖市人民政府相应的机构,依照本法规定负责有关反垄断执法工作。

第十五条 【经营者和相关市场的定义】本法所称经营者,是指从事商品生产、经营或者提供服务的自然人、法人和非法人组织。

本法所称相关市场,是指经营者在一定时期内就特定商品或者服务(以下统称商品)进行竞争的商品范围和地域范围。

第二十二条 【市场支配地位定义和滥用市场支配地位的情形】禁止具有市场支配地位的经营者从事下列滥用市场支配地位的行为:

(一)以不公平的高价销售商品或者以不公平的低价购买商品;

(二)没有正当理由,以低于成本的价格销售商品;

(三)没有正当理由,拒绝与交易相对人进行交易;

(四)没有正当理由,限定交易相对人只能与其进行交易或者只能与其指定的经营者进行交易;

(五)没有正当理由搭售商品,或者在交易时附加其他不合理的交易条件;

(六)没有正当理由,对条件相同的交易相对人在交易价格等交易条件上实行差别待遇;

(七)国务院反垄断执法机构认定的其他滥用市场支配地位的行为。

具有市场支配地位的经营者不得利用数据和算法、技术以及平台规则等从事前款规定的滥用市场支配地位的行为。

本法所称市场支配地位,是指经营者在相关市场内具有能够控制商品价格、数量或者其他交易条件,或者能够阻碍、影响其他经营者进入相关市场能力的市场地位。

第二十三条 【认定市场支配地位的因素】认定经营者具有市场支配地位,应当依据下列因素:

(一)该经营者在相关市场的市场份额,以及相关市场的竞争状况;

（二）该经营者控制销售市场或者原材料采购市场的能力；

（三）该经营者的财力和技术条件；

（四）其他经营者对该经营者在交易上的依赖程度；

（五）其他经营者进入相关市场的难易程度；

（六）与认定该经营者市场支配地位有关的其他因素。

第二十四条　【市场支配地位推定】有下列情形之一的，可以推定经营者具有市场支配地位：

（一）一个经营者在相关市场的市场份额达到二分之一的；

（二）两个经营者在相关市场的市场份额合计达到三分之二的；

（三）三个经营者在相关市场的市场份额合计达到四分之三的。

有前款第二项、第三项规定的情形，其中有的经营者市场份额不足十分之一的，不应当推定该经营者具有市场支配地位。

被推定具有市场支配地位的经营者，有证据证明不具有市场支配地位的，不应当认定其具有市场支配地位。

第二十五条　【经营者集中的情形】经营者集中是指下列情形：

（一）经营者合并；

（二）经营者通过取得股权或者资产的方式取得对其他经营者的控制权；

（三）经营者通过合同等方式取得对其他经营者的控制权或者能够对其他经营者施加决定性影响。

第二十六条　【经营者集中申报】经营者集中达到国务院规定的申报标准的，经营者应当事先向国务院反垄断执法机构申报，未申报的不得实施集中。

经营者集中未达到国务院规定的申报标准，但有证据证明该经营者集中具有或者可能具有排除、限制竞争效果的，国务院反垄断执法机构可以要求经营者申报。

经营者未依照前两款规定进行申报的，国务院反垄断执法机构应当依法进行调查。

第二十七条　【经营者集中申报的豁免】经营者集中有下列情形之一的，可以不向国务院反垄断执法机构申报：

（一）参与集中的一个经营者拥有其他每个经营者百分之五十以上有表决权的股份或者资产的；

（二）参与集中的每个经营者百分之五十以上有表决权的股份或者资产被同一个未参与集中的经营者拥有的。

第三十条　【经营者集中的初步审查】国务院反垄断执法机构应当自收到经营者提交的符合本法第二十八条规定的文件、资料之日起三十日内，对申报的经营者集中进行初步审查，作出是否实施进一步审查的决定，并书面通知经营者。国务院反垄断执法机构作出决定前，经营者不得实施集中。

国务院反垄断执法机构作出不实施进一步审查的决定或者逾期未作出决定的，经营者可以实施集中。

第五十七条　【经营者滥用市场支配地位的法律责任】经营者违反本法规定，滥用市场支配地位的，由反垄断执法机构责令停止违法行为，没收违法所得，并处上一年度销售额百分之一以上百分之十以下的罚款。

第五十八条 【经营者违法实施经营者集中的法律责任】经营者违反本法规定实施集中,且具有或者可能具有排除、限制竞争效果的,由国务院反垄断执法机构责令停止实施集中、限期处分股份或者资产、限期转让营业以及采取其他必要措施恢复到集中前的状态,处上一年度销售额百分之十以下的罚款;不具有排除、限制竞争效果的,处五百万元以下的罚款。

第五十九条 【反垄断罚款的裁量因素】对本法第五十六条、第五十七条、第五十八条规定的罚款,反垄断执法机构确定具体罚款数额时,应当考虑违法行为的性质、程度、持续时间和消除违法行为后果的情况等因素。

第六十条 【反垄断民事责任和检察公益诉讼】经营者实施垄断行为,给他人造成损失的,依法承担民事责任。

经营者实施垄断行为,损害社会公共利益的,设区的市级以上人民检察院可以依法向人民法院提起民事公益诉讼。

第六十八条 【反垄断和知识产权保护】经营者依照有关知识产权的法律、行政法规规定行使知识产权的行为,不适用本法;但是,经营者滥用知识产权,排除、限制竞争的行为,适用本法。

第七十条 【施行日期】本法自 2008 年 8 月 1 日起施行。

中华人民共和国企业所得税法(节录)

1. 2007 年 3 月 16 日第十届全国人民代表大会第五次会议通过

2. 根据 2017 年 2 月 24 日第十二届全国人民代表大会常务委员会第二十六次会议《关于修改〈中华人民共和国企业所得税法〉的决定》第一次修正

3. 根据 2018 年 12 月 29 日第十三届全国人民代表大会常务委员会第七次会议《关于修改〈中华人民共和国电力法〉等四部法律的决定》第二次修正

第一条 【纳税对象】在中华人民共和国境内,企业和其他取得收入的组织(以下统称企业)为企业所得税的纳税人,依照本法的规定缴纳企业所得税。

个人独资企业、合伙企业不适用本法。

第二条 【企业的分类及其定义】企业分为居民企业和非居民企业。

本法所称居民企业,是指依法在中国境内成立,或者依照外国(地区)法律成立但实际管理机构在中国境内的企业。

本法所称非居民企业,是指依照外国(地区)法律成立且实际管理机构不在中国境内,但在中国境内设立机构、场所的,或者在中国境内未设立机构、场所,但有来源于中国境内所得的企业。

第三条 【缴纳范围】居民企业应当就其来源于中国境内、境外的所得缴纳企业所得税。

非居民企业在中国境内设立机构、场所的,应当就其所设机构、场所取得的来源于中国境内的所得,以及发生在中国境外但与其所设机构、场所有实际联系的所得,缴纳企业所得税。

非居民企业在中国境内未设立机构、场所的,或者虽设立机构、场所但取得的所得与其所设机构、场所没有实际联系的,应当就其来源于中国境内的所得缴纳企业所得税。

第四条 【税率】企业所得税的税率为25%。

非居民企业取得本法第三条第三款规定的所得,适用税率为20%。

第二十五条 【税收优惠】国家对重点扶持和鼓励发展的产业和项目,给予企业所得税优惠。

第二十六条 【免税收入】企业的下列收入为免税收入:

(一)国债利息收入;

(二)符合条件的居民企业之间的股息、红利等权益性投资收益;

(三)在中国境内设立机构、场所的非居民企业从居民企业取得与该机构、场所有实际联系的股息、红利等权益性投资收益;

(四)符合条件的非营利组织的收入。

第二十七条 【企业所得税的免减征范围】企业的下列所得,可以免征、减征企业所得税:

(一)从事农、林、牧、渔业项目的所得;

(二)从事国家重点扶持的公共基础设施项目投资经营的所得;

(三)从事符合条件的环境保护、节能节水项目的所得;

(四)符合条件的技术转让所得;

(五)本法第三条第三款规定的所得。

第三十五条 【税收优惠办法的制定】本法规定的税收优惠的具体办法,由国务院规定。

第三十六条 【专项优惠政策】根据国民经济和社会发展的需要,或者由于突发事件等原因对企业经营活动产生重大影响的,国务院可以制定企业所得税专项优惠政策,报全国人民代表大会常务委员会备案。

第六十条 【施行日期与旧法废止】本法自2008年1月1日起施行。1991年4月9日第七届全国人民代表大会第四次会议通过的《中华人民共和国外商投资企业和外国企业所得税法》和1993年12月13日国务院发布的《中华人民共和国企业所得税暂行条例》同时废止。

中华人民共和国契税法(节录)

1. 2020年8月11日第十三届全国人民代表大会常务委员会第二十一次会议通过

2. 2020年8月11日中华人民共和国主席令第52号公布

3. 自2021年9月1日起施行

第一条 【立法目的】在中华人民共和国境内转移土地、房屋权属,承受的单位和个人为契税的纳税人，应当依照本法规定缴纳契税。

第六条　【免征契税的情形】有下列情形之一的，免征契税：

（一）国家机关、事业单位、社会团体、军事单位承受土地、房屋权属用于办公、教学、医疗、科研、军事设施；

（二）非营利性的学校、医疗机构、社会福利机构承受土地、房屋权属用于办公、教学、医疗、科研、养老、救助；

（三）承受荒山、荒地、荒滩土地使用权用于农、林、牧、渔业生产；

（四）婚姻关系存续期间夫妻之间变更土地、房屋权属；

（五）法定继承人通过继承承受土地、房屋权属；

（六）依照法律规定应当予以免税的外国驻华使馆、领事馆和国际组织驻华代表机构承受土地、房屋权属。

根据国民经济和社会发展的需要，国务院对居民住房需求保障、企业改制重组、灾后重建等情形可以规定免征或者减征契税，报全国人民代表大会常务委员会备案。

第十六条　【施行日期】本法自 2021 年 9 月 1 日起施行。1997 年 7 月 7 日国务院发布的《中华人民共和国契税暂行条例》同时废止。

二、行政法规

企业国有资产监督管理暂行条例（节录）

1. 2003 年 5 月 27 日国务院令第 378 号公布

2. 根据 2011 年 1 月 8 日国务院令第 588 号《关于废止和修改部分行政法规的决定》第一次修订

3. 根据 2019 年 3 月 2 日国务院令第 709 号《关于修改部分行政法规的决定》第二次修订

第二条　国有及国有控股企业、国有参股企业中的国有资产的监督管理，适用本条例。金融机构中的国有资产的监督管理，不适用本条例。

第三条　本条例所称企业国有资产，是指国家对企业各种形式的投资和投资所形成的权益，以及依法认定为国家所有的其他权益。

第十二条　国务院国有资产监督管理机构是代表国务院履行出资人职责、负责监督管理企业国有资产的直属特设机构。

省、自治区、直辖市人民政府国有资产监督管理机构，设区的市、自治州级人民政府国有资产监督管理机构是代表本级政府履行出资人职责、负责监督管理企业国有资产的直属特设机构。

上级政府国有资产监督管理机构依法对下级政府的国有资产监督管理工作进行指导和监督。

第二十条 国有资产监督管理机构负责指导国有及国有控股企业建立现代企业制度，审核批准其所出资企业中的国有独资企业、国有独资公司的重组、股份制改造方案和所出资企业中的国有独资公司的章程。

第二十一条 国有资产监督管理机构依照法定程序决定其所出资企业中的国有独资企业、国有独资公司的分立、合并、破产、解散、增减资本、发行公司债券等重大事项。其中，重要的国有独资企业、国有独资公司分立、合并、破产、解散的，应当由国有资产监督管理机构审核后，报本级人民政府批准。

国有资产监督管理机构依照法定程序审核、决定国防科技工业领域其所出资企业中的国有独资企业、国有独资公司的有关重大事项时，按照国家有关法律、规定执行。

第二十三条 国有资产监督管理机构决定其所出资企业的国有股权转让。其中，转让全部国有股权或者转让部分国有股权致使国家不再拥有控股地位的，报本级人民政府批准。

第二十四条 所出资企业投资设立的重要子企业的重大事项，需由所出资企业报国有资产监督管理机构批准的，管理办法由国务院国有资产监督管理机构另行制定，报国务院批准。

第二十九条 被授权的国有独资企业、国有独资公司应当建立和完善规范的现代企业制度，并承担企业国有资产的保值增值责任。

第三十一条 国有资产监督管理机构应当建立企业国有资产产权交易监督管理制度，加强企业国有资产产权交易的监督管理，促进企业国有资产的合理流动，防止企业国有资产流失。

第三十二条 国有资产监督管理机构对其所出资企业的企业国有资产收益依法履行出资人职责；对其所出资企业的重大投融资规划、发展战略和规划，依照国家发展规划和产业政策履行出资人职责。

第四十条 对企业国有资产损失负有责任受到撤职以上纪律处分的国有及国有控股企业的企业负责人，5 年内不得担任任何国有及国有控股企业的企业负责人；造成企业国有资产重大损失或者被判处刑罚的，终身不得担任任何国有及国有控股企业的企业负责人。

第四十五条 政企尚未分开的单位，应当按照国务院的规定，加快改革，实现政企分开。政企分开后的企业，由国有资产监督管理机构依法履行出资人职责，依法对企业国有资产进行监督管理。

中华人民共和国市场主体登记管理条例(节录)

1. 2021年7月27日国务院令第746号公布
2. 自2022年3月1日起施行

第二条　本条例所称市场主体,是指在中华人民共和国境内以营利为目的从事经营活动的下列自然人、法人及非法人组织:

(一)公司、非公司企业法人及其分支机构;

(二)个人独资企业、合伙企业及其分支机构;

(三)农民专业合作社(联合社)及其分支机构;

(四)个体工商户;

(五)外国公司分支机构;

(六)法律、行政法规规定的其他市场主体。

第三条　市场主体应当依照本条例办理登记。未经登记,不得以市场主体名义从事经营活动。法律、行政法规规定无需办理登记的除外。

市场主体登记包括设立登记、变更登记和注销登记。

第四条　市场主体登记管理应当遵循依法合规、规范统一、公开透明、便捷高效的原则。

第五条　国务院市场监督管理部门主管全国市场主体登记管理工作。

县级以上地方人民政府市场监督管理部门主管本辖区市场主体登记管理工作,加强统筹指导和监督管理。

第八条　市场主体的一般登记事项包括:

(一)名称;

(二)主体类型;

(三)经营范围;

(四)住所或者主要经营场所;

(五)注册资本或者出资额;

(六)法定代表人、执行事务合伙人或者负责人姓名。

除前款规定外,还应当根据市场主体类型登记下列事项:

(一)有限责任公司股东、股份有限公司发起人、非公司企业法人出资人的姓名或者名称;

(二)个人独资企业的投资人姓名及居所;

(三)合伙企业的合伙人名称或者姓名、住所、承担责任方式;

(四)个体工商户的经营者姓名、住所、经营场所;

(五)法律、行政法规规定的其他事项。

第九条 市场主体的下列事项应当向登记机关办理备案：

（一）章程或者合伙协议；

（二）经营期限或者合伙期限；

（三）有限责任公司股东或者股份有限公司发起人认缴的出资数额，合伙企业合伙人认缴或者实际缴付的出资数额、缴付期限和出资方式；

（四）公司董事、监事、高级管理人员；

（五）农民专业合作社（联合社）成员；

（六）参加经营的个体工商户家庭成员姓名；

（七）市场主体登记联络员、外商投资企业法律文件送达接受人；

（八）公司、合伙企业等市场主体受益所有人相关信息；

（九）法律、行政法规规定的其他事项。

第十五条 市场主体实行实名登记。申请人应当配合登记机关核验身份信息。

第二十一条 申请人申请市场主体设立登记，登记机关依法予以登记的，签发营业执照。营业执照签发日期为市场主体的成立日期。

法律、行政法规或者国务院决定规定设立市场主体须经批准的，应当在批准文件有效期内向登记机关申请登记。

第二十四条 市场主体变更登记事项，应当自作出变更决议、决定或者法定变更事项发生之日起30日内向登记机关申请变更登记。

市场主体变更登记事项属于依法须经批准的，申请人应当在批准文件有效期内向登记机关申请变更登记。

第二十九条 市场主体变更本条例第九条规定的备案事项的，应当自作出变更决议、决定或者法定变更事项发生之日起30日内向登记机关办理备案。农民专业合作社（联合社）成员发生变更的，应当自本会计年度终了之日起90日内向登记机关办理备案。

第三十五条 市场主体应当按照国家有关规定公示年度报告和登记相关信息。

第三十九条 登记机关对市场主体涉嫌违反本条例规定的行为进行查处，可以行使下列职权：

（一）进入市场主体的经营场所实施现场检查；

（二）查阅、复制、收集与市场主体经营活动有关的合同、票据、账簿以及其他资料；

（三）向与市场主体经营活动有关的单位和个人调查了解情况；

（四）依法责令市场主体停止相关经营活动；

（五）依法查询涉嫌违法的市场主体的银行账户；

（六）法律、行政法规规定的其他职权。

登记机关行使前款第四项、第五项规定的职权的，应当经登记机关主要负责人批准。

第四十条 提交虚假材料或者采取其他欺诈手段隐瞒重要事实取得市场主体登记的，受虚假市场主体登记影响的自然人、法人和其他组织可以向登记机关提出撤销市场主体登记的申请。

登记机关受理申请后，应当及时开展调查。经调查认定存在虚假市场主体登记情形的，登记机关应当撤销市场主体登记。相关市场主体和人员无法联系或者拒不配合的，登记机关可以将相关市场主体的登记时间、登记事项等通过国家企业信用信息公示系统向社会公示，公示期为45日。相关市场主体及其利害关系人在公示期内没有提出异议的，登记机关可以撤销市场主体登记。

因虚假市场主体登记被撤销的市场主体，其直接责任人自市场主体登记被撤销之日起3年内不得再次申请市场主体登记。登记机关应当通过国家企业信用信息公示系统予以公示。

第四十一条　有下列情形之一的，登记机关可以不予撤销市场主体登记：

（一）撤销市场主体登记可能对社会公共利益造成重大损害；

（二）撤销市场主体登记后无法恢复到登记前的状态；

（三）法律、行政法规规定的其他情形。

第四十二条　登记机关或者其上级机关认定撤销市场主体登记决定错误的，可以撤销该决定，恢复原登记状态，并通过国家企业信用信息公示系统公示。

第四十四条　提交虚假材料或者采取其他欺诈手段隐瞒重要事实取得市场主体登记的，由登记机关责令改正，没收违法所得，并处5万元以上20万元以下的罚款；情节严重的，处20万元以上100万元以下的罚款，吊销营业执照。

第四十五条　实行注册资本实缴登记制的市场主体虚报注册资本取得市场主体登记的，由登记机关责令改正，处虚报注册资本金额5%以上15%以下的罚款；情节严重的，吊销营业执照。

实行注册资本实缴登记制的市场主体的发起人、股东虚假出资，未交付或者未按期交付作为出资的货币或者非货币财产的，或者在市场主体成立后抽逃出资的，由登记机关责令改正，处虚假出资金额5%以上15%以下的罚款。

第四十六条　市场主体未依照本条例办理变更登记的，由登记机关责令改正；拒不改正的，处1万元以上10万元以下的罚款；情节严重的，吊销营业执照。

第四十七条　市场主体未依照本条例办理备案的，由登记机关责令改正；拒不改正的，处5万元以下的罚款。

第五十一条　违反本条例规定，构成犯罪的，依法追究刑事责任。

第五十二条　法律、行政法规对市场主体登记管理违法行为处罚另有规定的，从其规定。

第五十三条　国务院市场监督管理部门可以依照本条例制定市场主体登记和监督管理的具体办法。

第五十五条　本条例自2022年3月1日起施行。《中华人民共和国公司登记管理条例》、《中华人民共和国企业法人登记管理条例》、《中华人民共和国合伙企业登记管理办法》、《农民专业合作社登记管理条例》、《企业法人法定代表人登记管理规定》同时废止。

国务院关于实施《中华人民共和国公司法》注册资本登记管理制度的规定

2024年7月1日国务院令第784号公布施行

第一条 为了加强公司注册资本登记管理,规范股东依法履行出资义务,维护市场交易安全,优化营商环境,根据《中华人民共和国公司法》(以下简称公司法),制定本规定。

第二条 2024年6月30日前登记设立的公司,有限责任公司剩余认缴出资期限自2027年7月1日起超过5年的,应当在2027年6月30日前将其剩余认缴出资期限调整至5年内并记载于公司章程,股东应当在调整后的认缴出资期限内足额缴纳认缴的出资额;股份有限公司的发起人应当在2027年6月30日前按照其认购的股份全额缴纳股款。

公司生产经营涉及国家利益或者重大公共利益,国务院有关主管部门或者省级人民政府提出意见的,国务院市场监督管理部门可以同意其按原出资期限出资。

第三条 公司出资期限、注册资本明显异常的,公司登记机关可以结合公司的经营范围、经营状况以及股东的出资能力、主营项目、资产规模等进行研判,认定违背真实性、合理性原则的,可以依法要求其及时调整。

第四条 公司调整股东认缴和实缴的出资额、出资方式、出资期限,或者调整发起人认购的股份数等,应当自相关信息产生之日起20个工作日内通过国家企业信用信息公示系统向社会公示。

公司应当确保前款公示信息真实、准确、完整。

第五条 公司登记机关采取随机抽取检查对象、随机选派执法检查人员的方式,对公司公示认缴和实缴情况进行监督检查。

公司登记机关应当加强与有关部门的信息互联共享,根据公司的信用风险状况实施分类监管,强化信用风险分类结果的综合应用。

第六条 公司未按照本规定调整出资期限、注册资本的,由公司登记机关责令改正;逾期未改正的,由公司登记机关在国家企业信用信息公示系统作出特别标注并向社会公示。

第七条 公司因被吊销营业执照、责令关闭或者被撤销,或者通过其住所、经营场所无法联系被列入经营异常名录,出资期限、注册资本不符合本规定且无法调整的,公司登记机关对其另册管理,在国家企业信用信息公示系统作出特别标注并向社会公示。

第八条 公司自被吊销营业执照、责令关闭或者被撤销之日起,满3年未向公司登记机关申请注销公司登记的,公司登记机关可以通过国家企业信用信息公示系统予以公告,公告期限不少于60日。

公告期内,相关部门、债权人以及其他利害关系人向公司登记机关提出异议的,注销程序终止。公告期限届满后无异议的,公司登记机关可以注销公司登记,并在国家企业信用信息公示系统作出特别标注。

第九条　公司的股东或者发起人未按照本规定缴纳认缴的出资额或者股款，或者公司未依法公示有关信息的，依照公司法、《企业信息公示暂行条例》的有关规定予以处罚。

第十条　公司登记机关应当对公司调整出资期限、注册资本加强指导，制定具体操作指南，优化办理流程，提高登记效率，提升登记便利化水平。

第十一条　国务院市场监督管理部门根据本规定，制定公司注册资本登记管理的具体实施办法。

第十二条　上市公司依照公司法和国务院规定，在公司章程中规定在董事会中设置审计委员会，并载明审计委员会的组成、职权等事项。

第十三条　本规定自公布之日起施行。

国务院关于经营者集中申报标准的规定

1．2008年8月3日国务院令第529号公布

2．根据2018年9月18日国务院令第703号《关于修改部分行政法规的决定》第一次修订

3．2024年1月22日国务院令第773号第二次修订

第一条　为了明确经营者集中的申报标准，根据《中华人民共和国反垄断法》，制定本规定。

第二条　经营者集中是指下列情形：

（一）经营者合并；

（二）经营者通过取得股权或者资产的方式取得对其他经营者的控制权；

（三）经营者通过合同等方式取得对其他经营者的控制权或者能够对其他经营者施加决定性影响。

第三条　经营者集中达到下列标准之一的，经营者应当事先向国务院反垄断执法机构申报，未申报的不得实施集中：

（一）参与集中的所有经营者上一会计年度在全球范围内的营业额合计超过120亿元人民币，并且其中至少两个经营者上一会计年度在中国境内的营业额均超过8亿元人民币；

（二）参与集中的所有经营者上一会计年度在中国境内的营业额合计超过40亿元人民币，并且其中至少两个经营者上一会计年度在中国境内的营业额均超过8亿元人民币。

营业额的计算，应当考虑银行、保险、证券、期货等特殊行业、领域的实际情况，具体办法由国务院反垄断执法机构会同国务院有关部门制定。

第四条　经营者集中未达到本规定第三条规定的申报标准，但有证据证明该经营者集中具有或者可能具有排除、限制竞争效果的，国务院反垄断执法机构可以要求经营者申报。

第五条　经营者未依照本规定第三条和第四条规定进行申报的，国务院反垄断执法机构应当依法进行调查。

第六条 国务院反垄断执法机构应当根据经济发展情况，对本规定确定的申报标准的实施情况进行评估。

第七条 本规定自公布之日起施行。

中华人民共和国企业所得税法实施条例（节录）

1. 2007年12月6日国务院令第215号公布

2. 根据2019年4月23日国务院令第714号《关于修改部分行政法规的决定》修订

第一条 根据《中华人民共和国企业所得税法》（以下简称企业所得税法）的规定，制定本条例。

第二条 企业所得税法第一条所称个人独资企业、合伙企业，是指依照中国法律、行政法规成立的个人独资企业、合伙企业。

第三条 企业所得税法第二条所称依法在中国境内成立的企业，包括依照中国法律、行政法规在中国境内成立的企业、事业单位、社会团体以及其他取得收入的组织。

企业所得税法第二条所称依照外国（地区）法律成立的企业，包括依照外国（地区）法律成立的企业和其他取得收入的组织。

第五十六条 企业的各项资产，包括固定资产、生物资产、无形资产、长期待摊费用、投资资产、存货等，以历史成本为计税基础。

前款所称历史成本，是指企业取得该项资产时实际发生的支出。

企业持有各项资产期间资产增值或者减值，除国务院财政、税务主管部门规定可以确认损益外，不得调整该资产的计税基础。

第七十四条 企业所得税法第十六条所称资产的净值和第十九条所称财产净值，是指有关资产、财产的计税基础减除已经按照规定扣除的折旧、折耗、摊销、准备金等后的余额。

第七十五条 除国务院财政、税务主管部门另有规定外，企业在重组过程中，应当在交易发生时确认有关资产的转让所得或者损失，相关资产应当按照交易价格重新确定计税基础。

第八十三条 企业所得税法第二十六条第（二）项所称符合条件的居民企业之间的股息、红利等权益性投资收益，是指居民企业直接投资于其他居民企业取得的投资收益。企业所得税法第二十六条第（二）项和第（三）项所称股息、红利等权益性投资收益，不包括连续持有居民企业公开发行并上市流通的股票不足12个月取得的投资收益。

第一百零九条 企业所得税法第四十一条所称关联方，是指与企业有下列关联关系之一的企业、其他组织或者个人：

（一）在资金、经营、购销等方面存在直接或者间接的控制关系；

（二）直接或者间接地同为第三者控制；

（三）在利益上具有相关联的其他关系。

第一百一十七条　企业所得税法第四十五条所称控制,包括:

(一)居民企业或者中国居民直接或者间接单一持有外国企业 10% 以上有表决权股份,且由其共同持有该外国企业 50% 以上股份;

(二)居民企业,或者居民企业和中国居民持股比例没有达到第(一)项规定的标准,但在股份、资金、经营、购销等方面对该外国企业构成实质控制。

第一百一十九条　企业所得税法第四十六条所称债权性投资,是指企业直接或者间接从关联方获得的,需要偿还本金和支付利息或者需要以其他具有支付利息性质的方式予以补偿的融资。

企业间接从关联方获得的债权性投资,包括:

(一)关联方通过无关联第三方提供的债权性投资;

(二)无关联第三方提供的、由关联方担保且负有连带责任的债权性投资;

(三)其他间接从关联方获得的具有负债实质的债权性投资。

企业所得税法第四十六条所称权益性投资,是指企业接受的不需要偿还本金和支付利息,投资人对企业净资产拥有所有权的投资。

企业所得税法第四十六条所称标准,由国务院财政、税务主管部门另行规定。

第一百二十条　企业所得税法第四十七条所称不具有合理商业目的,是指以减少、免除或者推迟缴纳税款为主要目的。

第一百二十三条　企业与其关联方之间的业务往来,不符合独立交易原则,或者企业实施其他不具有合理商业目的的安排的,税务机关有权在该业务发生的纳税年度起 10 年内,进行纳税调整。

第一百三十二条　本条例自 2008 年 1 月 1 日起施行。1991 年 6 月 30 日国务院发布的《中华人民共和国外商投资企业和外国企业所得税法实施细则》和 1994 年 2 月 4 日财政部发布的《中华人民共和国企业所得税暂行条例实施细则》同时废止。

中华人民共和国增值税暂行条例(节录)

1. 1993 年 12 月 13 日国务院令第 134 号公布

2. 2008 年 11 月 5 日国务院第 34 次常务会议修订通过

3. 根据 2016 年 2 月 6 日国务院令第 666 号《关于修改部分行政法规的决定》第一次修订

4. 根据 2017 年 11 月 19 日国务院令第 691 号《关于废止〈中华人民共和国营业税暂行条例〉和修改〈中华人民共和国增值税暂行条例〉的决定》第二次修订

第一条　在中华人民共和国境内销售货物或者加工、修理修配劳务(以下简称劳务),销售服务、无形资产、不动产以及进口货物的单位和个人,为增值税的纳税人,应当依照本条例缴纳增值税。

第二条 增值税税率：

（一）纳税人销售货物、劳务、有形动产租赁服务或者进口货物，除本条第二项、第四项、第五项另有规定外，税率为17%。

（二）纳税人销售交通运输、邮政、基础电信、建筑、不动产租赁服务，销售不动产，转让土地使用权，销售或者进口下列货物，税率为11%：

1. 粮食等农产品、食用植物油、食用盐；

2. 自来水、暖气、冷气、热水、煤气、石油液化气、天然气、二甲醚、沼气、居民用煤炭制品；

3. 图书、报纸、杂志、音像制品、电子出版物；

4. 饲料、化肥、农药、农机、农膜；

5. 国务院规定的其他货物。

（三）纳税人销售服务、无形资产，除本条第一项、第二项、第五项另有规定外，税率为6%。

（四）纳税人出口货物，税率为零；但是，国务院另有规定的除外。

（五）境内单位和个人跨境销售国务院规定范围内的服务、无形资产，税率为零。

税率的调整，由国务院决定。

第三条 纳税人兼营不同税率的项目，应当分别核算不同税率项目的销售额；未分别核算销售额的，从高适用税率。

第四条 除本条例第十一条规定外，纳税人销售货物、劳务、服务、无形资产、不动产（以下统称应税销售行为），应纳税额为当期销项税额抵扣当期进项税额后的余额。应纳税额计算公式：

应纳税额＝当期销项税额－当期进项税额

当期销项税额小于当期进项税额不足抵扣时，其不足部分可以结转下期继续抵扣。

第五条 纳税人发生应税销售行为，按照销售额和本条例第二条规定的税率计算收取的增值税额，为销项税额。销项税额计算公式：

销项税额＝销售额×税率

第六条 销售额为纳税人发生应税销售行为收取的全部价款和价外费用，但是不包括收取的销项税额。

销售额以人民币计算。纳税人以人民币以外的货币结算销售额的，应当折合成人民币计算。

第七条 纳税人发生应税销售行为的价格明显偏低并无正当理由的，由主管税务机关核定其销售额。

第八条 纳税人购进货物、劳务、服务、无形资产、不动产支付或者负担的增值税额，为进项税额。

下列进项税额准予从销项税额中抵扣：

（一）从销售方取得的增值税专用发票上注明的增值税额。

（二）从海关取得的海关进口增值税专用缴款书上注明的增值税额。

（三）购进农产品，除取得增值税专用发票或者海关进口增值税专用缴款书外，按照农产品收购发票或者销售发票上注明的农产品买价和11%的扣除率计算的进项税额，国务院另有规定的除外。进项税额计算公式：

进项税额＝买价×扣除率

（四）自境外单位或者个人购进劳务、服务、无形资产或者境内的不动产，从税务机关或者扣缴义务人取得的代扣代缴税款的完税凭证上注明的增值税额。

准予抵扣的项目和扣除率的调整，由国务院决定。

第九条　纳税人购进货物、劳务、服务、无形资产、不动产，取得的增值税扣税凭证不符合法律、行政法规或者国务院税务主管部门有关规定的，其进项税额不得从销项税额中抵扣。

第十五条　下列项目免征增值税：

（一）农业生产者销售的自产农产品；

（二）避孕药品和用具；

（三）古旧图书；

（四）直接用于科学研究、科学试验和教学的进口仪器、设备；

（五）外国政府、国际组织无偿援助的进口物资和设备；

（六）由残疾人的组织直接进口供残疾人专用的物品；

（七）销售的自己使用过的物品。

除前款规定外，增值税的免税、减税项目由国务院规定。任何地区、部门均不得规定免税、减税项目。

第二十六条　增值税的征收管理，依照《中华人民共和国税收征收管理法》及本条例有关规定执行。

第二十七条　纳税人缴纳增值税的有关事项，国务院或者国务院财政、税务主管部门经国务院同意另有规定的，依照其规定。

第二十八条　本条例自2009年1月1日起施行。

中华人民共和国土地增值税暂行条例（节录）

1. 1993年12月13日国务院令第138号公布

2. 根据2011年1月8日国务院令第588号《关于废止和修改部分行政法规的决定》修订

第二条　转让国有土地使用权、地上的建筑物及其附着物（以下简称转让房地产）并取得收入的单位和个人，为土地增值税的纳税义务人（以下简称纳税人），应当依照本条例缴纳土地增值税。

第三条　土地增值税按照纳税人转让房地产所取得的增值额和本条例第七条规定的税率计算征收。

第四条　纳税人转让房地产所取得的收入减除本条例第六条规定扣除项目金额后的余额，

为增值额。

第五条 纳税人转让房地产所取得的收入，包括货币收入、实物收入和其他收入。

第六条 计算增值额的扣除项目：

（一）取得土地使用权所支付的金额；

（二）开发土地的成本、费用；

（三）新建房及配套设施的成本、费用，或者旧房及建筑物的评估价格；

（四）与转让房地产有关的税金；

（五）财政部规定的其他扣除项目。

第十二条 纳税人未按照本条例缴纳土地增值税的，土地管理部门、房产管理部门不得办理有关的权属变更手续。

第十三条 土地增值税的征收管理，依据《中华人民共和国税收征收管理法》及本条例有关规定执行。

第十四条 本条例由财政部负责解释，实施细则由财政部制定。

优化营商环境条例（节录）

1. 2019年10月22日国务院令第722号公布

2. 自2020年1月1日起施行

第一条 为了持续优化营商环境，不断解放和发展社会生产力，加快建设现代化经济体系，推动高质量发展，制定本条例。

第二条 本条例所称营商环境，是指企业等市场主体在市场经济活动中所涉及的体制机制性因素和条件。

第三条 国家持续深化简政放权、放管结合、优化服务改革，最大限度减少政府对市场资源的直接配置，最大限度减少政府对市场活动的直接干预，加强和规范事中事后监管，着力提升政务服务能力和水平，切实降低制度性交易成本，更大激发市场活力和社会创造力，增强发展动力。

各级人民政府及其部门应当坚持政务公开透明，以公开为常态、不公开为例外，全面推进决策、执行、管理、服务、结果公开。

第四条 优化营商环境应当坚持市场化、法治化、国际化原则，以市场主体需求为导向，以深刻转变政府职能为核心，创新体制机制、强化协同联动、完善法治保障，对标国际先进水平，为各类市场主体投资兴业营造稳定、公平、透明、可预期的良好环境。

第五条 国家加快建立统一开放、竞争有序的现代市场体系，依法促进各类生产要素自由流动，保障各类市场主体公平参与市场竞争。

第六条 国家鼓励、支持、引导非公有制经济发展，激发非公有制经济活力和创造力。

国家进一步扩大对外开放，积极促进外商投资，平等对待内资企业、外商投资企业等各类市场主体。

第十条　国家坚持权利平等、机会平等、规则平等，保障各种所有制经济平等受到法律保护。

第十一条　市场主体依法享有经营自主权。对依法应当由市场主体自主决策的各类事项，任何单位和个人不得干预。

第十二条　国家保障各类市场主体依法平等使用资金、技术、人力资源、土地使用权及其他自然资源等各类生产要素和公共服务资源。

各类市场主体依法平等适用国家支持发展的政策。政府及其有关部门在政府资金安排、土地供应、税费减免、资质许可、标准制定、项目申报、职称评定、人力资源政策等方面，应当依法平等对待各类市场主体，不得制定或者实施歧视性政策措施。

第二十条　国家持续放宽市场准入，并实行全国统一的市场准入负面清单制度。市场准入负面清单以外的领域，各类市场主体均可以依法平等进入。

各地区、各部门不得另行制定市场准入性质的负面清单。

第二十一条　政府有关部门应当加大反垄断和反不正当竞争执法力度，有效预防和制止市场经济活动中的垄断行为、不正当竞争行为以及滥用行政权力排除、限制竞争的行为，营造公平竞争的市场环境。

第六十四条　没有法律、法规或者国务院决定和命令依据的，行政规范性文件不得减损市场主体合法权益或者增加其义务，不得设置市场准入和退出条件，不得干预市场主体正常生产经营活动。

涉及市场主体权利义务的行政规范性文件应当按照法定要求和程序予以公布，未经公布的不得作为行政管理依据。

第六十五条　制定与市场主体生产经营活动密切相关的行政法规、规章、行政规范性文件，应当结合实际，确定是否为市场主体留出必要的适应调整期。

政府及其有关部门应当统筹协调、合理把握规章、行政规范性文件等的出台节奏，全面评估政策效果，避免因政策叠加或者相互不协调对市场主体正常生产经营活动造成不利影响。

第七十二条　本条例自2020年1月1日起施行。

国务院关于进一步优化企业兼并重组市场环境的意见

1. 2014年3月7日

2. 国发〔2014〕14号

各省、自治区、直辖市人民政府，国务院各部委、各直属机构：

兼并重组是企业加强资源整合、实现快速发展、提高竞争力的有效措施，是化解产能严重过剩矛盾、调整优化产业结构、提高发展质量效益的重要途径。近年来,我国企业兼并重组步伐加快,但仍面临审批多、融资难、负担重、服务体系不健全、体制机制不完善、跨地区跨所有制兼并重组困难等问题。为深入贯彻党的十八大和十八届二中、三中全会精神,认真落实党中央和国务院的决策部署,营造良好的市场环境,充分发挥企业在兼并重组中的主体作用,现提出以下意见:

一、主要目标和基本原则

(一)主要目标。

1. 体制机制进一步完善。企业兼并重组相关行政审批事项逐步减少,审批效率不断提高,有利于企业兼并重组的市场体系进一步完善,市场壁垒逐步消除。

2. 政策环境更加优化。有利于企业兼并重组的金融、财税、土地、职工安置等政策进一步完善,企业兼并重组融资难、负担重等问题逐步得到解决,兼并重组服务体系不断健全。

3. 企业兼并重组取得新成效。兼并重组活动日趋活跃,一批企业通过兼并重组焕发活力,有的成长为具有国际竞争力的大企业大集团,产业竞争力进一步增强,资源配置效率显著提高,过剩产能得到化解,产业结构持续优化。

(二)基本原则。

1. 尊重企业主体地位。有效调动企业积极性,由企业自主决策、自愿参与兼并重组,坚持市场化运作,避免违背企业意愿的"拉郎配"。

2. 发挥市场机制作用。发挥市场在资源配置中的决定性作用,加快建立公平开放透明的市场规则,消除企业兼并重组的体制机制障碍,完善统一开放、竞争有序的市场体系。

3. 改善政府的管理和服务。取消限制企业兼并重组和增加企业兼并重组负担的不合理规定,解决企业兼并重组面临的突出问题,引导和激励各种所有制企业自主、自愿参与兼并重组。

二、加快推进审批制度改革

(三)取消下放部分审批事项。系统梳理企业兼并重组涉及的审批事项,缩小审批范围,对市场机制能有效调节的事项,取消相关审批。取消上市公司收购报告书事前审核,强化事后问责。取消上市公司重大资产购买、出售、置换行为审批(构成借壳上市的除外)。对上市公司要约收购义务豁免的部分情形,取消审批。地方国有股东所持上市公司股份的转让,下放地方政府审批。

(四)简化审批程序。优化企业兼并重组相关审批流程,推行并联式审批,避免互为前置条件。实行上市公司并购重组分类审核,对符合条件的企业兼并重组实行快速审核或豁免审核。简化海外并购的外汇管理,改革外汇登记要求,进一步促进投资便利化。优化国内企业境外收购的事前信息报告确认程序,加快办理相关核准手续。提高经营者集中反垄断审查效率。企业兼并重组涉及的生产许可、工商登记、资产权属证明等变更手续,从简限时办理。

三、改善金融服务

(五)优化信贷融资服务。引导商业银行在风险可控的前提下积极稳妥开展并购贷款业务。推动商业银行对兼并重组企业实行综合授信，改善对企业兼并重组的信贷服务。

（六）发挥资本市场作用。符合条件的企业可以通过发行股票、企业债券、非金融企业债务融资工具、可转换债券等方式融资。允许符合条件的企业发行优先股、定向发行可转换债券作为兼并重组支付方式，研究推进定向权证等作为支付方式。鼓励证券公司开展兼并重组融资业务，各类财务投资主体可以通过设立股权投资基金、创业投资基金、产业投资基金、并购基金等形式参与兼并重组。对上市公司发行股份实施兼并事项，不设发行数量下限，兼并非关联企业不再强制要求作出业绩承诺。非上市公众公司兼并重组，不实施全面要约收购制度。改革上市公司兼并重组的股份定价机制，增加定价弹性。非上市公众公司兼并重组，允许实行股份协商定价。

四、落实和完善财税政策

（七）完善企业所得税、土地增值税政策。修订完善兼并重组企业所得税特殊性税务处理的政策，降低收购股权（资产）占被收购企业全部股权（资产）的比例限制，扩大特殊性税务处理政策的适用范围。抓紧研究完善非货币性资产投资交易的企业所得税、企业改制重组涉及的土地增值税等相关政策。

（八）落实增值税、营业税等政策。企业通过合并、分立、出售、置换等方式，转让全部或者部分实物资产以及与其相关联的债权、债务和劳动力的，不属于增值税和营业税征收范围，不应视同销售而征收增值税和营业税。税务部门要加强跟踪管理，企业兼并重组工作牵头部门要积极协助财税部门做好相关税收政策的落实。

（九）加大财政资金投入。中央财政适当增加工业转型升级资金规模，引导实施兼并重组的企业转型升级。利用现有中央财政关闭小企业资金渠道，调整使用范围，帮助实施兼并重组的企业安置职工、转型转产。加大对企业兼并重组公共服务的投入力度。各地要安排资金，按照行政职责，解决本地区企业兼并重组工作中的突出问题。

（十）进一步发挥国有资本经营预算资金的作用。根据企业兼并重组的方向、重点和目标，合理安排国有资本经营预算资金引导国有企业实施兼并重组、做优做强，研究完善相关管理制度，提高资金使用效率。

五、完善土地管理和职工安置政策

（十一）完善土地使用政策。政府土地储备机构有偿收回企业因兼并重组而退出的土地，按规定支付给企业的土地补偿费可以用于企业安置职工、偿还债务等支出。企业兼并重组中涉及因实施城市规划需要搬迁的工业项目，在符合城乡规划及国家产业政策的条件下，市县国土资源管理部门经审核并报同级人民政府批准，可收回原国有土地使用权，并以协议出让或租赁方式为原土地使用权人重新安排工业用地。企业兼并重组涉及土地转让、改变用途的，国土资源、住房城乡建设部门要依法依规加快办理相关用地和规划手续。

（十二）进一步做好职工安置工作。落实完善兼并重组职工安置政策。实施兼并重组的企业要按照国家有关法律法规及政策规定，做好职工安置工作，妥善处理职工劳动关系。地方各级人民政府要进一步落实促进职工再就业政策，做好职工社会保险关系转移接续，保障职工合法权益。对采取有效措施稳定职工队伍的企业给予稳定岗位补贴，所需资金从失业保险基金中列支。

六、加强产业政策引导

（十三）发挥产业政策作用。提高节能、环保、质量、安全等标准，规范行业准入，形成倒逼机制，引导企业兼并重组。支持企业通过兼并重组压缩过剩产能、淘汰落后产能、促进转型转产。产能严重过剩行业项目建设，须制定产能置换方案，实施等量或减量置换。

（十四）鼓励优强企业兼并重组。推动优势企业强强联合、实施战略性重组，带动中小企业“专精特新”发展，形成优强企业主导、大中小企业协调发展的产业格局。

（十五）引导企业开展跨国并购。落实完善企业跨国并购的相关政策，鼓励具备实力的企业开展跨国并购，在全球范围内优化资源配置。规范企业海外并购秩序，加强竞争合作，推动互利共赢。积极指导企业制定境外并购风险应对预案，防范债务风险。鼓励外资参与我国企业兼并重组。

（十六）加强企业兼并重组后的整合。鼓励企业通过兼并重组优化资金、技术、人才等生产要素配置，实施业务流程再造和技术升级改造，加强管理创新，实现优势互补、做优做强。

七、进一步加强服务和管理

（十七）推进服务体系建设。进一步完善企业兼并重组公共信息服务平台，拓宽信息交流渠道。培育一批业务能力强、服务质量高的中介服务机构，提高关键领域、薄弱环节的服务能力，促进中介服务机构专业化、规范化发展。发挥行业协会在企业兼并重组中的重要作用。

（十八）建立统计监测制度。加强企业兼并重组的统计信息工作，构建企业兼并重组统计指标体系，建立和完善统计调查、监测分析和发布制度。整合行业协会、中介组织等信息资源，畅通统计信息渠道，为企业提供及时有效的信息服务。

（十九）规范企业兼并重组行为。严格依照有关法律法规和政策，保护职工、债权人和投资者的合法权益。完善国有产权转让有关规定，规范国有资产处置，防止国有资产流失。采取切实措施防止企业通过兼并重组逃废银行债务，依法维护金融债权，保障金融机构合法权益。在资本市场上，主板、中小板企业兼并重组构成借壳上市的，要符合首次公开发行条件。加强上市公司和非上市公众公司信息披露，强化事中、事后监管，严厉查处内幕交易等违法违规行为。加强外国投资者并购境内企业安全审查，维护国家安全。

八、健全企业兼并重组的体制机制

（二十）完善市场体系建设。深化要素配置市场化改革，进一步完善多层次资本市场体系。加快建立现代企业产权制度，促进产权顺畅流转。加强反垄断和反不正当竞争执法，规范市场竞争秩序，加强市场监管，促进公平竞争和优胜劣汰。行政机关和法律法规授权的具有管理公共事务职责的组织，应严格遵守反垄断法，不得滥用行政权力排除和限制竞争。

（二十一）消除跨地区兼并重组障碍。清理市场分割、地区封锁等限制，加强专项监督检查，落实责任追究制度。加大一般性转移支付力度，平衡地区间利益关系。落实跨地区机构企业所得税分配政策，协调解决企业兼并重组跨地区利益分享问题，解决跨地区被兼并企业的统计归属问题。

（二十二）放宽民营资本市场准入。向民营资本开放非明确禁止进入的行业和领域。推动企业股份制改造，发展混合所有制经济，支持国有企业母公司通过出让股份、增资扩股、合资合作引入民营资本。加快垄断行业改革，向民营资本开放垄断行业的竞争性业务领域。优势企业不得利用垄断力量限制民营企业参与市场竞争。

（二十三）深化国有企业改革。深入推进国有企业产权多元化改革，完善公司治理结构。改革国有企业负责人任免、评价、激励和约束机制，完善国有企业兼并重组考核评价体系。加大国有企业内部资源整合力度，推动国有资本更多投向关系国家安全、国民经济命脉的重要行业和关键领域。

九、切实抓好组织实施

（二十四）进一步加大统筹协调力度。充分发挥企业兼并重组工作部际协调小组的作用，解决跨地区跨所有制企业兼并重组和跨国并购中的重大问题，做好重大部署的落实，组织开展政策执行情况评估和监督检查。各有关部门要按照职责分工抓紧制定出台配套政策措施，加强协调配合，完善工作机制，扎实推进各项工作。

（二十五）切实加强组织领导。各地区要按照本意见要求，结合当地实际抓紧制定优化企业兼并重组市场环境的具体方案，建立健全协调机制和服务体系，积极协调解决本地区企业兼并重组中遇到的问题，确保各项政策措施落到实处，有关重大事项及时报告企业兼并重组工作部际协调小组。

三、部门规章

上市公司重大资产重组管理办法（节录）

1. *2014年10月23日中国证券监督管理委员会令第109号公布*
2. *根据2016年9月8日中国证券监督管理委员会令第127号《关于修改〈上市公司重大资产重组管理办法〉的决定》第一次修正*
3. *根据2019年10月18日中国证券监督管理委员会令第159号《关于修改〈上市公司重大资产重组管理办法〉的决定》第二次修正*
4. *根据2020年3月20日中国证券监督管理委员会令第166号《关于修改部分证券期货规章的决定》第三次修正*
5. *2023年2月17日中国证券监督管理委员会令第214号修订*

第一条　为了规范上市公司重大资产重组行为，保护上市公司和投资者的合法权益，促进上市公司质量不断提高,维护证券市场秩序和社会公共利益,根据《中华人民共和国公司法》、《中华人民共和国证券法》(以下简称《证券法》)等法律、行政法规的规定,制定本办法。

第二条 本办法适用于上市公司及其控股或者控制的公司在日常经营活动之外购买、出售资产或者通过其他方式进行资产交易达到规定的标准,导致上市公司的主营业务、资产、收入发生重大变化的资产交易行为(以下简称重大资产重组)。

上市公司发行股份购买资产应当符合本办法的规定。

上市公司按照经中国证券监督管理委员会(以下简称中国证监会)注册的证券发行申请所披露的募集资金用途,使用募集资金购买资产、对外投资的行为,不适用本办法。

第三条 任何单位和个人不得利用重大资产重组损害上市公司及其股东的合法权益。

第四条 上市公司实施重大资产重组,有关各方必须及时、公平地披露或者提供信息,保证所披露或者提供信息的真实、准确、完整,不得有虚假记载、误导性陈述或者重大遗漏。

第八条 中国证监会依法对上市公司重大资产重组行为进行监督管理。

证券交易所依法制定上市公司重大资产重组业务规则,并对上市公司重大资产重组行为、证券服务机构和人员履职行为等进行自律管理。

中国证监会基于证券交易所的审核意见,依法对上市公司发行股份购买资产涉及的证券发行申请履行注册程序,并对证券交易所的审核工作进行监督。

第十一条 上市公司实施重大资产重组,应当就本次交易符合下列要求作出充分说明,并予以披露:

(一)符合国家产业政策和有关环境保护、土地管理、反垄断、外商投资、对外投资等法律和行政法规的规定;

(二)不会导致上市公司不符合股票上市条件;

(三)重大资产重组所涉及的资产定价公允,不存在损害上市公司和股东合法权益的情形;

(四)重大资产重组所涉及的资产权属清晰,资产过户或者转移不存在法律障碍,相关债权债务处理合法;

(五)有利于上市公司增强持续经营能力,不存在可能导致上市公司重组后主要资产为现金或者无具体经营业务的情形;

(六)有利于上市公司在业务、资产、财务、人员、机构等方面与实际控制人及其关联人保持独立,符合中国证监会关于上市公司独立性的相关规定;

(七)有利于上市公司形成或者保持健全有效的法人治理结构。

第十二条 上市公司及其控股或者控制的公司购买、出售资产,达到下列标准之一的,构成重大资产重组:

(一)购买、出售的资产总额占上市公司最近一个会计年度经审计的合并财务会计报告期末资产总额的比例达到百分之五十以上;

(二)购买、出售的资产在最近一个会计年度所产生的营业收入占上市公司同期经审计的合并财务会计报告营业收入的比例达到百分之五十以上,且超过五千万元人民币;

（三）购买、出售的资产净额占上市公司最近一个会计年度经审计的合并财务会计报告期末净资产额的比例达到百分之五十以上，且超过五千万元人民币。

购买、出售资产未达到前款规定标准，但中国证监会发现涉嫌违反国家产业政策、违反法律和行政法规、违反中国证监会的规定、可能损害上市公司或者投资者合法权益等重大问题的，可以根据审慎监管原则，责令上市公司暂停交易、按照本办法的规定补充披露相关信息、聘请符合《证券法》规定的独立财务顾问或者其他证券服务机构补充核查并披露专业意见。

第十五条　本办法第二条所称通过其他方式进行资产交易，包括：

（一）与他人新设企业、对已设立的企业增资或者减资；

（二）受托经营、租赁其他企业资产或者将经营性资产委托他人经营、租赁；

（三）接受附义务的资产赠与或者对外捐赠资产；

（四）中国证监会根据审慎监管原则认定的其他情形。

上述资产交易实质上构成购买、出售资产，且达到本办法第十二条、第十三条规定的标准的，应当按照本办法的规定履行相关义务和程序。

第三十九条　上市公司筹划、实施重大资产重组，相关信息披露义务人应当公平地向所有投资者披露可能对上市公司股票交易价格产生较大影响的相关信息（以下简称股价敏感信息），不得提前泄露。

第四十条　上市公司的股东、实际控制人以及参与重大资产重组筹划、论证、决策等环节的其他相关机构和人员，应当做好保密工作。对于依法应当披露的信息，应当及时通知上市公司，并配合上市公司及时、准确、完整地进行披露。相关信息发生泄露的，应当立即通知上市公司，并督促上市公司依法披露。

非上市公众公司重大资产重组管理办法（节录）

1. 2014年6月23日中国证券监督管理委员会令第103号公布
2. 根据2020年3月20日中国证券监督管理委员会令第166号《关于修改部分证券期货规章的决定》修正
3. 2023年2月17日中国证券监督管理委员会令第213号修订

第一条　为了规范非上市公众公司（以下简称公众公司）重大资产重组行为，保护公众公司和投资者的合法权益，促进公众公司质量不断提高，维护证券市场秩序和社会公共利益，根据《中华人民共和国证券法》（以下简称《证券法》）、《中华人民共和国公司法》《国务院关于全国中小企业股份转让系统有关问题的决定》《国务院关于进一步优化企业兼并重组市场环境的意见》及其他相关法律、行政法规，制定本办法。

第二条　本办法适用于股票在全国中小企业股份转让系统（以下简称全国股转系统）公开转

让的公众公司重大资产重组行为。

本办法所称的重大资产重组是指公众公司及其控股或者控制的公司在日常经营活动之外购买、出售资产或者通过其他方式进行资产交易，导致公众公司的业务、资产发生重大变化的资产交易行为。

公众公司及其控股或者控制的公司购买、出售资产，达到下列标准之一的，构成重大资产重组：

（一）购买、出售的资产总额占公众公司最近一个会计年度经审计的合并财务会计报表期末资产总额的比例达到百分之五十以上；

（二）购买、出售的资产净额占公众公司最近一个会计年度经审计的合并财务会计报表期末净资产额的比例达到百分之五十以上，且购买、出售的资产总额占公众公司最近一个会计年度经审计的合并财务会计报表期末资产总额的比例达到百分之三十以上。

购买、出售资产未达到前款规定标准，但中国证券监督管理委员会（以下简称中国证监会）发现涉嫌违反国家产业政策、违反法律和行政法规、违反中国证监会的规定、可能损害公众公司或者投资者合法权益等重大问题的，可以根据审慎监管原则，责令公众公司按照本办法的规定补充披露相关信息、暂停交易、聘请独立财务顾问或者其他证券服务机构补充核查并披露专业意见。

公众公司发行股份购买资产触及本条所列指标的，应当按照本办法的相关要求办理。

第三条 本办法第二条所称通过其他方式进行资产交易，包括：

（一）以认缴、实缴等方式与他人新设参股企业，或对已设立的企业增资或者减资；

（二）受托经营、租赁其他企业资产或将经营性资产委托他人经营、租赁；

（三）接受附义务的资产赠与或者对外捐赠资产；

（四）中国证监会根据审慎监管原则认定的其他情形。

上述资产交易实质上构成购买、出售资产的，且达到本办法第二条第三款规定的重大资产重组标准的，应当按照本办法的规定履行相关义务和程序。

第四条 公众公司实施重大资产重组，应当就本次交易符合下列要求作出充分说明，并予以披露：

（一）重大资产重组所涉及的资产定价公允，不存在损害公众公司和股东合法权益的情形；

（二）重大资产重组所涉及的资产权属清晰，资产过户或者转移不存在法律障碍，相关债权债务处理合法；所购买的资产，应当为权属清晰的经营性资产；

（三）实施重大资产重组后有利于提高公众公司资产质量和增强持续经营能力，不存在可能导致公众公司重组后主要资产为现金或者无具体经营业务的情形；

（四）实施重大资产重组后有利于公众公司形成或者保持健全有效的法人治理结构。

第五条 公众公司实施重大资产重组，有关各方应当及时、公平地披露或者提供信息，保证所披露或者提供信息的真实、准确、完整，不得有虚假记载、误导性陈述或者重大遗漏。

第十三条 筹划、实施公众公司重大资产重组，相关信息披露义务人应当公平地向所有投资者披露可能对公众公司股票转让价格产生较大影响的相关信息，不得有选择性地向特定对象提前泄露。但是,法律、行政法规另有规定的除外。

公众公司的股东、实际控制人以及参与重大资产重组筹划、论证、决策等环节的其他相关机构和人员,应当及时、准确地向公众公司通报有关信息,并配合公众公司及时、准确、完整地进行披露。

第十四条　公众公司进行重大资产重组,应当由董事会依法作出决议,并提交股东大会审议。

第十五条　公众公司召开董事会决议重大资产重组事项,应当在披露决议的同时披露本次重大资产重组报告书、独立财务顾问报告、法律意见书以及重组涉及的审计报告、资产评估报告(或资产估值报告)。董事会还应当就召开股东大会事项作出安排并披露。

如公众公司就本次重大资产重组首次召开董事会前,相关资产尚未完成审计等工作的,在披露首次董事会决议的同时应当披露重大资产重组预案及独立财务顾问对预案的核查意见。公众公司应在披露重大资产重组预案后六个月内完成审计等工作,并再次召开董事会,在披露董事会决议时一并披露重大资产重组报告书、独立财务顾问报告、法律意见书以及本次重大资产重组涉及的审计报告、资产评估报告(或资产估值报告)等。董事会还应当就召开股东大会事项作出安排并披露。

第十六条　股东大会就重大资产重组事项作出的决议,必须经出席会议的股东所持表决权的三分之二以上通过。公众公司股东人数超过二百人的,应当对出席会议的持股比例在百分之十以下的股东表决情况实施单独计票。公众公司应当在决议后及时披露表决情况。

前款所称持股比例在百分之十以下的股东,不包括公众公司董事、监事、高级管理人员及其关联人以及持股比例在百分之十以上股东的关联人。

公众公司重大资产重组事项与本公司股东或者其关联人存在关联关系的,股东大会就重大资产重组事项进行表决时,关联股东应当回避表决。

第三十条　全国股转系统对公众公司重大资产重组实施自律管理。

全国股转系统应当对公众公司涉及重大资产重组的股票暂停与恢复转让、防范内幕交易等作出制度安排;加强对公众公司重大资产重组期间股票转让的实时监管,建立相应的市场核查机制,并在后续阶段对股票转让情况进行持续监管。

全国股转系统应当督促公众公司及其他信息披露义务人依法履行信息披露义务,发现公众公司重大资产重组信息披露文件中有违反法律、行政法规和中国证监会规定行为的,应当向中国证监会报告,并实施自律管理;情节严重的,应当要求其暂停重大资产重组。

全国股转系统应当督促为公众公司提供服务的独立财务顾问诚实守信、勤勉尽责,发现独立财务顾问有违反法律、行政法规和中国证监会规定行为的,应当向中国证监会报告,并实施自律管理。

全国股转系统可以依据相关规则对实施重大资产重组的公众公司进行现场检查或非现场检查。

第三十一条　全国股转系统应当建立定期报告和重大审核事项请示报告制度,及时总结审核工作情况，并报告中国证监会。

第三十二条 中国证监会依法对公众公司重大资产重组实施监督管理。

中国证监会发现公众公司进行重大资产重组未按照本办法的规定履行信息披露及相关义务、存在可能损害公众公司或者投资者合法权益情形的，有权要求其补充披露相关信息、暂停或者终止其重大资产重组；有权对公众公司、证券服务机构采取《证券法》第一百七十条规定的措施。

中华人民共和国市场主体登记管理条例实施细则（节录）

2022年3月1日国家市场监督管理总局令第52号公布施行

第一条 根据《中华人民共和国市场主体登记管理条例》（以下简称《条例》）等有关法律法规，制定本实施细则。

第六条 市场主体应当按照类型依法登记下列事项：

（一）公司：名称、类型、经营范围、住所、注册资本、法定代表人姓名、有限责任公司股东或者股份有限公司发起人姓名或者名称。

（二）非公司企业法人：名称、类型、经营范围、住所、出资额、法定代表人姓名、出资人（主管部门）名称。

（三）个人独资企业：名称、类型、经营范围、住所、出资额、投资人姓名及居所。

（四）合伙企业：名称、类型、经营范围、主要经营场所、出资额、执行事务合伙人名称或者姓名，合伙人名称或者姓名、住所、承担责任方式。执行事务合伙人是法人或者其他组织的，登记事项还应当包括其委派的代表姓名。

（五）农民专业合作社（联合社）：名称、类型、经营范围、住所、出资额、法定代表人姓名。

（六）分支机构：名称、类型、经营范围、经营场所、负责人姓名。

（七）个体工商户：组成形式、经营范围、经营场所，经营者姓名、住所。个体工商户使用名称的，登记事项还应当包括名称。

（八）法律、行政法规规定的其他事项。

第七条 市场主体应当按照类型依法备案下列事项：

（一）公司：章程、经营期限、有限责任公司股东或者股份有限公司发起人认缴的出资数额、董事、监事、高级管理人员、登记联络员、外商投资公司法律文件送达接受人。

（二）非公司企业法人：章程、经营期限、登记联络员。

（三）个人独资企业：登记联络员。

（四）合伙企业：合伙协议、合伙期限、合伙人认缴或者实际缴付的出资数额、缴付期限和出资方式、登记联络员、外商投资合伙企业法律文件送达接受人。

（五）农民专业合作社（联合社）：章程、成员、登记联络员。

（六）分支机构：登记联络员。

（七）个体工商户：家庭参加经营的家庭成员姓名、登记联络员。

（八）公司、合伙企业等市场主体受益所有人相关信息。

（九）法律、行政法规规定的其他事项。

上述备案事项由登记机关在设立登记时一并进行信息采集。

受益所有人信息管理制度由中国人民银行会同国家市场监督管理总局另行制定。

第八条　市场主体名称由申请人依法自主申报。

第九条　申请人应当依法申请登记下列市场主体类型：

（一）有限责任公司、股份有限公司；

（二）全民所有制企业、集体所有制企业、联营企业；

（三）个人独资企业；

（四）普通合伙（含特殊普通合伙）企业、有限合伙企业；

（五）农民专业合作社、农民专业合作社联合社；

（六）个人经营的个体工商户、家庭经营的个体工商户。

分支机构应当按所属市场主体类型注明分公司或者相应的分支机构。

第十条　申请人应当根据市场主体类型依法向其住所（主要经营场所、经营场所）所在地具有登记管辖权的登记机关办理登记。

第十三条　申请人申请登记的市场主体注册资本（出资额）应当符合章程或者协议约定。

市场主体注册资本（出资额）以人民币表示。外商投资企业的注册资本（出资额）可以用可自由兑换的货币表示。

依法以境内公司股权或者债权出资的，应当权属清楚、权能完整，依法可以评估、转让，符合公司章程规定。

第二十五条　申请办理设立登记，应当提交下列材料：

（一）申请书；

（二）申请人主体资格文件或者自然人身份证明；

（三）住所（主要经营场所、经营场所）相关文件；

（四）公司、非公司企业法人、农民专业合作社（联合社）章程或者合伙企业合伙协议。

第三十一条　市场主体变更登记事项，应当自作出变更决议、决定或者法定变更事项发生之日起30日内申请办理变更登记。

市场主体登记事项变更涉及分支机构登记事项变更的，应当自市场主体登记事项变更登记之日起30日内申请办理分支机构变更登记。

第三十二条　申请办理变更登记，应当提交申请书，并根据市场主体类型及具体变更事项分别提交下列材料：

（一）公司变更事项涉及章程修改的，应当提交修改后的章程或者章程修正案；需要对修改章程作出决议决定的，还应当提交相关决议决定；

（二）合伙企业应当提交全体合伙人或者合伙协议约定的人员签署的变更决定书；变

更事项涉及修改合伙协议的，应当提交由全体合伙人签署或者合伙协议约定的人员签署修改或者补充的合伙协议；

（三）农民专业合作社（联合社）应当提交成员大会或者成员代表大会作出的变更决议；变更事项涉及章程修改的应当提交修改后的章程或者章程修正案。

第三十六条 市场主体变更注册资本或者出资额的，应当办理变更登记。

公司增加注册资本，有限责任公司股东认缴新增资本的出资和股份有限公司的股东认购新股的，应当按照设立时缴纳出资和缴纳股款的规定执行。股份有限公司以公开发行新股方式或者上市公司以非公开发行新股方式增加注册资本，还应当提交国务院证券监督管理机构的核准或者注册文件。

公司减少注册资本，可以通过国家企业信用信息公示系统公告，公告期45日，应当于公告期届满后申请变更登记。法律、行政法规或者国务院决定对公司注册资本有最低限额规定的，减少后的注册资本应当不少于最低限额。

外商投资企业注册资本（出资额）币种发生变更，应当向登记机关申请变更登记。

第三十七条 公司变更类型，应当按照拟变更公司类型的设立条件，在规定的期限内申请变更登记，并提交有关材料。

非公司企业法人申请改制为公司，应当按照拟变更的公司类型设立条件，在规定期限内申请变更登记，并提交有关材料。

个体工商户申请转变为企业组织形式，应当按照拟变更的企业类型设立条件申请登记。

第三十九条 市场主体变更备案事项的，应当按照《条例》第二十九条规定办理备案。

农民专业合作社因成员发生变更，农民成员低于法定比例的，应当自事由发生之日起6个月内采取吸收新的农民成员入社等方式使农民成员达到法定比例。农民专业合作社联合社成员退社，成员数低于联合社设立法定条件的，应当自事由发生之日起6个月内采取吸收新的成员入社等方式使农民专业合作社联合社成员达到法定条件。

第六十三条 市场主体应当于每年1月1日至6月30日，通过国家企业信用信息公示系统报送上一年度年度报告，并向社会公示。

个体工商户可以通过纸质方式报送年度报告，并自主选择年度报告内容是否向社会公示。

歇业的市场主体应当按时公示年度报告。

第六十五条 登记机关应当对登记注册、行政许可、日常监管、行政执法中的相关信息进行归集，根据市场主体的信用风险状况实施分级分类监管，并强化信用风险分类结果的综合应用。

第七十一条 提交虚假材料或者采取其他欺诈手段隐瞒重要事实取得市场主体登记的，由登记机关依法责令改正，没收违法所得，并处5万元以上20万元以下的罚款；情节严重的，处20万元以上100万元以下的罚款，吊销营业执照。

明知或者应当知道申请人提交虚假材料或者采取其他欺诈手段隐瞒重要事实进行市场主体登记，仍接受委托代为办理，或者协助其进行虚假登记的，由登记机关没收违法所得，处10万元以下的罚款。

虚假市场主体登记的直接责任人自市场主体登记被撤销之日起3年内不得再次申请市场主体登记。登记机关应当通过国家企业信用信息公示系统予以公示。

第七十二条 市场主体未按规定办理变更登记的，由登记机关责令改正；拒不改正的，处1万元以上10万元以下的罚款；情节严重的，吊销营业执照。

第七十三条 市场主体未按规定办理备案的，由登记机关责令改正；拒不改正的，处5万元以下的罚款。

依法应当办理受益所有人信息备案的市场主体，未办理备案的，按照前款规定处理。

第七十六条 利用市场主体登记，牟取非法利益，扰乱市场秩序，危害国家安全、社会公共利益的，法律、行政法规有规定的，依照其规定；法律、行政法规没有规定的，由登记机关处10万元以下的罚款。

第八十二条 本实施细则自公布之日起施行。1988年11月3日原国家工商行政管理局令第1号公布的《中华人民共和国企业法人登记管理条例施行细则》，2000年1月13日原国家工商行政管理局令第94号公布的《个人独资企业登记管理办法》，2011年9月30日原国家工商行政管理总局令第56号公布的《个体工商户登记管理办法》，2014年2月20日原国家工商行政管理总局令第64号公布的《公司注册资本登记管理规定》，2015年8月27日原国家工商行政管理总局令第76号公布的《企业经营范围登记管理规定》同时废止。

中华人民共和国增值税暂行条例实施细则（节录）

1. 2008年12月18日财政部、国家税务总局令第50号公布

2. 根据2011年10月28日财政部令第65号《关于修改〈中华人民共和国增值税暂行条例实施细则〉和〈中华人民共和国营业税暂行条例实施细则〉的决定》修订

第一条 根据《中华人民共和国增值税暂行条例》（以下简称条例），制定本细则。

第三条 条例第一条所称销售货物，是指有偿转让货物的所有权。

条例第一条所称提供加工、修理修配劳务（以下称应税劳务），是指有偿提供加工、修理修配劳务。单位或者个体工商户聘用的员工为本单位或者雇主提供加工、修理修配劳务，不包括在内。

本细则所称有偿，是指从购买方取得货币、货物或者其他经济利益。

第九条 条例第一条所称单位，是指企业、行政单位、事业单位、军事单位、社会团体及其他单位。

条例第一条所称个人，是指个体工商户和其他个人。

第四十条 本细则自2009年1月1日起施行。

公开募集证券投资基金运作管理办法

1. 2014年7月7日证监会令第104号公布

2. 自2014年8月8日起施行

第一章 总 则

第一条 为了规范公开募集证券投资基金(以下简称基金)运作活动,保护投资者的合法权益,促进证券投资基金市场健康发展,根据《证券投资基金法》及其他有关法律、行政法规,制定本办法。

第二条 本办法适用于基金的募集,基金份额的申购、赎回和交易,基金财产的投资,基金收益的分配,基金份额持有人大会的召开,以及其他基金运作活动。

第三条 从事基金运作活动,应当遵守法律、行政法规和中国证券监督管理委员会(以下简称中国证监会)的规定,遵循自愿、公平、诚实信用原则,不得损害国家利益和社会公共利益。

基金管理人运用基金财产进行证券投资,应当遵守审慎经营规则,制定科学合理的投资策略和风险管理制度,有效防范和控制风险。

第四条 中国证监会及其派出机构依照法律、行政法规、本办法的规定和审慎监管原则,对基金运作活动实施监督管理。

中国证监会对基金募集的注册审查以要件齐备和内容合规为基础,以充分的信息披露和投资者适当性为核心,以加强投资者利益保护和防范系统性风险为目标。中国证监会不对基金的投资价值及市场前景等作出实质性判断或者保证。投资者应当认真阅读基金招募说明书、基金合同等信息披露文件,自主判断基金的投资价值,自主做出投资决策,自行承担投资风险。

第五条 证券投资基金行业协会(以下简称基金行业协会)依据法律、行政法规、中国证监会的规定和自律规则,对基金运作活动进行自律管理。

第二章 基金的募集

第六条 申请募集基金,拟任基金管理人、基金托管人应当具备下列条件:

(一)拟任基金管理人为依法设立的基金管理公司或者经中国证监会核准的其他机构,拟任基金托管人为具有基金托管资格的商业银行或者经中国证监会核准的其他金融机构;

(二)有符合中国证监会规定的、与管理和托管拟募集基金相适应的基金经理等业务人员;

(三)最近一年内没有因重大违法违规行为、重大失信行为受到行政处罚或者刑事处罚;

（四）没有因违法违规行为、失信行为正在被监管机构立案调查、司法机关立案侦察，或者正处于整改期间；

（五）最近一年内向中国证监会提交的注册基金申请材料不存在虚假记载、误导性陈述或者重大遗漏；

（六）不存在对基金运作已经造成或者可能造成不良影响的重大变更事项，或者诉讼、仲裁等其他重大事项；

（七）不存在治理结构不健全、经营管理混乱、内部控制和风险管理制度无法得到有效执行、财务状况恶化等重大经营风险；

（八）中国证监会根据审慎监管原则规定的其他条件。

第七条　申请募集基金，拟募集的基金应当具备下列条件：

（一）有明确、合法的投资方向；

（二）有明确的基金运作方式；

（三）符合中国证监会关于基金品种的规定；

（四）基金合同、招募说明书等法律文件草案符合法律、行政法规和中国证监会的规定；

（五）基金名称表明基金的类别和投资特征，不存在损害国家利益、社会公共利益，欺诈、误导投资者，或者其他侵犯他人合法权益的内容；

（六）招募说明书真实、准确、完整地披露了投资者做出投资决策所需的重要信息，不存在虚假记载、误导性陈述或者重大遗漏，语言简明、易懂、实用，符合投资者的理解能力；

（七）有符合基金特征的投资者适当性管理制度，有明确的投资者定位、识别和评估等落实投资者适当性安排的方法，有清晰的风险警示内容；

（八）基金的投资管理、销售、登记和估值等业务环节制度健全，行为规范，技术系统准备充分，不存在影响基金正常运作、损害或者可能损害基金份额持有人合法权益、可能引发系统性风险的情形；

（九）中国证监会规定的其他条件。

第八条　基金管理人申请募集基金，应当按照《证券投资基金法》和中国证监会的规定提交申请材料。申请材料自被行政受理时点起，基金管理人、基金托管人及相关中介机构即需要对申请材料的真实性、准确性、完整性承担相应的法律责任。

为基金申请材料出具法律意见书等文件的中介机构，应当勤勉尽责，对所依据的文件资料的真实性、准确性、完整性进行核查和验证。

申请材料受理后，相关内容不得随意更改。申请期间申请材料涉及的事项发生重大变化的，基金管理人应当自变化发生之日起五个工作日内向中国证监会提交更新材料。

第九条　中国证监会依照《行政许可法》和《证券投资基金法》第五十五条的规定，受理基金募集注册申请，并进行审查，作出注册或者不予注册的决定，并通知申请人；不予注册的，应当说明理由。

第十条　中国证监会在注册审查中可视情况征求基金行业协会、证券交易所、证券登记结算机构等的意见，供注册审查参考。

第十一条 基金募集期限自基金份额发售之日起不得超过三个月。

第十二条 基金募集期限届满,募集的基金份额总额符合《证券投资基金法》第五十九条的规定,并具备下列条件的,基金管理人应当按照规定办理验资和基金备案手续:基金募集份额总额不少于两亿份,基金募集金额不少于两亿元人民币;基金份额持有人的人数不少于二百人。

发起式基金不受上述限制。发起式基金是指,基金管理人在募集基金时,使用公司股东资金、公司固有资金、公司高级管理人员或者基金经理等人员资金认购基金的金额不少于一千万元人民币,且持有期限不少于三年。发起式基金的基金合同生效三年后,若基金资产净值低于两亿元的,基金合同自动终止。

第十三条 中国证监会自收到基金管理人验资报告和基金备案材料之日起三个工作日内予以书面确认;自中国证监会书面确认之日起,基金备案手续办理完毕,基金合同生效。

基金管理人应当在收到中国证监会确认文件的次日予以公告。

第十四条 基金募集期间的信息披露费、会计师费、律师费以及其他费用,不得从基金财产中列支;基金收取认购费的,可以从认购费中列支。

第三章 基金份额的申购、赎回和交易

第十五条 开放式基金的基金合同应当约定,并在招募说明书中载明基金管理人办理基金份额申购、赎回业务的日期(以下简称开放日)和时间。基金管理人在办理基金份额申购、赎回业务时,应当遵循基金份额持有人利益优先原则,发生申购、赎回损害持有人利益的情形时,应当及时暂停申购、赎回业务。

第十六条 开放式基金的基金合同可以约定基金管理人自基金合同生效之日起一定期限内不办理赎回;但约定的期限不得超过三个月,并应当在招募说明书中载明。但中国证监会规定的特殊基金品种除外。

第十七条 开放式基金份额的申购、赎回价格,依据申购、赎回日基金份额净值加、减有关费用计算。开放式基金份额的申购、赎回价格具体计算方法应当在基金合同和招募说明书中载明。

开放式基金份额净值,应当按照每个开放日闭市后,基金资产净值除以当日基金份额的余额数量计算。具体计算方法应当在基金合同和招募说明书中载明。

第十八条 基金管理人不得在基金合同约定之外的日期或者时间办理基金份额的申购、赎回或者转换。

投资者在基金合同约定之外的日期和时间提出申购、赎回或者转换申请的,其基金份额申购、赎回价格为下次办理基金份额申购、赎回时间所在开放日的价格。

第十九条 投资者申购基金份额时,必须全额交付申购款项;投资者交付申购款项,申购成立;基金份额登记机构确认基金份额时,申购生效。基金份额持有人递交赎回申请,赎回成立;基金份额登记机构确认赎回时,赎回生效。但中国证监会规定的特殊基金品种除外。

投资特定指数所对应的组合证券或者基金合同约定的其他投资标的的开放式基金,

其基金份额可以用组合证券、现金或者基金合同约定的其他对价进行申购、赎回。基金份额的申购、赎回对价根据基金的资产组合和申购、赎回日基金份额净值确定，具体计算方法应当在基金合同和招募说明书中载明。基金份额的上市交易、申购赎回和资金结算应当符合证券交易所和证券登记结算机构等的有关规定。

第二十条　基金管理人应当自收到投资者申购、赎回申请之日起三个工作日内，对该申购、赎回的有效性进行确认，但中国证监会规定的特殊基金品种除外。

基金管理人应当自接受投资者有效赎回申请之日起七个工作日内支付赎回款项，但中国证监会规定的特殊基金品种除外。

第二十一条　开放式基金的基金合同可以约定基金达到一定的规模后，基金管理人不再接受认购、申购申请，但应当在招募说明书中载明。

基金管理人在基金募集期间不得调整基金合同约定的基金规模。基金合同生效后，基金管理人可以按照基金合同的约定，根据实际情况调整基金规模，但应当提前三日公告，并更新招募说明书。

第二十二条　开放式基金的基金合同可以对单个基金份额持有人持有基金份额的比例或者数量设置限制，但应当在招募说明书中载明。

第二十三条　开放式基金单个开放日净赎回申请超过基金总份额的百分之十的，为巨额赎回，但中国证监会规定的特殊基金品种除外。

开放式基金发生巨额赎回的，基金管理人当日办理的赎回份额不得低于基金总份额的百分之十，对其余赎回申请可以延期办理。

第二十四条　开放式基金发生巨额赎回的，基金管理人对单个基金份额持有人的赎回申请，应当按照其申请赎回份额占当日申请赎回总份额的比例，确定该单个基金份额持有人当日办理的赎回份额。

基金份额持有人可以在申请赎回时选择将当日未获办理部分予以撤销。基金份额持有人未选择撤销的，基金管理人对未办理的赎回份额，可延迟至下一个开放日办理，赎回价格为下一个开放日的价格。

第二十五条　开放式基金发生巨额赎回并延期办理的，基金管理人应当通过邮寄、传真或者招募说明书规定的其他方式，在三个交易日内通知基金份额持有人，说明有关处理方法，同时在指定媒介上予以公告。

第二十六条　开放式基金连续发生巨额赎回，基金管理人可按基金合同的约定和招募说明书的规定，暂停接受赎回申请；已经接受的赎回申请可以延缓支付赎回款项，但延缓期限不得超过二十个工作日，并应当在指定媒介上予以公告。

第二十七条　开放式基金的基金合同可以约定，单个基金份额持有人在单个开放日申请赎回基金份额超过基金总份额一定比例的，基金管理人可以按照本办法第二十六条的规定暂停接受赎回申请或者延缓支付。

第二十八条　开放式基金应当保持不低于基金资产净值百分之五的现金或者到期日在一年以内的政府债券，以备支付基金份额持有人的赎回款项，但中国证监会规定的特殊基金品种除外。

第二十九条 基金份额可以依法在证券交易所上市交易，或者按照法律法规规定和基金合同约定在中国证监会认可的交易场所或者通过其他方式进行转让。

第四章 基金的投资和收益分配

第三十条 基金合同和基金招募说明书应当按照下列规定载明基金的类别：

（一）百分之八十以上的基金资产投资于股票的，为股票基金；

（二）百分之八十以上的基金资产投资于债券的，为债券基金；

（三）仅投资于货币市场工具的，为货币市场基金；

（四）百分之八十以上的基金资产投资于其他基金份额的，为基金中基金；

（五）投资于股票、债券、货币市场工具或其他基金份额，并且股票投资、债券投资、基金投资的比例不符合第（一）项、第（二）项、第（四）项规定的，为混合基金；

（六）中国证监会规定的其他基金类别。

第三十一条 基金名称显示投资方向的，应当有百分之八十以上的非现金基金资产属于投资方向确定的内容。

第三十二条 基金管理人运用基金财产进行证券投资，不得有下列情形：

（一）一只基金持有一家公司发行的证券，其市值超过基金资产净值的百分之十；

（二）同一基金管理人管理的全部基金持有一家公司发行的证券，超过该证券的百分之十；

（三）基金财产参与股票发行申购，单只基金所申报的金额超过该基金的总资产，单只基金所申报的股票数量超过拟发行股票公司本次发行股票的总量；

（四）一只基金持有其他基金（不含货币市场基金），其市值超过基金资产净值的百分之十，但基金中基金除外；

（五）基金中基金持有其他单只基金，其市值超过基金资产净值的百分之二十，或者投资于其他基金中基金；

（六）基金总资产超过基金净资产的百分之一百四十；

（七）违反基金合同关于投资范围、投资策略和投资比例等约定；

（八）中国证监会规定禁止的其他情形。

完全按照有关指数的构成比例进行证券投资的基金品种可以不受前款第（一）项、第（二）项规定的比例限制。

基金管理人运用基金财产投资证券衍生品种的，应当根据风险管理的原则，并制定严格的授权管理制度和投资决策流程。基金管理人运用基金财产投资证券衍生品种的具体比例，应当符合中国证监会的有关规定。

中国证监会另行规定的其它特殊基金品种可不受上述比例的限制。

第三十三条 基金管理人运用基金财产买卖基金管理人、基金托管人及其控股股东、实际控制人或者与其有重大利害关系的公司发行的证券或者承销期内承销的证券，或者从事其他重大关联交易的，应当符合基金的投资目标和投资策略，遵循持有人利益优先原则，防范利益冲突，建立健全内部审批机制和评估机制，按照市场公平合理价格执行。相关交易必须事先得到基金托管人的同意,并按法律法规予以披露。重大关联交易应提交基金管理人董事会审议,并经过三分之二以上的独立董事通过。基金管理人董事会应至少每半年对关联交易事项进行审查。

第三十四条　基金管理人应当自基金合同生效之日起六个月内使基金的投资组合比例符合基金合同的有关约定。期间,基金的投资范围、投资策略应当符合基金合同的约定。

第三十五条　因证券市场波动、上市公司合并、基金规模变动等基金管理人之外的因素致使基金投资不符合本办法第三十二条规定的比例或者基金合同约定的投资比例的,基金管理人应当在十个交易日内进行调整,但中国证监会规定的特殊情形除外。

第三十六条　下列与基金有关的费用可以从基金财产中列支:

(一)基金管理人的管理费;

(二)基金托管人的托管费;

(三)基金合同生效后的会计师费和律师费;

(四)基金份额持有人大会费用;

(五)基金的证券交易费用;

(六)按照国家有关规定和基金合同约定,可以在基金财产中列支的其他费用。

基金管理人可以根据与基金份额持有人利益一致的原则,结合产品特点和投资者的需求设置基金管理费率的结构和水平。

第三十七条　封闭式基金的收益分配,每年不得少于一次,封闭式基金年度收益分配比例不得低于基金年度可供分配利润的百分之九十。

开放式基金的收益分配,由基金合同约定。

第三十八条　基金收益分配应当采用现金方式,但中国证监会规定的特殊基金品种除外。

开放式基金的基金份额持有人可以事先选择将所获分配的现金收益,按照基金合同有关基金份额申购的约定转为基金份额;基金份额持有人事先未做出选择的,基金管理人应当支付现金。

第五章　基金转换运作方式、合并及变更注册

第三十九条　基金转换运作方式或者与其他基金合并,应当按照法律法规及基金合同约定的程序进行。实施方案若未在基金合同中明确约定的,应当经基金份额持有人大会审议通过。基金管理人应当提前发布提示性通知,明确有关实施安排,说明对现有基金份额持有人的影响以及基金份额持有人享有的选择权(如赎回、转出或者卖出),并在实施前预留至少二十个开放日或者交易日供基金份额持有人做出选择。

第四十条　基金注册后,如需对原注册事项进行实质性调整,应当依照法律法规和基金合同履行相关手续;继续公开募集资金的,应当在公开募集前按照《行政许可法》的规定向中国证监会提出变更注册事项的申请。未经注册,不得公开或者变相公开募集基金。

第四十一条　按照本办法第十二条第一款成立的开放式基金,基金合同生效后,连续二十个工作日出现基金份额持有人数量不满二百人或者基金资产净值低于五千万元情形的,基金管理人应当在定期报告中予以披露;连续六十个工作日出现前述情形的,基金管理人应

当向中国证监会报告并提出解决方案，如转换运作方式、与其他基金合并或者终止基金合同等，并召开基金份额持有人大会进行表决。

按照本办法第十二条第二款成立的发起式基金，在基金合同生效三年后继续存续的，依照前款规定执行。

第六章　基金份额持有人大会

第四十二条　除《证券投资基金法》第四十八条第（一）项至第（四）项规定的事项外，基金合同还应当按照中国证监会的规定，约定对基金合同当事人权利、义务产生重大影响，须召开基金份额持有人大会的其他事项。

第四十三条　基金份额持有人大会未设立日常机构的，基金托管人认为有必要召开基金份额持有人大会的，应当向基金管理人提出书面提议。基金管理人应当自收到书面提议之日起十日内决定是否召集，并书面告知基金托管人。

基金管理人决定召集的，应当自出具书面决定之日起六十日内召开；基金管理人决定不召集，基金托管人仍认为有必要召开的，应当自行召集，并自出具书面决定之日起六十日内召开并告知基金管理人，基金管理人应当配合。

第四十四条　基金份额持有人大会未设立日常机构的，代表基金份额百分之十以上的基金份额持有人认为有必要召开基金份额持有人大会的，应当向基金管理人提出书面提议。基金管理人应当自收到书面提议之日起十日内决定是否召集，并书面告知提出提议的基金份额持有人代表和基金托管人。

基金管理人决定召集的，应当自出具书面决定之日起六十日内召开；基金管理人决定不召集，代表基金份额百分之十以上的基金份额持有人仍认为有必要召开的，应当向基金托管人提出书面提议。

基金托管人应当自收到书面提议之日起十日内决定是否召集，并书面告知提出提议的基金份额持有人代表和基金管理人；基金托管人决定召集的，应当自出具书面决定之日起六十日内召开。

第四十五条　基金份额持有人大会设立日常机构的，基金管理人、基金托管人或者代表基金份额百分之十以上的基金份额持有人认为有必要召开基金份额持有人大会的，应当向该日常机构提出书面提议。

该日常机构应当自收到书面提议之日起十日内决定是否召集，并书面告知基金管理人、基金托管人和提出提议的基金份额持有人代表。该日常机构决定召集的，应当自出具书面决定之日起六十日内召开；该日常机构决定不召集，基金管理人、基金托管人或者代表基金份额百分之十以上的基金份额持有人仍认为有必要召开的，按照未设立日常机构的相关规定执行。

第四十六条　基金份额持有人大会日常机构、基金管理人和基金托管人都不召集基金份额持有人大会的，基金份额持有人可以按照《证券投资基金法》第八十四条第二款的规定自行召集基金份额持有人大会。

基金份额持有人自行召集基金份额持有人大会的，应当至少提前三十日向中国证监会备案。

第四十七条　基金份额持有人依法自行召集基金份额持有人大会的，基金份额持有人大会日常机构、基金管理人、基金托管人应当配合，不得阻碍、干扰。

第四十八条　基金份额持有人大会可通过现场开会或者通讯开会等基金合同约定的方式召开。基金管理人、基金托管人须为基金份额持有人行使投票权提供便利。

基金份额持有人大会决定的事项自表决通过之日起生效。基金份额持有人大会按照《证券投资基金法》第八十七条的规定表决通过的事项，召集人应当自通过之日起五日内报中国证监会备案。

第四十九条　基金份额持有人大会日常机构、基金管理人、基金托管人和基金份额持有人应当执行生效的基金份额持有人大会的决定。

第七章　监督管理和法律责任

第五十条　中国证监会及其派出机构对基金管理人、基金托管人从事基金运作活动的情况进行定期或者不定期检查，基金管理人、基金托管人应当予以配合。

第五十一条　基金管理人、基金托管人及其直接负责的主管人员和其他直接责任人员违反本办法规定从事基金运作活动，依法应予以行政处罚的，依照法律、行政法规的规定进行行政处罚；法律、行政法规未做规定的，依照本办法的规定进行行政处罚；涉嫌犯罪的，依法移送司法机关，追究其刑事责任。

第五十二条　基金管理人、基金托管人违反本办法规定的，中国证监会及其派出机构可以采取监管谈话、出具警示函、责令限期整改，整改期间暂停受理及审查基金产品募集申请或者其他业务申请等行政监管措施，记入诚信档案；对直接负责的主管人员和其他直接责任人员，可以采取监管谈话、出具警示函、暂停履行职务、认定为不适宜担任相关职务者等行政监管措施，记入诚信档案。

第五十三条　基金管理人注册基金，向中国证监会提交的申请材料存在信息自相矛盾、或者就同一事实前后存在不同表述且有实质性差异的，中国证监会将中止审查，并在六个月内不再受理基金管理人提交的基金注册申请。

基金管理人注册基金，向中国证监会提交的申请材料存在虚假记载、误导性陈述、重大遗漏的，中国证监会不予受理；已经受理的，不予注册；已经注册，尚未募集的，撤销注册决定；并在一年内不再受理该基金管理人提交的基金注册申请，对该基金管理人及其直接负责的主管人员和其他直接责任人员，采取相关行政监管措施并记入诚信档案；情节严重的，采取单处或者并处警告、三万元以下罚款。已经注册并募集的，依照《证券投资基金法》第一百三十二条的规定处罚。

基金管理人违反本办法第四十条的规定，在公开募集前未变更注册的，依照《证券投资基金法》第一百二十八条的规定处罚。

第五十四条　基金管理人违反本办法第三十二条的规定运用基金财产进行证券投资、情节严重的，或者违反本办法第三十三条的规定从事关联交易的，依照《证券投资基金法》第一百三十条的规定处罚。

第五十五条 基金管理人、基金托管人不按照本办法第四十二条、第四十三条的规定召集基金份额持有人大会的,依照《证券投资基金法》第一百三十三条的规定处罚。

第五十六条 基金管理人从事基金运作活动,有下列情形之一的,中国证监会可以对基金管理人及其直接负责的主管人员和其他直接责任人员,采取相关行政监管措施并记入诚信档案;情节严重的,可单处或者并处警告、三万元以下罚款:

(一)未按照本办法第十一条规定发售基金份额;

(二)未按照本办法第十二条规定及时办理验资和基金备案手续;

(三)未按照本办法第十五条规定办理申购、赎回业务,涉及损害基金财产和基金份额持有人利益的;

(四)未按照本办法第十七条的规定计算基金份额申购、赎回价格;

(五)基金管理人违反本办法第十八条的规定,在基金合同约定之外的日期或者时间办理基金份额的申购、赎回或者转换的;

(六)未按照本办法第二十条的规定确认申购、赎回的有效性,并支付赎回款项;

(七)未按照本办法第二十三条第二款、第二十四条第一款的规定办理赎回申请;

(八)未按照本办法第二十八条的规定保持现金或者政府债券;

(九)未按照本办法第三十四条、第三十五条的规定调整投资比例;

(十)未按照本办法第三十七条、第三十八条的规定进行收益分配;

(十一)未按照本办法第三十九条的规定办理基金转换运作方式或者合并;

(十二)未按照本办法第四十一条的规定报告、说明有关情况,报送解决方案,或者召开基金份额持有人大会;

(十三)技术系统出现故障,影响基金正常运作,损害持有人利益的。

第五十七条 基金管理人、基金托管人有下列情形之一的,中国证监会可以对基金管理人、基金托管人及其直接负责的主管人员和其他直接责任人员,采取相关行政监管措施并记入诚信档案;情节严重的,可单处或者并处警告、三万元以下罚款:

(一)未按照本办法第十四条、第三十六条规定列支相关费用;

(二)未按照本办法第四十七条规定配合基金份额持有人召集基金份额持有人大会;

(三)未按照本办法第四十八条的规定申请备案基金份额持有人大会决定的事项;

(四)未按照本办法第四十九条的规定执行基金份额持有人大会的生效决定;

(五)未按照本办法第五十条的规定配合中国证监会及其派出机构进行检查。

第八章 附　　则

第五十八条 证券公司管理的投资者超过二百人的集合资产管理计划须遵守《证券投资基金法》关于管理人及从业人员禁止从事利益输送、非公平交易、内幕交易等规定,并参照本办法关于防范利益冲突、保护投资者的相关规定执行。

第五十九条 本办法自2014年8月8日起施行。《证券投资基金运作管理办法》(证监会令第79号)同时废止。

四、规范性文件

企业国有产权无偿划转管理暂行办法

1. 2005年8月29日国务院国有资产监督管理委员会印发

2. 国资发产权〔2005〕239号

第一章　总　　则

第一条　为规范企业国有产权无偿划转行为，保障企业国有产权有序流动，防止国有资产流失，根据《企业国有资产监督管理暂行条例》（国务院令第378号）等有关规定，制定本办法。

第二条　本办法所称企业国有产权无偿划转，是指企业国有产权在政府机构、事业单位、国有独资企业、国有独资公司之间的无偿转移。

国有独资公司作为划入或划出一方的，应当符合《中华人民共和国公司法》的有关规定。

第三条　各级人民政府授权其国有资产监督管理机构（以下简称国资监管机构）履行出资人职责的企业（以下统称所出资企业）及其各级子企业国有产权无偿划转适用本办法。

股份有限公司国有股无偿划转，按国家有关规定执行。

第四条　企业国有产权无偿划转应当遵循以下原则：

（一）符合国家有关法律法规和产业政策的规定；

（二）符合国有经济布局和结构调整的需要；

（三）有利于优化产业结构和提高企业核心竞争力；

（四）划转双方协商一致。

第五条　被划转企业国有产权的权属应当清晰。权属关系不明确或存在权属纠纷的企业国有产权不得进行无偿划转。被设置为担保物权的企业国有产权无偿划转，应当符合《中华人民共和国担保法》的有关规定。有限责任公司国有股权的划转，还应当遵循《中华人民共和国公司法》的有关规定。

第二章　企业国有产权无偿划转的程序

第六条　企业国有产权无偿划转应当做好可行性研究。无偿划转可行性论证报告一般应当载明下列内容：

（一）被划转企业所处行业情况及国家有关法律法规、产业政策规定；

（二）被划转企业主业情况及与划入、划出方企业主业和发展规划的关系；

（三）被划转企业的财务状况及或有负债情况；

（四）被划转企业的人员情况；

（五）划入方对被划转企业的重组方案，包括投入计划、资金来源、效益预测及风险对策等；

（六）其他需说明的情况。

第七条 划转双方应当在可行性研究的基础上，按照内部决策程序进行审议，并形成书面决议。

划入方（划出方）为国有独资企业的，应当由总经理办公会议审议；已设立董事会的，由董事会审议。划入方（划出方）为国有独资公司的，应当由董事会审议；尚未设立董事会的，由总经理办公会议审议。所涉及的职工分流安置事项，应当经被划转企业职工代表大会审议通过。

第八条 划出方应当就无偿划转事项通知本企业（单位）债权人，并制订相应的债务处置方案。

第九条 划转双方应当组织被划转企业按照有关规定开展审计或清产核资，以中介机构出具的审计报告或经划出方国资监管机构批准的清产核资结果作为企业国有产权无偿划转的依据。

第十条 划转双方协商一致后，应当签订企业国有产权无偿划转协议。划转协议应当包括下列主要内容：

（一）划入划出双方的名称与住所；

（二）被划转企业的基本情况；

（三）被划转企业国有产权数额及划转基准日；

（四）被划转企业涉及的职工分流安置方案；

（五）被划转企业涉及的债权、债务（包括拖欠职工债务）以及或有负债的处理方案；

（六）划转双方的违约责任；

（七）纠纷的解决方式；

（八）协议生效条件；

（九）划转双方认为必要的其他条款。

无偿划转事项按照本办法规定程序批准后，划转协议生效。划转协议生效以前，划转双方不得履行或者部分履行。

第十一条 划转双方应当依据相关批复文件及划转协议，进行账务调整，按规定办理产权登记等手续。

第三章 企业国有产权无偿划转的批准

第十二条 企业国有产权在同一国资监管机构所出资企业之间无偿划转的，由所出资企业共同报国资监管机构批准。

企业国有产权在不同国资监管机构所出资企业之间无偿划转的，依据划转双方的产权归属关系，由所出资企业分别报同级国资监管机构批准。

第十三条　实施政企分开的企业，其国有产权无偿划转所出资企业或其子企业持有的，由同级国资监管机构和主管部门分别批准。

第十四条　下级政府国资监管机构所出资企业国有产权无偿划转上级政府国资监管机构所出资企业或其子企业持有的，由下级政府和上级政府国资监管机构分别批准。

第十五条　企业国有产权在所出资企业内部无偿划转的，由所出资企业批准并抄报同级国资监管机构。

第十六条　批准企业国有产权无偿划转事项，应当审查下列书面材料：

（一）无偿划转的申请文件；

（二）总经理办公会议或董事会有关无偿划转的决议；

（三）划转双方及被划转企业的产权登记证；

（四）无偿划转的可行性论证报告；

（五）划转双方签订的无偿划转协议；

（六）中介机构出具的被划转企业划转基准日的审计报告或同级国资监管机构清产核资结果批复文件；

（七）划出方债务处置方案；

（八）被划转企业职代会通过的职工分流安置方案；

（九）其他有关文件。

第十七条　企业国有产权无偿划转事项经批准后，划出方和划入方调整产权划转比例或者划转协议有重大变化的，应当按照规定程序重新报批。

第十八条　有下列情况之一的，不得实施无偿划转：

（一）被划转企业主业不符合划入方主业及发展规划的；

（二）中介机构对被划转企业划转基准日的财务报告出具否定意见、无法表示意见或保留意见的审计报告的；

（三）无偿划转涉及的职工分流安置事项未经被划转企业的职工代表大会审议通过的；

（四）被划转企业或有负债未有妥善解决方案的；

（五）划出方债务未有妥善处置方案的。

第十九条　下列无偿划转事项，依据中介机构出具的被划转企业上一年度（或最近一次）的审计报告或经国资监管机构批准的清产核资结果，直接进行账务调整，并按规定办理产权登记等手续。

（一）由政府决定的所出资企业国有产权无偿划转本级国资监管机构其他所出资企业的；

（二）由上级政府决定的所出资企业国有产权在上、下级政府国资监管机构之间的无偿划转；

（三）由划入、划出方政府决定的所出资企业国有产权在互不隶属的政府的国资监管机构之间的无偿划转；

（四）由政府决定的实施政企分开的企业，其国有产权无偿划转国资监管机构持有的；

（五）其他由政府或国资监管机构根据国有经济布局、结构调整和重组需要决定的无偿划转事项。

第四章　附　　则

第二十条　企业国有产权无偿向境外划转及境外企业国有产权无偿划转办法另行制定。

第二十一条　企业实物资产等无偿划转参照本办法执行。

第二十二条　本办法自公布之日起施行。

企业国有产权无偿划转工作指引

1. 2009年2月16日国资委印发

2. 国资发产权〔2009〕25号

第一条　为进一步规范中央企业国有产权无偿划转行为，根据国务院国有资产监督管理委员会（以下简称国资委）《企业国有产权无偿划转管理暂行办法》（以下简称《办法》），制定本指引。

第二条　国有独资企业、国有独资公司、国有事业单位投资设立的一人有限责任公司及其再投资设立的一人有限责任公司（以下统称国有一人公司），可以作为划入方（划出方）。

国有一人公司作为划入方（划出方）的，无偿划转事项由董事会审议；不设董事会的，由股东作出书面决议，并加盖股东印章。

国有独资企业产权拟无偿划转国有独资公司或国有一人公司持有的，企业应当依法改制为公司。

第三条　中央企业及其子企业无偿划入（划出）企业国有产权的，适用本指引。

第四条　中央企业及其子企业无偿划入企业国有产权，应当符合国资委有关减少企业管理层次的要求，划转后企业管理层次原则上不超过三级。

第五条　划转双方应当严格防范和控制无偿划转的风险，所作承诺事项应严谨合理、切实可行，且与被划转企业直接相关；划转协议的内容应当符合《办法》的规定，不得以重新划回产权等作为违约责任条款。

第六条　划入方（划出方）应当严格按照《办法》第二章的有关规定做好无偿划转的相关工作。无偿划转事项需报国资委批准的，按以下程序办理：

（一）中央企业应按规定对无偿划转事项进行审核，履行内部程序后，向国资委报送申请文件及相关材料。

（二）国资委收到申请文件及相关材料后，应当在5个工作日内提出初审意见。

对初审中发现的问题，国资委审核人员应及时与中央企业进行沟通；中央企业无异议的，应在5个工作日内修改完善相关材料并报国资委。对材料齐备、具备办理条件的，国资委应及时予以办理。

第七条　中央企业应当按照《办法》第十六条的规定向国资委报送文件材料，其中：

（一）申请文件的主要内容包括：

1. 请示的具体事项。

2. 划出方、划入方及被划转企业的基本情况。

主要包括设立时间、组织形式、注册资本、股权结构、级次、主营业务、生产经营和财务状况等。

3. 无偿划转的理由。

4. 划入方关于被划转企业发展规划、效益预测等。

5. 被划转企业风险（负担）情况。

（1）人员情况。在岗人员、内退人员及离退休人员人数，职工分流安置方案，离退休人员管理方式、统筹外费用等。

（2）或有负债情况。对外担保、未决诉讼等具体情况，相关解决方案，风险判断及其影响等。

（3）办社会职能情况。企业办各类社会职能情况，相关解决方案等。

6. 相关决策及协议签订情况。

划出方、划入方、职代会、中央企业、政府主管部门、地市级以上政府或国有资产监督管理机构相关决策（批准）情况。

涉及有限责任公司国有股权无偿划转的，相关股东会决议情况；涉及中外合资企业国有股权无偿划转的，相关董事会决议情况。

协议签订及主要内容。

7. 相关承诺事项。

（1）被划转企业国有产权权属清晰，不存在限制或者妨碍产权转移的情形。

（2）除已报送国资委的划转协议和承诺事项外，未与划转他方签订任何补充协议，也无其他承诺事项。

申请文件中有关被划转企业的主营业务、财务状况、或有负债、人员安置等内容，应与可行性论证报告、划转协议及审计报告等相关内容一致。

（二）需提交的其他有关文件主要指：

1. 中央企业子企业作为划入方（划出方）的，中央企业相关决议或批准文件；

2. 企业国有产权在中央企业与非中央企业之间无偿划转的，相关政府主管部门、地市级以上政府或国有资产监督管理机构的批准文件；

3. 涉及有限责任公司国有股权无偿划转的，相关股东会决议或有法律效力的其他证明文件；涉及中外合资企业国有股权无偿划转的，相关董事会决议或有法律效力的其他证明文件。

第八条　国资委主要从以下方面对无偿划转事项进行审核：

（一）划转双方主体资格适格，被划转企业产权关系清晰；

（二）符合中央企业主业及发展规划，有利于提高企业核心竞争力；

（三）划转所涉及各方决策程序合法合规，相关文件齐备、有效；

（四）相关风险防范和控制情况，划转协议规定内容齐备，无可能出现纠纷的条款。

第九条 本指引自公布之日起施行。

国资委关于促进企业国有产权流转有关事项的通知

1. 2014年7月11日

2. 国资发产权〔2014〕95号

各省、自治区、直辖市及计划单列市和新疆生产建设兵团国资委，各中央企业：

为全面贯彻党的十八届三中全会精神，进一步简政放权，促进国家出资企业加快结构调整，优化产权配置，降低改革成本，现就有关事项通知如下：

一、国有全资企业发生原股东增资、减资，经全体股东同意，可依据评估报告或最近一期审计报告确认的净资产值为基准确定股权比例。

本通知所称国有全资企业，是指全部由国有资本形成的企业。

二、国有控股的企业与其直接间接全资拥有的子企业，或其直接、间接全资拥有的子企业之间转让所持股权，按照《中华人民共和国公司法》、公司章程规定履行决策程序后，可依据评估报告或最近一期审计报告确认的净资产值为基准确定转让价格。

三、国有全资企业之间或国有全资企业与国有独资企业、国有独资公司之间，经双方全体股东一致同意，其所持股权可以实施无偿划转。具体程序按照《国有股东转让所持上市公司股份管理暂行办法》（国资委 证监会令第19号）、《企业国有产权无偿划转管理暂行办法》（国资发产权〔2005〕239号）的规定办理。

四、国有股东因破产、清算、注销、合并、分立等原因导致上市公司股份持有人变更，以及国有股东质押所持上市公司股份，由国家出资企业依法办理，并通过国务院国资委上市公司国有股权管理信息系统，取得《上市公司股份持有人变更备案表》或《国有股东所持上市公司股份质押备案表》，到中国证券登记结算有限责任公司办理相关手续。

五、中央企业实施资产重组时，中央企业及其全资、绝对控股企业以所持企业产权，与该中央企业实际控制上市公司所持产权、资产进行交换，且现金作为补价占整个资产交换金额比例低于25%的，由中央企业按照内部决策程序批准或者出具意见，同时抄报国务院国资委备案。

六、国有股东参股的非上市企业参与非国有控股上市公司资产重组的，该国有股东所涉及的国有股权管理事项，由国家出资企业依法办理。重组后国有股东持有上市公司股份的，应按照《国有单位受让上市公司股份管理暂行规定》（国资发产权〔2007〕109号）等相关规定报省级以上国有资产监督管理机构备案，对其证券账户标注“SS”标识。

七、省级国资委报经省级人民政府同意，可将地市级以下企业国有产权协议转让的审批权限下放给地市级国有资产监督管理机构。下放相关审批权限的，省级国资委需建立相应的监督检查工作机制。

八、本通知规定事项适用于境内企业。境外企业的国有产权管理事项按照《中央企业境外国有产权管理暂行办法》(国资委令第 27 号)及相关规定办理。

九、地方国有资产监督管理机构、国家出资企业要严格执行相关法律、法规及本通知的有关规定,不得自行扩大适用范围。

各地方国有资产监督管理机构和中央企业在执行本通知过程中,遇到问题应当及时向国务院国资委反映。

国资委关于企业国有资产交易流转有关事项的通知

1. 2022 年 5 月 16 日

2. 国资发产权规〔2022〕39 号

各中央企业,各省、自治区、直辖市及计划单列市和新疆生产建设兵团国资委:

《企业国有资产交易监督管理办法》(国资委 财政部令第 32 号)等国有资产交易流转制度印发以来,在推动国有资产规范流转、防止国有资产流失方面发挥了重要作用。为推动国有经济布局优化和结构调整,助力企业实现高质量发展,加强国有资产交易流转管理,现将有关事项通知如下:

一、涉及政府或国有资产监督管理机构主导推动的国有资本布局优化和结构调整,以及专业化重组等重大事项,企业产权在不同的国家出资企业及其控股企业之间转让,且对受让方有特殊要求的,可以采取协议方式进行。

二、主业处于关系国家安全、国民经济命脉的重要行业和关键领域,主要承担重大专项任务的子企业,不得因产权转让、企业增资失去国有资本控股地位。国家出资企业内部重组整合中涉及该类企业时,以下情形可由国家出资企业审核批准:

(一)企业产权在国家出资企业及其控股子企业之间转让的。

(二)国家出资企业直接或指定其控股子企业参与增资的。

(三)企业原股东同比例增资的。

其他情形由国家出资企业报同级国有资产监督管理机构批准。

三、国家出资企业及其子企业通过发行基础设施 REITs 盘活存量资产,应当做好可行性分析,合理确定交易价格,对后续运营管理责任和风险防范作出安排,涉及国有产权非公开协议转让按规定报同级国有资产监督管理机构批准。

四、采取非公开协议方式转让企业产权,转让方、受让方均为国有独资或全资企业的,按照《中华人民共和国公司法》、企业章程履行决策程序后,转让价格可以资产评估报告或最近一期审计报告确认的净资产值为基础确定。

五、国有控股、实际控制企业内部实施重组整合,经国家出资企业批准,该国有控股、实际控制企业与其直接、间接全资拥有的子企业之间，或其直接、间接全资拥有的子企业之间，可比照国有产权无偿划转管理相关规定划转所持企业产权。

六、企业增资可采取信息预披露和正式披露相结合的方式，通过产权交易机构网站分阶段对外披露增资信息，合计披露时间不少于40个工作日，其中正式披露时间不少于20个工作日。信息预披露应当包括但不限于企业基本情况、产权结构、近3年审计报告中的主要财务指标、拟募集资金金额等内容。

七、产权转让可在产权直接持有单位、企业增资可在标的企业履行内部决策程序后进行信息预披露，涉及需要履行最终批准程序的，应当进行相应提示。

八、产权转让、资产转让项目信息披露期满未征集到意向受让方，仅调整转让底价后重新披露信息的，产权转让披露时间不少于10个工作日，资产转让披露时间不少于5个工作日。

九、产权转让、企业增资导致国家出资企业及其子企业失去标的企业实际控制权的，交易完成后标的企业不得继续使用国家出资企业及其子企业的字号、经营资质和特许经营权等无形资产，不得继续以国家出资企业子企业名义开展经营活动。上述要求应当在信息披露中作为交易条件予以明确，并在交易合同中对工商变更、字号变更等安排作出相应约定。

中华人民共和国国民经济和社会发展第十四个五年规划和2035年远景目标纲要（节录）

2021年3月11日第十三届全国人民代表大会第四次会议批准

第九章 发展壮大战略性新兴产业

着眼于抢占未来产业发展先机，培育先导性和支柱性产业，推动战略性新兴产业融合化、集群化、生态化发展，战略性新兴产业增加值占GDP比重超过17%。

第一节 构筑产业体系新支柱

聚焦新一代信息技术、生物技术、新能源、新材料、高端装备、新能源汽车、绿色环保以及航空航天、海洋装备等战略性新兴产业，加快关键核心技术创新应用，增强要素保障能力，培育壮大产业发展新动能。推动生物技术和信息技术融合创新，加快发展生物医药、生物育种、生物材料、生物能源等产业，做大做强生物经济。深化北斗系统推广应用，推动北斗产业高质量发展。深入推进国家战略性新兴产业集群发展工程，健全产业集群组织管理和专业化推进机制，建设创新和公共服务综合体，构建一批各具特色、优势互补、结构合理的战略性新兴产业增长引擎。鼓励技术创新和企业兼并重组，防止低水平重复建设。发挥产业投资基金引导作用，加大融资担保和风险补偿力度。

第十二章　畅通国内大循环

依托强大国内市场，贯通生产、分配、流通、消费各环节，形成需求牵引供给、供给创造需求的更高水平动态平衡，促进国民经济良性循环。

第一节　提升供给体系适配性

深化供给侧结构性改革，提高供给适应引领创造新需求能力。适应个性化、差异化、品质化消费需求，推动生产模式和产业组织方式创新，持续扩大优质消费品、中高端产品供给和教育、医疗、养老等服务供给，提升产品服务质量和客户满意度，推动供需协调匹配。优化提升供给结构，促进农业、制造业、服务业、能源资源等产业协调发展。完善产业配套体系，加快自然垄断行业竞争性环节市场化，实现上下游、产供销有效衔接。健全市场化法治化化解过剩产能长效机制，完善企业兼并重组法律法规和配套政策。建立健全质量分级制度，加快标准升级迭代和国际标准转化应用。开展中国品牌创建行动，保护发展中华老字号，提升自主品牌影响力和竞争力，率先在化妆品、服装、家纺、电子产品等消费品领域培育一批高端品牌。

工业和信息化部、卫生部、国家食品药品监督管理局关于加快医药行业结构调整的指导意见（节录）

1. 2010年10月9日

2. 工信部联消费〔2010〕483号

各省、自治区、直辖市、新疆生产建设兵团工业和信息化主管部门、卫生厅（局）、食品药品监管局：

医药行业是我国国民经济的重要组成部分，在保障人民群众身体健康和生命安全方面发挥重要作用。进入21世纪以来，我国医药行业一直保持较快发展速度，产品种类日益增多，技术水平逐步提高，生产规模不断扩大，已成为世界医药生产大国。但是，我国医药行业发展中结构不合理的问题长期存在，自主创新能力弱、技术水平不高、产品同质化严重、生产集中度低等问题十分突出。加快结构调整既是医药行业转变发展方式、培育战略性新兴产业的紧迫任务，也是适应人民群众日益增长的医药需求，提高全民健康水平的迫切需要。为此，提出以下意见：

三、保障措施

（六）完善企业兼并重组支持政策。认真落实有关企业兼并重组的政策措施，妥善解决富余人员安置、企业资产划转、债务核定与处置、财税利益分配等问题，对大型企业跨省（区、市）重组后的改扩项目优先予以核准，在股票发行、企业债券、中期票据以及银行贷款方面给予支持。

工业和信息化部、科技部、财政部、商务部、国资委、证监会关于加快培育发展制造业优质企业的指导意见(节录)

1. 2021年6月1日

2. 工信部联政法〔2021〕70号

制造业优质企业聚焦实业、做精主业,创新能力强、质量效益高、产业带动作用大,在制造强国建设中发挥领头雁、排头兵作用。加快培育发展制造业优质企业,是激发市场主体活力、推动制造业高质量发展的必然要求,是防范化解风险隐患、提升产业链供应链自主可控能力的迫切需要。为贯彻落实党中央、国务院决策部署,加快培育发展以专精特新"小巨人"企业、制造业单项冠军企业、产业链领航企业(以下简称"小巨人"企业、单项冠军企业、领航企业)为代表的优质企业,现提出以下意见。

四、促进提升产业链供应链现代化水平。充分发挥优质企业在增强产业链供应链自主可控能力中的中坚作用,组织参与制造业强链补链行动,做强长板优势,补齐短板弱项,打造新兴产业链条,提升产业链供应链稳定性和竞争力。组织领航企业开展产业链供应链梳理,鼓励通过兼并重组、资本运作、战略合作等方式整合产业资源,提升产业链竞争力和抗风险能力。支持参与全国供应链创新与应用示范创建,培育一批制造业现代供应链示范企业。推动优质企业中的国有资本向关系国家安全、国民经济命脉的重要行业领域集中,加快在关键环节和中高端领域布局。鼓励增强根植性,引导有意愿的单项冠军企业、领航企业带动关联产业向中西部和东北地区有序转移,促进区域协同发展。(工业和信息化部、财政部、商务部、国务院国资委、证监会按照职责分工负责)

五、引导优质企业高端化智能化绿色化发展。对标世界一流企业,加快推进新一代信息技术和制造业融合发展,加大技术改造力度,加强质量品牌建设,参与国际技术规范、标准制定,提高中高端供给能力。实施智能制造工程、制造业数字化转型行动和5G应用创新行动,组织实施国有企业数字化转型行动计划,打造一批制造业数字化转型标杆企业,培育一批综合性强、带动面广的示范场景,建设和推广工业互联网平台,开展百万工业APP培育行动,实施网络安全分类分级管理,积极发展服务型制造新模式新业态。支持参与实施工业低碳行动和绿色制造工程,在落实碳达峰、碳中和目标中发挥示范引领作用。(工业和信息化部、国务院国资委按照职责分工负责)

六、打造大中小企业融通发展生态。建设大中小企业融通发展平台载体,支持领航企业整合产业链资源,联合中小企业建设先进制造业集群、战略性新兴产业集群、创新型产业集群等。鼓励领航企业对上下游企业开放资源,开展供应链配套对接,与中小企业建立稳定合作关系,构建创新协同、产能共享、供应链互通的新型产业发展生态。(工业和信息化部、

国务院国资委按照职责分工负责）

十、加强对优质企业的精准服务。分级构建优质企业培育库，建立“企业直通车”制度，及时掌握企业诉求，指导用好惠企政策，协调解决土地、用工、用能等问题。组织行业协会、商会等梳理企业需求，提供信息咨询、产品推广、人才培训、知识产权等专业化服务。加大宣传力度，编制发布企业案例集，推广地方典型经验，开展经验交流，组织“万家优质企业行”活动，打造“优质企业”名片。（工业和信息化部牵头、相关部门按照职责分工负责、有关行业协会配合相关工作）

各地工业和信息化主管部门要会同相关部门建立健全横向协同、上下联动的培育发展工作体系和常态化工作推进机制，加强与各类规划衔接，结合实际制定政策措施，形成工作合力，抓好工作落实。

经营者集中反垄断合规指引

1. 2023 年 9 月 5 日市场监管总局印发

2. 国市监反执二发〔2023〕74 号

第一章　总　　则

第一条　目的和依据

为了引导经营者落实经营者集中反垄断合规主体责任，提高经营者集中反垄断合规意识和管理水平，促进社会主义市场经济健康发展，根据《中华人民共和国反垄断法》（以下简称反垄断法）、《国务院关于经营者集中申报标准的规定》（以下简称申报标准）、《经营者集中审查规定》等规定，制定本指引。

本指引是国务院反垄断委员会发布的《经营者反垄断合规指南》在经营者集中领域的专项指引。经营者可以根据经营规模、管理模式、集中频次、合规体系等自身情况，参照本指引建立经营者集中反垄断合规管理制度，或者将本指引有关经营者集中合规要素纳入经营者现有反垄断合规管理制度。

第二条　合规必要性

经营者集中审查是一项事前反垄断监管制度，旨在防止经营者通过经营者集中排除、限制相关市场竞争。

经营者加强经营者集中反垄断合规管理，可以帮助经营者识别、评估和管控经营者集中反垄断法律风险，避免具有或者可能具有排除、限制竞争效果的经营者集中，防范因违法实施集中承担法律责任。

第三条　适用范围

本指引适用于经营者在中国境内以及境外实施经营者集中时的反垄断合规活动。

第二章 经营者集中审查主要规定

第四条 经营者集中

经营者集中是指下列情形：经营者合并、经营者通过取得股权或者资产的方式取得对其他经营者的控制权、经营者通过合同等方式取得对其他经营者的控制权或者能够对其他经营者施加决定性影响。

对于新设合营企业，如果至少有两个经营者共同控制该合营企业，则构成经营者集中；如果仅有一个经营者单独控制该合营企业，其他经营者没有控制权，则不构成经营者集中。

第五条 经营者集中申报

经营者集中达到申报标准的，经营者应当事先向国家市场监督管理总局（以下简称市场监管总局）申报，未申报或者申报后获得批准前不得实施集中。未达到申报标准，但有证据证明该经营者集中具有或者可能具有排除、限制竞争效果的，市场监管总局可以要求经营者申报并书面通知经营者，经营者应当依法申报。

经营者集中有下列情形之一的，可以不向市场监管总局申报：

（一）参与集中的一个经营者拥有其他每个经营者50%以上有表决权的股份或者资产的；

（二）参与集中的每个经营者50%以上有表决权的股份或者资产被同一个未参与集中的经营者拥有的。

第六条 申报义务人

通过合并方式实施的经营者集中，合并各方均为申报义务人；其他情形的经营者集中，取得控制权或者能够施加决定性影响的经营者为申报义务人，其他经营者予以配合。

同一项经营者集中有多个申报义务人的，可以委托一个申报义务人申报。被委托的申报义务人未申报的，其他申报义务人不能免除申报义务。申报义务人未申报的，其他参与集中的经营者可以提出申报。

申报义务人没有依法履行申报义务，导致违法实施集中的，申报义务人承担相应法律责任。

第七条 经营者集中审查

收到经营者集中申报后，市场监管总局依法对经营者集中可能产生的竞争影响进行评估。经审查，市场监管总局对不具有排除、限制竞争效果的经营者集中依法无条件批准，对具有或者可能具有排除、限制竞争效果的经营者集中依法附加限制性条件批准或者予以禁止。

第八条 违法实施经营者集中调查

经营者集中达到申报标准，经营者未申报实施集中、申报后未经批准实施集中或者违反审查决定的，市场监管总局依法进行调查。

经营者集中未达到申报标准，但有证据证明该经营者集中具有或者可能具有排除、限制竞争效果，经营者未按照相关规定进行申报的，市场监管总局依法进行调查。

是否实施集中的判断因素主要包括是否完成经营主体登记或者权利变更登记、委派高级管理人员、实际参与经营决策和管理、与其他经营者交换敏感信息、实质性整合业务等。

第九条　法律风险和责任

经营者违反反垄断法有关经营者集中规定，可能面临以下法律风险或者承担以下法律责任：

（一）违法实施集中，且具有或者可能具有排除、限制竞争效果的，由市场监管总局依法责令停止实施集中、限期处分股份或者资产、限期转让营业以及采取其他必要措施恢复到集中前的状态，处上一年度销售额10%以下的罚款；不具有排除、限制竞争效果的，处500万元以下的罚款；

（二）对市场监管总局依法实施的审查和调查，经营者拒绝提供有关材料、信息，或者提供虚假材料、信息，或者隐匿、销毁、转移证据，或者有其他拒绝、阻碍调查行为的，由市场监管总局依法责令改正，对单位处上一年度销售额1%以下的罚款，上一年度没有销售额或者销售额难以计算的，处500万元以下的罚款；对个人处50万元以下的罚款；

（三）违法行为情节特别严重、影响特别恶劣、造成特别严重后果的，市场监管总局可以在第（一）（二）项规定罚款数额的二倍以上五倍以下确定具体罚款数额；

（四）因违法行为受到行政处罚的，按照国家有关规定记入信用记录，并向社会公示；

（五）实施垄断行为，给他人造成损失的，依法承担民事责任，损害社会公共利益的，可能面临民事公益诉讼；

（六）违法行为构成犯罪的，依法追究刑事责任。

第三章　重点合规风险

第十条　重点关注的经营者集中

建议经营者重点关注下列经营者集中，充分评估反垄断法律风险：

（一）与上一会计年度中国境内营业额超过4亿元的经营者合并；

（二）收购上一会计年度中国境内营业额超过4亿元的经营者的股权或者资产；

（三）与上一会计年度中国境内营业额超过4亿元的经营者共同收购其他经营者的股权或者资产；

（四）通过合同等方式取得上一会计年度中国境内营业额超过4亿元经营者的控制权或者能够对其施加决定性影响；

（五）与上一会计年度中国境内营业额超过4亿元的经营者新设合营企业；

（六）交易金额巨大或者可能对市场产生重大影响，受到业内广泛关注的经营者集中。

前款以及本指引第二十条第一款所称营业额4亿元标准是根据本指引发布时的申报标准所设立，后续如申报标准修改，4亿元标准相应调整。

第十一条　判断是否应当申报时的关注重点

判断一项交易是否应当申报经营者集中时，首先判断交易是否构成经营者集中，其次判断经营者集中是否达到申报标准，建议参考《经营者集中审查规定》有关控制权判断和营业额计算的规定。在判断是否应当申报时，需要重点关注以下风险：

(一)控制权认定不准确,误判交易不构成经营者集中导致未依法申报违法实施集中。

【案例】判断一项交易是否构成经营者集中,取决于经营者通过该交易是否取得对其他经营者的控制权或者能够对其他经营者施加决定性影响。收购少数股权也可能取得控制权,从而构成经营者集中。A企业收购B企业20%股权,尽管A企业不是最大股东,但A企业可以单独否决B企业的年度商业计划、财务预算、高级管理人员任免等经营管理事项,则A企业很可能取得对B企业的(共同)控制权,构成经营者集中。如果该经营者集中达到申报标准,A企业未申报,则构成未依法申报违法实施集中。

(二)营业额计算不准确,误判经营者集中未达到申报标准导致未依法申报违法实施集中。

【案例】参与集中的经营者的营业额包括该经营者以及申报时与该经营者存在直接或者间接控制关系的所有经营者的营业额总和,但是不包括上述经营者之间的营业额。作为收购方的A企业上一会计年度中国境内营业额仅为2亿元,但A企业所属的B集团上一会计年度中国境内营业额达到申报标准,在判断是否达到申报标准时应当按照B集团营业额计算。如果A企业按照营业额2亿元计算认为没有达到申报标准而未申报,可能构成未依法申报违法实施集中。

第十二条　判断何时申报时的关注重点

达到申报标准的经营者集中,经营者在签署集中协议后,实施集中前应当向市场监管总局申报,没有及时申报的,可能构成未依法申报违法实施集中。

【案例】为同一经济目的,经营者之间确定发生的分步骤实施的收购交易,如果各步交易之间相互关联、互为条件,可能构成一项经营者集中,在实施第一步前需要申报。A企业与B企业签署一份交易协议,根据该协议,A企业确定将分三步收购B企业持有的目标公司全部股权,第一次收购16%股权、第二次收购34%股权、第三次收购剩余股权,最终完成全部100%股权收购,该多步交易很可能构成一项经营者集中,如果达到申报标准,需要在实施第一步前申报,否则构成未依法申报违法实施集中。

第十三条　申报后"抢跑"

申报经营者集中后,在获得市场监管总局批准前,经营者不得实施集中,否则构成"抢跑"并承担违法实施集中法律责任。

【案例】A企业与B企业计划新设合营企业,依法进行了经营者集中申报,但在市场监管总局尚未作出经营者集中审查决定的情况下,完成了合营企业登记注册手续,构成违法实施集中。A企业与B企业承担违法实施集中的法律责任。

第十四条　对申报代理人的要求

申报人可以自行申报,也可以依法委托他人代理申报。申报人选择代理人应当严格审慎,对代理行为加强管理,并依法承担相应责任。申报代理人应当诚实守信、合规经营,不得故意隐瞒有关情况、提供虚假材料或者采取其他行为阻碍经营者集中案件审查、调查工作。

第十五条　对申报材料的要求

申报人应当对申报文件、资料的真实性、准确性、完整性负责。申报代理人负责协助申报人对申报文件、资料的真实性、准确性、完整性进行审核。

第十六条　排除、限制竞争风险

依法申报的经营者集中，如果市场监管总局审查认为该项经营者集中具有或者可能具有排除、限制竞争效果，将附加限制性条件批准或者禁止该项经营者集中。

评估经营者集中的竞争影响，可以考察相关经营者单独或者共同排除、限制竞争的能力、动机及可能性。集中涉及上下游市场或者关联市场的，可以考察相关经营者利用在一个或者多个市场的控制力，排除、限制其他市场竞争的能力、动机及可能性。

【案例】经营者可以参考市场监管总局网站发布的附条件批准/禁止经营者集中案件反垄断审查决定公告。

第十七条　违反审查决定

经营者集中被附加限制性条件批准的，经营者应当严格遵守限制性条件。经营者集中被禁止的，经营者不得实施集中。

【案例】A企业收购B企业股权经营者集中获得附加限制性条件批准。条件之一是要求A企业不得降低相关产品给予经销商的折扣，并委托监督受托人监督执行。监督受托人核查发现A企业给予经销商的折扣违反了附条件审查决定的相关要求，市场监管总局调查核实后对A企业依法作出行政处罚。

第十八条　阻碍经营者集中审查调查

配合经营者集中审查调查工作是经营者应当遵守的法律义务。经营者拒绝提供有关材料信息，或者提供虚假材料信息，或者隐匿、销毁、转移证据，或者有其他拒绝、阻碍调查行为的，将承担较为严重的法律后果。

第十九条　境外经营者集中反垄断风险

不同司法辖区有关经营者集中申报标准、程序等规定存在差异。经营者开展经营者集中业务时，建议同时关注可能涉及到的境外司法辖区的经营者集中或者并购控制反垄断监管法律规定。

有关境外经营者集中反垄断合规，经营者可以参考市场监管总局《企业境外反垄断合规指引》有关经营者集中合规内容。

第四章　合规风险管理

第二十条　合规管理制度

鼓励具有经营者集中需求的经营者建立经营者集中反垄断合规管理制度，特别是在中国境内年度营业额超过4亿元的经营者；建议中国境内年度营业额超过100亿元的经营者建立经营者集中反垄断合规管理制度。

鼓励具备条件的集团企业在母公司、子公司各层级建立经营者集中反垄断合规管理制度，或者采取有效措施将经营者集中反垄断合规管理覆盖集团各层级成员企业。

第二十一条　合规管理职责

经营者可以设立或者指定相关部门承担经营者集中反垄断合规管理职责（以下简称合规管理部门），主要履行以下职责：

（一）制定、评估、更新经营者集中反垄断合规管理制度和措施，监督制度和措施的实施；

（二）识别、评估经营者集中反垄断合规风险，及时制止、纠正不合规的经营者集中行为；

（三）向决策层或者高级管理层报告经营者集中反垄断合规情况，及时提示重大合规风险并采取应对措施；

（四）为内部相关部门及人员提供经营者集中反垄断合规建议、咨询和指导；

（五）组织开展经营者集中反垄断合规培训，提升相关人员合规意识和能力；

（六）配合人事等相关责任部门落实相关合规奖惩措施；

（七）研究跟进国内外经营者集中最新法律法规以及执法实践；

（八）指导集团内所属企业经营者集中反垄断合规管理制度建设；

（九）协调组织内部相关部门及人员配合市场监管总局经营者集中审查和调查工作；

（十）其他合规相关工作。

合规管理部门可以委托专业机构协助开展相关工作。

第二十二条　经营者集中反垄断合规负责人

鼓励达到一定规模且集中行为较为频繁的经营者设置经营者集中反垄断合规负责人（以下简称合规负责人），负责经营者集中反垄断合规事项，履行相关合规管理职责。合规负责人应当具备下列合规管理能力：

（一）掌握经营者集中反垄断相关法律法规；

（二）具备识别和防控经营者集中反垄断法律风险的专业知识；

（三）熟悉经营者内部投资并购全链条业务流程；

（四）了解经营者主营业务所在市场竞争状况；

（五）其他应当具备的合规管理能力。

经营者可以将管理层中负责合规、法务事务的高级管理人员明确为合规负责人，赋予相应职责权限，提供必要的工作条件、岗位待遇和教育培训，保障其履行经营者集中反垄断合规管理职责。

第二十三条　关键岗位人员

经营者内部与投资并购业务密切相关的投资、法务、财务等部门岗位是经营者集中反垄断合规管理的关键岗位。建议关键岗位人员做好以下工作：

（一）知悉经营者集中相关法律法规；

（二）遵守经营者集中反垄断合规管理要求；

（三）参加经营者集中反垄断合规培训；

（四）配合提供合规所需相关材料；

（五）其他合规相关工作。

第二十四条　风险识别和评估

建议经营者在投资并购决策和执行流程中嵌入经营者集中反垄断合规审核程序，识别、评估经营者集中反垄断法律风险，提早做好申报准备以及相应风险防范措施。鼓励经营者在制定投资并购计划、开展投资并购洽谈等更早阶段识别、评估可能面临的经营者集中反垄断法律风险。

第二十五条　风险应对

鼓励经营者建立经营者集中反垄断合规风险应对机制，针对不同法律风险制定对应处置措施，主要包括以下方面：

（一）发现经营者集中达到申报标准的，及时依法履行申报义务，为申报审查工作预留必要时间，确保申报前以及获得批准前不实施集中；

（二）发现拟议交易可能具有排除、限制竞争效果的，及时调整交易计划、交易结构或者采取其他必要措施减少交易可能对市场竞争产生的不利影响；

（三）申报后市场监管总局认为经营者集中具有或者可能具有排除、限制竞争效果的，经营者应当尽早提出附加限制性条件方案；

（四）发现可能构成违法实施经营者集中行为的，及时停止相关行为并与市场监管总局沟通，积极配合开展相关工作。

第五章　合规管理保障

第二十六条　合规承诺

鼓励经营者建立经营者集中反垄断合规承诺机制。合规承诺可以提高经营者决策人员、高级管理人员等对经营者集中反垄断法律风险的认识和重视程度，确保合规管理能够有效执行。

经营者决策人员、高级管理人员以及投资部门等关键岗位人员可以作出经营者集中反垄断合规承诺，或者在整体合规承诺中纳入经营者集中反垄断合规内容。经营者可以在内部人事管理制度中明确相关人员违反合规承诺的不利后果。

第二十七条　合规报告

经营者可以建立经营者集中反垄断合规报告机制，或者在整体合规报告中纳入经营者集中反垄断合规事项。合规负责人可以定期向经营者决策层或者高级管理层报告经营者集中反垄断合规情况。当出现重大合规风险时，合规负责人及时向经营者决策层或者高级管理层汇报，并提出风险应对建议。

鼓励经营者向市场监管总局、省级市场监管部门报告经营者集中反垄断合规情况及进展，包括合规管理制度建设、合规人员配备、合规审核记录、合规宣传培训、第三方评价以及近年申报和被处罚情况等。省级市场监管部门可以定期了解辖区内经营者合规管理情况，给予经营者必要支持和指导。

第二十八条　合规评价

鼓励经营者采取适当方式定期对经营者集中反垄断合规管理制度的执行效果进行评价，持续完善合规管理制度、改进合规管理体系。

经营者集中反垄断合规管理制度有效性评价可以包括以下方面：

（一）建立明确、可执行的合规管理体系和流程；

（二）配备合规负责人且职责清晰；

（三）设置明确的合规奖惩机制和举措；

（四）合规审核得到全面、充分、有效执行；

（五）有关合规有效运行的其他情况。

第二十九条　合规咨询

经营者可以建立经营者集中反垄断合规咨询机制。鼓励经营者相关人员尽早向合规管理部门或者合规负责人咨询经营者集中过程中遇到的合规问题。经营者可以向外部法律专家、专业机构等进行合规咨询，也可以就申报经营者集中等事项向市场监管总局、相关省级市场监管部门提出商谈咨询。

市场监管总局、省级市场监管部门指导经营者做好相关合规、申报等工作。

第三十条　合规培训

鼓励经营者以专家授课、印发手册等多种形式开展经营者集中合规宣传与培训，引导和督促经营者相关人员提高合规意识与能力，提升合规管理效能。

鼓励经营者对决策人员、高级管理人员进行经营者集中基础知识培训，对合规负责人、关键岗位人员进行经营者集中专业培训和考核。

市场监管总局、省级市场监管部门加强经营者集中反垄断合规宣传和培训，指导经营者做好合规管理。

第三十一条　合规奖惩

鼓励经营者建立内部经营者集中反垄断合规奖惩机制，对合规工作成效显著的合规负责人、关键岗位人员给予表彰和奖励，当经营者出现重大违法实施经营者集中行为时，对未审慎履行合规职责的合规负责人或者关键岗位人员给予必要惩戒。

第三十二条　合规激励

为鼓励经营者积极开展经营者集中反垄断合规，市场监管总局在查处违法实施集中行为时可以考虑经营者集中反垄断合规管理制度建设及实施情况。

第三十三条　发挥行业协会作用

鼓励行业协会充分发挥桥梁纽带作用，组织经营者与市场监管部门开展经营者集中审查工作交流和培训，服务经营者建立健全经营者集中反垄断合规管理制度。

第六章　附　　则

第三十四条　指引的效力

本指引仅对经营者集中反垄断合规作出一般性指导，供经营者参考，不具有强制性。经营者可以结合自身特点，细化完善内部合规管理制度，建立合规管理体系。

本指引关于经营者集中审查制度的阐释多为原则性、概括性说明，案例列举并不涵盖全部法律风险，建议经营者在参考本指引时依据经营者集中相关法律法规结合具体问题进行具体分析评估。

第三十五条　指引的解释

本指引由市场监管总局负责解释。

中共中央、国务院关于营造更好发展环境支持民营企业改革发展的意见

2019年12月4日

改革开放40多年来，民营企业在推动发展、促进创新、增加就业、改善民生和扩大开放等方面发挥了不可替代的作用。民营经济已经成为我国公有制为主体多种所有制经济共同发展的重要组成部分。为进一步激发民营企业活力和创造力，充分发挥民营经济在推进供给侧结构性改革、推动高质量发展、建设现代化经济体系中的重要作用，现就营造更好发展环境支持民营企业改革发展提出如下意见。

一、总体要求

（一）指导思想。以习近平新时代中国特色社会主义思想为指导，全面贯彻党的十九大和十九届二中、三中、四中全会精神，深入落实习近平总书记在民营企业座谈会上的重要讲话精神，坚持和完善社会主义基本经济制度，坚持"两个毫不动摇"，坚持新发展理念，坚持以供给侧结构性改革为主线，营造市场化、法治化、国际化营商环境，保障民营企业依法平等使用资源要素、公开公平公正参与竞争、同等受到法律保护，推动民营企业改革创新、转型升级、健康发展，让民营经济创新源泉充分涌流，让民营企业创造活力充分迸发，为实现"两个一百年"奋斗目标和中华民族伟大复兴的中国梦作出更大贡献。

（二）基本原则。坚持公平竞争，对各类市场主体一视同仁，营造公平竞争的市场环境、政策环境、法治环境，确保权利平等、机会平等、规则平等；遵循市场规律，处理好政府与市场的关系，强化竞争政策的基础性地位，注重采用市场化手段，通过市场竞争实现企业优胜劣汰和资源优化配置，促进市场秩序规范；支持改革创新，鼓励和引导民营企业加快转型升级，深化供给侧结构性改革，不断提升技术创新能力和核心竞争力；加强法治保障，依法保护民营企业和企业家的合法权益，推动民营企业筑牢守法合规经营底线。

二、优化公平竞争的市场环境

（三）进一步放开民营企业市场准入。深化"放管服"改革，进一步精简市场准入行政审批事项，不得额外对民营企业设置准入条件。全面落实放宽民营企业市场准入的政策措施，持续跟踪、定期评估市场准入有关政策落实情况，全面排查、系统清理各类显性和隐性壁垒。在电力、电信、铁路、石油、天然气等重点行业和领域，放开竞争性业务，进一步引入市场竞争机制。支持民营企业以参股形式开展基础电信运营业务，以控股或参股形式开展发电配电售电业务。支持民营企业进入油气勘探开发、炼化和销售领域，建设原油、天然气、成品油储运和管道输送等基础设施。支持符合条件的企业参与原油进口、成品油出口。在基础设施、社会事业、金融服务业等领域大幅放宽市场准入。上述行业、领域相关职能部门要研究制定民营企业分行业、分领域、分业务市场准入具体路径和办法，明确

路线图和时间表。

（四）实施公平统一的市场监管制度。进一步规范失信联合惩戒对象纳入标准和程序，建立完善信用修复机制和异议制度，规范信用核查和联合惩戒。加强优化营商环境涉及的法规规章备案审查。深入推进部门联合“双随机、一公开”监管，推行信用监管和“互联网＋监管”改革。细化明确行政执法程序，规范执法自由裁量权，严格规范公正文明执法。完善垄断性中介管理制度，清理强制性重复鉴定评估。深化要素市场化配置体制机制改革，健全市场化要素价格形成和传导机制，保障民营企业平等获得资源要素。

（五）强化公平竞争审查制度刚性约束。坚持存量清理和增量审查并重，持续清理和废除妨碍统一市场和公平竞争的各种规定和做法，加快清理与企业性质挂钩的行业准入、资质标准、产业补贴等规定和做法。推进产业政策由差异化、选择性向普惠化、功能性转变。严格审查新出台的政策措施，建立规范流程，引入第三方开展评估审查。建立面向各类市场主体的有违公平竞争问题的投诉举报和处理回应机制并及时向社会公布处理情况。

（六）破除招投标隐性壁垒。对具备相应资质条件的企业，不得设置与业务能力无关的企业规模门槛和明显超过招标项目要求的业绩门槛等。完善招投标程序监督与信息公示制度，对依法依规完成的招标，不得以中标企业性质为由对招标责任人进行追责。

三、完善精准有效的政策环境

（七）进一步减轻企业税费负担。切实落实更大规模减税降费，实施好降低增值税税率、扩大享受税收优惠小微企业范围、加大研发费用加计扣除力度、降低社保费率等政策，实质性降低企业负担。建立完善监督检查清单制度，落实涉企收费清单制度，清理违规涉企收费、摊派事项和各类评比达标活动，加大力度清理整治第三方截留减税降费红利等行为，进一步畅通减税降费政策传导机制，切实降低民营企业成本费用。既要以最严格的标准防范逃避税，又要避免因为不当征税影响企业正常运行。

（八）健全银行业金融机构服务民营企业体系。进一步提高金融结构与经济结构匹配度，支持发展以中小微民营企业为主要服务对象的中小金融机构。深化联合授信试点，鼓励银行与民营企业构建中长期银企关系。健全授信尽职免责机制，在内部绩效考核制度中落实对小微企业贷款不良容忍的监管政策。强化考核激励，合理增加信用贷款，鼓励银行提前主动对接企业续贷需求，进一步降低民营和小微企业综合融资成本。

（九）完善民营企业直接融资支持制度。完善股票发行和再融资制度，提高民营企业首发上市和再融资审核效率。积极鼓励符合条件的民营企业在科创板上市。深化创业板、新三板改革，服务民营企业持续发展。支持服务民营企业的区域性股权市场建设。支持民营企业发行债券，降低可转债发行门槛。在依法合规的前提下，支持资管产品和保险资金通过投资私募股权基金等方式积极参与民营企业纾困。鼓励通过债务重组等方式合力化解股票质押风险。积极吸引社会力量参与民营企业债转股。

（十）健全民营企业融资增信支持体系。推进依托供应链的票据、订单等动产质押融资，鼓励第三方建立供应链综合服务平台。民营企业、中小企业以应收账款申请担保融资的，国家机关、事业单位和大型企业等应付款方应当及时确认债权债务关系。推动抵质押登记流程简便化、标准化、规范化，建立统一的动产和权利担保登记公示系统。积极探索建立为优质民营企业增信的新机制，鼓励有条件的地方设立中小民营企业风险补偿基金，研究推出民营企业增信示范项目。发展民营企业债券融资支持工具，以市场化方式增信支持民营企业融资。

（十一）建立清理和防止拖欠账款长效机制。各级政府、大型国有企业要依法履行与民营企业、中小企业签订的协议和合同，不得违背民营企业、中小企业真实意愿或在约定的付款方式之外以承兑汇票等形式延长付款期限。加快及时支付款项有关立法，建立拖欠账款问题约束惩戒机制，通过审计监察和信用体系建设，提高政府部门和国有企业的拖欠失信成本，对拖欠民营企业、中小企业款项的责任人严肃问责。

四、健全平等保护的法治环境

（十二）健全执法司法对民营企业的平等保护机制。加大对民营企业的刑事保护力度，依法惩治侵犯民营企业投资者、管理者和从业人员合法权益的违法犯罪行为。提高司法审判和执行效率，防止因诉讼拖延影响企业生产经营。保障民营企业家在协助纪检监察机关审查调查时的人身和财产合法权益。健全知识产权侵权惩罚性赔偿制度，完善诉讼证据规则、证据披露以及证据妨碍排除规则。

（十三）保护民营企业和企业家合法财产。严格按照法定程序采取查封、扣押、冻结等措施，依法严格区分违法所得、其他涉案财产与合法财产，严格区分企业法人财产与股东个人财产，严格区分涉案人员个人财产与家庭成员财产。持续甄别纠正侵犯民营企业和企业家人身财产权的冤错案件。建立涉政府产权纠纷治理长效机制。

五、鼓励引导民营企业改革创新

（十四）引导民营企业深化改革。鼓励有条件的民营企业加快建立治理结构合理、股东行为规范、内部约束有效、运行高效灵活的现代企业制度，重视发挥公司律师和法律顾问作用。鼓励民营企业制定规范的公司章程，完善公司股东会、董事会、监事会等制度，明确各自职权及议事规则。鼓励民营企业完善内部激励约束机制，规范优化业务流程和组织结构，建立科学规范的劳动用工、收入分配制度，推动质量、品牌、财务、营销等精细化管理。

（十五）支持民营企业加强创新。鼓励民营企业独立或与有关方面联合承担国家各类科研项目，参与国家重大科学技术项目攻关，通过实施技术改造转化创新成果。各级政府组织实施科技创新、技术转化等项目时，要平等对待不同所有制企业。加快向民营企业开放国家重大科研基础设施和大型科研仪器。在标准制定、复审过程中保障民营企业平等参与。系统清理与企业性质挂钩的职称评定、奖项申报、福利保障等规定，畅通科技创新人才向民营企业流动渠道。在人才引进支持政策方面对民营企业一视同仁，支持民营企业引进海外高层次人才。

（十六）鼓励民营企业转型升级优化重组。鼓励民营企业因地制宜聚焦主业加快转型升级。优化企业兼并重组市场环境，支持民营企业做优做强，培育更多具有全球竞争力的世界一流企业。支持民营企业参与国有企业改革。引导中小民营企业走“专精特新”发展之路。畅通市场化退出渠道，完善企业破产清算和重整等法律制度，提高注销登记便利度，进一步做好“僵尸企业”处置工作。

（十七）完善民营企业参与国家重大战略实施机制。鼓励民营企业积极参与共建“一带一路”、京津冀协同发展、长江经济带发展、长江三角洲区域一体化发展、粤港澳大湾区建设、黄河流域生态保护和高质量发展、推进海南全面深化改革开放等重大国家战略，积极参与乡村振兴战略。在重大规划、重大项目、重大工程、重大活动中积极吸引民营企业参与。

六、促进民营企业规范健康发展

（十八）引导民营企业聚精会神办实业。营造实干兴邦、实业报国的良好社会氛围，鼓励支持民营企业心无旁骛做实业。引导民营企业提高战略规划和执行能力，弘扬工匠精神，通过聚焦实业、做精主业不断提升企业发展质量。大力弘扬爱国敬业、遵纪守法、艰苦奋斗、创新发展、专注品质、追求卓越、诚信守约、履行责任、勇于担当、服务社会的优秀企业家精神，认真总结梳理宣传一批典型案例，发挥示范带动作用。

（十九）推动民营企业守法合规经营。民营企业要筑牢守法合规经营底线，依法经营、依法治企、依法维权，认真履行环境保护、安全生产、职工权益保障等责任。民营企业走出去要遵法守法、合规经营，塑造良好形象。

（二十）推动民营企业积极履行社会责任。引导民营企业重信誉、守信用、讲信义，自觉强化信用管理，及时进行信息披露。支持民营企业赴革命老区、民族地区、边疆地区、贫困地区和中西部、东北地区投资兴业，引导民营企业参与对口支援和帮扶工作。鼓励民营企业积极参与社会公益、慈善事业。

（二十一）引导民营企业家健康成长。民营企业家要加强自我学习、自我教育、自我提升，珍视自身社会形象，热爱祖国、热爱人民、热爱中国共产党，把守法诚信作为安身立命之本，积极践行社会主义核心价值观。要加强对民营企业家特别是年轻一代民营企业家的理想信念教育，实施年轻一代民营企业家健康成长促进计划，支持帮助民营企业家实现事业新老交接和有序传承。

七、构建亲清政商关系

（二十二）建立规范化机制化政企沟通渠道。地方各级党政主要负责同志要采取多种方式经常听取民营企业意见和诉求，畅通企业家提出意见诉求通道。鼓励行业协会商会、人民团体在畅通民营企业与政府沟通等方面发挥建设性作用，支持优秀民营企业家在群团组织中兼职。

（二十三）完善涉企政策制定和执行机制。制定实施涉企政策时，要充分听取相关企业意见建议。保持政策连续性稳定性，健全涉企政策全流程评估制度，完善涉企政策调整程序，根据实际设置合理过渡期，给企业留出必要的适应调整时间。政策执行要坚持实事求是，不搞“一刀切”。

（二十四）创新民营企业服务模式。进一步提升政府服务意识和能力，鼓励各级政府编制政务服务事项清单并向社会公布。维护市场公平竞争秩序，完善陷入困境优质企业的救助机制。建立政务服务“好差评”制度。完善对民营企业全生命周期的服务模式和服务链条。

（二十五）建立政府诚信履约机制。各级政府要认真履行在招商引资、政府与社会资本合作等活动中与民营企业依法签订的各类合同。建立政府失信责任追溯和承担机制，对民营企业因国家利益、公共利益或其他法定事由需要改变政府承诺和合同约定而受到的损失，要依法予以补偿。

八、组织保障

（二十六）建立健全民营企业党建工作机制。坚持党对支持民营企业改革发展工作的领导，增强"四个意识"，坚定"四个自信"，做到"两个维护"，教育引导民营企业和企业家拥护党的领导，支持企业党建工作。指导民营企业设立党组织，积极探索创新党建工作方式，围绕宣传贯彻党的路线方针政策、团结凝聚职工群众、维护各方合法权益、建设先进企业文化、促进企业健康发展等开展工作，充分发挥党组织的战斗堡垒作用和党员的先锋模范作用，努力提升民营企业党的组织和工作覆盖质量。

（二十七）完善支持民营企业改革发展工作机制。建立支持民营企业改革发展的领导协调机制。将支持民营企业发展相关指标纳入高质量发展绩效评价体系。加强民营经济统计监测和分析工作。开展面向民营企业家的政策培训。

（二十八）健全舆论引导和示范引领工作机制。加强舆论引导，主动讲好民营企业和企业家故事，坚决抵制、及时批驳澄清质疑社会主义基本经济制度、否定民营经济的错误言论。在各类评选表彰活动中，平等对待优秀民营企业和企业家。研究支持改革发展标杆民营企业和民营经济示范城市，充分发挥示范带动作用。

各地区各部门要充分认识营造更好发展环境支持民营企业改革发展的重要性，切实把思想和行动统一到党中央、国务院的决策部署上来，加强组织领导，完善工作机制，制定具体措施，认真抓好本意见的贯彻落实。国家发展改革委要会同有关部门适时对支持民营企业改革发展的政策落实情况进行评估，重大情况及时向党中央、国务院报告。

中共中央、国务院关于新时代加快完善社会主义市场经济体制的意见（节录）

2020年5月11日

一、总体要求

（二）基本原则

——坚持以习近平新时代中国特色社会主义经济思想为指导。坚持和加强党的全面领导，坚持和完善中国特色社会主义制度，强化问题导向，把握正确改革策略和方法，持续优化经济治理方式，着力构建市场机制有效、微观主体有活力、宏观调控有度的经济体制，使中国特色社会主义制度更加巩固、优越性充分体现。

——坚持解放和发展生产力。牢牢把握社会主义初级阶段这个基本国情，牢牢扭住经济建设这个中心，发挥经济体制改革牵引作用，协同推进政治、文化、社会、生态文明等领域改革，促进改革发展高效联动，进一步解放和发展社会生产力，不断满足人民日益增长的美好生活需要。

——坚持和完善社会主义基本经济制度。坚持和完善公有制为主体、多种所有制经济共同发展，按劳分配为主体、多种分配方式并存，社会主义市场经济体制等社会主义基本经济制度，把中国特色社会主义制度与市场经济有机结合起来，为推动高质量发展、建设现代化经济体系提供重要制度保障。

——坚持正确处理政府和市场关系。坚持社会主义市场经济改革方向，更加尊重市场经济一般规律，最大限度减少政府对市场资源的直接配置和对微观经济活动的直接干预，充分发挥市场在资源配置中的决定性作用，更好发挥政府作用，有效弥补市场失灵。

——坚持以供给侧结构性改革为主线。更多采用改革的办法，更多运用市场化法治化手段，在巩固、增强、提升、畅通上下功夫，加大结构性改革力度，创新制度供给，不断增强经济创新力和竞争力，适应和引发有效需求，促进更高水平的供需动态平衡。

——坚持扩大高水平开放和深化市场化改革互促共进。坚定不移扩大开放，推动由商品和要素流动型开放向规则等制度型开放转变，吸收借鉴国际成熟市场经济制度经验和人类文明有益成果，加快国内制度规则与国际接轨，以高水平开放促进深层次市场化改革。

二、坚持公有制为主体、多种所有制经济共同发展，增强微观主体活力

毫不动摇巩固和发展公有制经济，毫不动摇鼓励、支持、引导非公有制经济发展，探索公有制多种实现形式，支持民营企业改革发展，培育更多充满活力的市场主体。

（四）营造支持非公有制经济高质量发展的制度环境。健全支持民营经济、外商投资企业发展的市场、政策、法治和社会环境，进一步激发活力和创造力。在要素获取、准入许可、经营运行、政府采购和招投标等方面对各类所有制企业平等对待，破除制约市场竞争的各类障碍和隐性壁垒，营造各种所有制主体依法平等使用资源要素、公开公平公正参与竞争、同等受到法律保护的市场环境。完善支持非公有制经济进入电力、油气等领域的实施细则和具体办法，大幅放宽服务业领域市场准入，向社会资本释放更大发展空间。健全支持中小企业发展制度，增加面向中小企业的金融服务供给，支持发展民营银行、社区银行等中小金融机构。完善民营企业融资增信支持体系。健全民营企业直接融资支持制度。健全清理和防止拖欠民营企业中小企业账款长效机制，营造有利于化解民营企业之间债务问题的市场环境。完善构建亲清政商关系的政策体系，建立规范化机制化政企沟通渠道，鼓励民营企业参与实施重大国家战略。

三、夯实市场经济基础性制度，保障市场公平竞争

建设高标准市场体系，全面完善产权、市场准入、公平竞争等制度，筑牢社会主义市场经济有效运行的体制基础。

（一）全面完善产权制度。健全归属清晰、权责明确、保护严格、流转顺畅的现代产权制度，加强产权激励。完善以管资本为主的经营性国有资产产权管理制度，加快转变国资监管机构职能和履职方式。健全自然资源资产产权制度。健全以公平为原则的产权保护制度,全面依法平等保护民营经济产权,依法严肃查处各类侵害民营企业合法权益的行为。落实农村第二轮土地承包到期后再延长30年政策,完善农村承包地"三权分置"制度。深化农村集体产权制度改革,完善产权权能,将经营性资产折股量化到集体经济组织成员,创新农村集体经济有效组织形式和运行机制,完善农村基本经营制度。完善和细化知识产权创造、运用、交易、保护制度规则,加快建立知识产权侵权惩罚性赔偿制度,加强企业商业秘密保护,完善新领域新业态知识产权保护制度。

（二）全面实施市场准入负面清单制度。推行"全国一张清单"管理模式,维护清单的统一性和权威性。建立市场准入负面清单动态调整机制和第三方评估机制,以服务业为重点试点进一步放宽准入限制。建立统一的清单代码体系,使清单事项与行政审批体系紧密衔接、相互匹配。建立市场准入负面清单信息公开机制,提升准入政策透明度和负面清单使用便捷性。建立市场准入评估制度,定期评估、排查、清理各类显性和隐性壁垒,推动"非禁即入"普遍落实。改革生产许可制度。

（三）全面落实公平竞争审查制度。完善竞争政策框架,建立健全竞争政策实施机制,强化竞争政策基础地位。强化公平竞争审查的刚性约束,修订完善公平竞争审查实施细则,建立公平竞争审查抽查、考核、公示制度,建立健全第三方审查和评估机制。统筹做好增量审查和存量清理,逐步清理废除妨碍全国统一市场和公平竞争的存量政策。建立违反公平竞争问题反映和举报绿色通道。加强和改进反垄断和反不正当竞争执法,加大执法力度,提高违法成本。培育和弘扬公平竞争文化,进一步营造公平竞争的社会环境。

四、构建更加完善的要素市场化配置体制机制,进一步激发全社会创造力和市场活力

以要素市场化配置改革为重点,加快建设统一开放、竞争有序的市场体系,推进要素市场制度建设,实现要素价格市场决定、流动自主有序、配置高效公平。

（一）建立健全统一开放的要素市场。加快建设城乡统一的建设用地市场,建立同权同价、流转顺畅、收益共享的农村集体经营性建设用地入市制度。探索农村宅基地所有权、资格权、使用权"三权分置",深化农村宅基地改革试点。深化户籍制度改革,放开放宽除个别超大城市外的城市落户限制,探索实行城市群内户口通迁、居住证互认制度。推动公共资源由按城市行政等级配置向按实际服务管理人口规模配置转变。加快建立规范、透明、开放、有活力、有韧性的资本市场,加强资本市场基础制度建设,推动以信息披露为核心的股票发行注册制改革,完善强制退市和主动退市制度,提高上市公司质量,强化投资者保护。探索实行公司信用类债券发行注册管理制。构建与实体经济结构和融资需求相适应、多层次、广覆盖、有差异的银行体系。加快培育发展数据要素市场,建立数据资源清单管理机制,完善数据权属界定、开放共享、交易流通等标准和措施,发挥社会数据资源价值。推进数字政府建设,加强数据有序共享,依法保护个人信息。

五、创新政府管理和服务方式,完善宏观经济治理体制

完善政府经济调节、市场监管、社会管理、公共服务、生态环境保护等职能,创新和完善宏观调控,进一步提高宏观经济治理能力。

（二）加快建立现代财税制度。优化政府间事权和财权划分,建立权责清晰、财力协调、区域均衡的中央和地方财政关系,形成稳定的各级政府事权、支出责任和财力相适应的制度。适当加强中央在知识产权保护、养老保险、跨区域生态环境保护等方面事权，减少并规范中央和地方共同事权。完善标准科学、规范透明、约束有力的预算制度，全面实施预算绩效管理，提高财政资金使用效率。依法构建管理规范、责任清晰、公开透明、风险可控的政府举债融资机制，强化监督问责。清理规范地方融资平台公司，剥离政府融资职能。深化税收制度改革，完善直接税制度并逐步提高其比重。研究将部分品目消费税征收环节后移。建立和完善综合与分类相结合的个人所得税制度。稳妥推进房地产税立法。健全地方税体系，调整完善地方税税制，培育壮大地方税税源，稳步扩大地方税管理权。

（六）以一流营商环境建设为牵引持续优化政府服务。深入推进“放管服”改革，深化行政审批制度改革，进一步精简行政许可事项，对所有涉企经营许可事项实行“证照分离”改革，大力推进“照后减证”。全面开展工程建设项目审批制度改革。深化投资审批制度改革，简化、整合投资项目报建手续，推进投资项目承诺制改革，依托全国投资项目在线审批监管平台加强事中事后监管。创新行政管理和服务方式，深入开展“互联网 + 政务服务”，加快推进全国一体化政务服务平台建设。建立健全运用互联网、大数据、人工智能等技术手段进行行政管理的制度规则。落实《优化营商环境条例》，完善营商环境评价体系，适时在全国范围开展营商环境评价，加快打造市场化、法治化、国际化营商环境。

八、完善社会主义市场经济法律制度，强化法治保障

以保护产权、维护契约、统一市场、平等交换、公平竞争、有效监管为基本导向，不断完善社会主义市场经济法治体系，确保有法可依、有法必依、违法必究。

（一）完善经济领域法律法规体系。完善物权、债权、股权等各类产权相关法律制度，从立法上赋予私有财产和公有财产平等地位并平等保护。健全破产制度，改革完善企业破产法律制度，推动个人破产立法，建立健全金融机构市场化退出法规，实现市场主体有序退出。修订反垄断法，推动社会信用法律建设，维护公平竞争市场环境。制定和完善发展规划、国土空间规划、自然资源资产、生态环境、农业、财政税收、金融、涉外经贸等方面法律法规。按照包容审慎原则推进新经济领域立法。健全重大改革特别授权机制，对涉及调整现行法律法规的重大改革，按法定程序经全国人大或国务院统一授权后，由有条件的地方先行开展改革试验和实践创新。

中共中央、国务院关于促进民营经济发展壮大的意见（节录）

2023 年 7 月 14 日

民营经济是推进中国式现代化的生力军，是高质量发展的重要基础，是推动我国全面建成社会主义现代化强国、实现第二个百年奋斗目标的重要力量。为促进民营经济发展壮大，现提出如下意见。

一、总体要求

以习近平新时代中国特色社会主义思想为指导，深入贯彻党的二十大精神，坚持稳中求进工作总基调，完整、准确、全面贯彻新发展理念，加快构建新发展格局，着力推动高质量发展，坚持社会主义市场经济改革方向，坚持“两个毫不动摇”，加快营造市场化、法治化、国际化一流营商环境，优化民营经济发展环境，依法保护民营企业产权和企业家权益，全面构建亲清政商关系，使各种所有制经济依法平等使用生产要素、公平参与市场竞争、同等受到法律保护，引导民营企业通过自身改革发展、合规经营、转型升级不断提升发展质量，促进民营经济做大做优做强，在全面建设社会主义现代化国家新征程中作出积极贡献，在中华民族伟大复兴历史进程中肩负起更大使命、承担起更重责任、发挥出更大作用。

二、持续优化民营经济发展环境

构建高水平社会主义市场经济体制，持续优化稳定公平透明可预期的发展环境，充分激发民营经济生机活力。

（一）持续破除市场准入壁垒。各地区各部门不得以备案、注册、年检、认定、认证、指定、要求设立分公司等形式设定或变相设定准入障碍。清理规范行政审批、许可、备案等政务服务事项的前置条件和审批标准，不得将政务服务事项转为中介服务事项，没有法律法规依据不得在政务服务前要求企业自行检测、检验、认证、鉴定、公证或提供证明等。稳步开展市场准入效能评估，建立市场准入壁垒投诉和处理回应机制，完善典型案例归集和通报制度。

（二）全面落实公平竞争政策制度。强化竞争政策基础地位，健全公平竞争制度框架和政策实施机制，坚持对各类所有制企业一视同仁、平等对待。强化制止滥用行政权力排除限制竞争的反垄断执法。未经公平竞争不得授予经营者特许经营权，不得限定经营、购买、使用特定经营者提供的商品和服务。定期推出市场干预行为负面清单，及时清理废除含有地方保护、市场分割、指定交易等妨碍统一市场和公平竞争的政策。优化完善产业政策实施方式，建立涉企优惠政策目录清单并及时向社会公开。

（三）完善社会信用激励约束机制。完善信用信息记录和共享体系，全面推广信用承诺制度，将承诺和履约信息纳入信用记录。发挥信用激励机制作用，提升信用良好企业获得感。完善信用约束机制，依法依规按照失信惩戒措施清单对责任主体实施惩戒。健全失信行为纠正后的信用修复机制，研究出台相关管理办法。完善政府诚信履约机制，建立健全政务失信记录和惩戒制度，将机关、事业单位的违约毁约、拖欠账款、拒不履行司法裁判等失信信息纳入全国信用信息共享平台。

（四）完善市场化重整机制。鼓励民营企业盘活存量资产回收资金。坚持精准识别、分类施策，对陷入财务困境但仍具有发展前景和挽救价值的企业，按照市场化、法治化原则，积极适用破产重整、破产和解程序。推动修订企业破产法并完善配套制度。优化个体工商户转企业相关政策，降低转换成本。

三、加大对民营经济政策支持力度

精准制定实施各类支持政策，完善政策执行方式，加强政策协调性，及时回应关切和利益诉求，切实解决实际困难。

（八）完善支持政策直达快享机制。充分发挥财政资金直达机制作用，推动涉企资金直达快享。加大涉企补贴资金公开力度，接受社会监督。针对民营中小微企业和个体工商户建立支持政策“免申即享”机制，推广告知承诺制，有关部门能够通过公共数据平台提取的材料，不再要求重复提供。

四、强化民营经济发展法治保障

健全对各类所有制经济平等保护的法治环境，为民营经济发展营造良好稳定的预期。

五、着力推动民营经济实现高质量发展

引导民营企业践行新发展理念，深刻把握存在的不足和面临的挑战，转变发展方式、调整产业结构、转换增长动力，坚守主业、做强实业，自觉走高质量发展之路。

（十五）引导完善治理结构和管理制度。支持引导民营企业完善法人治理结构、规范股东行为、强化内部监督，实现治理规范、有效制衡、合规经营，鼓励有条件的民营企业建立完善中国特色现代企业制度。依法推动实现企业法人财产与出资人个人或家族财产分离，明晰企业产权结构。研究构建风险评估体系和提示机制，对严重影响企业运营并可能引发社会稳定风险的情形提前预警。支持民营企业加强风险防范管理，引导建立覆盖企业战略、规划、投融资、市场运营等各领域的全面风险管理体系，提升质量管理意识和能力。

（十六）支持提升科技创新能力。鼓励民营企业根据国家战略需要和行业发展趋势，持续加大研发投入，开展关键核心技术攻关，按规定积极承担国家重大科技项目。培育一批关键行业民营科技领军企业、专精特新中小企业和创新能力强的中小企业特色产业集群。加大政府采购创新产品力度，发挥首台（套）保险补偿机制作用，支持民营企业创新产品迭代应用。推动不同所有制企业、大中小企业融通创新，开展共性技术联合攻关。完善高等学校、科研院所管理制度和成果转化机制，调动其支持民营中小微企业创新发展积极性，支持民营企业与科研机构合作建立技术研发中心、产业研究院、中试熟化基地、工程研究中心、制造业创新中心等创新平台。支持民营企业加强基础性前沿性研究和成果转化。

（十七）加快推动数字化转型和技术改造。鼓励民营企业开展数字化共性技术研发，参与数据中心、工业互联网等新型基础设施投资建设和应用创新。支持中小企业数字化转型，推动低成本、模块化智能制造设备和系统的推广应用。引导民营企业积极推进标准化建设，提升产品质量水平。支持民营企业加大生产工艺、设备、技术的绿色低碳改造力度，加快发展柔性制造，提升应急扩产转产能力，提升产业链韧性。

（十八）鼓励提高国际竞争力。支持民营企业立足自身实际，积极向核心零部件和高端制成品设计研发等方向延伸；加强品牌建设，提升“中国制造”美誉度。鼓励民营企业拓展海外业务，积极参与共建“一带一路”，有序参与境外项目，在走出去中遵守当地法律法规、履行社会责任。更好指导支持民营企业防范应对贸易保护主义、单边主义、“长臂管辖”等外部挑战。强化部门协同配合，针对民营经济人士海外人身和财产安全，建立防范化解风险协作机制。

（十九）支持参与国家重大战略。鼓励民营企业自主自愿通过扩大吸纳就业、完善工资分配制度等，提升员工享受企业发展成果的水平。支持民营企业到中西部和东北地区

投资发展劳动密集型制造业、装备制造业和生态产业，促进革命老区、民族地区加快发展，投入边疆地区建设推进兴边富民。支持民营企业参与推进碳达峰碳中和，提供减碳技术和服务，加大可再生能源发电和储能等领域投资力度，参与碳排放权、用能权交易。支持民营企业参与乡村振兴，推动新型农业经营主体和社会化服务组织发展现代种养业，高质量发展现代农产品加工业，因地制宜发展现代农业服务业，壮大休闲农业、乡村旅游业等特色产业，积极投身"万企兴万村"行动。支持民营企业参与全面加强基础设施建设，引导民营资本参与新型城镇化、交通水利等重大工程和补短板领域建设。

（二十）依法规范和引导民营资本健康发展。健全规范和引导民营资本健康发展的法律制度，为资本设立"红绿灯"，完善资本行为制度规则，集中推出一批"绿灯"投资案例。全面提升资本治理效能，提高资本监管能力和监管体系现代化水平。引导平台经济向开放、创新、赋能方向发展，补齐发展短板弱项，支持平台企业在创造就业、拓展消费、国际竞争中大显身手，推动平台经济规范健康持续发展。鼓励民营企业集中精力做强做优主业，提升核心竞争力。

市场监管部门促进民营经济发展的若干举措

1. 2023年9月15日市场监管总局印发

2. 国市监信发〔2023〕77号

为深入贯彻党中央、国务院关于促进民营经济发展壮大的决策部署，全面落实《中共中央　国务院关于促进民营经济发展壮大的意见》（以下简称《意见》），持续优化稳定公平透明可预期的发展环境，充分激发民营经济生机活力，确保《意见》提出的各项工作落到实处，现提出如下措施。

一、持续优化民营经济发展环境

1. 修订出台新版市场准入负面清单，推动各类经营主体依法平等进入清单之外的行业、领域、业务，持续破除市场准入壁垒。优化行政许可服务，大力推进许可审批工作的标准化、规范化和便利化。支持各地区探索电子营业执照在招投标平台登录、签名、在线签订合同等业务中的应用。

2. 清理规范行政审批、许可、备案等政务服务事项的前置条件和审批标准，不得将政务服务事项转为中介服务事项，没有法律法规依据不得在政务服务前要求企业自行检测、检验、认证、鉴定、公正或提供证明等。

3. 推动认证结果跨行业跨区域互通互认。深化强制性产品认证制度改革，进一步简化CCC认证程序。全面推进认证机构资质审批制度改革，推进认证机构批准书电子化。

4. 加强公平竞争政策供给，加快出台《公平竞争审查条例》等制度文件，健全公平竞争制度框架和政策实施机制，坚持对各类所有制企业一视同仁、平等对待。及时清理废除含有地方保护、市场分割、指定交易等妨碍统一市场和公平竞争的政策，定期推出不当干预全国统一大市场建设问题清单。未经公平竞争，不得授予经营者特许经营权，不得限定经营、购买、使用特定经营者提供的商品和服务。

5. 强化反垄断执法，严格依法开展经营者集中审查。依法制止滥用行政权力排除限制竞争行为。着力加强公平竞争倡导，凝聚全社会公平竞争共识，促进公平竞争更大合力。优化经营者集中申报标准。指导企业落实合规主体责任，提高合规意识和能力。加大对企业境外反垄断诉讼和调查应对指导，提升企业合规意识和维权能力。做好企业海外投资并购风险研究和预警，制定合规指引。

6. 深入推进企业信用风险分类管理。优化完善企业信用风险分类指标体系，推动分类结果在“双随机、一公开”监管中常态化运用，对信用风险低的 A 类企业，合理降低抽查比例和频次，不断提高分类的科学性和精准性。鼓励有条件的地区探索对个体工商户、农民专业合作社等经营主体实施信用风险分类管理。加强企业信用监管大数据分析应用，继续编制中国企业信用指数，优化企业信用指数编制方案，打造企业信用趋势“晴雨表”，提升防范化解各类潜在性、苗头性、趋势性信用风险能力。

7. 强化信用约束激励。研究制定关于强化失信惩戒和守信激励的政策文件。深入开展严重违法失信行为治理专项行动。加快修订总局有关信用修复管理规范性文件，扩大信用修复范围，完善信用修复机制。发挥公示对企业的信用激励作用，对获得荣誉的企业在公示系统上予以标注公示，提升信用良好企业获得感。

8. 深入开展信用提升行动，全面推广信用承诺制度，围绕构建信用承诺、守诺核查、失信惩戒、信用修复闭环管理体系，便利经营主体以承诺方式取得许可或者修复信用。

9. 推动企业信用同盟常态化运行，遵循政府引导、企业主导、自愿加入、协同共治的原则，进一步发挥诚信企业的标杆示范作用，激励更多企业守信重信，提升市场整体信用水平。

10. 促进经营主体注册、注销便利化，全面落实简易注销、普通注销制度，完善企业注销“一网服务”平台。推动出台跨部门的歇业政策指引。进一步优化企业开办服务。促进个体工商户持续健康发展，实施个体工商户分型分类精准帮扶。优化个体工商户转企业相关政策，降低转换成本。

二、加大对民营经济政策支持力度

11. 完善信用信息归集共享公示体系，将承诺和履约信息纳入信用记录。开展经营主体信用监管标准体系建设，推动各地各部门在企业信用监管数据归集共享应用中执行使用。深入开展经营主体信用监管数据质量提升行动，以高质量的数据支撑“三个监管”。健全中小微企业和个体工商户信用评级和评价体系。

12. 为个体工商户提供更加方便便捷的年报服务。不断扩大“多报合一”范围，切实减轻企业负担。按照《保障中小企业款项支付条例》规定，做好大型企业逾期尚未支付中小企业款项的合同数量、金额的年报公示工作。

13. 针对民营中小微企业和个体工商户建立支持政策“免审即享”机制，推广告知承诺制，能够通过公共数据平台获取的材料，不再要求重复提供。加强直接面向个体工商户的政策发布和解读引导。配合相关部门搭建民营企业、个体工商户用工和劳动者求职信息对接平台。

三、强化民营经济发展法治保障

14. 开展反不正当竞争“守护”专项执法行动，严厉打击侵犯商业秘密、仿冒混淆等不正当竞争行为和恶意抢注商标等违法行为。

15. 持续深化“双随机、一公开”监管，推动建设统一工作平台，深入推进跨部门综合监管，推行“一业一查”，避免多头执法、重复检查，减轻企业负担，提高监管效能。

16. 深入推动公正文明执法行风建设。构建“预防为主、轻微免罚、重违严惩、过罚相当、事后回访”的闭环式管理模式，以行政执法服务公平竞争、保障高质量发展。鼓励开展跨行政区域联动执法。

17. 持续开展涉企违规收费整治工作，减轻企业费用负担。开展涉企违规收费督检考工作，对违规收费治理情况开展“回头看”。畅通涉企违规收费投诉举报渠道，建立规范的问题线索部门共享和转办机制，综合采取市场监管、行业监管、信用监管等手段实施联合惩戒，集中曝光违规收费典型案例。

四、着力推动民营经济实现高质量发展

18. 支持引导民营企业完善法人治理结构、规范股东行为、强化内部监督，实现治理规范、有效制衡、合规经营，鼓励有条件的民营企业建立完善中国特色现代企业制度。

19. 支持民营企业提升标准化能力，参与国家标准制修订工作，在国家标准立项、起草、技术审查以及标准实施信息反馈、评估等过程中提出意见和建议。支持民营企业牵头设立国际性专业标准组织，积极推进标准化建设。联合全国工商联共同举办2023年民营经济标准创新大会，开展民营经济标准创新周活动，组织开展小微民营企业“标准体检”试点，推动各级工商联及所属商会积极开展民营企业标准“领跑者”和商会团体标准“领先者”活动。

20. 开展民营企业质量管理体系认证提升行动，提升民营企业质量技术创新能力。持续开展“计量服务中小企业行”活动，梳理企业测量需求，为企业实施计量咨询和技术服务。支持民营企业参与产业计量测试中心建设，提升民营企业先进测量能力。

21. 促进平台规则透明和行为规范，推动平台经济健康发展。持续开展网络市场监管与服务示范区创建，不断释放平台经济发展新动能。加强互联网平台常态化监管，建立健全平台企业合规推进机制，降低平台企业合规经营成本。持续推出平台企业“绿灯”投资案例，规范平台收费行为，引导平台和中小商户共赢合作，促进平台经济良性发展。

五、持续营造关心促进民营经济发展壮大社会氛围

22. 加强新闻宣传。综合运用新闻发布会、集体采访等多种形式，加大政策解读力度，提高政策传播声量，推动政策效能释放；加大成效宣传力度，结合民营经济准入准营亮点数据、各地典型经验做法，强化选题策划和正面阐释引导，积极营造民营经济健康发展的舆论氛围。

公开募集基础设施证券投资基金指引(试行)

1. 2020年8月6日中国证券监督管理委员会公告〔2020〕54号公布
2. 根据2023年10月20日《关于修改〈公开募集基础设施证券投资基金指引(试行)〉第五十条的决定》(证监会公告〔2023〕55号)修正

第一条 为了规范公开募集基础设施证券投资基金(以下简称基础设施基金)设立、运作等相关活动,保护投资者合法权益,根据《证券法》《证券投资基金法》及其他有关法律法规,制定本指引。

第二条 本指引所称基础设施基金,是指同时符合下列特征的基金产品:

(一)80%以上基金资产投资于基础设施资产支持证券,并持有其全部份额;基金通过基础设施资产支持证券持有基础设施项目公司全部股权;

(二)基金通过资产支持证券和项目公司等载体(以下统称特殊目的载体)取得基础设施项目完全所有权或经营权利;

(三)基金管理人主动运营管理基础设施项目,以获取基础设施项目租金、收费等稳定现金流为主要目的;

(四)采取封闭式运作,收益分配比例不低于合并后基金年度可供分配金额的90%。

第三条 基金管理人、基金托管人从事基础设施基金活动应当恪尽职守,履行诚实信用、谨慎勤勉的义务,遵守持有人利益优先的基本原则,有效防范利益冲突,实现专业化管理和托管。

为基础设施基金提供服务的专业机构应当严格遵守法律法规,恪守职业道德、执业准则和行为规范,诚实守信、勤勉尽责、专业审慎,出具的专业意见不得存在虚假记载、误导性陈述或重大遗漏。

第四条 因基础设施基金的管理、运用或者其他情形而取得的财产和收益,归入基础设施基金财产。基础设施基金财产的债务由基础设施基金财产承担。

基础设施基金财产独立于原始权益人、基金管理人、基金托管人及其他参与机构的固有财产。

原始权益人、基金管理人、基金托管人及其他参与机构因依法解散、被依法撤销或者被依法宣告破产等原因进行清算的,基础设施基金财产不属于其清算财产。

基础设施基金财产的债权,不得与原始权益人、基金管理人、基金托管人及其他参与机构的固有财产产生的债务相抵消。不同基础设施基金财产的债权债务,不得相互抵消。

第五条 申请募集基础设施基金,拟任基金管理人应当符合《证券投资基金法》《公开募集证券投资基金运作管理办法》规定的相关条件,并满足下列要求:

(一)公司成立满3年,资产管理经验丰富,公司治理健全,内控制度完善;

（二）设置独立的基础设施基金投资管理部门，配备不少于3名具有5年以上基础设施项目运营或基础设施项目投资管理经验的主要负责人员，其中至少2名具备5年以上基础设施项目运营经验；

（三）财务状况良好，能满足公司持续运营、业务发展和风险防范的需要；

（四）具有良好的社会声誉，在金融监管、工商、税务等方面不存在重大不良记录；

（五）具备健全有效的基础设施基金投资管理、项目运营、内部控制与风险管理制度和流程；

（六）中国证监会规定的其他要求。

拟任基金管理人或其同一控制下的关联方应当具有不动产研究经验，配备充足的专业研究人员；具有同类产品或业务投资管理或运营专业经验，且同类产品或业务不存在重大未决风险事项。

第六条 申请募集基础设施基金，拟任基金托管人应当符合《证券投资基金法》《公开募集证券投资基金运作管理办法》规定的相关条件，并满足下列要求：

（一）财务状况良好，风险控制指标符合监管部门相关规定；

（二）具有良好的社会声誉，在金融监管、工商、税务等方面不存在重大不良记录；

（三）具有基础设施领域资产管理产品托管经验；

（四）为开展基础设施基金托管业务配备充足的专业人员；

（五）中国证监会规定的其他要求。

基础设施基金托管人与基础设施资产支持证券托管人应当为同一人。

第七条 申请注册基础设施基金前，基金管理人应当对拟持有的基础设施项目进行全面的尽职调查，聘请符合规定的专业机构提供评估、法律、审计等专业服务，与基础设施资产支持证券管理人协商确定基础设施资产支持证券设立、发行等相关事宜，确保基金注册、份额发售、投资运作与资产支持证券设立、发行之间有效衔接。

第八条 基础设施基金拟持有的基础设施项目应当符合下列要求：

（一）原始权益人享有完全所有权或经营权利，不存在重大经济或法律纠纷，且不存在他项权利设定，基础设施基金成立后能够解除他项权利的除外；

（二）主要原始权益人企业信用稳健、内部控制健全，最近3年无重大违法违规行为；

（三）原则上运营3年以上，已产生持续、稳定的现金流，投资回报良好，并具有持续经营能力、较好增长潜力；

（四）现金流来源合理分散，且主要由市场化运营产生，不依赖第三方补贴等非经常性收入；

（五）中国证监会规定的其他要求。

第九条 基金管理人应当制定完善的尽职调查内部管理制度，建立健全业务流程，对基础设施项目出具的尽职调查报告应当包括下列内容：

（一）基础设施项目原始权益人及其控股股东、实际控制人，项目管理机构等主要参与机构情况；

（二）基础设施项目财务情况；

（三）基础设施项目对外借款情况，及基础设施基金成立后保留对外借款相关情况（如适用）；

（四）基础设施项目现金流的稳定性和历史记录，及未来现金流的合理测算和分析；

（五）已签署正在履行期内及拟签署的全部重要协议；

（六）安全生产及环境保护情况，及是否符合城市规划要求；

（七）基础设施项目法律权属，及是否存在抵押、查封、扣押、冻结等他项权利限制和应付未付义务；

（八）是否已购买基础设施项目保险，及承保范围和保险金额；

（九）同业竞争、关联关系及关联交易等潜在利益冲突情况；

（十）基础设施基金是否可合法取得基础设施项目的所有权或经营权利；

（十一）可能影响基础设施项目运营的其他重要事项。

第十条 基金管理人可以与资产支持证券管理人联合开展尽职调查，必要时还可以聘请财务顾问开展尽职调查，但基金管理人与资产支持证券管理人依法应当承担的责任不因聘请财务顾问而免除。基金管理人或其关联方与原始权益人存在关联关系，或享有基础设施项目权益时，应当聘请第三方财务顾问独立开展尽职调查，并出具财务顾问报告。

财务顾问应当由取得保荐业务资格的证券公司担任。基金管理人、财务顾问应按照法律法规及中国证监会有关规定对基础设施项目进行尽职调查，充分了解基础设施项目的经营状况及其面临的风险和问题。

第十一条 申请注册基础设施基金前，基金管理人应当聘请独立的评估机构对拟持有的基础设施项目进行评估，并出具评估报告。

评估机构应当按照《证券投资基金法》第九十七条规定经中国证监会备案，并符合国家主管部门相关要求，具备良好资质和稳健的内部控制机制，合规运作、诚信经营、声誉良好，不得存在可能影响其独立性的行为。评估机构为同一只基础设施基金提供评估服务不得连续超过 3 年。评估机构在评估过程中应当客观、独立、公正，遵守一致性、一贯性及公开、透明、可校验原则，不得随意调整评估方法和评估结果。

第十二条 评估报告包括下列内容：

（一）评估基础及所用假设的全部重要信息；

（二）所采用的评估方法及评估方法的选择依据和合理性说明；

（三）基础设施项目详细信息，包括基础设施项目地址、权属性质、现有用途、经营现状等，每期运营收入、应缴税收、各项支出等收益情况及其他相关事项；

（四）基础设施项目的市场情况，包括供求情况、市场趋势等；

（五）影响评估结果的重要参数，包括土地使用权或经营权利剩余期限、运营收入、运营成本、运营净收益、资本性支出、未来现金流变动预期、折现率等；

（六）评估机构独立性及评估报告公允性的相关说明；

（七）调整所采用评估方法或重要参数情况及理由（如有）；

（八）可能影响基础设施项目评估的其他事项。

基础设施基金份额首次发售，评估基准日距离基金份额发售公告日不得超过 6 个月；

基金运作过程中发生购入或出售基础设施项目等情形时，评估基准日距离签署购入或出售协议等情形发生日不得超过6个月。

第十三条　申请注册基础设施基金前，基金管理人应当聘请符合条件的律师事务所就基础设施项目合法合规性、基础设施项目转让行为合法性、主要参与机构资质等出具法律意见书，聘请符合条件的会计师事务所对基础设施项目财务情况进行审计并出具报告。

第十四条　申请注册基础设施基金，基金管理人应当向中国证监会提交下列材料：

（一）《证券投资基金法》《公开募集证券投资基金运作管理办法》要求的公开募集证券投资基金注册申请文件；

（二）基金管理人及资产支持证券管理人相关说明材料，包括但不限于：投资管理、项目运营、内部控制与风险管理制度和流程，部门设置与人员配备，同类产品与业务管理情况等；

（三）拟投资基础设施资产支持证券相关说明材料，包括但不限于：资产支持专项计划说明书、法律意见书、拟提交中国证券投资基金业协会备案材料等；

（四）拟投资基础设施资产支持证券认购协议；

（五）基金管理人与主要参与机构签订的协议文件；

（六）中国证监会规定提交的其他材料。

基础设施基金拟在证券交易所上市的，基金管理人应当同步向证券交易所提交相关上市申请。证券交易所同意基础设施资产支持证券挂牌和基础设施基金上市的，应当将无异议函在产品注册前报送中国证监会。

第十五条　基础设施基金经中国证监会注册后，基金管理人应当在基金份额公开发售3日前，依法披露基金合同、托管协议、招募说明书、基金份额发售公告、基金产品资料概要等法律文件。

基金招募说明书除按照法律法规要求披露相关信息外，还应当披露下列信息：

（一）基础设施基金整体架构及拟持有特殊目的载体情况；

（二）基金份额发售安排；

（三）预期上市时间表；

（四）基础设施基金募集及存续期相关费用，并说明费用收取的合理性；

（五）募集资金用途；

（六）基础设施资产支持证券基本情况；

（七）基础设施项目基本情况，包括项目所在地区宏观经济概况、基础设施项目所属行业和市场概况、项目概况、运营数据、合规情况、风险情况等；

（八）基础设施项目财务状况及经营业绩分析；

（九）基础设施项目现金流测算分析；

（十）基础设施项目运营未来展望；

（十一）为管理基础设施基金配备的主要负责人员情况；

（十二）基础设施项目运营管理安排，聘请外部管理机构的，应当披露外部管理机构基本信息、人员配备、项目资金收支及风险管控安排等；

（十三）借款安排，基础设施基金成立后保留基础设施项目已存在对外借款的，应当充分说明理由，详细说明保留借款的金额、比例、偿付安排、符合法定条件的说明及对基础设施项目收益的影响，并充分揭示相关风险；

（十四）关联关系、关联交易等潜在利益冲突及防控措施，包括基金管理人与原始权益人关联关系情况，基金管理人运用基金财产买卖基础设施资产支持证券涉及的关联交易及其他关联交易概况，基金管理人就关联交易采取的内控措施等；

（十五）基础设施项目原始权益人基本情况，及原始权益人或其同一控制下的关联方拟认购基础设施基金份额情况；

（十六）基础设施基金募集失败的情形和处理安排；

（十七）基础设施基金拟持有的基础设施项目权属到期、处置等相关安排；

（十八）主要原始权益人及其控股股东、实际控制人对相关事项的承诺；

（十九）基础设施项目最近 3 年及一期的财务报告及审计报告，最近一期财务报告截止日距离招募说明书披露日不超过 6 个月。如无法提供上述材料，则应当充分说明理由，并提供基础设施项目财务状况和运营情况；

（二十）经会计师事务所审阅的基金可供分配金额测算报告，测算期限不超过 2 年且不晚于第二年年度最后一日；

（二十一）基础设施项目尽职调查报告、财务顾问报告（如有）；

（二十二）基础设施项目评估报告；

（二十三）主要参与机构基本情况，包括名称、注册地址与办公地址、成立日期、通讯方式、法定代表人、主要业务负责人等；

（二十四）可能影响投资者决策的其他重要信息。

第十六条 基础设施基金份额认购价格应当通过向网下投资者询价的方式确定。基金管理人或其聘请的财务顾问受委托办理基础设施基金份额发售的路演推介、询价、定价、配售等相关业务活动。

第十七条 网下投资者为证券公司、基金管理公司、信托公司、财务公司、保险公司、合格境外机构投资者、商业银行及其理财子公司、符合规定的私募基金管理人以及其他中国证监会认可的专业机构投资者。全国社会保障基金、基本养老保险基金、年金基金等可根据有关规定参与基础设施基金网下询价。

第十八条 基础设施项目原始权益人或其同一控制下的关联方参与基础设施基金份额战略配售的比例合计不得低于本次基金份额发售数量的 20%，其中基金份额发售总量的 20% 持有期自上市之日起不少于 60 个月，超过 20% 部分持有期自上市之日起不少于 36 个月，基金份额持有期间不允许质押。原始权益人或其同一控制下的关联方拟卖出战略配售取得的基础设施基金份额的，应当按照相关规定履行信息披露义务。

基础设施项目原始权益人或其同一控制下的关联方以外的专业机构投资者可以参与基础设施基金份额战略配售，战略配售比例由基金管理人合理确定，持有基础设施基金份额期限自上市之日起不少于 12 个月。

基金管理人应当与战略投资者事先签署配售协议，且应当在基金合同、招募说明书等法律文件中披露战略投资者选择标准、向战略投资者配售的基金份额总量、占本次基金份额发售比例及持有期限等。

第十九条　扣除向战略投资者配售部分后，基础设施基金份额向网下投资者发售比例不得低于本次公开发售数量的70%。

对网下投资者进行分类配售的，同类投资者获得的配售比例应当相同。

第二十条　网下询价结束后，基金管理人应当及时向公众投资者公告基金份额认购价格。

公众投资者通过基金销售机构以询价确定的认购价格参与基础设施基金份额认购。

第二十一条　基金管理人应当严格落实投资者适当性管理制度，会同基金销售机构认真做好产品风险评价、投资者风险承受能力与投资目标识别、适当性匹配等投资者适当性管理工作，将适当的产品销售给适合的投资者。

第二十二条　基金管理人应当制作基础设施基金产品资料概要，简明清晰说明基金产品结构及风险收益特征，在基金合同、招募说明书及产品资料概要显著位置，充分揭示基础设施基金投资运作、交易等环节的主要风险。

第二十三条　基金管理人及基金销售机构应当加强投资者教育，引导投资者充分认识基础设施基金风险特征，要求普通投资者在首次购买环节以纸质或电子形式确认其了解基础设施基金产品特征及主要风险。

第二十四条　基金募集期限届满，出现下列情形之一的，基础设施基金募集失败：

（一）基金份额总额未达到准予注册规模的80%；

（二）募集资金规模不足2亿元，或投资人少于1000人；

（三）原始权益人或其同一控制下的关联方未按规定参与战略配售；

（四）扣除战略配售部分后，向网下投资者发售比例低于本次公开发售数量的70%；

（五）导致基金募集失败的其他情形。

基金募集失败的，基金管理人应当在募集期限届满后30日内返还投资人已交纳的款项，并加计银行同期存款利息。

第二十五条　基础设施基金成立后，基金管理人应当将80%以上基金资产投资于与其存在实际控制关系或受同一控制人控制的管理人设立发行的基础设施资产支持证券全部份额，并通过特殊目的载体获得基础设施项目全部所有权或经营权利，拥有特殊目的载体及基础设施项目完全的控制权和处置权。前述行为应当按照相关法律法规关于重大关联交易要求履行适当程序、依法披露。

基础设施基金投资基础设施资产支持证券的比例不受《公开募集证券投资基金运作管理办法》第三十二条第（一）项、第（二）项限制。

第二十六条　基础设施基金除投资基础设施资产支持证券外，其余基金资产应当依法投资于利率债，AAA级信用债，或货币市场工具。

第二十七条　基础设施基金应当采取封闭式运作，符合法定条件并经证券交易所依法审核同意后，可上市交易。

第二十八条　基础设施基金成立前，基础设施项目已存在对外借款的，应当在基础设施基金成立后以募集资金予以偿还，满足本条第二款规定且不存在他项权利设定的对外借款除外。

基础设施基金直接或间接对外借入款项，应当遵循基金份额持有人利益优先原则，不得依赖外部增信，借款用途限于基础设施项目日常运营、维修改造、项目收购等，且基金总资产不得超过基金净资产的140%。其中，用于基础设施项目收购的借款应当符合下列条件：

（一）借款金额不得超过基金净资产的20%；

（二）基础设施基金运作稳健，未发生重大法律、财务、经营等风险；

（三）基础设施基金已持基础设施和拟收购基础设施相关资产变现能力较强且可以分拆转让以满足偿还借款要求，偿付安排不影响基金持续稳定运作；

（四）基础设施基金可支配现金流足以支付已借款和拟借款本息支出，并能保障基金分红稳定性；

（五）基础设施基金具有完善的融资安排及风险应对预案；

（六）中国证监会规定的其他要求。

基础设施基金总资产被动超过基金净资产140%的，基础设施基金不得新增借款，基金管理人应当及时向中国证监会报告相关情况及拟采取的措施等。

第二十九条 基金管理人运用基金财产收购基础设施项目后从事其他重大关联交易的，除应当按照相关法律法规要求防范利益冲突、健全内部制度、履行适当程序外，还应当按照《证券投资基金法》《公开募集证券投资基金运作管理办法》和本指引要求召开基金份额持有人大会。

基金管理人董事会应至少每半年对关联交易事项进行审查。

第三十条 基础设施基金应当将90%以上合并后基金年度可供分配金额以现金形式分配给投资者。基础设施基金的收益分配在符合分配条件的情况下每年不得少于1次。

可供分配金额是在净利润基础上进行合理调整后的金额，相关计算调整项目至少包括基础设施项目资产的公允价值变动损益、折旧与摊销，同时应当综合考虑项目公司持续发展、偿债能力和经营现金流等因素，具体由中国证券投资基金业协会另行规定。

基础设施基金进行分配的，应当至少在权益登记日前2个交易日公告权益登记日、收益分配基准日、现金红利发放日、可供分配金额（含净利润、调整项目及调整原因）、按照基金合同约定应分配金额等事项。

第三十一条 基础设施基金募集期间产生的评估费、财务顾问费（如有）、会计师费、律师费等各项费用不得从基金财产中列支。如基础设施基金募集失败，上述相关费用不得从投资者认购款项中支付。

基础设施基金存续期间发生的与基金有关的下列费用可以从基金财产中列支：

（一）基金管理费、托管费；

（二）为基金提供专业服务的会计师事务所、律师事务所等收取的服务费用；

（三）由基金财产承担的其他费用。

第三十二条 除《证券投资基金法》规定的情形外，发生下列情形的，应当经参加大会的基金份额持有人所持表决权的二分之一以上表决通过：

（一）金额超过基金净资产20%且低于基金净资产50%的基础设施项目购入或出售；

（二）金额低于基金净资产50%的基础设施基金扩募；

（三）基础设施基金成立后发生的金额超过基金净资产5%且低于基金净资产20%的关联交易；

（四）除基金合同约定解聘外部管理机构的法定情形外，基金管理人解聘外部管理机构的。

除《证券投资基金法》规定的情形外，发生下列情形的，应当经参加大会的基金份额持有人所持表决权的三分之二以上表决通过：

（一）对基础设施基金的投资目标、投资策略等作出重大调整；

（二）金额占基金净资产50%及以上的基础设施项目购入或出售；

（三）金额占基金净资产50%及以上的扩募；

（四）基础设施基金成立后发生的金额占基金净资产20%及以上的关联交易。

基金份额持有人与表决事项存在关联关系的，应当回避表决，其所持份额不计入有表决权的基金份额总数。证券交易所应当为基金份额持有人大会提供网络投票系统。

基础设施基金就扩募、项目购入或出售等重大事项召开基金份额持有人大会的，相关信息披露义务人应当依法公告持有人大会事项，披露相关重大事项的详细方案及法律意见书等文件，方案内容包括但不限于：交易概况、交易标的及交易对手方的基本情况、交易标的定价方式、交易主要风险、交易各方声明与承诺等。

第三十三条 基础设施基金存续期间拟购入基础设施项目的，应当按照《公开募集证券投资基金运作管理办法》第四十条相关规定履行变更注册等程序。需提交基金份额持有人大会投票表决的，应当事先履行变更注册程序。

基础设施基金存续期间拟购入基础设施项目的标准和要求、战略配售安排、尽职调查要求、信息披露等应当与基础设施基金首次发售要求一致，中国证监会认定的情形除外。

第三十四条 基础设施基金存续期间，基金管理人应当聘请评估机构对基础设施项目资产每年进行1次评估。出现下列情形之一的，基金管理人应当及时聘请评估机构对基础设施项目资产进行评估：

（一）基础设施项目购入或出售；

（二）基础设施基金扩募；

（三）提前终止基金合同拟进行资产处置；

（四）基础设施项目现金流发生重大变化且对持有人利益有实质性影响；

（五）对基金份额持有人利益有重大影响的其他情形。

第三十五条 除《公开募集证券投资基金信息披露管理办法》规定的情形外，发生下列情形之一的，基金管理人应当依法编制并发布临时公告：

（一）基础设施基金发生重大关联交易；

（二）基础设施项目公司对外借入款项或者基金总资产被动超过基金净资产140%；

（三）金额占基金净资产10%及以上的交易；

（四）金额占基金净资产10%及以上的损失；

(五)基础设施项目购入或出售;

(六)基础设施基金扩募;

(七)基础设施项目运营情况、现金流或产生现金流能力发生重大变化;

(八)基金管理人、基础设施资产支持证券管理人发生重大变化或管理基础设施基金的主要负责人员发生变动;

(九)更换评估机构、律师事务所、会计师事务所等专业机构;

(十)原始权益人或其同一控制下的关联方卖出战略配售取得的基金份额;

(十一)可能对基础设施基金份额持有人利益或基金资产净值产生重大影响的其他事项。

第三十六条 基金管理人应当按照法律法规及中国证监会相关规定,编制并披露基础设施基金定期报告,内容包括:

(一)基础设施基金产品概况及主要财务指标。季度报告主要财务指标包括基金本期收入、本期净利润、本期经营活动产生的现金流量、本期可供分配金额和单位可供分配金额及计算过程、本期及过往实际分配金额(如有)和单位实际分配金额(如有)等;中期报告和年度报告主要财务指标除前述指标外还应当包括期末基金总资产、期末基金净资产、期末基金份额净值、基金总资产占基金净资产比例等,年度报告需说明实际可供分配金额与测算可供分配金额差异情况(如有);

(二)基础设施项目明细及相关运营情况;

(三)基础设施基金财务报告及基础设施项目财务状况、业绩表现、未来展望情况;

(四)基础设施项目现金流归集、管理、使用及变化情况,如单一客户占比较高的,应当说明该收入的公允性和稳定性;

(五)基础设施项目公司对外借入款项及使用情况,包括不符合本指引借款要求的情况说明;

(六)基础设施基金与资产支持证券管理人和托管人、外部管理机构等履职情况;

(七)基础设施基金与资产支持证券管理人、托管人及参与机构费用收取情况;

(八)报告期内购入或出售基础设施项目情况;

(九)关联关系、报告期内发生的关联交易及相关利益冲突防范措施;

(十)报告期内基础设施基金份额持有人结构变化情况,并说明关联方持有基础设施基金份额及变化情况;

(十一)可能影响投资者决策的其他重要信息。

基础设施基金季度报告披露内容可不包括前款第(三)(六)(九)(十)项,基础设施基金年度报告应当载有年度审计报告和评估报告。

基础设施基金应当充分披露与产品特征相关的重要信息。确不适用的常规基金信息披露事项,基础设施基金可不予披露,包括但不限于:每周基金资产净值和基金份额净值,半年度和年度最后一个交易日基金份额净值和基金份额累计净值,定期报告基金净值增长率及相关比较信息。

基金信息披露文件涉及评估报告相关事项的,应在显著位置特别声明相关评估结果不代表基础设施项目资产的真实市场价值，也不代表基础设施项目资产能够按照评估结果进行转让。

第三十七条 基金管理人应当按照法律法规、企业会计准则及中国证监会相关规定进行资产负债确认计量，编制基础设施基金中期与年度合并及单独财务报表，财务报表至少包括资产负债表、利润表、现金流量表、所有者权益变动表及报表附注。

基金托管人复核基金信息披露文件时，应当加强对基金管理人资产确认计量过程的复核。会计师事务所在年度审计中应当评价基金管理人和评估机构采用的评估方法和参数的合理性。

第三十八条 基础设施基金运作过程中，基金管理人应当按照法律法规规定和基金合同约定主动履行基础设施项目运营管理职责，包括：

（一）及时办理基础设施项目、印章证照、账册合同、账户管理权限交割等；

（二）建立账户和现金流管理机制，有效管理基础设施项目租赁、运营等产生的现金流，防止现金流流失、挪用等；

（三）建立印章管理、使用机制，妥善管理基础设施项目各种印章；

（四）为基础设施项目购买足够的财产保险和公众责任保险；

（五）制定及落实基础设施项目运营策略；

（六）签署并执行基础设施项目运营的相关协议；

（七）收取基础设施项目租赁、运营等产生的收益，追收欠缴款项等；

（八）执行日常运营服务，如安保、消防、通讯及紧急事故管理等；

（九）实施基础设施项目维修、改造等；

（十）基础设施项目档案归集管理等；

（十一）按照本指引要求聘请评估机构、审计机构进行评估与审计；

（十二）依法披露基础设施项目运营情况；

（十三）提供公共产品和服务的基础设施资产的运营管理，应符合国家有关监管要求，严格履行运营管理义务，保障公共利益；

（十四）建立相关机制防范外部管理机构的履约风险、基础设施项目经营风险、关联交易及利益冲突风险、利益输送和内部人控制风险等基础设施项目运营过程中的风险；

（十五）按照基金合同约定和持有人利益优先的原则，专业审慎处置资产；

（十六）中国证监会规定的其他职责。

第三十九条 基金管理人可以设立专门的子公司承担基础设施项目运营管理职责，也可以委托外部管理机构负责第三十八条第（四）至（九）项运营管理职责，其依法应当承担的责任不因委托而免除。

基金管理人委托外部管理机构运营管理基础设施项目的，应当自行派员负责基础设施项目公司财务管理。基金管理人与外部管理机构应当签订基础设施项目运营管理服务协议，明确双方的权利义务、费用收取、外部管理机构考核安排、外部管理机构解聘情形和程序、协议终止情形和程序等事项。

第四十条 外部管理机构应当按照《证券投资基金法》第九十七条规定经中国证监会备案，

并持续符合下列要求：

（一）具有符合国家规定的不动产运营管理资质（如有）；

（二）具备丰富的基础设施项目运营管理经验，配备充足的具有基础设施项目运营经验的专业人员，其中具有5年以上基础设施项目运营经验的专业人员不少于2名；

（三）公司治理与财务状况良好；

（四）中国证监会规定的其他要求。

外部管理机构受委托从事基础设施项目运营管理的，不得泄露因职务便利获取的未公开信息，不得利用该信息从事或者明示、暗示他人从事相关交易活动。外部管理机构同时向其他机构提供基础设施项目运营管理服务的，应当采取充分、适当的措施避免可能出现的利益冲突。外部管理机构不得将受委托运营管理基础设施的主要职责转委托给其他机构。

外部管理机构应当配合基金管理人等机构履行信息披露义务，确保提供的文件资料真实、准确、完整。

第四十一条 基金管理人应当对接受委托的外部管理机构进行充分的尽职调查，确保其在专业资质（如有）、人员配备、公司治理等方面符合法律法规要求，具备充分的履职能力。

基金管理人应当持续加强对外部管理机构履职情况的监督，至少每年对其履职情况进行评估，确保其勤勉尽责履行运营管理职责。基金管理人应当定期检查外部管理机构就其获委托从事基础设施项目运营管理活动而保存的记录、合同等文件，检查频率不少于每半年1次。

委托事项终止后，基金管理人应当妥善保管基础设施项目运营维护相关档案。

第四十二条 外部管理机构应当勤勉尽责、专业审慎运营管理基础设施项目，发生下列情形之一的，基金管理人应当解聘外部管理机构：

（一）外部管理机构因故意或重大过失给基础设施基金造成重大损失；

（二）外部管理机构依法解散、被依法撤销、被依法宣告破产或者出现重大违法违规行为；

（三）外部管理机构专业资质、人员配备等发生重大不利变化已无法继续履职。

基金管理人应当在基金合同等法律文件中明确约定上述解聘外部管理机构的法定情形。除上述法定情形外，基金管理人解聘、更换外部管理机构的，应当提交基金份额持有人大会投票表决。与外部管理机构存在关联关系的基金份额持有人就解聘、更换外部管理机构事项无需回避表决，中国证监会认可的特殊情形除外。

第四十三条 基础设施基金原始权益人不得侵占、损害基础设施基金所持有的基础设施项目，并应当履行下列义务：

（一）配合基金管理人、基金托管人以及其他为基础设施基金提供服务的专业机构履行职责；

（二）确保基础设施项目真实、合法，确保向基金管理人等机构提供的文件资料真实、准确、完整，不存在虚假记载、误导性陈述或者重大遗漏；

（三）依据法律法规、基金合同及相关协议约定及时移交基础设施项目及相关印章证照、账册合同、账户管理权限等；

（四）法律法规及相关协议约定的其他义务。

主要原始权益人及其控股股东、实际控制人应当承诺，提供的文件资料存在隐瞒重要事实或者编造重大虚假内容等重大违法违规行为的，应当购回全部基金份额或基础设施项目权益。

第四十四条 基金托管人应当依照法律法规规定、基金合同和托管协议约定履行下列职责：

（一）安全保管基础设施基金财产、权属证书及相关文件；

（二）监督基础设施基金资金账户、基础设施项目运营收支账户等重要资金账户及资金流向，确保符合法律法规规定和基金合同约定，保证基金资产在监督账户内封闭运行；

（三）监督、复核基金管理人按照法律法规规定和基金合同约定进行投资运作、收益分配、信息披露等；

（四）监督基金管理人为基础设施项目购买足够的保险；

（五）监督基础设施项目公司借入款项安排，确保符合法律法规规定及约定用途；

（六）法律法规及中国证监会规定的其他职责。

第四十五条 基金管理人应当在基金合同中明确约定基金合同终止的情形。触发基金合同终止情形的，基金管理人应当按照法律法规规定和基金合同约定组织清算组对基金财产进行清算。

基金清算涉及基础设施项目处置的，基金管理人应当遵循基金份额持有人利益优先的原则，按照法律法规规定进行资产处置，并尽快完成剩余财产的分配。资产处置期间，清算组应当按照法律法规规定和基金合同约定履行信息披露义务。

第四十六条 证券交易所应当比照公开发行证券要求建立基础设施资产支持证券挂牌及基金上市审查制度，制定基础设施基金份额发售、上市、交易、收购、信息披露、退市等具体业务规则，强化对相关参与主体的自律管理。

中国证券业协会按照自律规则对网下投资者进行注册，并实施自律管理；中国证券投资基金业协会对基础设施基金人员管理、项目尽职调查、信息披露等行为进行自律管理。

第四十七条 中国证监会及其派出机构对基金管理人、基金托管人、基础设施资产支持证券管理人、相关专业机构等从事基础设施基金运作活动进行定期或不定期检查，相关主体应当予以配合。

第四十八条 基金管理人、基金托管人、基础设施资产支持证券管理人及其从业人员等违反法律、行政法规及中国证监会规定的，中国证监会及相关派出机构可依法对其采取行政监管措施；依法应予行政处罚的，依照有关规定进行行政处罚；涉嫌犯罪的，依法移送司法机关，追究刑事责任。

第四十九条 律师事务所、会计师事务所、评估机构、财务顾问、外部管理机构等专业机构及其从业人员违反本指引，并构成违反《证券法》《证券投资基金法》《证券公司监督管理条例》《律师事务所从事证券法律业务管理办法》《证券发行上市保荐业务管理办法》等规定的违法情形的，中国证监会及相关派出机构可依法采取责令改正、监管谈话、出具警示函、限制业务活动等行政监管措施，并按照相关法律法规的规定进行处罚。

第五十条 本指引相关用语的含义如下：

（一）基础设施基金是指基金通过特殊目的载体持有基础设施项目的整体架构。

（二）基础设施资产支持证券是指依据《证券公司及基金管理公司子公司资产证券化业务管理规定》等有关规定，以基础设施项目产生的现金流为偿付来源，以基础设施资产支持专项计划为载体，向投资者发行的代表基础设施财产或财产权益份额的有价证券。基础设施包括仓储物流，收费公路、机场港口等交通设施，水电气热等市政设施，百货商场、购物中心、农贸市场等消费基础设施，污染治理、信息网络、产业园区、保障性租赁住房、清洁能源等符合国家重大战略、发展规划、产业政策、投资管理法规等相关要求的其他基础设施。

（三）原始权益人是指基础设施基金持有的基础设施项目的原所有人。

（四）参与机构是指为基础设施基金提供专业服务的评估机构、会计师事务所、律师事务所、外部管理机构等专业机构。

（五）基金总资产与基金净资产均指合并报表层面的基金总资产与基金净资产。

（六）本指引第三十二条所述相关金额是指连续12个月内累计发生金额。

第五十一条 本指引自公布之日起施行。

财政部、国家税务总局关于企业重组业务企业所得税处理若干问题的通知

1. 2009年4月30日

2. 财税〔2009〕59号

各省、自治区、直辖市、计划单列市财政厅（局）、国家税务局、地方税务局，新疆生产建设兵团财务局：

根据《中华人民共和国企业所得税法》第二十条和《中华人民共和国企业所得税法实施条例》（国务院令第512号）第七十五条规定，现就企业重组所涉及的企业所得税具体处理问题通知如下：

一、本通知所称企业重组，是指企业在日常经营活动以外发生的法律结构或经济结构重大改变的交易，包括企业法律形式改变、债务重组、股权收购、资产收购、合并、分立等。

（一）企业法律形式改变，是指企业注册名称、住所以及企业组织形式等的简单改变，但符合本通知规定其他重组的类型除外。

（二）债务重组，是指在债务人发生财务困难的情况下，债权人按照其与债务人达成的书面协议或者法院裁定书，就其债务人的债务作出让步的事项。

（三）股权收购，是指一家企业（以下称为收购企业）购买另一家企业（以下称为被收购企业）的股权，以实现对被收购企业控制的交易。收购企业支付对价的形式包括股权支

付、非股权支付或两者的组合。

（四）资产收购，是指一家企业（以下称为受让企业）购买另一家企业（以下称为转让企业）实质经营性资产的交易。受让企业支付对价的形式包括股权支付、非股权支付或两者的组合。

（五）合并，是指一家或多家企业（以下称为被合并企业）将其全部资产和负债转让给另一家现存或新设企业（以下称为合并企业），被合并企业股东换取合并企业的股权或非股权支付，实现两个或两个以上企业的依法合并。

（六）分立，是指一家企业（以下称为被分立企业）将部分或全部资产分离转让给现存或新设的企业（以下称为分立企业），被分立企业股东换取分立企业的股权或非股权支付，实现企业的依法分立。

二、本通知所称股权支付，是指企业重组中购买、换取资产的一方支付的对价中，以本企业或其控股企业的股权、股份作为支付的形式；所称非股权支付，是指以本企业的现金、银行存款、应收款项、本企业或其控股企业股权和股份以外的有价证券、存货、固定资产、其他资产以及承担债务等作为支付的形式。

三、企业重组的税务处理区分不同条件分别适用一般性税务处理规定和特殊性税务处理规定。

四、企业重组，除符合本通知规定适用特殊性税务处理规定的外，按以下规定进行税务处理：

（一）企业由法人转变为个人独资企业、合伙企业等非法人组织，或将登记注册地转移至中华人民共和国境外（包括港澳台地区），应视同企业进行清算、分配，股东重新投资成立新企业。企业的全部资产以及股东投资的计税基础均应以公允价值为基础确定。

企业发生其他法律形式简单改变的，可直接变更税务登记，除另有规定外，有关企业所得税纳税事项（包括亏损结转、税收优惠等权益和义务）由变更后企业承继，但因住所发生变化而不符合税收优惠条件的除外。

（二）企业债务重组，相关交易应按以下规定处理：

1. 以非货币资产清偿债务，应当分解为转让相关非货币性资产、按非货币性资产公允价值清偿债务两项业务，确认相关资产的所得或损失。

2. 发生债权转股权的，应当分解为债务清偿和股权投资两项业务，确认有关债务清偿所得或损失。

3. 债务人应当按照支付的债务清偿额低于债务计税基础的差额，确认债务重组所得；债权人应当按照收到的债务清偿额低于债权计税基础的差额，确认债务重组损失。

4. 债务人的相关所得税纳税事项原则上保持不变。

（三）企业股权收购、资产收购重组交易，相关交易应按以下规定处理：

1. 被收购方应确认股权、资产转让所得或损失。

2. 收购方取得股权或资产的计税基础应以公允价值为基础确定。

3. 被收购企业的相关所得税事项原则上保持不变。

（四）企业合并，当事各方应按下列规定处理：

1. 合并企业应按公允价值确定接受被合并企业各项资产和负债的计税基础。

2. 被合并企业及其股东都应按清算进行所得税处理。

3. 被合并企业的亏损不得在合并企业结转弥补。

（五）企业分立，当事各方应按下列规定处理：

1. 被分立企业对分立出去资产应按公允价值确认资产转让所得或损失。

2. 分立企业应按公允价值确认接受资产的计税基础。

3. 被分立企业继续存在时，其股东取得的对价应视同被分立企业分配进行处理。

4. 被分立企业不再继续存在时，被分立企业及其股东都应按清算进行所得税处理。

5. 企业分立相关企业的亏损不得相互结转弥补。

五、企业重组同时符合下列条件的，适用特殊性税务处理规定：

（一）具有合理的商业目的，且不以减少、免除或者推迟缴纳税款为主要目的。

（二）被收购、合并或分立部分的资产或股权比例符合本通知规定的比例。

（三）企业重组后的连续 12 个月内不改变重组资产原来的实质性经营活动。

（四）重组交易对价中涉及股权支付金额符合本通知规定比例。

（五）企业重组中取得股权支付的原主要股东，在重组后连续 12 个月内，不得转让所取得的股权。

六、企业重组符合本通知第五条规定条件的，交易各方对其交易中的股权支付部分，可以按以下规定进行特殊性税务处理：

（一）企业债务重组确认的应纳税所得额占该企业当年应纳税所得额 50% 以上，可以在 5 个纳税年度的期间内，均匀计入各年度的应纳税所得额。

企业发生债权转股权业务，对债务清偿和股权投资两项业务暂不确认有关债务清偿所得或损失，股权投资的计税基础以原债权的计税基础确定。企业的其他相关所得税事项保持不变。

（二）股权收购，收购企业购买的股权不低于被收购企业全部股权的 75%，且收购企业在该股权收购发生时的股权支付金额不低于其交易支付总额的 85%，可以选择按以下规定处理：

1. 被收购企业的股东取得收购企业股权的计税基础，以被收购股权的原有计税基础确定。

2. 收购企业取得被收购企业股权的计税基础，以被收购股权的原有计税基础确定。

3. 收购企业、被收购企业的原有各项资产和负债的计税基础和其他相关所得税事项保持不变。

（三）资产收购，受让企业收购的资产不低于转让企业全部资产的 75%，且受让企业在该资产收购发生时的股权支付金额不低于其交易支付总额的 85%，可以选择按以下规定处理：

1. 转让企业取得受让企业股权的计税基础，以被转让资产的原有计税基础确定。

2. 受让企业取得转让企业资产的计税基础，以被转让资产的原有计税基础确定。

（四）企业合并，企业股东在该企业合并发生时取得的股权支付金额不低于其交易支付总额的 85%，以及同一控制下且不需要支付对价的企业合并，可以选择按以下规定处理：

1. 合并企业接受被合并企业资产和负债的计税基础，以被合并企业的原有计税基础确定。

2. 被合并企业合并前的相关所得税事项由合并企业承继。

3. 可由合并企业弥补的被合并企业亏损的限额 = 被合并企业净资产公允价值 × 截至合并业务发生当年年末国家发行的最长期限的国债利率。

4. 被合并企业股东取得合并企业股权的计税基础，以其原持有的被合并企业股权的计税基础确定。

（五）企业分立，被分立企业所有股东按原持股比例取得分立企业的股权，分立企业和被分立企业均不改变原来的实质经营活动，且被分立企业股东在该企业分立发生时取得的股权支付金额不低于其交易支付总额的85%，可以选择按以下规定处理：

1. 分立企业接受被分立企业资产和负债的计税基础，以被分立企业的原有计税基础确定。

2. 被分立企业已分立出去资产相应的所得税事项由分立企业承继。

3. 被分立企业未超过法定弥补期限的亏损额可按分立资产占全部资产的比例进行分配，由分立企业继续弥补。

4. 被分立企业的股东取得分立企业的股权（以下简称“新股”），如需部分或全部放弃原持有的被分立企业的股权（以下简称“旧股”），“新股”的计税基础应以放弃“旧股”的计税基础确定。如不需放弃“旧股”，则其取得“新股”的计税基础可从以下两种方法中选择确定：直接将“新股”的计税基础确定为零；或者以被分立企业分立出去的净资产占被分立企业全部净资产的比例先调减原持有的“旧股”的计税基础，再将调减的计税基础平均分配到“新股”上。

（六）重组交易各方按本条（一）至（五）项规定对交易中股权支付暂不确认有关资产的转让所得或损失的，其非股权支付仍应在交易当期确认相应的资产转让所得或损失，并调整相应资产的计税基础。

非股权支付对应的资产转让所得或损失 =（被转让资产的公允价值 - 被转让资产的计税基础）×（非股权支付金额 ÷ 被转让资产的公允价值）

七、企业发生涉及中国境内与境外之间（包括港澳台地区）的股权和资产收购交易，除应符合本通知第五条规定的条件外，还应同时符合下列条件，才可选择适用特殊性税务处理规定：

（一）非居民企业向其100%直接控股的另一非居民企业转让其拥有的居民企业股权，没有因此造成以后该项股权转让所得预提税负担变化，且转让方非居民企业向主管税务机关书面承诺在3年（含3年）内不转让其拥有受让方非居民企业的股权；

（二）非居民企业向与其具有100%直接控股关系的居民企业转让其拥有的另一居民企业股权；

（三）居民企业以其拥有的资产或股权向其100%直接控股的非居民企业进行投资；

（四）财政部、国家税务总局核准的其他情形。

八、本通知第七条第（三）项所指的居民企业以其拥有的资产或股权向其100%直接控股关系的非居民企业进行投资，其资产或股权转让收益如选择特殊性税务处理，可以在10个纳税年度内均匀计入各年度应纳税所得额。

九、在企业吸收合并中，合并后的存续企业性质及适用税收优惠的条件未发生改变的，可以继续享受合并前该企业剩余期限的税收优惠，其优惠金额按存续企业合并前一年的应纳税所得额（亏损计为零）计算。

在企业存续分立中，分立后的存续企业性质及适用税收优惠的条件未发生改变的，可以继续享受分立前该企业剩余期限的税收优惠，其优惠金额按该企业分立前一年的应纳税所得额（亏损计为零）乘以分立后存续企业资产占分立前该企业全部资产的比例计算。

十、企业在重组发生前后连续12个月内分步对其资产、股权进行交易，应根据实质重于形式原则将上述交易作为一项企业重组交易进行处理。

十一、企业发生符合本通知规定的特殊性重组条件并选择特殊性税务处理的，当事各方应在该重组业务完成当年企业所得税年度申报时，向主管税务机关提交书面备案资料，证明其符合各类特殊性重组规定的条件。企业未按规定书面备案的，一律不得按特殊重组业务进行税务处理。

十二、对企业在重组过程中涉及的需要特别处理的企业所得税事项，由国务院财政、税务主管部门另行规定。

十三、本通知自2008年1月1日起执行。

企业重组业务企业所得税管理办法①

1. 2010年7月26日国家税务总局公告2010年第4号发布

2. 自2010年1月1日起施行

第一章　总则及定义

第一条　为规范和加强对企业重组业务的企业所得税管理，根据《中华人民共和国企业所得税法》（以下简称《税法》）及其实施条例（以下简称《实施条例》）、《中华人民共和国税收征收管理法》及其实施细则（以下简称《征管法》）、《财政部 国家税务总局关于企业重组

---

① 1. 根据《国家税务总局关于非居民企业所得税源泉扣缴有关问题的公告》（国家税务总局公告2017年第37号）规定，自2017年12月1日起，本办法第三十六条废止；2. 2015年6月24日《国家税务总局关于企业重组业务企业所得税征收管理若干问题的公告》（国家税务总局公告2015年第48号）规定："十二、本公告适用于2015年度及以后年度企业所得税汇算清缴。《国家税务总局关于发布〈企业重组业务企业所得税管理办法〉的公告》（国家税务总局公告2010年第4号）第三条、第七条、第八条、第十六条、第十七条、第十八条、第二十二条、第二十三条、第二十四条、第二十五条、第二十七条、第三十二条同时废止。"

业务企业所得税处理若干问题的通知》（财税〔2009〕59号）（以下简称《通知》）等有关规定，制定本办法。

第二条　本办法所称企业重组业务，是指《通知》第一条所规定的企业法律形式改变、债务重组、股权收购、资产收购、合并、分立等各类重组。

第三条　企业发生各类重组业务，其当事各方，按重组类型，分别指以下企业：

（一）债务重组中当事各方，指债务人及债权人。

（二）股权收购中当事各方，指收购方、转让方及被收购企业。

（三）资产收购中当事各方，指转让方、受让方。

（四）合并中当事各方，指合并企业、被合并企业及各方股东。

（五）分立中当事各方，指分立企业、被分立企业及各方股东。

第四条　同一重组业务的当事各方应采取一致税务处理原则，即统一按一般性或特殊性税务处理。

第五条　《通知》第一条第（四）项所称实质经营性资产，是指企业用于从事生产经营活动、与产生经营收入直接相关的资产，包括经营所用各类资产、企业拥有的商业信息和技术、经营活动产生的应收款项、投资资产等。

第六条　《通知》第二条所称控股企业，是指由本企业直接持有股份的企业。

第七条　《通知》中规定的企业重组，其重组日的确定，按以下规定处理：

（一）债务重组，以债务重组合同或协议生效日为重组日。

（二）股权收购，以转让协议生效且完成股权变更手续日为重组日。

（三）资产收购，以转让协议生效且完成资产实际交割日为重组日。

（四）企业合并，以合并企业取得被合并企业资产所有权并完成工商登记变更日期为重组日。

（五）企业分立，以分立企业取得被分立企业资产所有权并完成工商登记变更日期为重组日。

第八条　重组业务完成年度的确定，可以按各当事方适用的会计准则确定，具体参照各当事方经审计的年度财务报告。由于当事方适用的会计准则不同导致重组业务完成年度的判定有差异时，各当事方应协商一致，确定同一个纳税年度作为重组业务完成年度。

第九条　本办法所称评估机构，是指具有合法资质的中国资产评估机构。

第二章　企业重组一般性税务处理管理

第十条　企业发生《通知》第四条第（一）项规定的由法人转变为个人独资企业、合伙企业等非法人组织，或将登记注册地转移至中华人民共和国境外（包括港澳台地区），应按照《财政部 国家税务总局关于企业清算业务企业所得税处理若干问题的通知》（财税〔2009〕60号）规定进行清算。

企业在报送《企业清算所得纳税申报表》时，应附送以下资料：

（一）企业改变法律形式的工商部门或其他政府部门的批准文件；

（二）企业全部资产的计税基础以及评估机构出具的资产评估报告；

(三)企业债权、债务处理或归属情况说明;

(四)主管税务机关要求提供的其他资料证明。

第十一条 企业发生《通知》第四条第(二)项规定的债务重组,应准备以下相关资料,以备税务机关检查:

(一)以非货币资产清偿债务的,应保留当事各方签订的清偿债务的协议或合同,以及非货币资产公允价格确认的合法证据等;

(二)债权转股权的,应保留当事各方签订的债权转股权协议或合同。

第十二条 企业发生《通知》第四条第(三)项规定的股权收购、资产收购重组业务,应准备以下相关资料,以备税务机关检查:

(一)当事各方所签订的股权收购、资产收购业务合同或协议;

(二)相关股权、资产公允价值的合法证据。

第十三条 企业发生《通知》第四条第(四)项规定的合并,应按照财税〔2009〕60 号文件规定进行清算。

被合并企业在报送《企业清算所得纳税申报表》时,应附送以下资料:

(一)企业合并的工商部门或其他政府部门的批准文件;

(二)企业全部资产和负债的计税基础以及评估机构出具的资产评估报告;

(三)企业债务处理或归属情况说明;

(四)主管税务机关要求提供的其他资料证明。

第十四条 企业发生《通知》第四条第(五)项规定的分立,被分立企业不再继续存在,应按照财税〔2009〕60 号文件规定进行清算。

被分立企业在报送《企业清算所得纳税申报表》时,应附送以下资料:

(一)企业分立的工商部门或其他政府部门的批准文件;

(二)被分立企业全部资产的计税基础以及评估机构出具的资产评估报告;

(三)企业债务处理或归属情况说明;

(四)主管税务机关要求提供的其他资料证明。

第十五条 企业合并或分立,合并各方企业或分立企业涉及享受《税法》第五十七条规定中就企业整体(即全部生产经营所得)享受的税收优惠过渡政策尚未期满的,仅就存续企业未享受完的税收优惠,按照《通知》第九条的规定执行;注销的被合并或被分立企业未享受完的税收优惠,不再由存续企业承继;合并或分立而新设的企业不得再承继或重新享受上述优惠。合并或分立各方企业按照《税法》的税收优惠规定和税收优惠过渡政策中就企业有关生产经营项目的所得享受的税收优惠承继问题,按照《实施条例》第八十九条规定执行。

第三章 企业重组特殊性税务处理管理

第十六条 企业重组业务,符合《通知》规定条件并选择特殊性税务处理的,应按照《通知》第十一条规定进行备案;如企业重组各方需要税务机关确认,可以选择由重组主导方向主管税务机关提出申请,层报省税务机关给予确认。

采取申请确认的，主导方和其他当事方不在同一省（自治区、市）的，主导方省税务机关应将确认文件抄送其他当事方所在地省税务机关。

省税务机关在收到确认申请时，原则上应在当年度企业所得税汇算清缴前完成确认。特殊情况，需要延长的，应将延长理由告知主导方。

第十七条　企业重组主导方，按以下原则确定：

（一）债务重组为债务人；

（二）股权收购为股权转让方；

（三）资产收购为资产转让方；

（四）吸收合并为合并后拟存续的企业，新设合并为合并前资产较大的企业；

（五）分立为被分立的企业或存续企业。

第十八条　企业发生重组业务，按照《通知》第五条第（一）项要求，企业在备案或提交确认申请时，应从以下方面说明企业重组具有合理的商业目的：

（一）重组活动的交易方式。即重组活动采取的具体形式、交易背景、交易时间、在交易之前和之后的运作方式和有关的商业常规。

（二）该项交易的形式及实质。即形式上交易所产生的法律权利和责任，也是该项交易的法律后果。另外，交易实际上或商业上产生的最终结果。

（三）重组活动给交易各方税务状况带来的可能变化。

（四）重组各方从交易中获得的财务状况变化。

（五）重组活动是否给交易各方带来了在市场原则下不会产生的异常经济利益或潜在义务。

（六）非居民企业参与重组活动的情况。

第十九条　《通知》第五条第（三）和第（五）项所称"企业重组后的连续 12 个月内"，是指自重组日起计算的连续 12 个月内。

第二十条　《通知》第五条第（五）项规定的原主要股东，是指原持有转让企业或被收购企业 20% 以上股权的股东。

第二十一条　《通知》第六条第（四）项规定的同一控制，是指参与合并的企业在合并前后均受同一方或相同的多方最终控制，且该控制并非暂时性的。能够对参与合并的企业在合并前后均实施最终控制权的相同多方，是指根据合同或协议的约定，对参与合并企业的财务和经营政策拥有决定控制权的投资者群体。在企业合并前，参与合并各方受最终控制方的控制在 12 个月以上，企业合并后所形成的主体在最终控制方的控制时间也应达到连续 12 个月。

第二十二条　企业发生《通知》第六条第（一）项规定的债务重组，根据不同情形，应准备以下资料：

（一）发生债务重组所产生的应纳税所得额占该企业当年应纳税所得额 50% 以上的，债务重组所得要求在 5 个纳税年度的期间内，均匀计入各年度应纳税所得额的，应准备以下资料：

1. 当事方的债务重组的总体情况说明（如果采取申请确认的，应为企业的申请，下

同),情况说明中应包括债务重组的商业目的;

2. 当事各方所签订的债务重组合同或协议;

3. 债务重组所产生的应纳税所得额、企业当年应纳税所得额情况说明;

4. 税务机关要求提供的其他资料证明。

(二)发生债权转股权业务,债务人对债务清偿业务暂不确认所得或损失,债权人对股权投资的计税基础以原债权的计税基础确定,应准备以下资料:

1. 当事方的债务重组的总体情况说明。情况说明中应包括债务重组的商业目的;

2. 双方所签订的债转股合同或协议;

3. 企业所转换的股权公允价格证明;

4. 工商部门及有关部门核准相关企业股权变更事项证明材料;

5. 税务机关要求提供的其他资料证明。

第二十三条 企业发生《通知》第六条第(二)项规定的股权收购业务,应准备以下资料:

(一)当事方的股权收购业务总体情况说明,情况说明中应包括股权收购的商业目的;

(二)双方或多方所签订的股权收购业务合同或协议;

(三)由评估机构出具的所转让及支付的股权公允价值;

(四)证明重组符合特殊性税务处理条件的资料,包括股权比例,支付对价情况,以及12个月内不改变资产原来的实质性经营活动和原主要股东不转让所取得股权的承诺书等;

(五)工商等相关部门核准相关企业股权变更事项证明材料;

(六)税务机关要求的其他材料。

第二十四条 企业发生《通知》第六条第(三)项规定的资产收购业务,应准备以下资料:

(一)当事方的资产收购业务总体情况说明,情况说明中应包括资产收购的商业目的;

(二)当事各方所签订的资产收购业务合同或协议;

(三)评估机构出具的资产收购所体现的资产评估报告;

(四)受让企业股权的计税基础的有效凭证;

(五)证明重组符合特殊性税务处理条件的资料,包括资产收购比例,支付对价情况,以及12个月内不改变资产原来的实质性经营活动、原主要股东不转让所取得股权的承诺书等;

(六)工商部门核准相关企业股权变更事项证明材料;

(七)税务机关要求提供的其他材料证明。

第二十五条 企业发生《通知》第六条第(四)项规定的合并,应准备以下资料:

(一)当事方企业合并的总体情况说明。情况说明中应包括企业合并的商业目的。

(二)企业合并的政府主管部门的批准文件。

(三)企业合并各方当事人的股权关系说明。

(四)被合并企业的净资产、各单项资产和负债及其账面价值和计税基础等相关资料。

(五)证明重组符合特殊性税务处理条件的资料,包括合并前企业各股东取得股权支付比例情况、以及12个月内不改变资产原来的实质性经营活动、原主要股东不转让所取得股权的承诺书等。

（六）工商部门核准相关企业股权变更事项证明材料。

（七）主管税务机关要求提供的其他资料证明。

第二十六条 《通知》第六条第（四）项所规定的可由合并企业弥补的被合并企业亏损的限额，是指按《税法》规定的剩余结转年限内，每年可由合并企业弥补的被合并企业亏损的限额。

第二十七条 企业发生《通知》第六条第（五）项规定的分立，应准备以下资料：

（一）当事方企业分立的总体情况说明。情况说明中应包括企业分立的商业目的。

（二）企业分立的政府主管部门的批准文件。

（三）被分立企业的净资产、各单项资产和负债账面价值和计税基础等相关资料。

（四）证明重组符合特殊性税务处理条件的资料，包括分立后企业各股东取得股权支付比例情况、以及12个月内不改变资产原来的实质性经营活动、原主要股东不转让所取得股权的承诺书等。

（五）工商部门认定的分立和被分立企业股东股权比例证明材料；分立后，分立和被分立企业工商营业执照复印件；分立和被分立企业分立业务账务处理复印件。

（六）税务机关要求提供的其他资料证明。

第二十八条 根据《通知》第六条第（四）项第2目规定，被合并企业合并前的相关所得税事项由合并企业承继，以及根据《通知》第六条第（五）项第2目规定，企业分立，已分立资产相应的所得税事项由分立企业承继，这些事项包括尚未确认的资产损失、分期确认收入的处理以及尚未享受期满的税收优惠政策承继处理问题等。其中，对税收优惠政策承继处理问题，凡属于依照《税法》第五十七条规定中就企业整体（即全部生产经营所得）享受税收优惠过渡政策的，合并或分立后的企业性质及适用税收优惠条件未发生改变的，可以继续享受合并前各企业或分立前被分立企业剩余期限的税收优惠。合并前各企业剩余的税收优惠年限不一致的，合并后企业每年度的应纳税所得额，应统一按合并日各合并前企业资产占合并后企业总资产的比例进行划分，再分别按相应的剩余优惠计算应纳税额。合并前各企业或分立前被分立企业按照《税法》的税收优惠规定以及税收优惠过渡政策中就有关生产经营项目所得享受的税收优惠承继处理问题，按照《实施条例》第八十九条规定执行。

第二十九条 适用《通知》第五条第（三）项和第（五）项的当事各方应在完成重组业务后的下一年度的企业所得税年度申报时，向主管税务机关提交书面情况说明，以证明企业在重组后的连续12个月内，有关符合特殊性税务处理的条件未发生改变。

第三十条 当事方的其中一方在规定时间内发生生产经营业务、公司性质、资产或股权结构等情况变化，致使重组业务不再符合特殊性税务处理条件的，发生变化的当事方应在情况发生变化的30天内书面通知其他所有当事方。主导方在接到通知后30日内将有关变化通知其主管税务机关。

上款所述情况发生变化后60日内，应按照《通知》第四条的规定调整重组业务的税务处理。原交易各方应各自按原交易完成时资产和负债的公允价值计算重组业务的收益或损失，调整交易完成纳税年度的应纳税所得额及相应的资产和负债的计税基础，并向各自主管税务机关申请调整交易完成纳税年度的企业所得税年度申报表。逾期不调整申报的，按照《征管法》的相关规定处理。

第三十一条 各当事方的主管税务机关应当对企业申报或确认适用特殊性税务处理的重组业务进行跟踪监管，了解重组企业的动态变化情况。发现问题，应及时与其他当事方主管税务机关沟通联系，并按照规定给予调整。

第三十二条 根据《通知》第十条规定，若同一项重组业务涉及在连续12个月内分步交易，且跨两个纳税年度，当事各方在第一步交易完成时预计整个交易可以符合特殊性税务处理条件，可以协商一致选择特殊性税务处理的，可在第一步交易完成后，适用特殊性税务处理。主管税务机关在审核有关资料后，符合条件的，可以暂认可适用特殊性税务处理。第二年进行下一步交易后，应按本办法要求，准备相关资料确认适用特殊性税务处理。

第三十三条 上述跨年度分步交易，若当事方在首个纳税年度不能预计整个交易是否符合特殊性税务处理条件，应适用一般性税务处理。在下一纳税年度全部交易完成后，适用特殊性税务处理的，可以调整上一纳税年度的企业所得税年度申报表，涉及多缴税款的，各主管税务机关应退税，或抵缴当年应纳税款。

第三十四条 企业重组的当事各方应该取得并保管与该重组有关的凭证、资料，保管期限按照《征管法》的有关规定执行。

第四章 跨境重组税收管理

第三十五条 发生《通知》第七条规定的重组，凡适用特殊性税务处理规定的，应按照本办法第三章相关规定执行。

第三十六条 发生《通知》第七条第（一）、（二）项规定的重组，适用特殊税务处理的，应按照《国家税务总局关于印发〈非居民企业所得税源泉扣缴管理暂行办法〉的通知》（国税发〔2009〕3号）和《国家税务总局关于加强非居民企业股权转让所得企业所得税管理的通知》（国税函〔2009〕698号）要求，准备资料。

第三十七条 发生《通知》第七条第（三）项规定的重组，居民企业应向其所在地主管税务机关报送以下资料：

（一）当事方的重组情况说明，申请文件中应说明股权转让的商业目的。

（二）双方所签订的股权转让协议。

（三）双方控股情况说明。

（四）由评估机构出具的资产或股权评估报告。报告中应分别列示涉及的各单项被转让资产和负债的公允价值。

（五）证明重组符合特殊性税务处理条件的资料，包括股权或资产转让比例，支付对价情况，以及12个月内不改变资产原来的实质性经营活动、不转让所取得股权的承诺书等。

（六）税务机关要求的其他材料。

财政部、国家税务总局关于促进企业重组有关企业所得税处理问题的通知

1. 2014年12月25日

2. 财税〔2014〕109号

各省、自治区、直辖市、计划单列市财政厅(局)、国家税务局、地方税务局,新疆生产建设兵团财务局:

为贯彻落实《国务院关于进一步优化企业兼并重组市场环境的意见》(国发〔2014〕14号),根据《中华人民共和国企业所得税法》及其实施条例有关规定,现就企业重组有关企业所得税处理问题明确如下:

一、关于股权收购

将《财政部、国家税务总局关于企业重组业务企业所得税处理若干问题的通知》(财税〔2009〕59号)第六条第(二)项中有关"股权收购,收购企业购买的股权不低于被收购企业全部股权的75%"规定调整为"股权收购,收购企业购买的股权不低于被收购企业全部股权的50%"。

二、关于资产收购

将财税〔2009〕59号文件第六条第(三)项中有关"资产收购,受让企业收购的资产不低于转让企业全部资产的75%"规定调整为"资产收购,受让企业收购的资产不低于转让企业全部资产的50%"。

三、关于股权、资产划转

对100%直接控制的居民企业之间,以及受同一或相同多家居民企业100%直接控制的居民企业之间按账面净值划转股权或资产,凡具有合理商业目的、不以减少、免除或者推迟缴纳税款为主要目的,股权或资产划转后连续12个月内不改变被划转股权或资产原来实质性经营活动,且划出方企业和划入方企业均未在会计上确认损益的,可以选择按以下规定进行特殊性税务处理:

1. 划出方企业和划入方企业均不确认所得。

2. 划入方企业取得被划转股权或资产的计税基础,以被划转股权或资产的原账面净值确定。

3. 划入方企业取得的被划转资产,应按其原账面净值计算折旧扣除。

四、本通知自2014年1月1日起执行。本通知发布前尚未处理的企业重组,符合本通知规定的可按本通知执行。

国家税务总局关于资产(股权)划转企业所得税征管问题的公告

2015年5月27日国家税务总局公告2015年第40号公布

《国务院关于进一步优化企业兼并重组市场环境的意见》(国发〔2014〕14号)和《财政部 国家税务总局关于促进企业重组有关企业所得税处理问题的通知》(财税〔2014〕109号,以下简称《通知》)下发后,各地陆续反映在企业重组所得税政策执行过程中有些征管问题亟需明确。经研究,现就股权或资产划转企业所得税征管问题公告如下:

一、《通知》第三条所称"100%直接控制的居民企业之间,以及受同一或相同多家居民企业100%直接控制的居民企业之间按账面净值划转股权或资产",限于以下情形:

(一)100%直接控制的母子公司之间,母公司向子公司按账面净值划转其持有的股权或资产,母公司获得子公司100%的股权支付。母公司按增加长期股权投资处理,子公司按接受投资(包括资本公积,下同)处理。母公司获得子公司股权的计税基础以划转股权或资产的原计税基础确定。

(二)100%直接控制的母子公司之间,母公司向子公司按账面净值划转其持有的股权或资产,母公司没有获得任何股权或非股权支付。母公司按冲减实收资本(包括资本公积,下同)处理,子公司按接受投资处理。

(三)100%直接控制的母子公司之间,子公司向母公司按账面净值划转其持有的股权或资产,子公司没有获得任何股权或非股权支付。母公司按收回投资处理,或按接受投资处理,子公司按冲减实收资本处理。母公司应按被划转股权或资产的原计税基础,相应调减持有子公司股权的计税基础。

(四)受同一或相同多家母公司100%直接控制的子公司之间,在母公司主导下,一家子公司向另一家子公司按账面净值划转其持有的股权或资产,划出方没有获得任何股权或非股权支付。划出方按冲减所有者权益处理,划入方按接受投资处理。

二、《通知》第三条所称"股权或资产划转后连续12个月内不改变被划转股权或资产原来实质性经营活动",是指自股权或资产划转完成日起连续12个月内不改变被划转股权或资产原来实质性经营活动。

股权或资产划转完成日,是指股权或资产划转合同(协议)或批复生效,且交易双方已进行会计处理的日期。

三、《通知》第三条所称"划入方企业取得被划转股权或资产的计税基础,以被划转股权或资产的原账面净值确定",是指划入方企业取得被划转股权或资产的计税基础,以被划转股权或资产的原计税基础确定。

《通知》第三条所称"划入方企业取得的被划转资产,应按其原账面净值计算折旧扣除”，是指划入方企业取得的被划转资产，应按被划转资产的原计税基础计算折旧扣除或摊销。

四、按照《通知》第三条规定进行特殊性税务处理的股权或资产划转，交易双方应在协商一致的基础上，采取一致处理原则统一进行特殊性税务处理。

五、交易双方应在企业所得税年度汇算清缴时，分别向各自主管税务机关报送《居民企业资产（股权）划转特殊性税务处理申报表》（详见附件）和相关资料（一式两份）。

相关资料包括：

1. 股权或资产划转总体情况说明，包括基本情况、划转方案等，并详细说明划转的商业目的；

2. 交易双方或多方签订的股权或资产划转合同（协议），需有权部门（包括内部和外部）批准的，应提供批准文件；

3. 被划转股权或资产账面净值和计税基础说明；

4. 交易双方按账面净值划转股权或资产的说明（需附会计处理资料）；

5. 交易双方均未在会计上确认损益的说明（需附会计处理资料）；

6. 12 个月内不改变被划转股权或资产原来实质性经营活动的承诺书。

六、交易双方应在股权或资产划转完成后的下一年度的企业所得税年度申报时，各自向主管税务机关提交书面情况说明，以证明被划转股权或资产自划转完成日后连续 12 个月内，没有改变原来的实质性经营活动。

七、交易一方在股权或资产划转完成日后连续 12 个月内发生生产经营业务、公司性质、资产或股权结构等情况变化，致使股权或资产划转不再符合特殊性税务处理条件的，发生变化的交易一方应在情况发生变化的 30 日内报告其主管税务机关，同时书面通知另一方。另一方应在接到通知后 30 日内将有关变化报告其主管税务机关。

八、本公告第七条所述情况发生变化后 60 日内，原交易双方应按以下规定进行税务处理：

（一）属于本公告第一条第（一）项规定情形的，母公司应按原划转完成时股权或资产的公允价值视同销售处理，并按公允价值确认取得长期股权投资的计税基础；子公司按公允价值确认划入股权或资产的计税基础。

属于本公告第一条第（二）项规定情形的，母公司应按原划转完成时股权或资产的公允价值视同销售处理；子公司按公允价值确认划入股权或资产的计税基础。

属于本公告第一条第（三）项规定情形的，子公司应按原划转完成时股权或资产的公允价值视同销售处理；母公司应按撤回或减少投资进行处理。

属于本公告第一条第（四）项规定情形的，划出方应按原划转完成时股权或资产的公允价值视同销售处理；母公司根据交易情形和会计处理对划出方按分回股息进行处理，或者按撤回或减少投资进行处理，对划入方按以股权或资产的公允价值进行投资处理；划入方按接受母公司投资处理，以公允价值确认划入股权或资产的计税基础。

（二）交易双方应调整划转完成纳税年度的应纳税所得额及相应股权或资产的计税基础，向各自主管税务机关申请调整划转完成纳税年度的企业所得税年度申报表，依法计算缴纳企业所得税。

九、交易双方的主管税务机关应对企业申报适用特殊性税务处理的股权或资产划转加强后续管理。

十、本公告适用2014年度及以后年度企业所得税汇算清缴。此前尚未进行税务处理的股权、资产划转,符合《通知》第三条和本公告规定的可按本公告执行。

特此公告。

附件:居民企业资产(股权)划转特殊性税务处理申报表(略)

国家税务总局关于企业重组业务企业所得税征收管理若干问题的公告[①]

2015年6月24日国家税务总局公告2015年第48号公布

根据《中华人民共和国企业所得税法》及其实施条例、《中华人民共和国税收征收管理法》及其实施细则、《国务院关于取消非行政许可审批事项的决定》(国发〔2015〕27号)、《财政部 国家税务总局关于企业重组业务企业所得税处理若干问题的通知》(财税〔2009〕59号)和《财政部 国家税务总局关于促进企业重组有关企业所得税处理问题的通知》(财税〔2014〕109号)等有关规定,现对企业重组业务企业所得税征收管理若干问题公告如下:

一、按照重组类型,企业重组的当事各方是指:

(一)债务重组中当事各方,指债务人、债权人。

(二)股权收购中当事各方,指收购方、转让方及被收购企业。

(三)资产收购中当事各方,指收购方、转让方。

(四)合并中当事各方,指合并企业、被合并企业及被合并企业股东。

(五)分立中当事各方,指分立企业、被分立企业及被分立企业股东。

上述重组交易中,股权收购中转让方、合并中被合并企业股东和分立中被分立企业股东,可以是自然人。

当事各方中的自然人应按个人所得税的相关规定进行税务处理。

二、重组当事各方企业适用特殊性税务处理的(指重组业务符合财税〔2009〕59号文件和财税〔2014〕109号文件第一条、第二条规定条件并选择特殊性税务处理的,下同),应按如下规定确定重组主导方:

(一)债务重组,主导方为债务人。

(二)股权收购,主导方为股权转让方,涉及两个或两个以上股权转让方,由转让被收

① 根据《国家税务总局关于修改部分税收规范性文件的公告》(国家税务总局公告2018年第31号)对本公告进行了修改。将其中涉及“国家税务局、地方税务局”的表述全部修改为“税务局”。

购企业股权比例最大的一方作为主导方(转让股权比例相同的可协商确定主导方)。

(三)资产收购,主导方为资产转让方。

(四)合并,主导方为被合并企业,涉及同一控制下多家被合并企业的,以净资产最大的一方为主导方。

(五)分立,主导方为被分立企业。

三、财税〔2009〕59 号文件第十一条所称重组业务完成当年,是指重组日所属的企业所得税纳税年度。

企业重组日的确定,按以下规定处理:

1. 债务重组,以债务重组合同(协议)或法院裁定书生效日为重组日。

2. 股权收购,以转让合同(协议)生效且完成股权变更手续日为重组日。关联企业之间发生股权收购,转让合同(协议)生效后 12 个月内尚未完成股权变更手续的,应以转让合同(协议)生效日为重组日。

3. 资产收购,以转让合同(协议)生效且当事各方已进行会计处理的日期为重组日。

4. 合并,以合并合同(协议)生效、当事各方已进行会计处理且完成工商新设登记或变更登记日为重组日。按规定不需要办理工商新设或变更登记的合并,以合并合同(协议)生效且当事各方已进行会计处理的日期为重组日。

5. 分立,以分立合同(协议)生效、当事各方已进行会计处理且完成工商新设登记或变更登记日为重组日。

四、企业重组业务适用特殊性税务处理的,除财税〔2009〕59 号文件第四条第(一)项所称企业发生其他法律形式简单改变情形外,重组各方应在该重组业务完成当年,办理企业所得税年度申报时,分别向各自主管税务机关报送《企业重组所得税特殊性税务处理报告表及附表》(详见附件 1)和申报资料(详见附件 2)。合并、分立中重组一方涉及注销的,应在尚未办理注销税务登记手续前进行申报。

重组主导方申报后,其他当事方向其主管税务机关办理纳税申报。申报时还应附送重组主导方经主管税务机关受理的《企业重组所得税特殊性税务处理报告表及附表》(复印件)。

五、企业重组业务适用特殊性税务处理的,申报时,应从以下方面逐条说明企业重组具有合理的商业目的:

(一)重组交易的方式;

(二)重组交易的实质结果;

(三)重组各方涉及的税务状况变化;

(四)重组各方涉及的财务状况变化;

(五)非居民企业参与重组活动的情况。

六、企业重组业务适用特殊性税务处理的,申报时,当事各方还应向主管税务机关提交重组前连续 12 个月内有无与该重组相关的其他股权、资产交易情况的说明,并说明这些交易与该重组是否构成分步交易,是否作为一项企业重组业务进行处理。

七、根据财税〔2009〕59 号文件第十条规定,若同一项重组业务涉及在连续 12 个月内分步交易,且跨两个纳税年度,当事各方在首个纳税年度交易完成时预计整个交易符合特殊性税务处理条件,经协商一致选择特殊性税务处理的,可以暂时适用特殊性税务处理,并在当年企业所得税年度申报时提交书面申报资料。

在下一纳税年度全部交易完成后,企业应判断是否适用特殊性税务处理。如适用特殊性税务处理的,当事各方应按本公告要求申报相关资料;如适用一般性税务处理的,应调整相应纳税年度的企业所得税年度申报表,计算缴纳企业所得税。

八、企业发生财税〔2009〕59 号文件第六条第(一)项规定的债务重组,应准确记录应予确认的债务重组所得,并在相应年度的企业所得税汇算清缴时对当年确认额及分年结转额的情况做出说明。

主管税务机关应建立台账,对企业每年申报的债务重组所得与台账进行比对分析,加强后续管理。

九、企业发生财税〔2009〕59 号文件第七条第(三)项规定的重组,居民企业应准确记录应予确认的资产或股权转让收益总额,并在相应年度的企业所得税汇算清缴时对当年确认额及分年结转额的情况做出说明。

主管税务机关应建立台账,对居民企业取得股权的计税基础和每年确认的资产或股权转让收益进行比对分析,加强后续管理。

十、适用特殊性税务处理的企业,在以后年度转让或处置重组资产(股权)时,应在年度纳税申报时对资产(股权)转让所得或损失情况进行专项说明,包括特殊性税务处理时确定的重组资产(股权)计税基础与转让或处置时的计税基础的比对情况,以及递延所得税负债的处理情况等。

适用特殊性税务处理的企业,在以后年度转让或处置重组资产(股权)时,主管税务机关应加强评估和检查,将企业特殊性税务处理时确定的重组资产(股权)计税基础与转让或处置时的计税基础及相关的年度纳税申报表比对,发现问题的,应依法进行调整。

十一、税务机关应对适用特殊性税务处理的企业重组做好统计和相关资料的归档工作。各省、自治区、直辖市和计划单列市税务局应于每年 8 月底前将《企业重组所得税特殊性税务处理统计表》(详见附件 3)上报税务总局(所得税司)。

十二、本公告适用于 2015 年度及以后年度企业所得税汇算清缴。《国家税务总局关于发布〈企业重组业务企业所得税管理办法〉的公告》(国家税务总局公告 2010 年第 4 号)第三条、第七条、第八条、第十六条、第十七条、第十八条、第二十二条、第二十三条、第二十四条、第二十五条、第二十七条、第三十二条同时废止。

本公告施行时企业已经签订重组协议,但尚未完成重组的,按本公告执行。

特此公告。

附件:1. 企业重组所得税特殊性税务处理报告表及附表(略)

2. 企业重组所得税特殊性税务处理申报资料一览表(略)

3. 企业重组所得税特殊性税务处理统计表(略)

财政部、国家税务总局
关于落实降低企业杠杆率税收支持政策的通知

1. 2016年11月22日

2. 财税〔2016〕125号

各省、自治区、直辖市、计划单列市财政厅(局)、国家税务局、地方税务局,新疆生产建设兵团财务局:

按照党中央、国务院决策部署,根据《国务院关于积极稳妥降低企业杠杆率的意见》(国发〔2016〕54号,以下简称《意见》)有关精神,现就落实降低企业杠杆率税收政策工作通知如下:

一、充分认识贯彻落实降杠杆税收支持政策的重要意义

近年来,我国企业杠杆率高企,债务规模增长过快,企业债务负担不断加重。党中央、国务院从战略高度对降低企业杠杆率工作作出决策部署,把去杠杆列为供给侧结构性改革"三去一降一补"的五大任务之一。《意见》将"落实和完善降杠杆财税支持政策"作为重要任务。各级财税部门要充分认识积极稳妥降低企业杠杆率的重要性,坚决贯彻执行中央决策部署,严格按照《意见》要求认真落实好有关税收政策,充分发挥税收职能作用,切实减轻企业负担、降低企业成本,为企业降杠杆创造良好的外部环境。

二、落实好降杠杆相关税收支持政策

(一)企业符合税法规定条件的股权(资产)收购、合并、债务重组等重组行为,可按税法规定享受企业所得税递延纳税优惠政策。

(二)企业以非货币性资产投资,可按规定享受5年内分期缴纳企业所得税政策。

(三)企业破产、注销,清算企业所得税时,可按规定在税前扣除有关清算费用及职工工资、社会保险费用、法定补偿金。

(四)企业符合税法规定条件的债权损失可按规定在计算企业所得税应纳税所得额时扣除。

(五)金融企业按照规定提取的贷款损失准备金,符合税法规定的,可以在企业所得税税前扣除。

(六)在企业重组过程中,企业通过合并、分立、出售、置换等方式,将全部或者部分实物资产以及与其相关联的债权、负债和劳动力,一并转让给其他单位和个人,其中涉及的货物、不动产、土地使用权转让行为,符合规定的,不征收增值税。

(七)企业重组改制涉及的土地增值税、契税、印花税,符合规定的,可享受相关优惠政策。

(八)符合信贷资产证券化政策条件的纳税人,可享受相关优惠政策。

三、工作要求

降杠杆相关税收政策涵盖交易多个环节,涉及面广,政策内容多。各级财税部门要高度重视,进一步加强学习培训,熟悉、掌握政策内容;要加强对纳税人的宣传辅导,跟踪税收政策执行情况和实施效应,加强调研反馈,及时了解执行中遇到的问题,研究提出调整和完善税收政策的建议。

特此通知。

国家税务总局关于纳税人资产重组有关增值税问题的公告

2011 年 2 月 18 日国家税务总局公告 2011 年第 13 号公布

根据《中华人民共和国增值税暂行条例》及其实施细则的有关规定,现将纳税人资产重组有关增值税问题公告如下:

纳税人在资产重组过程中,通过合并、分立、出售、置换等方式,将全部或者部分实物资产以及与其相关联的债权、负债和劳动力一并转让给其他单位和个人,不属于增值税的征税范围,其中涉及的货物转让,不征收增值税。

本公告自 2011 年 3 月 1 日起执行。此前未作处理的,按照本公告的规定执行。《国家税务总局关于转让企业全部产权不征收增值税问题的批复》(国税函〔2002〕420 号)、《国家税务总局关于纳税人资产重组有关增值税政策问题的批复》(国税函〔2009〕585 号)、《国家税务总局关于中国直播卫星有限公司转让全部产权有关增值税问题的通知》(国税函〔2010〕350 号)同时废止。

特此公告。

国家税务总局关于纳税人资产重组有关增值税问题的公告

2013 年 11 月 19 日国家税务总局公告 2013 年第 66 号公布

现将纳税人资产重组有关增值税问题公告如下:

纳税人在资产重组过程中,通过合并、分立、出售、置换等方式,将全部或者部分实物资产以及与其相关联的债权、负债经多次转让后,最终的受让方与劳动力接收方为同一单位和个人的,仍适用《国家税务总局关于纳税人资产重组有关增值税问题的公告》(国家税务总局公告 2011 年第 13 号)的相关规定,其中货物的多次转让行为均不征收增值税。资产的出让方需将资产重组方案等文件资料报其主管税务机关。

本公告自2013年12月1日起施行。纳税人此前已发生并处理的事项,不再做调整;未处理的,按本公告规定执行。

特此公告。

财政部、税务总局关于继续实施企业改制重组有关土地增值税政策的公告

2023年9月22日财政部、税务总局公告2023年第51号公布

为支持企业改制重组,优化市场环境,现就继续执行有关土地增值税政策公告如下:

一、企业按照《中华人民共和国公司法》有关规定整体改制,包括非公司制企业改制为有限责任公司或股份有限公司,有限责任公司变更为股份有限公司,股份有限公司变更为有限责任公司,对改制前的企业将国有土地使用权、地上的建筑物及其附着物(以下称房地产)转移、变更到改制后的企业,暂不征收土地增值税。

本公告所称整体改制是指不改变原企业的投资主体,并承继原企业权利、义务的行为。

二、按照法律规定或者合同约定,两个或两个以上企业合并为一个企业,且原企业投资主体存续的,对原企业将房地产转移、变更到合并后的企业,暂不征收土地增值税。

三、按照法律规定或者合同约定,企业分设为两个或两个以上与原企业投资主体相同的企业,对原企业将房地产转移、变更到分立后的企业,暂不征收土地增值税。

四、单位、个人在改制重组时以房地产作价入股进行投资,对其将房地产转移、变更到被投资的企业,暂不征收土地增值税。

五、上述改制重组有关土地增值税政策不适用于房地产转移任意一方为房地产开发企业的情形。

六、改制重组后再转让房地产并申报缴纳土地增值税时,对"取得土地使用权所支付的金额",按照改制重组前取得该宗国有土地使用权所支付的地价款和按国家统一规定缴纳的有关费用确定;经批准以国有土地使用权作价出资入股的,为作价入股时县级及以上自然资源部门批准的评估价格。按购房发票确定扣除项目金额的,按照改制重组前购房发票所载金额并从购买年度起至本次转让年度止每年加计5%计算扣除项目金额,购买年度是指购房发票所载日期的当年。

七、纳税人享受上述税收政策,应按相关规定办理。

八、本公告所称不改变原企业投资主体、投资主体相同,是指企业改制重组前后出资人不发生变动,出资人的出资比例可以发生变动;投资主体存续,是指原企业出资人必须存在于改制重组后的企业,出资人的出资比例可以发生变动。

九、本公告执行至2027年12月31日。

特此公告。

财政部、税务总局关于继续实施企业、事业单位改制重组有关契税政策的公告

2023年9月22日财政部、税务总局公告2023年第49号公布

为支持企业、事业单位改制重组,优化市场环境,现就继续实施有关契税政策公告如下:

一、企业改制

企业按照《中华人民共和国公司法》有关规定整体改制,包括非公司制企业改制为有限责任公司或股份有限公司,有限责任公司变更为股份有限公司,股份有限公司变更为有限责任公司,原企业投资主体存续并在改制(变更)后的公司中所持股权(股份)比例超过75%,且改制(变更)后公司承继原企业权利、义务的,对改制(变更)后公司承受原企业土地、房屋权属,免征契税。

二、事业单位改制

事业单位按照国家有关规定改制为企业,原投资主体存续并在改制后企业中出资(股权、股份)比例超过50%的,对改制后企业承受原事业单位土地、房屋权属,免征契税。

三、公司合并

两个或两个以上的公司,依照法律规定、合同约定,合并为一个公司,且原投资主体存续的,对合并后公司承受原合并各方土地、房屋权属,免征契税。

四、公司分立

公司依照法律规定、合同约定分立为两个或两个以上与原公司投资主体相同的公司,对分立后公司承受原公司土地、房屋权属,免征契税。

五、企业破产

企业依照有关法律法规规定实施破产,债权人(包括破产企业职工)承受破产企业抵偿债务的土地、房屋权属,免征契税;对非债权人承受破产企业土地、房屋权属,凡按照《中华人民共和国劳动法》等国家有关法律法规政策妥善安置原企业全部职工规定,与原企业全部职工签订服务年限不少于三年的劳动用工合同的,对其承受所购企业土地、房屋权属,免征契税;与原企业超过30%的职工签订服务年限不少于三年的劳动用工合同的,减半征收契税。

六、资产划转

对承受县级以上人民政府或国有资产管理部门按规定进行行政性调整、划转国有土地、房屋权属的单位,免征契税。

同一投资主体内部所属企业之间土地、房屋权属的划转,包括母公司与其全资子公司之间,同一公司所属全资子公司之间,同一自然人与其设立的个人独资企业、一人有限公

司之间土地、房屋权属的划转，免征契税。

母公司以土地、房屋权属向其全资子公司增资，视同划转，免征契税。

七、债权转股权

经国务院批准实施债权转股权的企业，对债权转股权后新设立的公司承受原企业的土地、房屋权属，免征契税。

八、划拨用地出让或作价出资

以出让方式或国家作价出资（入股）方式承受原改制重组企业、事业单位划拨用地的，不属上述规定的免税范围，对承受方应按规定征收契税。

九、公司股权（股份）转让

在股权（股份）转让中，单位、个人承受公司股权（股份），公司土地、房屋权属不发生转移，不征收契税。

十、有关用语含义

本公告所称企业、公司，是指依照我国有关法律法规设立并在中国境内注册的企业、公司。

本公告所称投资主体存续，企业改制重组的，是指原改制重组企业的出资人必须存在于改制重组后的企业；事业单位改制的，是指履行国有资产出资人职责的单位必须存在于改制后的企业。出资人的出资比例可以发生变动。

本公告所称投资主体相同，是指公司分立前后出资人不发生变动，出资人的出资比例可以发生变动。

十一、本公告执行期限为 2024 年 1 月 1 日至 2027 年 12 月 31 日。

特此公告。

财政部、税务总局关于基础设施领域不动产投资信托基金（REITs）试点税收政策的公告

2022 年 1 月 26 日财政部、税务总局公告 2022 年第 3 号公布

为支持基础设施领域不动产投资信托基金（以下称基础设施 REITs）试点，现将有关税收政策公告如下：

一、设立基础设施 REITs 前，原始权益人向项目公司划转基础设施资产相应取得项目公司股权，适用特殊性税务处理，即项目公司取得基础设施资产的计税基础，以基础设施资产的原计税基础确定；原始权益人取得项目公司股权的计税基础，以基础设施资产的原计税基础确定。原始权益人和项目公司不确认所得，不征收企业所得税。

二、基础设施 REITs 设立阶段，原始权益人向基础设施 REITs 转让项目公司股权实现的资产转让评估增值，当期可暂不缴纳企业所得税，允许递延至基础设施 REITs 完成募资并支付

股权转让价款后缴纳。其中,对原始权益人按照战略配售要求自持的基础设施 REITs 份额对应的资产转让评估增值,允许递延至实际转让时缴纳企业所得税。

原始权益人通过二级市场认购(增持)该基础设施 REITs 份额,按照先进先出原则认定优先处置战略配售份额。

三、对基础设施 REITs 运营、分配等环节涉及的税收,按现行税收法律法规的规定执行。

四、本公告适用范围为证监会、发展改革委根据有关规定组织开展的基础设施 REITs 试点项目。

五、本公告自 2021 年 1 月 1 日起实施。2021 年 1 月 1 日前发生的符合本公告规定的事项,可按本公告规定享受相关政策。

银行间债券市场企业资产证券化业务信息披露指引(节录)

1. 2022 年 12 月 28 日交易商协会第四届理事会第七次会议审议通过

2. 2023 年 6 月 29 日交易商协会第四届理事会第九次会议授权修订

第一条 为规范银行间债券市场企业资产证券化业务的信息披露行为,保障投资者的合法权益,根据中国银行间市场交易商协会(以下简称交易商协会)《银行间债券市场企业资产证券化业务规则》及相关自律规则,制定本指引。

第二条 资产支持证券注册、发行及存续期的信息披露适用本指引。

本指引所称存续期为资产支持证券发行登记完成直至付息兑付全部完成或发生资产支持证券法律关系终止的其他情形期间。

第十九条 资产支持证券存续期内,信息披露义务人的信息披露的时间应当不晚于其按照境内外监管机构、市场自律组织、证券交易场所要求,或者将有关信息刊登在其他指定信息披露渠道上的时间。

第二十四条 存续期内,特定发起机构发生可能影响资产支持证券收益支付或投资者权益的重大事项时,应当及时披露,并说明事项的起因、目前的状态和可能产生的影响。除本指引第二十三条规定的重大事项外,特定发起机构的重大事项还包括但不限于:

(七)特定发起机构发生可能影响其偿债能力的资产出售、转让、报废、无偿划转以及重大投资行为、重大资产重组;

(八)特定发起机构发生超过上年末净资产 10% 的重大损失,或者放弃债权或者财产超过上年末净资产的 10%;

(九)特定发起机构股权、经营权涉及被委托管理;

(十)特定发起机构丧失对重要子公司的实际控制权;

(十一)特定发起机构一次承担他人债务超过上年末净资产 10%,或者新增借款超过上年末净资产的 20%;

（十二）特定发起机构未能清偿到期债务或企业进行债务重组；

（十三）特定发起机构涉嫌违法违规被有权机关调查，或者存在严重失信行为；

（十四）特定发起机构法定代表人、控股股东、实际控制人、董事、监事、高级管理人员涉嫌违法违规被有权机关调查、采取强制措施，或者存在严重失信行为；

（十五）特定发起机构涉及重大诉讼、仲裁事项；

（十六）特定发起机构发生可能影响其偿债能力的资产被查封、扣押或冻结的情况；

（十七）特定发起机构拟分配股利；

（十八）特定发起机构订立其他可能对其资产、负债、权益和经营成果产生重要影响的重大合同；

（十九）发行文件中约定或企业承诺的其他应当披露事项；

（二十）其他可能影响其偿债能力或投资者权益的事项。

中国银行间市场交易商协会关于进一步规范债务融资工具发行企业无偿划转事项的通知

1. 2021年1月26日

2. 中市协发〔2021〕20号

各市场成员：

为进一步规范债务融资工具发行企业无偿划转资产的行为，明确各方权责义务，强化投资者权益保障。现就无偿划转有关事宜通知如下：

一、严格履行信息披露义务

企业无偿划出资产的，应严格按照《银行间债券市场非金融企业债务融资工具信息披露规则》及《银行间债券市场非金融企业债务融资工具存续期信息披露表格体系》PZ－6表要求披露无偿划转信息及进展。企业无偿划入资产构成重大资产重组的，应参照上述要求及时披露。

企业及其全体董事或具有同等职责的人员，应当保证所披露的信息真实、准确、完整、及时。企业控股股东、实际控制人应积极配合企业履行信息披露义务。

二、及时召集持有人会议

企业拟无偿划转资产，由于划出资产导致净资产减少10%，或由于划出/划入资产构成重大资产重组的，或导致丧失重要子公司控制权的，应及时通知召集人。召集人应在知悉上述事项后，严格按照《银行间债券市场非金融企业债务融资工具持有人会议规程》及时召集持有人会议，商议偿债保障安排。触发投资人保护条款的，企业及主承销商还应按照发行文件约定履行投资人意见征集及相关救济措施。

三、切实保障持有人权益

企业应充分尊重市场规律，强化契约精神和法治意识，针对无偿划转事项，积极制定存续债务融资工具处置方案及持有人权益保障措施。企业及控股股东、实际控制人不得通过财产转移、关联交易等方式逃废债务，蓄意损害持有人合法权益。

四、中介机构尽职履责

存续期管理机构应严格按照《银行间债券市场非金融企业债务融资工具存续期管理工作规程》开展对无偿划转事项的监测、排查，做好对企业的辅导、督导工作，并协助发行人做好与投资者的沟通协调以及持有人权益保障的制定。

受托管理人应当根据规定及约定，忠实履行受托管理职责，切实保障债券持有人合法权益。

会计师事务所、律师事务所等为无偿划转事项出具专业意见的中介机构，应诚实守信、遵守执业规范和职业道德，独立审慎出具专业意见。

协会将继续加强对违规无偿划转事项的处分力度。各市场机构发现企业或中介机构存在违反协会自律规则的行为，可向协会举报或投诉。对于调查核实确实存在违规行为的，协会将依据相关自律规则给予自律处分或自律监管措施。涉嫌违法违规的，协会可移交有关部门进一步处理。

特此通知。